戦国大名朝倉氏の城郭

▲『姉川合戦図屏風』　福井県立歴史博物館蔵

復元図で見る一乗谷城

西山照光寺
春日神社
朝倉景鏡館
下城戸
足羽川
南陽寺
小城
小見放城
とのい
宿直
観音屋敷
千畳敷
月見櫓
赤渕神社
一之丸
三之丸
三之丸

戦国大名朝倉氏の居城。築城時期は明確ではないが、室町後期には築かれていた可能性がある。麓には当主の館や城下町が位置し、周囲には小見放城、小城、上城戸櫓城など支城群が展開している　作画：香川元太郎　監修：小野正敏・青木豊昭　初出：歴史群像シリーズ 54『元亀 信長戦記』（学研プラス）一部文字加筆

一乗谷城

小林権ノ頭

①青木隼人正

朝倉義景館

②

上城戸土塁

④

現在も残る唐門

一乗谷古絵図

江戸末期の作成にもかかわらず、戦国期の城下町の様子、家臣団、寺院跡など 76 ヶ所も記入されており、当時の町並みを知る貴重な絵図といえる。

①この二人は斎藤龍興の家臣といわれている。朝倉氏家臣以外の武将屋敷は城戸の外側に構えていることに注目したい。

②「弘化四」とあることから、1847 年以降に作成された絵図であることが判明する。

③一乗谷城の大手と考えられる。しかし実際に馬出曲輪が存在していたわけではない。

④江戸期における義景館跡周辺は朝倉氏菩提寺・心月寺末寺松雲院が管理していた。このため館跡に本堂などの建物が存在していた。しかし現存するのは唐門のみである。

福井市・安波賀春日神社蔵　画像提供：福井県立一乗谷朝倉氏遺跡資料館

下城戸口
下城戸土塁
朝倉氏ナンバー2の館
朝倉景鏡館
馬出シ
③
一乗谷城居住施設
観音跡
一乗谷城防御施設
三ノ丸
二ノ丸
一ノ丸
櫓跡
千畳シキ
フドウ清水
万畳シキ
月見櫓跡

◀一乗谷城部分の拡大

この堀切から大量の墓石・石
仏が出土した。投石用に持ち
こまれたという説もある。
本丸
井戸
二ノ丸
青蓮寺
山麓城主居館
慶長期まで使用され、現在矢
穴石を用いた石垣が残る。

若狭湾

岩出山砦

丹後街道

若狭・越前・丹後を
つなぐ重要な街道。

機織池（はたおり）

天然の堀の役割を
果たしていた。

復元図で見る国吉城

若狭武田氏の重臣・粟屋氏の居城。若狭東部戦線を守備する要塞として必要不可欠の城郭で、朝倉軍の猛攻を10年間耐え続けた堅城である　作画：香川元太郎　監修：中井均・大野康弘
初出：『歴史群像』2019年8月号（学研プラス）　若狭国吉城歴史資料館蔵　一部文字加筆

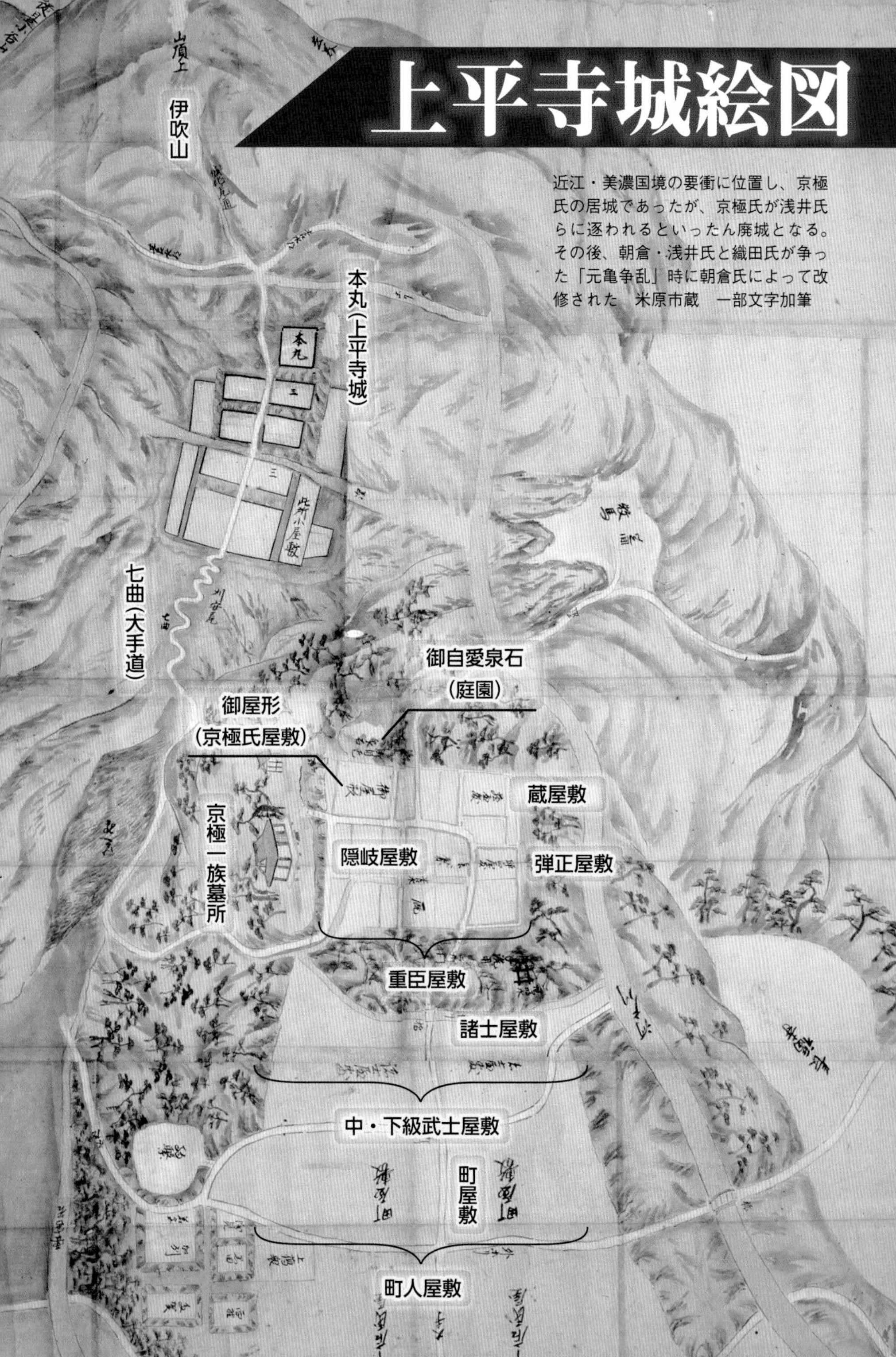
上平寺城絵図
近江・美濃国境の要衝に位置し、京極氏の居城であったが、京極氏が浅井氏らに逐われるといったん廃城となる。その後、朝倉・浅井氏と織田氏が争った「元亀争乱」時に朝倉氏によって改修された　米原市蔵　一部文字加筆
伊吹山
本丸(上平寺城)
七曲(大手道)
御自愛泉石
(庭園)
御屋形
(京極氏屋敷)
京極一族墓所
蔵屋敷
隠岐屋敷
弾正屋敷
重臣屋敷
諸士屋敷
中・下級武士屋敷
町屋敷
町人屋敷

朝倉氏の城郭と合戦

佐伯哲也

図説 日本の城郭シリーズ15

戎光祥出版

はしがき

世間一般的なイメージとして、越前朝倉氏は織田信長に滅ぼされた弱小大名というイメージが強いと思う。しかし、周辺五ヶ国に軍事力を及ぼした戦国屈指の大大名であり、元亀年間においては織田家と同等、もしくはそれを上回る築城技術を保有する強力な軍事国家だったのである。このような誤ったイメージを払拭し、正しい朝倉氏の実像を知ってほしいために本書の筆を執った次第である。

本書ではまず、朝倉氏代々の居城一乗谷城と家臣・在地土豪の城郭、そして朝倉氏の分国だった若狭の城郭を紹介し、元亀の争乱以前における朝倉氏の城郭を説明する。次に国外遠征の城郭を紹介し、若狭遠征の城郭のみハイレベルの城郭に変化している点に注目してもらいたい。つまり、ここに朝倉氏がハイレベルな築城技術を保有するに至ったキーポイントが隠されているのである。

また、元亀の争乱で織田信長と全面戦争に突入した朝倉氏は、近江で多数の城郭を築城しており、本書でほとんどの城郭を紹介した。ここでは当時の朝倉氏が織田政権城郭と同等、もしくはそれを上回る築城技術を保有していたことに注目してほしい。若狭遠征を経て、朝倉氏は飛躍的に築城技術をレベルアップしていたのである。

ちなみに朝倉氏滅亡後、一時的に越前一向一揆が越前を支配する。このとき一揆が築城した城郭の多くは、虎口が発達しておらず、一揆軍の築城技術は一般的に言われているほど高くなかったことに注目してほしい。なお、この章ではこれまでほとんど注目されてこなかった専修寺賢会の書状群を活用し、一向一揆の籠城戦の凄惨な実態を明らかにしている。

天正三年（一五七五）以降、越前は織豊政権が支配する。織田政権では同規模サイズの天守を構築しており、具体的な新規築城政策が判明して興味深い。さらに越前では有名な石瓦だが、全面的に使用した中世城郭は北之庄（きたのしょう）城と東郷槇山（とうごうまきやま）城（ともに福井市）しか確認されていない。使用目的の他に、原石である笏谷石（しゃくだにいし）産地の有無という現実的な問題という点も考慮する必要があることに着目してほしい。

なお、一向一揆および織豊政権の城郭は、朝倉氏の城郭の特徴を明確にすること、ならびに越前の城郭の特徴を解説するために取り上げた。このような点に着目して読んでいただけたら、本書への理解がより深まることであろう。

二〇二〇年十月

佐伯哲也

目次

凡　例

一、本書は、戦国大名朝倉氏が築いた中世城館および一向一揆や織田軍との戦いの中で築かれた城郭から51城を選び、解説したものである。
一、各城の記事には、①所在地、②別称、③標高・比高、④登城の難易度、の四項目を付した。
一、本書掲載の縄張り図は、著者が作成したものである。
一、図中の主たる曲輪にはA・B・C等、堀切等には①・②・③などの記号を付し、本文の説明もこれに対応させて記述した。これらは単なる説明記号であり、「一の曲輪」「二の曲輪」などを意味するものではなく、Aが主郭を示すとも限らない。
一、本書の掲載写真は、一部を除き著者の撮影によるものである。
一、本書掲載の地図は、国土地理院発行の1／25000地形図を利用した。

◎本書で扱う史料は下記の通りとする。
①『越前国古城跡并館屋敷蹟』は享保五年（一七二〇）に福井藩主松平吉邦の命によって編纂された。以下、『城跡考』と略す。
②『改訂版山城は語る　旧大野郡城跡めぐり』（小山荘歴史の会、二〇一七年）は『改訂版山城は語る』と略す。
③『第12回企画展　戦国大名朝倉氏　その戦いの軌跡をさぐる』（福井県立一乗谷朝倉氏遺跡資料館、二〇〇二年）は、『戦国大名朝倉氏』と略す。
④『第15回企画展　古文書が語る朝倉氏の歴史』（福井県立一乗谷朝倉氏遺跡資料館、二〇〇六年）は、『古文書

が語る朝倉氏の歴史』と略す。

⑤『福井県立一乗谷朝倉氏遺跡資料館古文書調査資料1　朝倉氏五代の発給文書』（福井県立一乗谷朝倉氏遺跡資料館、二〇〇四年）は、『発給文書』と略す。

⑥『福井県立一乗谷朝倉氏遺跡資料館古文書調査資料3　越前・朝倉氏関係年表』（福井県立一乗谷朝倉氏遺跡資料館、二〇一〇年）は、『朝倉氏関係年表』と略す。

⑦『朝倉始末記』は『福井市史　資料編2　古代中世』（福井市、一九八九年）のものを記載した。

⑧『福井市史　資料編1　考古』（福井市、一九九〇年）は、『福井市史資料編1』と略す。

⑨『福井市史　資料編2　古代中世』（福井市、一九八九年）は、『福井市史資料編2』と略す。

⑩『福井市史　通史編1　古代中世』（福井市、一九九七年）は、『福井市史通史編1』と略す。

⑪『福井県史　通史編2　中世』（福井県、一九九四年）は、『福井県史通史編2』と略す。

⑫『福井県史　通史編3　近世一』（福井県、一九九四年）は、『福井県史通史編3』と略す。

⑬松浦義則『戦国期越前の領国支配』（戎光祥出版、二〇一七年）は『戦国期越前の領国支配』と略す。

⑭『信長公記』は、奥野高弘・岩沢愿彦校注、角川文庫一九九三年発行のものを使用した。

⑮『戦国の若狭―人と城』（大森宏、一九九六年）は『戦国の若狭』と略す。

⑯『上越市史別編1上杉氏文書集一』（上越市、二〇〇三年）は『上杉氏文書集一』と略す。

⑰『上越市史別編2上杉氏文書集二』（上越市、二〇〇四年）は『上杉氏文書集二』と略す。

⑱『新修小松市史資料編1小松城』（小松市、一九九九年）は『小松市史』と略す。

⑲『新修七尾市史3武士編』（七尾市、二〇〇一年）は『七尾市史武士編』と略す。

本書掲載城郭位置図

㉗松山城
石川県
㊻野津又城
㊼村岡山城
⑯西光寺城
㊽越前大野城
⑧戌山城
㊾勝原城
⑱茶臼山城
福井県
㉘篠脇城
㉙神路城
岐阜県
小谷城周辺拡大図
㊲大嶽城跡
㊳福寿丸
㊶中島城
㊴山崎丸
㊵丁野山城
0
400m
㉞上平寺城
㉝長比城

⑥一乗谷下城戸
③小見放城
④小城
②一乗谷朝倉氏館
①一乗谷城
⑤上城戸櫓城
0 400m
一乗谷城周辺拡大図
⑦細呂木館
⑳神宮寺城
⑲上野山城
⑨朝倉山城
⑩雨乞山城
⑪波多野城
⑫成願寺城
51東郷槇山城
⑰織田城
50小丸城
⑬杣山城
⑮燧ケ城
45河野新城
44虎杖城
42鉢伏山城
43西光寺丸城
31狩倉山城
32金ヶ崎城
30中山の付城
⑭疋壇城
㉖国吉城
36田部山城
35田上山城
㉑後瀬山城
㉒新保山城
㉓賀羅岳城
㉕白石山城
㉔大塩城
滋賀県

総説

越前朝倉氏戦いの軌跡

一、朝倉氏の越前平定戦

（1）越前の統一

越前朝倉氏の祖は、但馬国朝倉庄（兵庫県養父郡八鹿町）を支配する在地領主とされている。越前朝倉氏の祖となる朝倉広景・高景父子が越前守護・斯波高経に従って但馬から越前に入国したのが延元二年（一三三七）であり、福井市中心部を所領として賜っている。このとき居住したのが、三宅黒丸城（福井市黒丸）とされている。つまり、当初から一乗谷に居住したわけではないのである。

応仁の乱では主家斯波氏が西軍だったため、初代朝倉孝景も西軍の部将として行動するが、将軍足利義政の誘いにより越前守護職という好餌によって東軍に寝返り、応仁二年（一四六八）に越前に下向する。当初、孝景は旗色を鮮明にせず、文明三年（一四七一）になってようやく東軍に寝返ったことを公然と示す。これにより、西軍である守護斯波氏やその家臣甲斐氏等から攻撃を受け、諸軍との戦いは文明十三年まで続けられる。孝景の病没にもかかわらず、朝倉氏は二代氏景を中心に結束し、最終的な勝利を収めた。ここに、朝倉氏は越前一国を平定するに至る。

朝倉孝景の墓である英林塚　福井市

（2）朝倉氏の一乗谷居住

一乗谷朝倉氏五代百年の居住地となった一乗谷に、朝倉氏がいつ本拠を移したのかは明確になっていない。

一般的に文明三年（一四七一）とされているが、『流水集』*1によれば、朝倉家景（固山、越前朝倉氏六代　宝徳二年〈一四五〇〉没）の居館が「越之前州一乗城の畔にありて」と記載されている。つまり、一乗谷城の麓に居館があったと述べているのである。したがって、朝倉氏の一乗谷転居も十五世紀前半に遡る可能性がある。

さらに、寛正元年（一四六〇）に一乗谷で「阿波賀城戸口合戦」が行われている。この「城戸」とは現在の下城戸の前身構造物と推定される。つまり、城戸を設けた本格的な城郭が整備されていたのである。やはり朝倉氏の一乗谷転居は、十五世紀前半と考えるべきであろう。

二、朝倉氏の国外出兵

（1）たび重なる国外出兵

三代貞景は越前支配を確立させ、四代孝景の時代は朝倉氏の全盛期となる。守護就任は認められないが、実質的な守護公権を掌握し、強固な軍事力により、若狭・美濃・近江・加賀・丹後・京都にまでも出兵を繰り返すようになる。

注目したいのは明応四年（一四九五）の近江出兵で、このときは貞景自ら出陣し、刀祢坂（福井県敦賀市）を越え近江柳ヶ瀬（滋賀県長浜市）に着陣していることである。五代義景の近江出陣

---

*1 『福井県史通史編2』

一乗谷朝倉氏遺跡の碑。奥に見えるのが下城戸である　福井市

朝倉義景画像　福井市・心月寺蔵　画像提供：福井県立一乗谷朝倉氏遺跡資料館

も、まず柳ヶ瀬から余呉（同長浜市）の近辺に着陣している。つまり、柳ヶ瀬から余呉周辺は朝倉氏にとって近江出陣の拠点であり、その期間は約八十年間に及んでいるのである。

現在、柳ヶ瀬から余呉周辺で朝倉氏の関与が推定される城郭は、玄蕃尾城・田上山城・田部山城・賤ヶ嶽城（いずれも滋賀県長浜市）が考えられる。もちろん、大半が織豊武将による改修だが、部分的には朝倉氏時代の遺構も残していることが近年の研究で判明している。八十年間も拠点として使用しているのであり、今後も研究を進めれば、朝倉氏の城郭が発見される可能性は高いといえよう。

しかし、たび重なる出兵のわりに戦果は乏しかった。たとえば天文九年（一五四〇）九月、美濃郡上郡に出兵し、東氏の居城・篠脇城（岐阜県郡上市）を攻め、約一ヵ月間攻め続けたが[*2]落とせず敗退している。この結果、東氏との軍事的緊張は高まり、それは東氏が滅亡した永禄二年（一五五九）まで続いたと考えられる。郡上郡と隣接する大野郡の戌山城や茶臼山城（ともに福井県大野市）は、郡上郡方面に対する備えとしてこの頃に築城・大改修されたと考えたい。

朝倉氏にとって、加賀を本拠とする加賀一向一揆は、織田信長を除けば最大の敵であろう。朝倉氏は永正三年（一五〇六）の大規模な一揆発生以降、加賀一向一揆との抗争により幾度となく加賀に出兵している。緒戦は大勝し、加賀南部をほぼ制圧するが、次第に一揆軍に巻き返され、終わってみれば加賀国境付近の城郭をいくつか維持しているにすぎないという状態だった。これの繰り返しである。

＊2　朝倉軍は篠脇城攻めにあたり、長滝寺（郡上市）に約一ヶ月間在陣していたことが確認されている。

弘治元年（一五五五）・永禄七年（一五六四）・八[*3]・十年に大規模な加賀出兵を行っている。最大の危機は永禄十年で、加賀国境付近の土豪堀江氏が謀叛を起こし、加賀一向一揆と結託したときだった。このとき、一揆軍は国境を越えて越前北部まで進攻してしまう。

　このように、朝倉氏は弘治～永禄年間にかけて加賀一向一揆と一進一退の攻防を繰り広げており、国境付近の軍事的緊張はかなり高かったと思われる。この結果、国境付近の城郭や、越前北部の拠点城郭の強化・整備が進められたと考えられる。国境城郭の松山城・神宮寺城・上野山城、そして拠点城郭である波多野城や成願寺城、本拠の一乗谷城は、この頃に築城・大改修されたと考えたい。ちなみに、朝倉氏と加賀一向一揆は、足利義昭の仲介により、永禄十年十二月に和睦し、戦闘は終結する。あれほど血みどろの戦いを繰り広げていた両者が、次期将軍最有力候補者の「ツルの一声」であっけなく手を結んでしまうのである。後に織田信長を苦しめる策謀家義昭の才能が花開いた瞬間といえよう。

　朝倉氏が北の加賀一向一揆と戦っていたときとほぼ同時期に、朝倉氏は西の若狭国吉城主粟屋氏と戦っていた。これは、粟屋勝久が若狭守護武田氏に謀叛を起こしたため、朝倉氏が粟屋氏を成敗し、武田家を保護するというのが大義名分だった。

　朝倉軍の国吉城（福井県美浜町）攻めは、永禄六年九月から開始され、なんと天正元年（一五七三）八月の朝倉氏滅亡まで続けられ、ついに朝倉氏は落とすことができなかった。つまり、国吉城は十年間朝倉氏の攻撃に耐えたのであり、真の難攻不落の名城といえよう。朝倉軍は永禄六年から十年まで毎年出兵し、ほぼ毎回撃退されている。約二十年前の篠脇城攻めと同様のパターンである。朝倉軍は篠脇城攻めの失敗から何も学ばなかったのであろうか。

　永禄十一年、朝倉軍は若狭に出兵し、今回は国吉城を無視して後瀬山城（福井県小浜市）に向かっ

＊3　永禄七年は当主義景自ら出陣した大規模な出兵である。

た。さすがの粟屋勝久も長年の籠城戦で疲弊し、さらに朝倉軍が国吉城の周囲に中山(なかやま)の付城(つけじろ)・狩倉山(かりくらやま)城(ともに同美浜町)等の付城を構築したため、国吉城で傍観するしかなかったのである。

こうして、粟屋勝久という反乱分子の抑え込みに成功した朝倉軍は、後瀬山城に乗り込み、若狭守護武田元明(もとあき)を拉致して越前に連れ帰ってしまう。そして、後瀬山城周辺を領有化してしまった。朝倉氏としては、若狭武田家を保護するという名目上の美徳を実行するとともに、連戦で浪費してしまった戦費を回収するという現実的な問題も解消しなければならなかったのである。

ここで注目したいのは、永禄年間において朝倉氏は加賀と若狭の両方で城郭を築城・改修しているが、縄張りがまったく違っていることである。加賀方面の城郭は松山城で見られるような従来の縄張りを踏襲した城郭だが、若狭方面の中山の付城・狩倉山城は塁線土塁・櫓台・土塁造りの虎口(こぐち)を備えた最新式の縄張りであり、*4 さらにその築城技術を発展させて、元亀年間に近江で構築する城郭に活用する。

このようなことを考慮すれば、塁線土塁・櫓台・土塁造りの虎口の祖形は若狭の城郭の縄張りだったと考えてよい。若狭出兵で若狭の城郭技術を学習した朝倉氏は、元亀年間にさらに発展させて近江の築城で見事に活かしたのである。攻城方法は学習しないが、築城方法は見事に学習し、ステップアップさせていたのである。その高い築城技術は、同時代における織田政権と同等、もしくは凌ぐかもしれないというハイレベルなものである。朝倉氏がもう十年延命していたならばどのような城を築いていたか、想像するだけでもワクワクするのは筆者だけではあるまい。

(2) 日本有数の戦国大名だった朝倉氏

ところで、朝倉氏最後の当主義景については、凡庸というイメージが強い。しかし、義景個人

＊4　若狭方面の陣城には畝状空堀群を設けていない点にも注目したい。

の評価は別として、朝倉氏が日本有数の戦国大名だったことは、疑う余地がない事実である。

朝倉氏が織田信長と全面対決していた元亀年間（一五七〇―七三）、『信長公記』によれば朝倉氏は一万五千〜二万の大軍を近江に派兵していた。この数字は多少信憑性に欠けると思われるが、それでも一万以上の軍勢を派兵していたのは事実と考える。元亀年間において、国外に一万人以上の軍勢を派兵できたのは、織田・後北条・武田・毛利の四氏ぐらいであろう。つまり、朝倉氏はベスト5に入る有力な戦国大名だったのである。この豊富な軍勢を用いて、本国越前はもちろんのこと、丹後・若狭・近江・美濃・加賀と近隣五カ国に軍事力を行使していたのである。

さらに驚くことは、朝倉氏は貿易で国力を富ませる計画を持っていたことである。朝倉義景は永禄十年（一五六七）、薩摩の島津義久を仲介して琉球（沖縄県）と勘合貿易する計画だったこと[*5]が判明している。西国大名ならいざ知らず、北陸の戦国大名が貿易で富国強兵を行い、さらに琉球の存在を知っていたことは、驚異的な地理感・経済知識と言ってよい。琉球との交易は結局実現しなかったが、当時の朝倉氏は最先端の知識・教養を持っていたのである。

以上述べたように、朝倉氏が日本有数の戦国大名だったことは事実である。隣国に織田信長という誠に（朝倉氏にとって）不幸な天才がいなければ、関ヶ原合戦ぐらいまで家名を保ち、上杉謙信と並ぶ北陸の戦国大名として称えられていたことであろう。

三、織田信長との対決

（1）金ヶ崎城の攻防

天下統一を目指す織田信長は、元亀元年（一五七〇）正月二十三日、将軍足利義昭の名で近隣諸国

＊5　一乗谷遺跡から大型船の模型が出土している。大型船建造の模型と推定される。

織田信長画像　東京大学史料編纂所蔵模写

の大名に上洛を命じる。当然の如く朝倉義景はこの命令を無視し、信長は将軍義昭の命に背いたとして朝倉討伐の軍を出動させる。こうして、信長と義景が全面対決した元亀の争乱が始まる。命令を無視した理由として、『朝倉始末記』はこれは義昭の上意ではなく、もし上洛したとしても国を滅ぼされるだけだと述べている。

元亀元年四月二十日、信長は朝倉討伐のため京都を出陣し、近江を経由して四月二十三日に若狭国吉城に着陣した。信長は若狭から越前を攻める戦法に出たのである。

四月二十五日、織田軍は越前への入口の要衝天筒山城＊6（福井県敦賀市）に猛攻をかけ、その日の内に落城させ、さらに尾根続きに位置する金ケ崎城（同敦賀市）も翌二十六日に開城させた。さらに、近江との国境に位置する疋壇城（同敦賀市）も開城させている。織田軍の快進撃とは対照的に朝倉軍の動きは鈍く、救援に向かった義景は途中で引き返し、朝倉景鏡も進軍を途中で停止してしまう。このようなありさまでは、国境の城郭が簡単に落城してしまうのも無理もなかろう。

入口部を制圧した信長は、木ノ芽峠を越えて越前中央部に突入しようとしたその矢先に、浅井長政が信長の退路を塞いでしまったのは有名な話である。そして、信長は四月二十八日に退却し、木下秀吉は金ケ崎城で殿軍を務める。脱出に成功した信長は、朽木越えで四月三十日に無事京都に着いた。信長を仕留める最初で最後のチャンスだったのに、朝倉・浅井両軍は積極的な行動は起こしていない。織田軍の素早い動きに付いていけない、といった感じがする。

＊6　手筒山城はほぼ遺構を残さない「謎の城」である。

（2）長比・上平寺城の築城

浅井長政は、京都と岐阜を往復する織田軍を分断するために、近江・美濃国境に城郭を築城し、国境を封鎖する作戦に出る。『信長公記』によれば、元亀元年（一五七〇）六月に長政は越前衆を呼び越して、長比城・上平寺城（ともに滋賀県米原市）を築いたと述べる。これは、浅井単独で築城できないため、朝倉軍に長比城・上平寺城を「築いてもらった」と解釈すべきであろう。長比城・上平寺城の縄張りは中山の付城の発展系であり、朝倉氏が当時の最新技術を導入した縄張りと理解できるのである。朝倉氏が築城した鉄壁の牙城といえよう。

長政は、長比城・上平寺城に重臣の堀秀村とその老臣樋口直房を入れる。そして、朝倉軍は越境して美濃へ進攻し、美濃垂井（岐阜県垂井町）・赤坂（同大垣市）近辺まで放火している。両城の築城により、近江・美濃を繋ぐ中山道・北国脇往還の流通は著しく阻害され、国境封鎖は完璧と思われた。

ところが、信長は鉄壁の牙城を力攻めするような愚策は採らなかった。なんと、調略で両城主を寝返らせたのである。はたして、信長が同年六月十九日に出陣すると、秀村と直房は約束通り寝返り、無血開城してしまう。信長は一滴の血を流さずに、長比城・上平寺城を手中にすることができたのである。鉄壁の牙城を鉄壁にするのは縄張りではなく、城主と城兵の結団力であることを如実に物語っていよう。

浅井長政画像　東京大学史料編纂所蔵模写

上平寺城の堀切　滋賀県米原市

（3）姉川の合戦と志賀の陣

あっけなく江濃国境封鎖を解除させた信長は近江に出陣し、徳川家康とともに朝倉・浅井連合軍に決戦を挑んだ。姉川の合戦である。合戦は六月二十八日に小谷城（滋賀県長浜市）付近を流れる姉川を挟んで行われ、織田・徳川連合軍が勝利したものの、朝倉・浅井氏に決定的な打撃を与えるまでには至らなかった。

朝倉・浅井氏には十分な戦力が残っており、『信長公記』によれば、九月十六日に両氏は三万の大軍を率いて近江坂本（大津市）に進軍する。すでに述べたように、三万とは多少誇張も入っていると思われるが、朝倉氏は一万以上の大軍を率いて出陣したことは事実であろう。

朝倉・浅井軍の出撃を聞いた宇佐山城（大津市）主・森可成も坂本まで出撃するが、九月二十日に両軍が激突した結果、可成や織田信治（織田信長の弟）が戦死するという織田軍の大敗に終わった。勢いに乗った朝倉・浅井軍は翌二十一日には京都の町に迫り、醍醐・山科といった洛東の町に放火している。まさに上洛寸前だったのである。このように、朝倉・浅井軍の活動は、比叡山を味方に付けた湖西においてはきわめて優勢だったのである。

九月二十四日に信長が摂津から京都に戻ったため、朝倉・浅井軍は京都から大津にかけての山上に陣城を構築する。青山城（一乗寺城、京都市）・壺笠山城（大津市）・蜂ケ峰城（所在地不明）である。この内、青山城は朝倉軍が合図のために煙、すなわち狼煙を上げたことが一次史料により判明している。

ここで着目してほしいのは、青山城には竪穴や石窯といった一般的にいわれている狼煙施設が存在しないことである。つまり、朝倉軍は狼煙用に特化した施設を用いず、地表面に遺構を残さ

小谷城本丸跡　滋賀県長浜市

ないような簡単な方法で狼煙を上げたことになる。これは、狼煙のイメージを考えるうえで重要な事実となる。[*7]

このとき義景自身も出馬し、少なくとも十月中旬には坂本にいたことが判明している。坂本が近江志賀郡だったことから、一連の軍事行動を志賀の陣と呼んでいる。

十月二十日、朝倉・浅井軍は再度京都洛東の町々を放火し、十一月二十六日には近江堅田（大津市）で織田軍を破るが決定打にはならず、膠着状態が続いた。十二月になると、積雪により越前との交通が遮断されることを恐れた義景は、朝廷や将軍義昭を仲介者として信長と和議を結ぶことになる。同月十三日に和議が成立し、十五日に義景は青山城等を焼き払い、越前に帰陣した。

この和議には後日談がある。朝倉氏は信長が和議の条件を一方的に破棄し、約束をまったく守らないと非難している。そして、再度将軍義昭の仲介を要請したが、それでも信長は約束を守らないとしている。これは信長をズル賢いと見るべきか、それとも朝倉氏をバカ正直と見るべきか、意見が分かれるところであろう。

（4）朝倉義景の大嶽城在城

元亀三年（一五七二）、天下は大きく動く。甲斐の武田信玄が西上を開始したのである。それに先立ち、朝倉義景は浅井長政を救援するため、自ら一万五千の大軍を率いて七月二十四日に一乗谷を出陣し、二十八日には柳ヶ瀬に到着していったん陣容を整える。そして三十日に小谷城に着陣した。

ここで一悶着が起こった。小谷城の縄張りがあまりにも低レベルで、織田軍の猛攻に耐えがたいと判断し、義景が小谷城よりさらに高所の大嶽城（滋賀県長浜市）に移ってしまったのである。

＊7　狼煙を多用したことが確認されている関ヶ原合戦の陣城にも同様のことが言える。

長政は、自分の居城にダメ出しをされ、さらに居城を見下ろす高所に在陣されてしまった屈辱的行為を、苦々しく思っていたに違いない。

義景は八月二日、小谷山から南に延びる知善院尾根に、福寿丸（ふくじゅまる）・山崎丸（やまざきまる）（ともに滋賀県長浜市）を築城して防御力を強化した後に、翌三日、小谷山山頂の大嶽城へ入城する。さすが小谷城にダメ出しをしただけあって、完璧な布陣といえよう。

義景の大嶽城在陣は、八月四日から十二月三日までの約四ヶ月間に長期に及んだ。しかも、一万五千の大軍を率いての在陣である。周辺の城郭は朝倉軍が相当改修していると考えなければならない。さらに、越前との中継地である柳ヶ瀬周辺の城郭、特に玄蕃尾城もその可能性は高い。もちろん、現存遺構の大部分は柴田勝家（しばたかついえ）時代のものだが、朝倉氏時代の遺構がどの程度残っているのか、再考すべきであろう。

四ヶ月間も在陣しているので、義景のもとへ塩硝・蒲鉾・昆布・小鯛・大般若巻・青銅百疋・酒といった陣中見舞い品が届く。塩硝は鉄砲の火薬、青銅百疋は戦費、酒は万国共通の贈答品といえる。大般若巻は不安と恐怖に慄く戦場にあって、心のよりどころを求めた品であろう。面白いのは、蒲鉾・昆布・小鯛で、蒲鉾・昆布は北陸の名産、特に富山では現在でも結婚式の引き出物に多用されている。また、小鯛は「小鯛の笹漬け」の名で現在も若狭小浜地方の名産として販売されている。[*8]現在の名産はすでに戦国時代から贈答品として扱われていたことが判明し、面白い。

十月一日、武田信玄は約三万の大軍を率いてついに遠江に出陣する。義景の大嶽城在陣は、織田の大軍を近江に釘付けにしており、信玄の西上を成功させるためには重要な戦略の一部だった。そのため、信玄は十一月十九日付で義景に書状を送り、来年五月までの在陣を要請している。

しかし、義景にとってそれはできない相談だった。中継地の柳ヶ瀬から越前一帯は豪雪地帯で、

＊8　陣中見舞い品の食料品は、すべて長期保存が効くものを選定している。

冬期間は交通が途絶えてしまうからである。北陸の武将であれば積雪前に帰国するのが当然の行動であり、信玄の要請は北陸の実態を知らない無理難題といえよう。

当然の如く、義景は十二月三日に越前に向けて帰国する。[*9] 十二月二十八日、信玄は無断で帰国した義景を非難しているが、他人（義景）をアテにした信玄にも落ち度はあったといえる。義景の帰国は責められるものではない。ただし、一万五千の大軍を率いていながら、大嶽城に座りっぱなしで大規模な軍事行動を起こさなかったのは失策といえる。大嶽城・小谷城と対峙する織田軍は、十月以降、手薄になっていたはずである。このとき攻勢にでれば、横山・虎御前山から織田軍を駆逐できたかもしれない。信玄が非難したのは、そのような義景の無気力的な態度だったのかもしれない。

十二月二十二日、信玄は三方ヶ原（静岡県浜松市）で徳川軍を撃破した。これを受けて元亀四年（天正元年〈一五七三〉）、本願寺顕如は二月六日と三月五日、足利義昭は二月十九日、そして信玄は二月十六日に義景に書状を送り、近江への出兵を要請している。もはや懇願に近い状況で、反織田同盟にとって義景の存在は、信長を倒す重要な軍事力とされていたのである。

しかし、このときも義景は近江に出陣せず、逆に三月に若狭に出陣し、五月に一乗谷に帰陣する。義景にとって、近江より若狭のほうが重要だったのである。懇願しても一向に出兵しない義景の態度に落胆したのか、信玄は三月に重体に陥り、四月十二日に病没してしまう。そして七月十二日、居城槇島城（京都府宇治市）を包囲された義昭は信長に降伏し、反織田同盟は瓦解する。東西からの圧力を払拭した信長は、全軍を近江に集結させ、朝倉・浅井との最終決戦に臨むのである。

＊9　帰国した義景は、恩賞や訴訟の処理に忙殺される。

（5）朝倉氏の滅亡

若狭から帰陣した義景は、天正元年（一五七三）七月十七日、ようやく近江に出陣する。「時すでに遅し」であり、連戦の出兵で疲弊した朝倉軍においても、御親類衆筆頭でナンバー2の景鏡や重臣の魚住景固（うおずみかげもと）は「所労」と称して出陣しなかった。すでに内部崩壊の兆しが見え始めており、老大国が滅亡するお決まりのパターンを歩み始めていたのである。

八月十日、義景は二万の大軍を率いて田上山城・田部山城まで進軍する。この時期によくも二万もの大軍が用意できたと感心させられるが、武田勝頼（かつより）も滅亡直前に一万五千の大軍を率いている。滅亡直前は、それを悟られまいと、無理に無理を重ねるものなのであろうか。

信長の手は、すでに浅井氏内部にまで及んでいた。大嶽城の出城（でじろ）・焼尾砦には浅井対馬が在城していたが、信長はこれを寝返らせ、八月十二日に対馬軍とともに攻勢に出た。当時、大嶽城には朝倉留守居部隊約五百人が在城していたが、大した抵抗もせず降伏する。本来なら皆殺しにされるところだが、すべて助命された。こうすることにより、義景は敗走した留守居部隊から大嶽落城を聞き、戦況の不利を悟って越前への撤退に踏み切る。そして、その背後に襲いかかる、という信長の悪魔のような作戦である。

このとき、同じく大嶽城の出城丁野山城（ようのやまじろ）は朝倉軍として平泉寺玉泉坊（へいせんじぎょくせんぼう）が守備していたが降伏し、やはり赦されている。この作戦により、『信長公記』には「然れば信長御評には必定、今夜朝倉左京大夫（義景）退散すべく候」とある。シメシメとほくそ笑む信長の姿が目に浮かぶようである。

このとき織田軍は、朝倉軍が中野河内口と刀祢坂のどちらの道を進むか議論中だった。すかさず信長は、援軍が駐留する疋壇城方向の刀祢坂に進むと判断し、全軍を刀祢坂に向かわせる。は

丁野山城の出城・中島砦の堀切
滋賀県長浜市

たして朝倉軍は刀祢坂へ退却中、背後を織田軍に襲われる。冴えわたった信長の作戦といえよう。

八月十三日に行われた「刀祢坂の合戦」では、朝倉軍は約三千人が討ち取られ、再起不能の大敗北を喫してしまう。『朝倉始末記』では、このとき義景は「軍中ニテ腹切テ屍ヲ戦場ニ捨ン」と言い放ったが、家臣に諫められて戦場を脱出し、十五日夜に一乗谷に帰陣する。このときの様子を、『朝倉始末記』ではわずか五・六騎で、しかも馬は二・三日エサを与えていなかったため、徒歩で「漸々引立策打テ」帰陣したと述べている。つまり、ボロボロになってようやく帰陣したのである。

なお、『朝倉始末記』の記述が正しければ、義景は刀祢坂から一乗谷まで三日間六十六km、つまり一日当たり二十二km歩いたことになる。途中には難路で有名な木ノ芽（きのめ）峠もある。義景本人には申しわけないが、長距離歩行とは無縁の殿中生活を想像してしまうが、以外と健脚だったのには驚かされる。御殿暮らしの殿様でも、現代人と比較すれば健脚の部類に属していたのである。

本拠一乗谷に帰陣した義景だが、すでに安住の地ではなくなっていた。翌十六日、朝倉景鏡の献策により、景鏡の領地大野郡に移り、さらに十九日には同郡六坊賢松寺（けんしょうじ）に移る。そこに魔の手が待っていた。最後の頼み、景鏡が寝返ったのである。織田軍はすでに十八日に一乗谷に攻め入り、館や屋敷・寺社すべてを焼き払っている。織田軍に寝返ったことを天下に示さなければ、義景共々滅ぼされてしまう。二十日、景鏡は義景に切腹を強要し、同日酉刻（午後五時）に切腹して果てた。ここに、越前朝倉氏は滅亡する。

八月二十四日、赦免された景鏡は義景の首を持参して、府中竜門寺（りゅうもんじ）の信長本陣に御礼に参上する。『朝倉始末記』によれば、景鏡は信長の小姓たちから「一家ノ惣領ヲ殺ス不覚仁也トテ目ヲ引鼻ヲ引手ヲ打テゾ笑レケル」と、満座の中で辱めを受けた。景鏡の行動は小姓たちから見て

朝倉義景の墓　福井市

も嘲笑されるだけであり、武士にはあるまじき行為だったのである。

小谷城に孤立した浅井氏も、もはや織田軍の敵ではなかった。織田信重（信忠）軍の駐留により、朝倉軍の救援にも向かえず、ただ小谷城で籠城するしかなかった。信長は八月二十七日の夜に小谷城の攻撃を開始し、翌日には早くも落城させた。こちらは浅井長政以下、一族ことごとく切腹して果て、浅井氏も滅亡する。こうして、元亀の争乱は朝倉・浅井氏が滅亡し、信長の完全勝利として終結する。

四、越前一向一揆時代

(1) 朝倉旧臣による支配

朝倉氏を滅ぼした信長だが、滅んだのは朝倉本家のみであり、一族・譜代重臣はことごとく赦免されている。とくに、御親類衆筆頭で朝倉氏ナンバー2だった景鏡が赦され、しかも従前通りに領地支配・居城在住を許可されているのには驚かされる。

朝倉氏の滅亡後、越前の支配を任されたのは、朝倉氏旧臣前波吉継（改名して桂田長俊）で、信長は吉継を越前守護代に任命して、吉継は一乗谷朝倉館に居住する。ただし、一乗谷は焼き尽くされたため、吉継は山上の一乗谷城に在城したと考えられる。

吉継は、かつての同僚である朝倉旧臣に対して傍若無人に振る舞い、専横を極めたため国人の反発を招き、天正二年（一五七四）正月二十日、富田長繁を中心とする朝倉旧臣・越前一向一揆軍に一乗谷城を攻められ敗死する。前波吉継・富田長繁は共に元亀三年（一五七二）八月に織田信長に寝返り、そのまま信長に仕えた、いわば「同じ穴のムジナ」である。かつて同じく裏切っ

朝倉氏館会所跡　福井市

た同僚に攻められ戦死した吉継[*10]の思いは、いかばかりだったであろうか。

吉継に取って代わった長繁の政治も横暴を極めた。なんのことはない、吉継が長繁に代わっただけである。吉継が戦死したわずか四日後の正月二十四日、居城の府中城（福井県越前市）に魚住景固を招き謀殺している。景固は天正元年に義景の命令を無視して出陣に応じなかった朝倉旧臣である。

このような長繁の統治が長続きするはずがなく、越前一向一揆と敵対したことにより、翌二月十八日、一揆軍の小林吉隆（こばやしよしたか）に攻められ戦死する。吉継の戦死からわずか四十日後の出来事である。

裏切り者の死はさらに続く。吉継・長繁の戦死により、越前は一向一揆が支配するところとなり、次の攻撃目標は対立関係にあった平泉寺（福井県勝山市）に向けられた。当然、平泉寺と同調していた朝倉景鏡（改名して土橋信鏡（つちはしのぶあきら））も攻撃目標の対象とされた。そして四月十五日、一揆軍に攻められ平泉寺は焼亡、景鏡も戦死する。長繁の戦死からわずか二ヶ月後の出来事である。かつて朝倉氏のナンバー2として威勢を振るっていた景鏡は、まさか一揆軍に攻められて戦死するとは夢にも思っていなかったであろう。

このように、朝倉義景を裏切って生き延びた朝倉一族・譜代重臣の多くは、翌年に戦死してしまう。裏切りによる彼らの延命期間は、わずか一年にも満たなかったのである。裏切ってもなお生き続けている朝倉旧臣たちは、在地土豪から見放され、そして攻撃目標にされてしまう。裏切り者の未来は、あわれな末路でしかなかったのである。

（2）織田信長の越前一向一揆討伐

越前から織田氏家臣や朝倉旧臣を一掃させた越前一向一揆は、一時的にせよ越前を支配するこ

＊10　吉継は前年にほぼ失明し、当時から義景の呪いとされていた。

とに成功する。一口に越前一向一揆と言っても実情は複雑で、しかも前波吉継打倒のために加賀一向一揆を引き入れたため、さらに複雑になってしまった。大坂本願寺から派遣された本願寺家臣、加賀一向一揆の金沢御堂衆、越前一向宗寺院、そして越前の在地土豪である。これら四者がそれぞれ対立し、越前の支配をめぐって権力抗争を繰り広げる始末である。とくに本願寺家臣・金沢御堂衆といった外部勢力（上方衆）の支配は在地衆の反感を買い、『朝倉始末記』は「上方衆ノ下知トシテ国中ヲ恣ニセラル々ハ案ノ外ノ事也トテ殊ノ外ニ腹立シ」と述べ、在地衆の気持ちを代弁している。とても一枚岩とはいえないような実情の越前一向一揆だった。

それでも、織田信長の越前討伐が現実味を帯びてきた天正二年（一五七四）八月、越前一向一揆は越前国境線に城郭を築き、織田軍の進攻に備える。このとき、一揆軍が築城・改修していることが一次史料で確認でき、しかも遺構も残しているのは、鉢伏山城・西光寺丸城・虎杖城・河野丸城・河野新城・燧ヶ城である。＊11

越前本国と若狭地方を分ける分水嶺の一画に、鉢伏山が位置する。その頂上に築かれたのが鉢伏山城である。鉢伏山城から南の尾根続き約一kmの間に、鉢伏山城・観音丸城・木ノ芽城・西光寺丸城の計四城が築かれており、これらを総称して木ノ芽峠城塞群と呼んでいる。城塞群のほぼ中央に木ノ芽峠が位置していることが、城塞群の名の由来となっている。本書では最も保存状態の良い、鉢伏山城・西光寺丸城の二城を紹介する。

また、天正三年八月、越前一向一揆は織田信長に対抗すべく、越前・若狭・近江国境付近に城郭を構えていたことが知られている。とはいえ、その多くの築城者は朝倉氏で、一揆滅亡後も織田氏が使用しており、現存遺構はいつ、誰が構築したものか、判明しづらい状況となっている。つまり、一向一揆の築城思想を研究するうえでは不向きな城郭といえる。

＊11　この他『信長公記』では「今城」を記載しているが、場所を特定することはできない。

そのなかで、一次史料に登場し、遺構も明確に残し、一向一揆が築城・使用しただけで廃城になった城郭がわずかながら存在する。それが虎杖城・河野丸城・河野新城である。これらは知名度も低く、地味な城郭ではあるが、越前一向一揆最末期の城郭思想を知るうえで重要な城郭となるため、本書であえて紹介したい。[＊12]

越前一向宗寺院専修寺（福井市）住職の賢会は、天正二年（一五七四）八月二十日以降、鉢伏山城の城将として同城に在城する。賢会が在城中に弟の加賀諸江坊に宛てた十三通の書状は、在城中の実態を生の声で弟に書き送った貴重な書状群である。それによれば、城将といえど雨漏りのするような小屋で寝起きしていること、具足が重くて難儀していること、在地衆が命令にあまり従わず侮辱されていること、守備兵が逃亡してしまい、信長に攻められたら我らは腹を切らなくてはならない等々、弟に対してだからこそいえる悲痛な声が書きつづられている。

越前一向一揆といえども、下支えしているのは在地衆であり、戦場で戦っているのも在地衆だった。一向宗寺院は後方から指示しているのみであり、いわば「口を出すけど手は出さない」の状態である。しかし、今回は違った。賢会の書状通り、在地衆が命令に従わないからこそ、賢会自らが陣頭に立って指揮しなければならないのであり、初めて付けた具足の重さに驚いたのである。そして一揆軍の戦意は低く、信長の進攻前に守備兵が逃亡するありさまだったのである。なんとも心許ない一揆軍の実情といえよう。

実情はともかくとして、『信長公記』によれば一揆軍は越前国境線に九つの城郭を築き、陸・海の両方からの攻撃に対応する構えを見せている。傍目には、国境線の防御は完璧と思われていたのである。

かくして天正三年八月十五日、織田軍は陸・海の両方から一揆城郭に襲いかかる。鉄壁と思わ

＊12　もちろん臨時城郭という点も考慮しなければならないが、一揆の城郭を研究するうえで貴重な遺構となる。

れていた国境城郭は、わずか一日の攻防であっけなく総崩れとなり、翌十六日には越前中央部の府中に織田軍が進攻する。ここからは、もはや戦闘ではなく、一方的に一揆軍を殺害する「虐殺」だった。織田軍が大量虐殺した証拠として、信長が村井長頼（むらいながより）に宛てた書状には、「くひをきり」「即くひを切」「切捨」「即刎首」「首をはね」「撫切」「打果」「悉生害」といったワードが頻出する。その結果、「府中町ハ、死かい計にて一円あき所なく候」という状態となり、信長はこの光景を長頼に「見せ度候」と述べる。おそらく、長頼は返答に窮したに違いない。季節は夏、府中は死臭で溢れかえっていたことであろう。

朝倉景健（かげたけ）は朝倉氏の侍大将の一人だったが、景健も義景を裏切って信長に仕え、さらに信長も裏切って一揆軍として戦っていた。そして一揆軍が敗北すると、八月二十一日には賢会をはじめとする一揆軍幹部の首を携えて降伏を願い出ている。だが、もちろん赦されず、即刻切腹させられている。裏切りに裏切りを重ねたこの人物の延命も、義景の死からわずか二年間でしかなかったのである。

八月十五日から始まった織田軍による越前掃討戦は、二十二日におおむね終了する。その間に殺害された一揆軍の数は、『信長公記』によれば三〜四万に及んだという。おそらく、一つの合戦での戦死者数としては、北陸史上最高。しかもダントツの1位であろう。それでも、翌天正四年に一揆軍は再蜂起するのである。[*13]

（3）嶋田将監の孤軍奮闘

北袋（福井県勝山市中心部）の在地土豪・嶋田将監正房（しまだしょうげんまさふさ）は、朝倉氏の滅亡後、越前一向一揆と共に織田政権と戦った数少ない朝倉氏遺臣の一人である。嶋田将監のように、加賀に接する勝

＊13　小丸城出土文字瓦に記載されている一揆が天正四年の一揆である。

山市北部・大野市北部の在地土豪連合軍は、越前一向宗寺院と協力して、織田政権と徹底抗戦していた。

土豪連合軍の最初の攻撃目標は、織田政権に属した朝倉景鏡（改名して土橋信鏡）とそれに同調した平泉寺（福井県勝山市）であった。天正二年（一五七四）四月十四日、土豪連合軍が平泉寺攻めの陣城として築城したのが村岡山城（むろこやま）（同勝山市）で、築城主体の一人が嶋田将監である。平泉寺と信鏡は村岡山城を攻め落とそうとするが、逆に連合軍に反撃され、平泉寺は焼亡、信鏡も討ち死にしてしまう。

ここで注目したいのが、村岡山城の構造である。従来の評価としては、村岡山城の遺構で畝状空堀群は土豪連合、塁線土塁や土塁造りの虎口は柴田義宣（よしのぶ）＊14（柴田勝家の一族）が構築したとされていた。しかし、両遺構は見事に連動しており、塁線土塁や土塁造りの虎口は朝倉氏が構築した福寿丸・山崎丸にも残っていることから、両遺構は天正二年四月頃に嶋田将監によって構築されたものと推定したい。

天正三年八月、越前一向一揆が壊滅すると、将監は天然の要害が期待できる野津又城（のづまた）（福井県勝山市）に移る。野津又城は、織田（柴田）軍の加賀進攻を抑えるには必要不可欠の存在で、同年十一月に本願寺顕如も野津又城と将監に絶大な期待を寄せている。翌天正四年五月にも、顕如は野津又城に書状を下し、兵糧が底をついて大変だろうが、野津又城は重要な存在なので、どんな相談にも乗るのでぜひ籠城を続けてほしいと哀願している。ただし、現実の協力になると、必ず仏の御心に叶い極楽往生まちがいなし、といった精神論ばかりで、名号・旗・太刀と、籠城には役立たないものばかりを下賜するだけだった。

このような協力のみで籠城戦を続けられるはずがなく、野津又城は餓死するように落城したと

＊14 一揆の抵抗は激しく、天正五年に義宣は戦死してしまう。

考えられる。ただし、落城期日は明確にできない。天正七年六月、柴田軍が加賀に進攻しているので、これまでに落城したと考えられる。なお、将監の最期は詳らかにできない。

五、織豊政権時代

（1）織田時代

天正三年（一五七五）九月、越前掃討戦を終えた信長は、越前仕置を言い渡す（『信長公記』）。越前八郡を柴田勝家、大野郡の三分の二を金森長近、府中近辺の二郡を佐々成政・前田利家・不破光治（府中三人衆）に与え、府中三人衆を勝家の目付に定めた。ここに、越前の領主が確定する。

彼らの居城で、織田政権時代の遺構を地表面に残しているのは、佐々成政の小丸城（福井県越前市）と金森長近の越前大野城（同大野市）のみである。柴田勝豊の丸岡城（同坂井市）天守は天正四年の建設とされてきたが、部材の測定から寛永年間（一六二四〜四四）の建設であることが明らかとなった。その天守台も、昭和二十三年の福井大震災後の積み直しであり、当時のものではなくなっている。

小丸城と越前大野城で注目したいのは、天守穴蔵の存在である。その大きさは、五間×三〜四間とほぼ同サイズとなっている。したがって、ほぼ同規格の天守（おそらく半地下式の二層三重）が建っていたと考えられる。おそらく信長の貫徹された築城方針に従った天守建設であり、織田政権の城郭の具体的な構造が判明する、貴重な遺構といえよう。

ちなみに、越前大野城の公園範囲外に、築城当初（おそらく天正四年）の石垣が残っているが、天正初年の石垣とはこうも貧弱なのかと驚かされる。これと同サイズの石垣が勝原城（福井県大

柴田勝家の居城・北之庄城の礎石　福井市

野市）にもあり、石垣で固めた見事な内枡形虎口が残る。長近が大野盆地の防御として構築したと考えられよう。

小丸城から出土した文字丸瓦は、偽物説も存在していたが、現在は数少ない貴重な中世文字史料として評価されている。そこには、一揆軍に残虐な処刑を行った前田利家の名が刻まれている。筆者は瓦に対してはズブのシロウトで、異議を唱えるつもりは毛頭ない。ただし素朴な疑問として、文字丸瓦の主人公は前田利家なのに、なぜ佐々成政の居城である小丸城から出土したのか、一抹の不安がよぎる。

（2）豊臣時代

天正十一年（一五八三）の賤ヶ嶽合戦後、時代は豊臣（羽柴）秀吉の天下統一へと大きく動き出す。越前の支配も柴田勝家から丹羽長秀へと変わり、天正十三年四月に長秀が病没すると、子の長重が跡を継ぐ。しかし、長重は「惟住五郎左（長重）若年ニつきて家中不和之儀御異見云々」（『宇野主水日記』）と、若年のため家中が治まらないとして、同年閏八月に若狭一国に大減封されてしまう。誕生まもない豊臣政権にとって百二十万石の丹羽家は重荷であり、理由はどうであれ、秀吉は丹羽家を減封したかったのである。

丹羽家の移転後、北之庄城（福井市）に堀秀政、東郷槇山城（福井市）に長谷川秀一、府中城に木村常陸介が入城し、数人による分割統治となった。越前ほどの大

丹羽長秀画像　東京大学史料編纂所蔵模写

丹羽長秀の墓　福井市

国を一人が統治することは危険だと判断したのである。

東郷槇山城は、豊臣期の遺構を残す数少ない城郭の一つである。後世の破壊も著しいが、残存する石垣の推定高さは四・八mと四mを越え、天正十一年以降の構築であることを物語る。

東郷槇山城で注目したいのは、石瓦の存在である。現在でも丸石瓦（まるいし）・平石瓦（ひらいし）が大量に散布していることから、少なくとも主郭は総石瓦葺きだったと推定される。

一般的に、越前の中世城郭には広く石瓦が使用されていたとされるが、それは誤りである。現在も石瓦を葺く丸岡城天守は寛永年間の建設で、しかも創建当初は柿葺（こけら）だったと考えられる。一乗谷城や小丸城・越前大野城も使用しているが、それは棟瓦（むね）や鬼瓦（おに）といった限定的な使用のみである。したがって、関ヶ原合戦以前の越前中世城郭において、屋根全体に石瓦を使用していたのは東郷槇山城と北之庄城のみである。極めて限定的な使用だったといえよう。なぜこの二城のみ使用したのか、それは石瓦の原石となる笏谷石（しゃくだにいし）を簡単に入手できたかどうか、に起因していたと考える。*15

とはいえ、東郷槇山城の遺構はほとんど残っていない。これは近代の公園化もあるが、やはり最後の城主丹羽長正（ながまさ）が関ヶ原で西軍についたため、徹底的に破城された結果と考えられる。

関ヶ原合戦は、豊臣政権の終焉を告げる合戦だった。これにより、越前はもとより全国で使用されていた中世城郭の多くは破却される。つまり、関ヶ原合戦は城郭の分野においても近世城郭に移行する新時代の到来を告げる合戦でもあったのである。

---

*15　石瓦が広く普及しなかった理由の一つとして、土瓦よりも、かなり重量だったことが考えられる。

【第一章】

本拠・一乗谷と周辺の城郭

日本有数の戦国大名朝倉氏の居城

1　一乗谷城（いちじょうだにじょう）

①福井市城戸ノ内町
②—
③標高四七三m／比高四二〇m
④C（登城しにくく注意が必要）

【立地】朝倉氏館背後の一乗城山山頂に位置する山城である。標高は四七〇m、比高は実に四二〇mを測り、福井県内でもトップクラスの比高である。直下の一乗谷川はもちろんのこと、広く周囲の峰々を見渡すことができる。しかし、逆に周囲の峰が視界を遮り、福井平野や越前最大の大河九頭竜川（くずりゅうがわ）が見えない。これは、築城当初の目的がごく限られた範囲の支配でしかなかったことを物語る。

J曲輪（主郭・通称二ノ丸）

【城主・城歴】

（1）朝倉氏時代

有名な朝倉氏の居城だが、築城時期は必ずしも明確ではない。『福井市史資料編2』所収『流水集（りゅうすいしゅう）』によれば、朝倉家景（いえかげ）（固山、越前朝倉氏六代）の居館が「越之前州一乗城の畔にありて」と記載されている。これを素直に解釈すれば、一乗城の麓に家景の居館があったことになり、

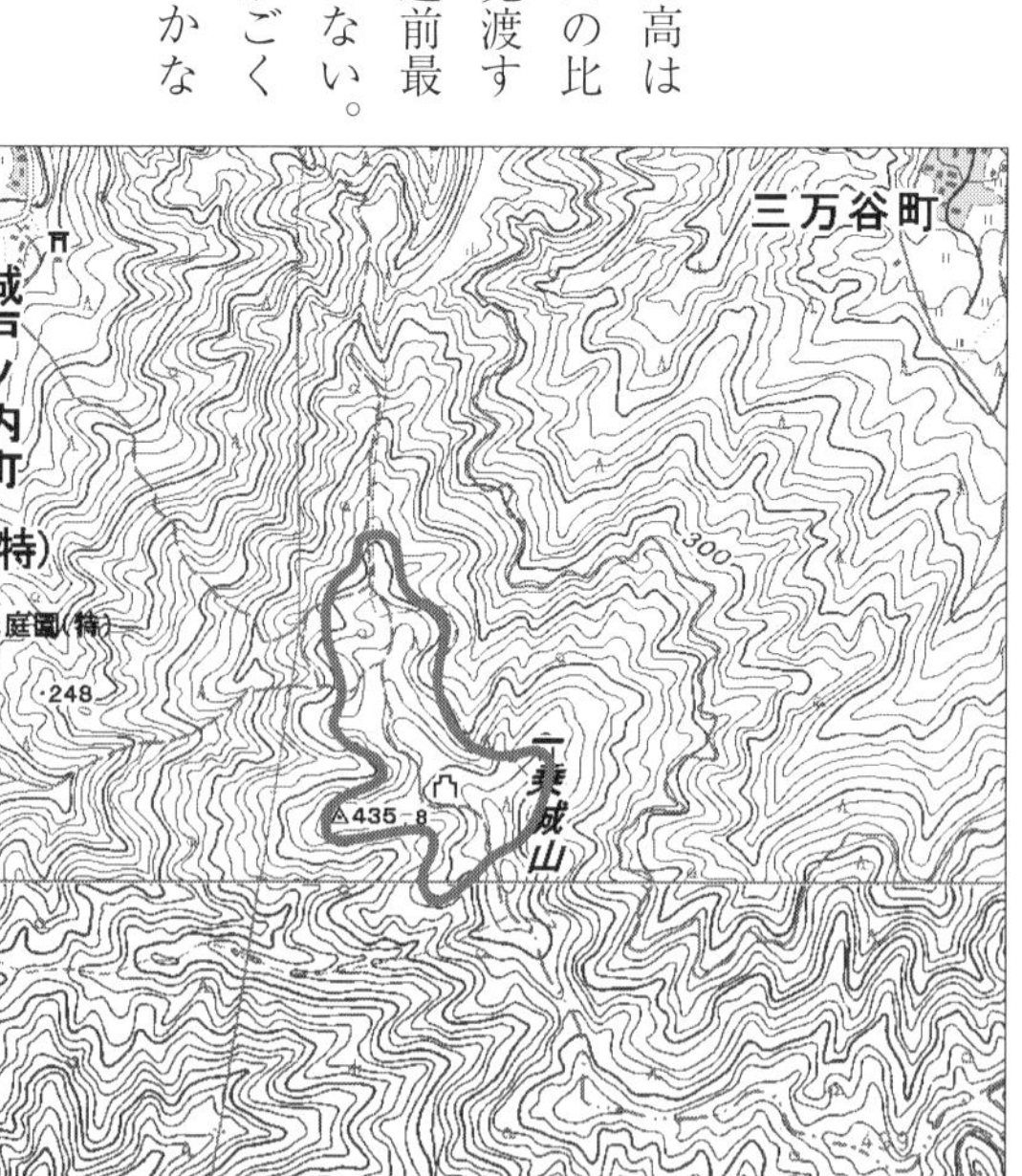

山上に一乗城があったことになる。一乗城は一乗谷城と理解してよいだろう。家景は宝徳二年（一四五〇）に死去していることを考えれば、一乗谷城は十五世紀前半に存在していたことになる。一乗谷城の築城期を推定する上での一つの目安となる。一乗谷朝倉氏初代の孝景が一乗谷に本拠を移したのが文明三年（一四七一）とされているから、それよりも二十年も早い一乗谷城の確認である。われわれが想像するよりもはるかに早い段階で築城されていたのかもしれない。

『朝倉氏関係年表』所収『大乗院寺社雑事記』によれば、文明十四年（一四八二）閏七月に一乗谷で大火があり、屋形（斯波氏）と朝倉氏景（一乗谷朝倉氏二代）の城は無事としている。しかし「随分ノ者共焼死ト云々」とあり、多くの焼死者が出たようである。これにより、多くの人々が行きかう城下町の様子を想像することができよう。

元亀元年（一五七〇）から、朝倉氏は織田信長との抗争期に突入する。そして、天正元年（一五七三）八月十三日の刀根坂の戦いで織田軍に大敗した朝倉義景は、同十五日に一乗谷に帰陣する。このときの様子を、『朝倉始末記』では「諸卒モ悉ク退散シケル程ニ義景防カルヘキ様モナク、只五六騎ニテ深更ニ府中マテ退キ給ヒ、十六（五？）日ニ府中ヲ出御有テ頻ニ急キ給ヘ共、此二三日馬モ爾々飼サル故ニ歩兼シヲ、漸々引立策打テ其日ノ晩景ニ一乗ノ谷ヘ入リ給ヒケル」と記載し、疲労困憊し、わずか五〜六騎で辿り着いた義景一行の様子を描写している。

一乗谷に帰陣した義景だが、重臣朝倉景鏡の勧めで翌十六日に一乗谷を出て、景鏡の本拠大野郡に移る。一乗谷は、信長軍により八月十八日に放火されて三日三晩燃え続け、一宇も残さず焼けつくしたといわれている。織田信長が上杉謙信に送った書状[*1]にも、「義景一乗（谷）を明け、大野郡引き退き候条、彼の谷（一乗谷）初め国中放火候」と述べ、一乗谷を焼き払ったことを記載している。

＊1　『古文書が語る朝倉氏の歴史』所収「織田信長覚書」

＊2　『古文書が語る朝倉氏の歴史』所収「織田信重（信忠）書状」

J
K
⑤
L
⑥
I
③
⑨
⑩
M
P
Q
430
O
420
④
410
400

N
⑧
⑦
H
G
F
A
B
C
②
①
D
E
0
50
100
一乗谷城址（福井県福井市城戸ノ内）
平成3年4月27・28・29日及び20年4月2・3・9日
調査測量　佐伯哲也

景鏡の献策で大野郡に移った義景だが、「義景落ちる所へ先手のものども押し詰め、朝倉式部大輔（景鏡）心違い依って即ち生害候。頸早々天下へ上せらるべき由申し来たり候」[*2]とあるように、景鏡の裏切りにより八月二十日に自刃し、朝倉氏は滅亡した。

（2）前波吉継（桂田長俊）時代

朝倉氏を滅ぼした織田信長は、八月二十四日に朝倉氏旧臣前波吉継（まえばよしつぐ）を守護代に任じ、越前の支配を命じている。『朝倉始末記』によれば、吉継は「一乗ノ谷ノ義景ノ館ニ居置給イケリ」と、義景の館に入ったという。しかし、先に触れたように一乗谷は三日三晩燃え続け、一宇も残さず焼きつくしたはずである。当然、義景館も徹底的に破壊され、焼き払われたと考えられる。したがって、吉継が入った「一乗ノ谷ノ義景ノ館」は、山上の一乗谷城の可能性が高いと言えよう。

吉継は朝倉旧臣時代の名を改名し、桂田長俊（かつらだながとし）と名乗る。だが、長俊の登用に不満を持つものが多く、さらに不平等な権力行使を行ったため、天正二年（一五七四）正月二十日、越前一向一揆（いっこういっき）に一乗谷城を攻められ敗死してしまう。天正三年（一五七五）八月の織田軍越前進攻にあたり、越前一向一揆は一時的に一乗谷に籠城するが、同月十九日に氏家直通・武藤舜秀の猛攻により落城し、一揆軍三百人が討ち取られている（村井長頼宛織田信長書状）。その後、信長は一乗谷に本陣を移すが、それは義景館跡であろう。したがって一乗谷は天正三年八月十九日の落城をもって廃城になったと考えたい。

【城跡】

1. 大手道

一般的に馬出（うまだし）ルートと呼ばれているもので、一乗谷城に登る遊歩道として利用されている。遊歩道は整備され、説明・案内板も豊富で、道に迷うことはない。ただし、駐車場は登城口より少

大手道（馬出ルート）入口に立つ説明板。ここから大手道がスタートする

大手道の途中に立つ案内板。迷うことはない

し離れた一乗谷史跡公園センターにあるので注意してほしい。

山麓の通称馬出から出発し、小見放(こみはなれ)城を経由して登城する道が大手道①である。大手道①の途中には線刻摩崖仏(まがいぶつ)、阿吽(あうん)の狛犬を半肉彫りした石板・石祠の屋根部分が存在している。大手道とはいいながら、山岳修験(さんがくしゅげん)の参道をイメージさせる演出である。②地点には不動清水といわれる湧水があり、城兵の飲料水と伝えられている。湧水地点には、名の由来となった不動像が安置されている。

2. 居住区域

千畳敷A曲輪から宿直D曲輪までの曲輪群は、整然と平坦面が整形され、平坦面も大きく、礎石や石瓦が確認されている。また、顕著な防御施設も確認できない。さらに、不動清水といわれる湧水も存在する。したがって、A～D曲輪を居住区域と推定することができる。

千畳敷は本丸とも呼ばれ、一乗谷城内最大の面積を誇る。ここにも多種多様の石仏、屋根の石製棟瓦(むねがわら)、石祠の屋根が散乱している。現在、一乗谷朝倉氏遺跡資料館に展示されている石製鬼瓦(おにがわら)は、かつて千畳敷にあったとされている。ちなみに、石仏のほとんどは首・顔面が切断されており、これは明治三年（一八七〇）の廃仏毀釈(はいぶつきしゃく)によるものと考えられる。こんな山奥の石仏たちにも廃仏毀釈の災難が降りかかったのである。しかし、前述の不動像は完存している。ということは、不動像は明治三年以降に当地にもた

大手道の途中に残る線刻磨崖仏。宗教遺跡の名残か

千畳敷跡（A）。広々とした平坦面である

大手道の途中に残る狛犬レリーフ。宗教遺跡の名残か

上：千畳敷に残る石仏。ほとんどが顔や首を折られている
下：千畳敷に残る礎石群。山上居館の礎石と推定される

らされたのであろうか。

A曲輪には礎石群が現存する。礎石群から推定して建物の大きさは一一・八m×一〇・二mと考えられる。これは、山麓の義景館の会所・常御殿とほぼ同等の規模となる。かつて存在していたとされる石製鬼瓦、そして散乱している石製棟瓦は、この建物に使用されていたと考えられる。礎石・石製鬼瓦・石製棟瓦を使用した、堅牢かつ大規模な建物の存在が推定される。一乗谷城における山上居住施設が建っていたと推定するのが素直な考えであろう。戦国大名は山麓に存在していた私的な居住施設（ケの空間）を、天文～永禄年間に山上の詰城に移したとされている。七尾城（石川県七尾市）や観音寺城（滋賀県近江八幡市）・岐阜城（岐阜市）はその好例であろう。一乗谷城もそれに数えてよいかもしれない。

千畳敷Aの礎石群で注目したいのは、礎石の大きさである。八〇cm前後の大きさを持つ。朝倉氏遺跡の中心となる義景館の会所・常御殿の礎石も五〇cm前後しかない。*3 したがって、千畳敷には山麓の義景館と比較しても、勝るとも劣らない豪壮な館が存在していたのである。さすがは日本有数の戦国大名朝倉氏の山上居館といえよう。

千畳敷に残る礎石群の礎石。大きさが八〇cmもある

*3 『一乗谷朝倉氏遺跡Ⅰ・Ⅱ』足羽町教育委員会、一九六九・七一年）添付の図面から測定

とはいうものの、若干気になる点もある。それは、大手道山麓部の山岳修験的な演出である。石仏等の存在を考えれば、宗教建造物の可能性もなくはない。居住施設に限定するのではなく、両方の可能性を探っていきたい。

一乗谷城で唯一土塁で囲まれた空間が、観音屋敷B、その背後の赤淵（あかぶち）神社Cである。前述のように、観音屋敷Bにも若干礎石が残る。ただし、礎石が少なく、建物の大きさの復元は不可能である。唯一土塁で囲まれていることから、神聖な空間で、伝承通り宗教建造物がたっていたのかもしれない。

宿直Dにも礎石が残る。その背後には、宿直Dを見下ろすように月見櫓Eが存在する。居住区域の曲輪群の削平はすべて整然と削平されていて、堅牢な建物の存在を推定させる。しかし、月見櫓Eのみ削平が甘く、ほぼ自然地形のままである。月見櫓Eは宿直Dを監視する軍事施設という推定が可能である。

土塁で囲まれた観音屋敷B

3．尾根上の曲輪群

尾根上の曲輪群は、[*4] F～M曲輪まで八曲輪存在する。すべての曲輪には、枡形虎口（ますがたこぐち）等、地表面観察で確認できる明確な虎口は存在しない。さらに、I・J・Lの主要な曲輪には櫓台は設置されているが、塁線土塁は巡らされていない。これは、一乗谷城の構築年代を推定するうえで重要な事実となる。F～M曲輪は、曲輪間を堀切等で遮断している。しかし、尾根全体を掘り切らず、堀切端部に通路状の帯曲輪を配置している。つまり、連絡用の通路は残してい

＊4　尾根上の曲輪群に礎石は存在しない。

F・G・H曲輪北東直下に残る畝状空堀群（波線部分）

るのであり、各曲輪間の連絡用施設を必要としていたことを物語っている。それは、各曲輪が同時代に存在していたことも物語っているのである。

尾根の端部は、遮断性の強い大堀切で完全に尾根続きを遮断する。特に堀切③は上幅二五ｍもあり、さらに先端に畝状空堀群とセットの堀切④を設けて城下町側を完全に遮断している。城下町方向といえど、決して安全地帯ではなかったのである。

尾根続きを唯一完全に遮断していないのは、N尾根である。堀切⑦は二重に掘り切りながらも西側に通路を残し、その先端の切岸（きりぎし）⑧も土橋を設けて通路を確保している。警戒しているものの、通路を確保しているのは、他の尾根とは明らかに違った思想であり、重要な事実として注目すべきである。一乗谷城存続期間中に、重要な尾根道が存在していたと理解したい。

N尾根に重要な尾根道が通っていたのなら、当然、敵軍の進攻が想定され、居住地区を敵軍の攻撃から防御する防波堤としての役割を果たしていたのがF・G・H曲輪と理解できる。そして、そこに畝状空堀群（うねじょうからほり）がビッシリと配置されている。

この畝状空堀群は一乗谷城の最大の特徴となっており、本数は百本以上、福井県下最大であり、北陸三県でも最大規模となっている。さすが朝倉氏の居城と唸らされる。畝状空堀群は北東斜面（城外側）のみに存在し、南西斜面（城内側）には存在しない。したがって、N尾根から進攻してきた敵軍に対抗するための防御施設と理解できる。

要所要所に立つ案内板。非常にわかりやすい

畝状空堀群は切岸直下の帯曲輪（おびぐるわ）を潰すように配置されている。この帯曲輪を放置すれば敵軍は自由に移動してしまい、城兵にとって不利となる。敵軍の移動速度を著しく減速させ、城兵たちが放つ弓矢の命中率（敵軍の殺傷率）を著しく高めさせたのが、畝状空堀群なのである。

居住区域を防御するためにF・G・H曲輪が構築され、F・G・H曲輪の弱点部（切岸直下の帯曲輪）を潰すために畝状空堀群が構築されたと考えられる。したがって、畝状空堀群・F・G・H曲輪・居住区域は、ほぼ同時に構築されたのである。＊5

一乗谷城の主郭（通称二ノ丸）はJ曲輪だが、他の曲輪、とくにI曲輪（通称一ノ丸）と明確な身分差が生じているわけではない。明確な主郭が存在しないのも、尾根上曲輪群の特徴の一つと言えよう。

主郭Jの前衛となって、南側の尾根続きを防御するのがK曲輪である。K・L曲輪両方を含めて三ノ丸と称している。K曲輪も弱点部となった切岸直下の帯曲輪を潰すために畝状空堀群を配置している。用法はF・G・H曲輪と同じである。主郭Jの前衛となっているK曲輪も、弱点部を長期間放置するとは考えられず、やはり主郭JとK曲輪・畝状空堀群の構築も、ほぼ同時と考えてよい。

M曲輪は、O尾根から進攻してくる敵軍を食い止める役割を果たしていたと考えられる。ここで注目したいのが、堀切⑨から⑩地点まで続く防御ラインである。堀切・切岸・畝状空堀群をセットにした防御ラインであり、P谷を塞いでいる。尾根だけでなく、谷も塞いで敵軍の進攻を阻止した見事な防御ラインと評価できる。

これと同様の防御ラインが波多野城（はたの）（福井県永平寺町）にも存在する。波多野城の構築年代は不明だが、明確な虎口や横堀・塁線土塁がほとんど存在していないことから、やはり元亀～天正

＊5　居住区域と防御施設を明確に区画できるのも一乗谷城の特長の一つでもある。

I曲輪（一ノ丸）

上：Ｊ・Ｋ曲輪間を遮断する堀切。しかし、通路までは遮断していない
下：堀切⑥。完全に尾根続きを遮断する

年間までは下らず、天文～永禄年間とすべきであろう。これは、一乗谷城の畝状空堀群の構築年代を考える上で重要な事実となる。

以上、一乗谷城の縄張りを述べた。各曲輪群の構築年代に時代差は認められず、居住区域・尾根上曲輪群・畝状空堀群はほぼ同時に構築されたと考えてよい。

構築年代を決定するにあたり注目したいのが、枡形虎口・塁線土塁が存在していない点である。織田信長と全面対決していた元亀年間、朝倉氏は近江国で十城を築城・改修していることが一次史料で確認されている。そして、十城の内九城で枡形虎口・塁線土塁が確認されている。つまり、元亀年間において枡形虎口・塁線土塁を構築することが、朝倉氏にとって徹底された築城（改修）方法だったのである。それが存在していない一乗谷城の現存遺構の構築年代は、永禄年間以前としてよい。

天文～永禄年間は朝倉氏は加賀一向一揆と全面対決しており、国内に一揆軍の進攻を許してしまう事態も発生していた。さらに、守護・守護代が山上に居住空間を移動する風潮もあって、天

L曲輪（三之丸）

L曲輪に残る櫓台

文～永禄年間に一乗谷城を大改修したと考えてよいだろう。

【まとめ】 千畳敷の礎石群や畝状空堀群は、戦国大名朝倉氏の隆盛を物語るにおいて必要不可欠なパーツであり、必見の遺構といえる。ぜひ見学してほしい。特に畝状空堀群は北陸最大級であり、朝倉氏の勢力の巨大さを物語る物差しとなろう。

畝状空堀群を含む現存遺構の構築年代は天文～永禄年間だが、なぜ織田信長と全面対決していた元亀年間に改修しなかったのか、という基本的な疑問も残る。さらに、築城時期も依然として不明である。発掘調査を待ちたい。*6

朝倉氏遺跡といえば、山麓の館群ばかりが注目されているが、それは平常時の朝倉氏の姿である。むしろ、戦国大名としての姿を見ることができるのが一乗谷城である。ぜひ両方を見て本当の朝倉氏を見直していただきたい。

*6　線刻磨崖仏等の存在により、江戸期の再利用の可能性も残しておきたい。

城跡を通る遊歩道。整備されすぎず、気持ちよく城歩きができる

朝倉氏の栄華を伝える館

2 一乗谷朝倉氏館（いちじょうだにあさくらしやかた）

① 福井市城戸ノ内町
② ―
③ ―
④ A（簡単に行けて登城しやすい）

【立地】南北に細長く伸びた一乗谷のほぼ中央に位置する。背後の一乗谷城とは山道で繋がっており、一乗谷川を挟んだ対岸には、一乗谷最大の支谷八地谷が存在する。この谷は尾根道を通して一乗谷城の支城東郷槇山城と繋がっている。このように、朝倉氏館は一乗谷の最重要地点に位置しているといえよう。

唐門

【城主・城歴】一乗谷朝倉氏代々の居館である。しかし、われわれが目にしている朝倉氏館は、最後の当主五代義景のときの姿である。したがって、ここでは義景時代の歴史を述べてみたい。朝倉氏全体の歴史は、「1．一乗谷城」の項を参考にされたい。

義景時代最大の事跡は、永禄十一年（一五六八）五月十七日の足利義昭の朝倉義景亭御成（おなり）だろう。これは、義景にとって一世一代の晴れ舞台であり、御成やそれにともなう酒宴を盛大に催している。御成の様子は「朝倉義景亭御成記」[*1]に詳細に記載されており、特に酒宴の豪華さに驚かされる。まず初献から三献があり、次に一ノ膳

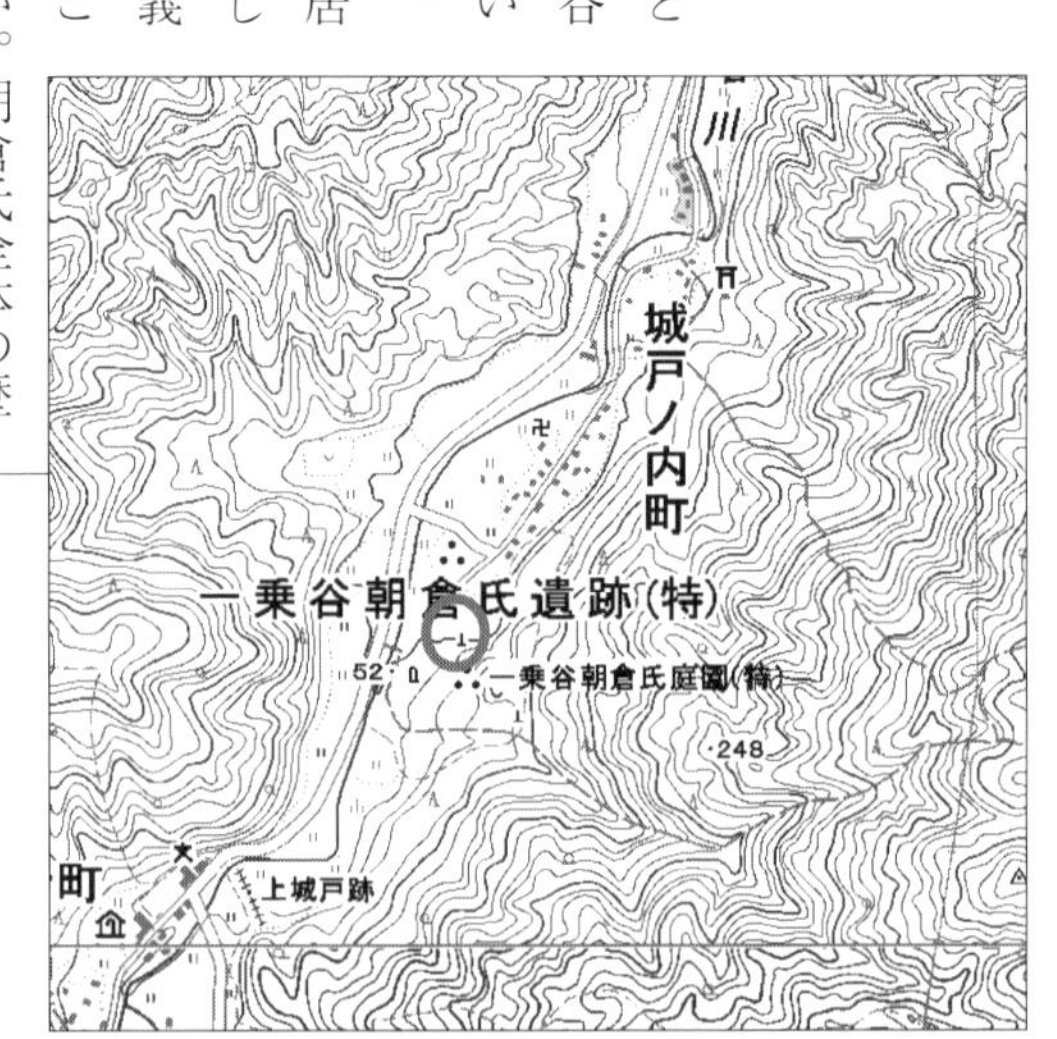

*1 『福井市史資料編2』

から七ノ膳へと進み、いったん御菓子があって休息に入る。次に四献から九献まで進み、メインディッシュともいうべき十献へと進む。再度休息の後、十一献から十七献まで進んでようやく終了する。『朝倉始末記』によれば、御成は十七日の御前十一時頃から始まり、翌十八日の明け方まで続けられたという。半日以上続けられた盛大な酒宴だったのである。

盛大な御成からわずか五年後の天正元年（一五七三）、朝倉氏は織田信長によって滅ぼされた。同年八月十六日、刀祢坂の大敗から戻った義景は、一乗谷から越前大野郡に逃れ、これをもって朝倉氏と一乗谷の歴史は終了する。

信長が上杉謙信に送った書状[*2]によれば、八月十八日に織田軍は一乗谷に進攻し、「彼の谷（一乗谷）初め国中放火候」と述べている。これを『朝倉始末記』では、「十八日ノ未明ヨリ廿日マテ一乗ノ谷中屋形ヲ始トシテ館々・仏閣・僧坊・町屋マテ一宇モ不残放火シ灰燼ト成テ」と、すべて焼き尽くしたと記載する。そして、義景は八月二十日に大野郡の六坊賢松寺で自刃し、朝倉氏は滅亡した。

朝倉氏滅亡後の越前支配を信長から任されたのは、朝倉旧臣の前波吉継である。吉継は『朝倉始末記』では「一乗ノ谷義景ノ館」に居住したと述べるが、義景館が焼け残っているとは思われず、その後建設した仮館、あるいは山上の一乗谷城に住んだのであろう。それもつかの間で、翌天正二年正月二十日、富田長繁ら越前国一揆に攻められ戦死する。

一時的に越前一国を制圧した越前一向一揆は、天正三年に織田信長の進攻に備えて一乗谷城に籠城する。しかし同年八月十九日、織田軍の氏家直通・武藤舜秀に攻められ落城する。[*3]越前に入った信長は八月二十三日、一乗谷に本陣を置いている。[*4]信長は二十八日に豊原寺に移動していることから、一乗谷には信長滞在用の施設が存在していたと推定されるが、それは応急的に建てられ

＊2　『古文書が語る朝倉氏の歴史』所収「織田信長覚書」

＊3　「村井長頼宛織田信長書状」

＊4　『信長公記』・「村井長頼宛織田信長書状」

た信長本陣としての建物であろう。

このように、一乗谷と一乗谷城は天正三年まで使用されているものの、それは応急的かつ一時的な使用でしかなかった。その後、越前の支配を任された柴田勝家は居城を北之庄に置くことにより、一乗谷は歴史の表舞台より消え去るのである。

【城跡】朝倉氏館を含めた一乗谷は、国指定特別史跡一乗谷朝倉氏遺跡として整備され、連日観光客や歴史愛好家で賑わっている。城下町の武家屋敷等も一部復元され、戦国の雰囲気を味わうには最適の史跡公園といえよう。

遺跡の中心となる朝倉氏館は、一辺約一二〇mの大きさで、南北西の三方に高さ一・二〜三mの土塁を巡らせ、その外側に幅八m・深さ三mの水堀を巡らしている。なお、北堀から出土した木簡（荷札）には「御屋形様」との墨書があることから、本館が文字史料でも朝倉氏当主の館であることが判明している。

現在見る構造は、永禄十年に足利義昭の御成にあたって大改修した姿であることが判明している。すなわち、従来の館機能は西半分で完結しており、義昭を迎えるために東側の斜面を削って館が拡張された。義景にとって義昭の御成は、居館を大改修しなければならない、一世一代の大舞台だったのである。建物の構造・配置が細川管領邸と酷似していることから、細川邸を意識して構築されたことはいうまでもない。

なお、膨大な発掘調査がなされており、結果をすべて述べるわけにはいかない。ここでは珍しい新事実のみを述べてみたい。

まず、朝倉館の照明は、一般的には燈明皿による明かりであり、ススが付着した土師皿が大量出土している。当主といえども蝋燭は貴重品だったとみえ、瀬戸製の燭台の一部が出土している

朝倉義景屋敷跡　福井市

のみである。

つぎに、池庭の存在である。一乗谷で池庭を設けているのは当主関連の屋敷と寺院のみで、朝倉氏ナンバー2の朝倉景鏡屋敷でさえも、平庭を配するにとどまる。つまり、池庭の存在は格式の存在そのものなのである。中世における庭園空間は厳格なルールに則って構築されていたといえよう。

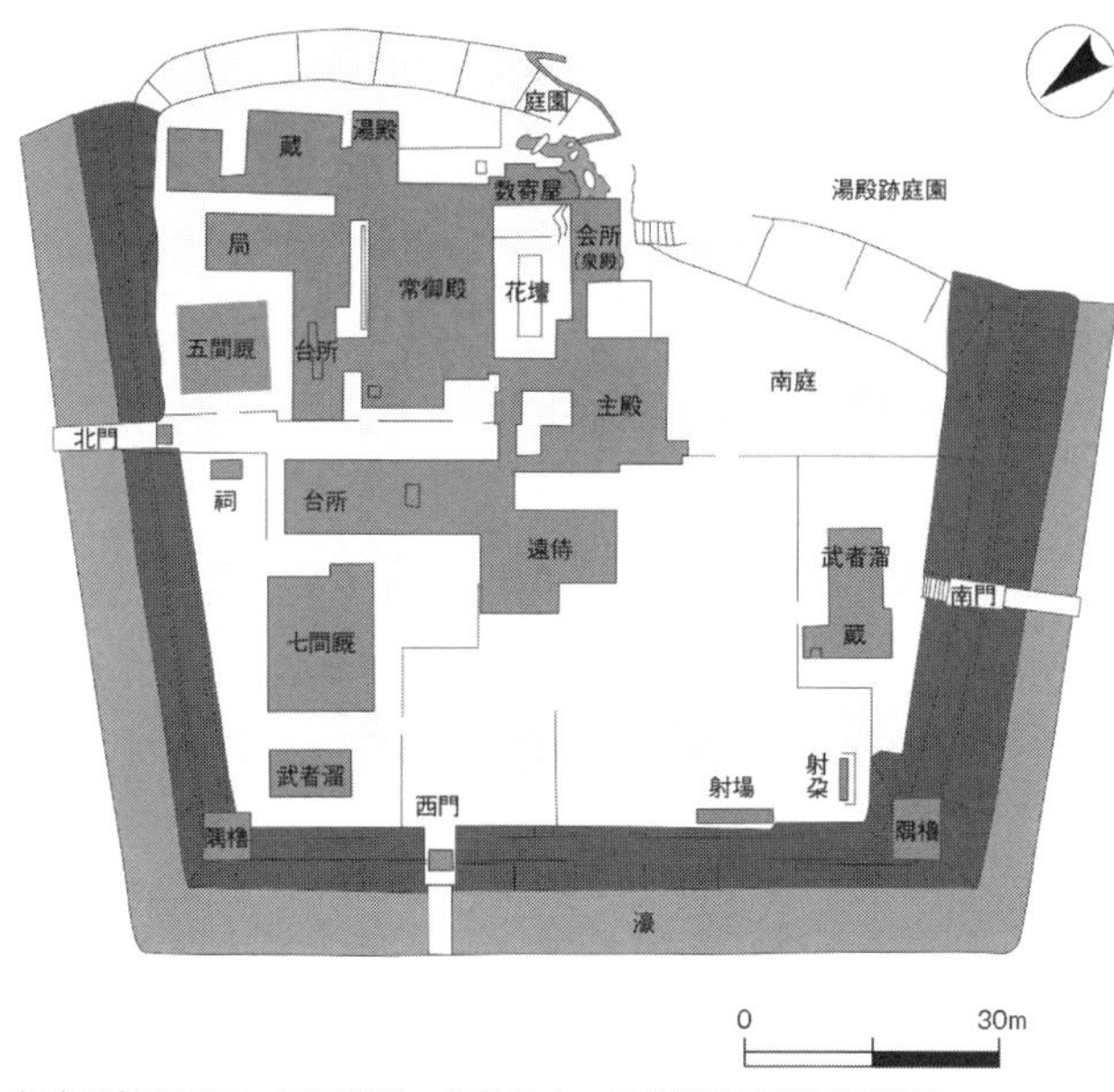

朝倉氏館平面図　図面提供：福井県立一乗谷朝倉氏遺跡資料館

一乗谷で風呂（おそらく蒸風呂）が確認されているのも、朝倉氏館のみである。当時、風呂のもてなしは最高のもてなしの一つだった。これも朝倉氏館の格式の高さを物語っていよう。

格式が高く、細川邸を模した壮麗な館だったが、周辺の衛生状況は決して良好とはいえなかった。というのも、朝倉館の水堀は当時からゴミ捨て場として使用されていたからである。さすがに館正面の西堀ではないが、側面の北堀では裏門の橋の上から投棄されたように、生ゴミやカワラケが円錐状に堆積していたことが判明している。当主の館でさえ、堀はゴミ捨て場でしか

朝倉氏館の池庭跡　福井市

朝倉館跡全景（東側の高台から）　福井市　画像提供：福井県立一乗谷朝倉氏遺跡資料館

なかったのである。ちなみに、一乗谷にゴミ穴は一ヶ所も確認されていない。これと呼応するかのように、道路側溝や敷地境界溝から生ゴミやカワラケ・箸等の日常雑貨品が出土している。おそらく、中央を流れる一乗谷川にはもっと多くのゴミが捨てられていたことであろう。今も昔も変わらぬ、日本の悪い風習といえる。

衛生状態をさらに悪くしたのがトイレである。朝倉氏館にはトイレ遺構が確認されていない。城下町の武家屋敷や町屋には多数のトイレが確認されているにもかかわらずに、である。答えに窮した発掘担当者は、清箱（オマル）のようなものを使用していたのではないか、と推定している。

当主および一族はそれで解決するが、朝倉館には多数の女官・警護の武士等が生活しており、それらまでも清箱で用を足していたとは考えられない。おそらく「その辺」で用足しをしていたのであろう。このような状況ならば、夏場の朝倉氏館周辺は、糞尿と生ゴミの悪臭が漂っていたと考えるのが自然であろう。ちなみに前述の御成では、足利義昭も朝倉義景も半日以上にわたって飲み、食い続けたはずであり、多数の用足しをしたはずである。このときたまたま清箱係が不在だったら義昭はどうしたのか、といらぬ心配をするのは筆者だけではあるまい。

朝倉氏館ではないが、城下町からも興味深いものが出土している。その一つとして北国船の模

館跡をめぐる堀

型（桧材、四八・五㎝）が出土していることである。細部まで造り込まれていることから、実物を造るにあたってのモデルとも考えられている。日本海沿岸を広く交易し、さらに琉球との交易も考えていた朝倉氏ならではの出土品といえよう。

越前は雪国である。当然、雪中歩行をするにあたっての対策品が城下町から出土している。それが一ツ目下駄である。草履の下に敷き、歩行中冷たい雪水が草履に浸み込んでくるのを防止したのである。ちなみに、城下町からは普通の下駄も多数出土しており、その平均サイズは、一九～二二㎝で、現代の女性用サイズである。したがって当時の成人男性の身長は、一五〇㎝台と推定することができる。武士のみならず、中世のさまざまな生活・様式を推定できるのも、朝倉氏遺跡の大きな特徴の一つといえよう。[*5]

【まとめ】朝倉氏館は、当時の武家社会の生活等を具体的に知らせてくれる遺跡である。そして、城下町は庶民の暮らしを知らせてくれる。どちらも一乗谷である。見学の際は両者を堪能していただき、中世の一時を楽しんでほしい。一乗谷には一日かけて見学する価値は十分にあると筆者は確信して疑わない。

＊5　武士のみならず、庶民階級の生活用具も多数出土しており、これも一乗谷遺跡の特長である。

一乗谷城の大手口を守る出城

3 小見放城（こみはなれじょう）

①福井市城戸ノ内町
②—
③標高一五〇m／比高一〇〇m
④B（少し登る、やや登城しにくい）

【立地】城戸ノ内（きどのうち）集落から通称馬出を経て一乗谷城の千畳敷に至るルートは、一乗谷城の大手道と考えられる。小見放城は大手道の登り口に位置し、しかも城戸ノ内集落を見下ろす位置にあるため、大手道を監視・掌握するために築城されたと考えられる。

堀切①。背後の尾根を完全に遮断する

馬出には階段状の削平地が残る。この削平地は、江戸期以降の耕作により若干改変されていると考えられる。しかし、地表面には多数の土師器皿（はじきざら）が散乱しているため、中世の生活空間の場であったことは確実である。

【城主・城歴】小見放城に関する古記録・伝承は残っておらず、詳細は不明。城名の由来も気になるが、いずれも不明。しかし、前述のように一乗谷城の大手道沿いに位置するため、朝倉氏により一乗谷城大手口を守る前衛として築城されたと考えられる。

【城跡】一乗谷城の出城（でじろ）でありながら、一乗谷城との尾根続きは、敵軍から城内を見下ろされるため最大の弱点

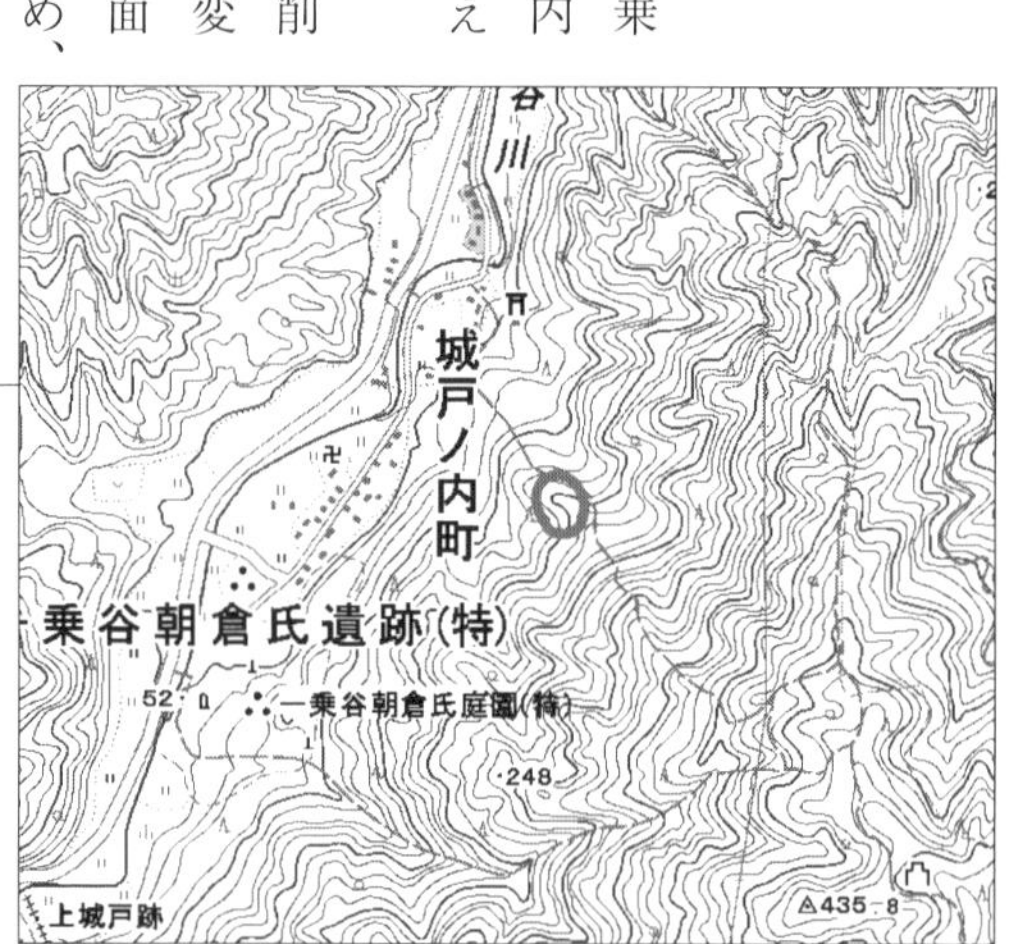

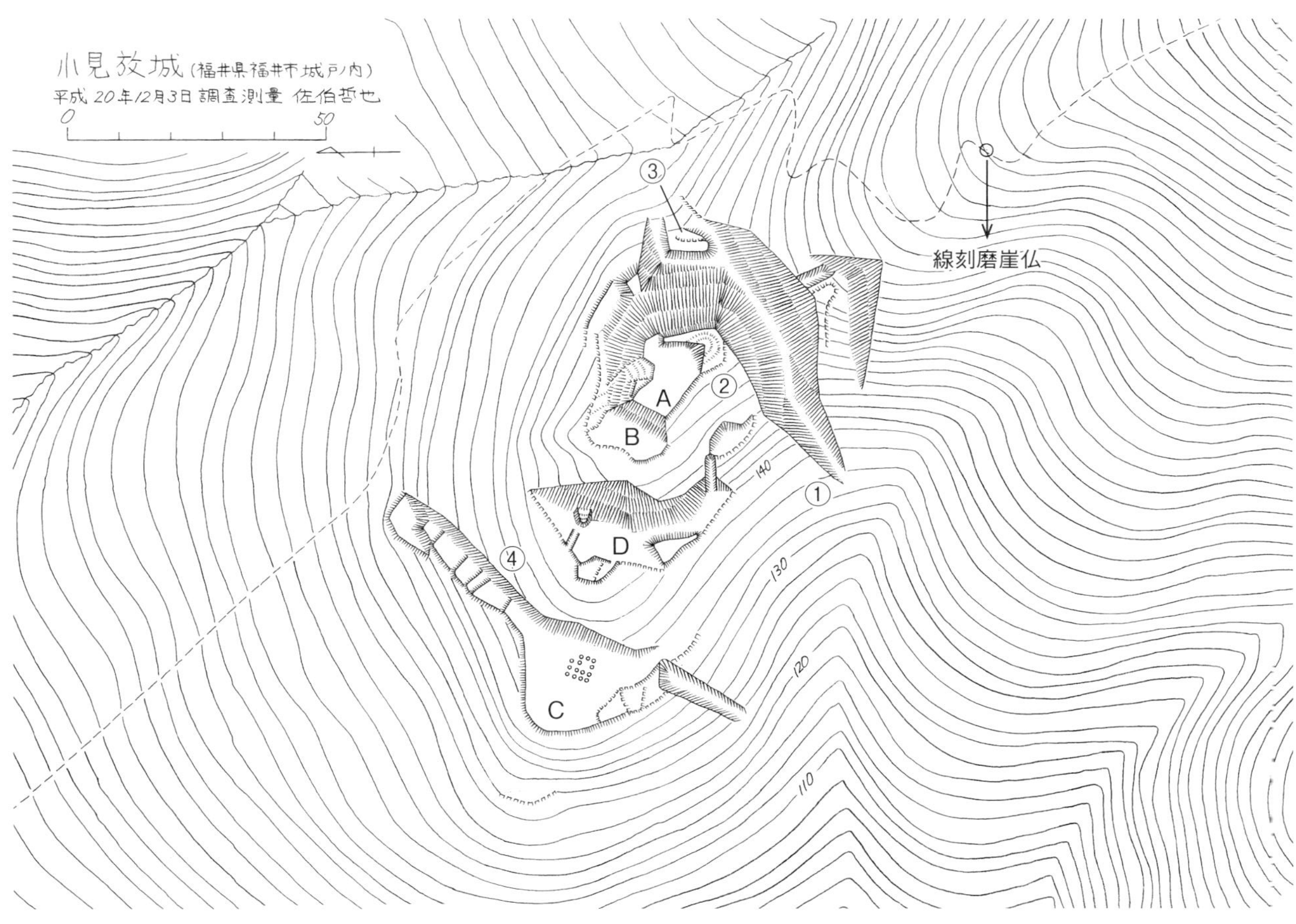
小見放城（福井県福井市城戸ノ内）
平成20年12月3日調査測量 佐伯哲也
0
50
線刻磨崖仏
A
B
C
D
①
②
③
④
110
120
130
140

上：D曲輪の切岸。鋭く無遮断する
下：C曲輪に残る礎石。○内に面取りが確認できる

となる。このため、尾根続きを遮断することに防御の主眼を置く。

まず、上幅約二〇mの大堀切①で尾根続きを完全に遮断する。東端は折れを設けて櫓台②から横矢が効くように設定している。さらに、土塁③を設けて堀底内の移動速度を鈍らせ、城内から放たれる弓矢の命中率を上げさせている。巧妙な防御施設といえよう。また、櫓台②と堀切がセットになった防御施設であることにも注目したい。本遺構の構築が十六世紀後半にずれ込むことを推定させる重要な施設である。

一方、山麓からの防御施設としては、長大な切岸④がある。北端に切岸、南端に竪堀（たてぼり）を落として敵軍が両斜面を迂回するのを防止する。

城内最大の曲輪はC曲輪である。ここの中央に礎石群が残る。ほぼ正方形をした一辺四・二m四方の規模を持つ。礎石の大きさは八〇cm前後。二個の礎石に直径約三〇cmの面取り痕が残っていることから、直径約三〇cm程度の頑丈な丸柱造りの建物が想像される。単なる作業小屋とは考えられず、集落を見下ろす高台に位置することから、神社等宗教施設の可能性も指摘できる。『一

登城口。案内板等が設置され、わかりやすい

乗谷　戦国城下町の栄華』[*1]所収『一乗谷古絵図』[*2]には、小見放城付近に「弁天宮跡」と記す。あるいはこの礎石群なのかもしれない。

山上の一乗谷城には礎石群が存在し、大手道の登城口である小見放城にも礎石群が存在する。前述の通り一乗谷城の礎石群の礎石は八〇cm前後であり、小見放城の礎石も八〇cm前後である。これは単なる偶然ではあるまい。小見放城の礎石群が宗教建造物なら、一乗谷城の礎石群も宗教建造物の可能性は十分あるといえよう。

【まとめ】以上、小見放城の縄張りを概説した。堀切と櫓台をセットにした防御線、横矢折れを設けた堀切は、現存遺構の構築年代が十六世紀後半にずれ込むことを示唆している。一方、各曲輪の連動性の悪さ、明確な枡形虎口にまで発達していない点を見れば、十六世紀末まで下らないことも示唆している。これは基本的には山上の一乗谷城と同じであり、同時期に同一勢力によって構築されたことを推定させる。

ただし、決定的に違うのは畝状空堀群の存在である。一乗谷城には約一〇〇本の畝状空堀群が存在するが、小見放城にはまったく存在しない。これは周囲の城郭も同様で、一乗谷城と周囲の城郭を考える上で重要な事実となろう。さらにこれまでまったく注目されてこなかった礎石群にも着目すべきであろう。

広々としたC曲輪

＊1　福井県立一乗谷朝倉氏遺跡資料館、二〇一五年

＊2　江戸後期。安波賀春日神社蔵

一乗谷城の弱点部を防御する出城

4 小城（こじょう）

①福井市城戸ノ内町
②—
③標高一二〇m／比高七〇m
④B（少し登る、やや登城しにくい）

【立地】小見放城と同様に、一乗谷城の大手方向を防御する城郭である。馬出から登ってくる大手道は谷一つ挟んだ向かい側を通っており、大手道そのものを監視・掌握していた小見放城とは若干役割は違っていたと推定される。小城の尾根は、朝倉館の背後に通じ、さらに一乗谷城の弱点部ともいうべき千畳敷へと繋がっている。したがって、朝倉氏にとって山麓の居館、山上の詰城を防御するために必要不可欠な要地といえる。このようなことが、小城の築城理由の一つだったのであろう。

【城主・城歴】小城に関する古記録・伝承は残っておらず、詳細は不明。城名の由来も気になるが、いずれも不明。前述のように一乗谷城の大手道沿いに位置するため、朝倉氏により一乗谷城大手口を守る前衛として築城されたと考えられる。

【城跡】小城も小見放城同様に、背後の尾根を上幅約三〇mの大堀切①で完全に遮断する。尾根続きは敵軍に城内を見下ろされることになり、弱点部の一つとなる。

堀切①。背後の尾根を完全に遮断する

57 小　城

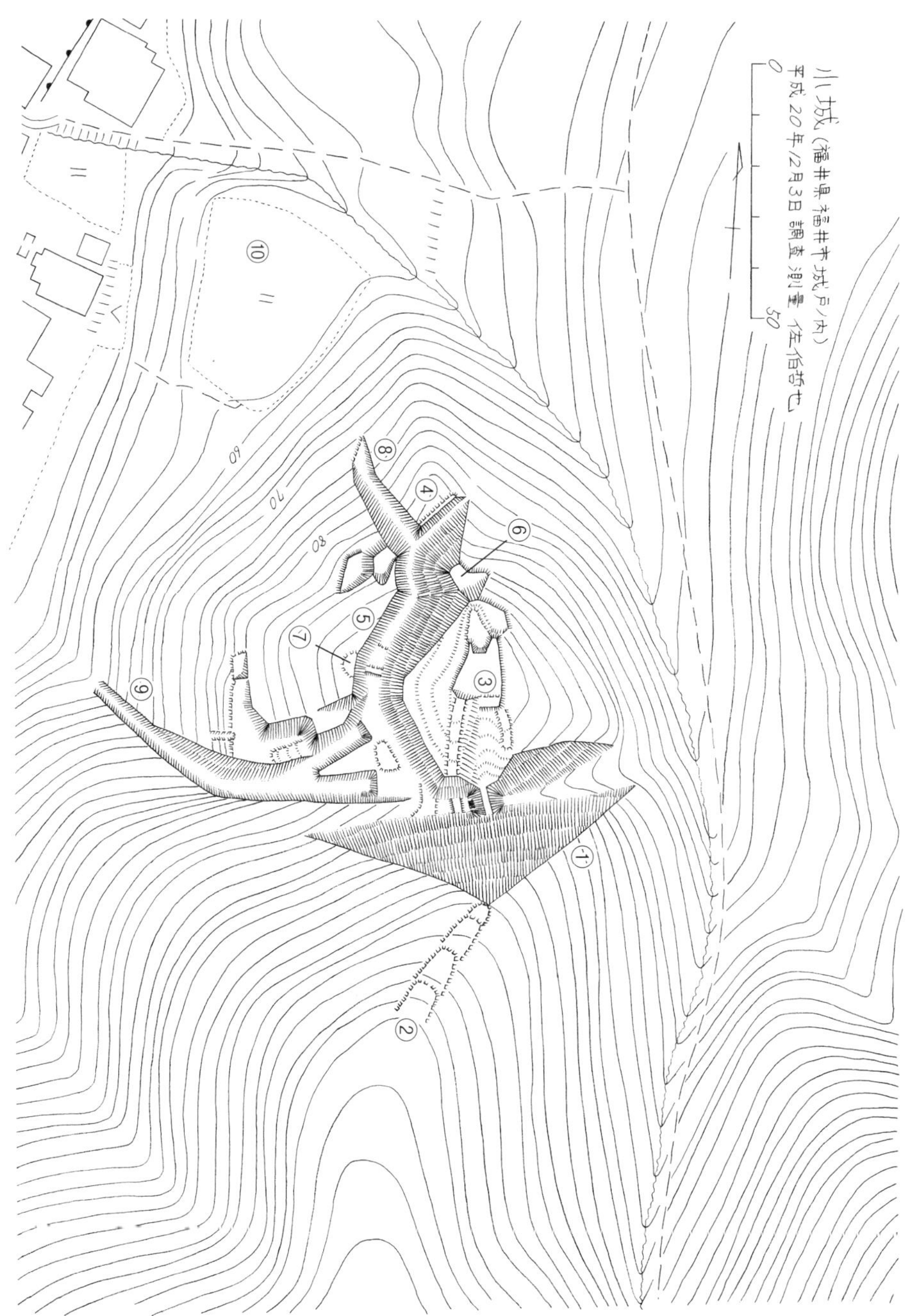
小城（福井県福井市城戸ノ内）
平成20年12月3日調査測量　佐伯哲也
0
50
60
70
80
①
②
③
④
⑤
⑥
⑦
⑧
⑨
⑩

上：土橋底部を固める石垣　下：西側を防御する横堀⑤

この弱点を補うために、大堀切を設けたのであろう。

　ただし、小見放城と違うのは、堀底に土橋を設けていることである。土橋底部に石垣を設けていることから、廃城後の耕作による石垣でないことは明らかであり、小城に関連する石垣としてよい。堀切①の南側には、不明瞭ながらも小平坦面群②が残っている。このことから、現在痕跡を残していないが、尾根上には一乗谷城へ繋がる尾根道が存在し、尾根道と小城を繋ぐために土橋を設けたのであろう。石垣で補強していることを考えれば、かなり重要な尾根道だったことを指摘できる。*1

　③地点は、不明瞭ながらも平虎口と考えられる。不明瞭ながらも虎口が残るのは、小見放城と同じである。もちろん土橋を渡らず、堀底に降りる敵軍もいたに違いない。そのような敵軍の動きを鈍らせるために、土塁状の凹凸を堀底に設けている。障子堀と同じ効用を持つ凹凸である。

　山麓側からの防御としては、まず尾根先端を堀切④で遮断している。そして堀切④から横堀⑤を連結させ、防御ラインを構築している。防御ラインの城内側の切岸は、最高で約一一mもあり、進入は不可能に近い。さらに⑥地点に折れを設けて横堀内に横矢を効かせている。この横矢折れ

*1　小城と一乗谷城をつなぐ重要な尾根道だったと推定される。

の存在から、当遺構の構築年代を十六世紀後半と推定することができる。

切岸が一番低くなった箇所に土橋を設け、その対岸に半円形状の平坦面⑦を設ける。防御ラインの対岸に位置し、城内と連絡していたことが推定できることから、橋頭堡(きょうとうほ)とみなすことができ、馬出の効用を持った曲輪と理解することができる。ひょっとしたら、この平坦面⑦から平坦面⑩[*2]に降りる当時の城道が存在していたのかもしれない。

竪堀⑧・⑨は、斜面を横移動する敵軍の動きを阻止するための防御施設である。横堀内を監視する平坦面⑥は、竪堀⑧内も監視する。

【まとめ】以上、小城の縄張りを概説した。横堀を設け、横堀内に横矢を掛けていることから、遺構の構築年代を十六世紀後半としたい。ここで気になるのは、やはり畝状空堀群が存在しないことである。一乗谷城の大手登城口を守備する出城二城に畝状空堀群が存在しないのは、単なる偶然ではあるまい。天正元年以前において大量の畝状空堀群を構築しているのは、一乗谷城・戌(いぬ)山(やま)城・波多野城と朝倉一族の城郭に限定される。本拠といえど出城となれば、畝状空堀群を構築できないシステムになっていたのであろうか。

＊2　平坦面⑩は重要な武将の居所と考えられる。

上城戸を監視する城

5 上城戸櫓城（かみきどやぐらじょう）

①福井市城戸ノ内町
②ー
③標高一〇〇m／比高四〇m
④B（少し登る、やや登城しにくい）

上城戸土塁を見下ろす上城戸櫓城

【立地】越前朝倉氏一乗谷遺跡は、一乗谷川沿いに展開する細長い城下町であり、下口・上口にそれぞれ土塁で谷を塞ぐ城戸を設けている。下口が下城戸、上口が上城戸であり、上城戸を見下ろす位置に上城戸櫓城が築かれている。

【城主・城歴】上城戸櫓城に関する古記録・伝承は残っておらず、詳細は不明。しかし、前述のように上城戸を見下ろす位置に築城されているため、朝倉氏により上城戸を監視・防御する城として築城されたと考えられる。

【城跡】上城戸の土塁は、後世の開発により短く、細くなってしまったが、昭和六十三年（一九八九）の発掘調査の結果、かつては長さが一〇五mで、城戸外側に堀を設けていた。つまり、堀と土塁がセットになった防御ラインだったのである。残念ながら、重要な虎口は土塁の東西どちらにあったのか、そしてどのような形態（平入り・枡形等々）だったのか、考古学的には判明しなかった。さらに、上城戸土塁を構築した年代も判別せず、上城戸

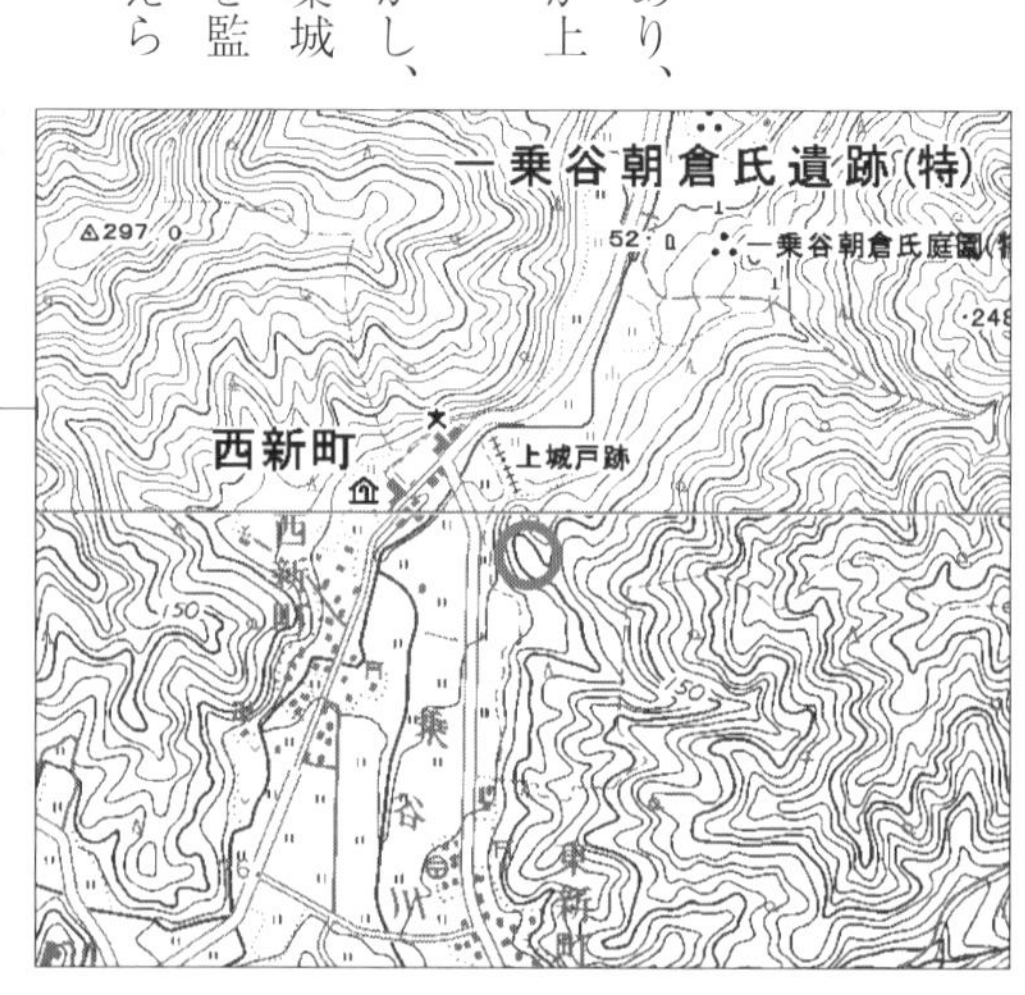

61　上城戸櫓城

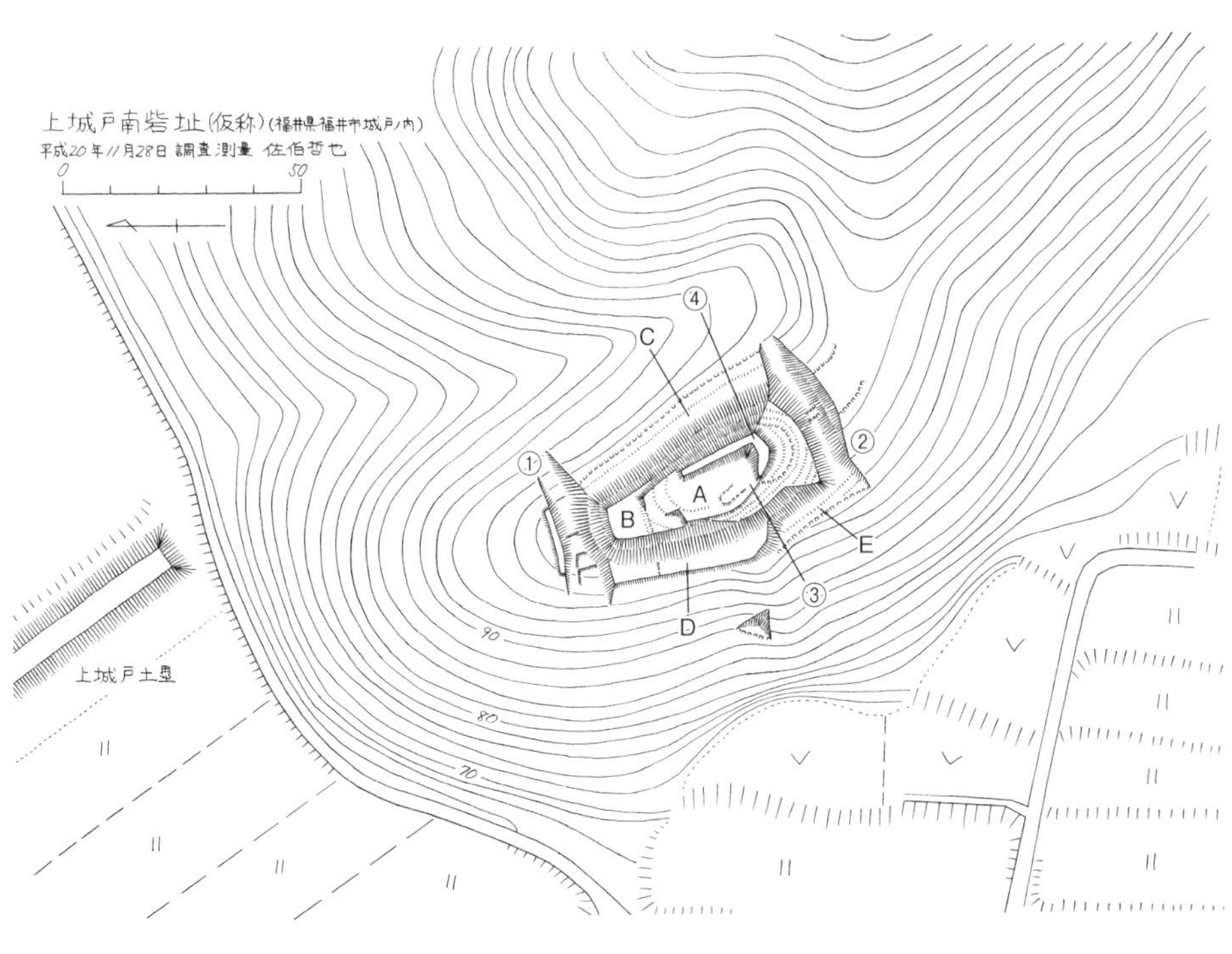

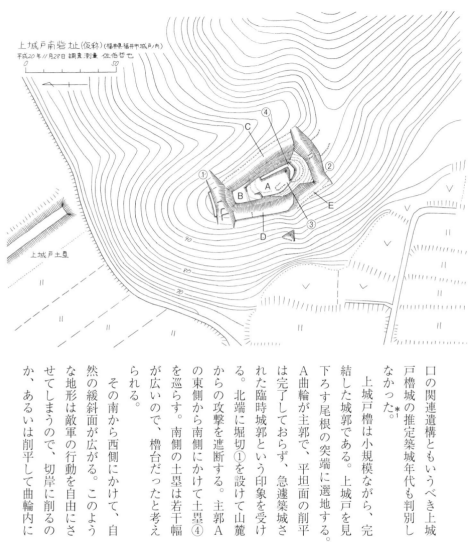

口の関連遺構ともいうべき上城戸櫓城の推定築城年代も判別しなかった。*1

上城戸櫓は小規模ながら、完結した城郭である。上城戸を見下ろす尾根の突端に選地する。A曲輪が主郭で、平坦面の削平は完了しておらず、急遽築城された臨時城郭という印象を受ける。北端に堀切①を設けて山麓からの攻撃を遮断する。主郭Aの東側から南側にかけて土塁④を巡らす。南側の土塁は若干幅が広いので、櫓台だったと考えられる。

その南から西側にかけて、自然の緩斜面が広がる。このような地形は敵軍の行動を自由にさせてしまうので、切岸に削るのか、あるいは削平して曲輪内に

---

*1　上城戸は巨石を用いておらず、下城戸との格式の違いを指摘することができる。

取り入れてしまうのだが、どちらもしていない。やはり急造というイメージを受ける。

南端の尾根続きは、堀切②で遮断する。堀切②を越えた敵軍は、土塁④の横矢に晒されながら、③地点から主郭に入ったのであろう。したがって、③地点は虎口の想定が可能となる。つまり、南端は堀切・土塁・虎口がセットになった防御構造であり、これにより本遺構は十六世紀後半に構築されたことが推定される。

最も注目したいのが、主郭Aの両脇の腰曲輪C・D・Eである。これらは主郭Aの両脇に切岸を設けるために削ったことにより発生した、いわば自然発生的な腰曲輪である。D曲輪は表面を削平して曲輪として用いており、城兵が駐屯していたことをうかがわせる。しかし、C・Eは自然地形のままで、切岸を構築した後の自然地形のままの平坦面を野放しにしている。

このような場合、C・E曲輪内に進攻した敵軍の移動速度を著しく減殺するために、畝状空堀群が用いられる。一乗谷城も同じ理由で畝状空堀群を導入している。しかし、なぜか畝状空堀群を用いていない。堀切①・②を設ける土木量をみれば、畝状空堀群を設けることなど簡単な施工だったはずである。しかし、現状としてはまったく設けられていない。

【まとめ】上城戸櫓は、上城戸の監視・防御をより強固にするために設けられたことはほぼ事実であろう。したがって、構築者は朝倉氏である。しかし、最も設けやすい場所で、最も設けなければならない場所に畝状空堀群が設けられていない。この点、一乗谷城と決定的に違う。なぜこのような相違点が生じたのか、今後の重要課題といえよう。

上城戸土塁

堀切②。背後の尾根を完全に遮断する

巨石を導入した一乗谷城下町の正門

6　一乗谷下城戸（いちじょうだにしもきど）

①福井市城戸ノ内町
②—
③標高—／比高—
④A（簡単に行けて登城しやすい）

【立地】越前朝倉氏一乗谷遺跡は、一乗谷川沿いに展開する細長い城下町であり、下口・上口にそれぞれ土塁で谷を塞ぐ城戸を設けている。下口が下城戸、上口が上城戸であり、下城戸が一乗谷城下町の正門として構築されたと考えられる。

【城主・城歴】城戸は上城戸・下城戸の二ヶ所存在するが、上城戸は後世の改変が著しいため、下城戸のみ紹介する。

下城戸に関する文献史料として、次の二点が注目される。一点目は『朝倉始末記』で、同書には「寛正元年（一四六〇）二月廿一日阿波賀城戸口合戦」と記載する。二点目は『安波賀春日之縁起』[*1]で、「寛正元年庚辰二月廿一日安波賀城戸口合戦」とある。いずれも一次史料とは言い難いが、城戸北隣の阿波賀（安波賀＝アバカ）で合戦があったと記載している。この「城戸」とは下城戸を指していると考えて問題なかろう。もちろん、現存遺構のような豪壮な虎口構造ではなく、簡単・小規模な虎口構造だったと考えられる。

下城戸左岸全体（下流から）

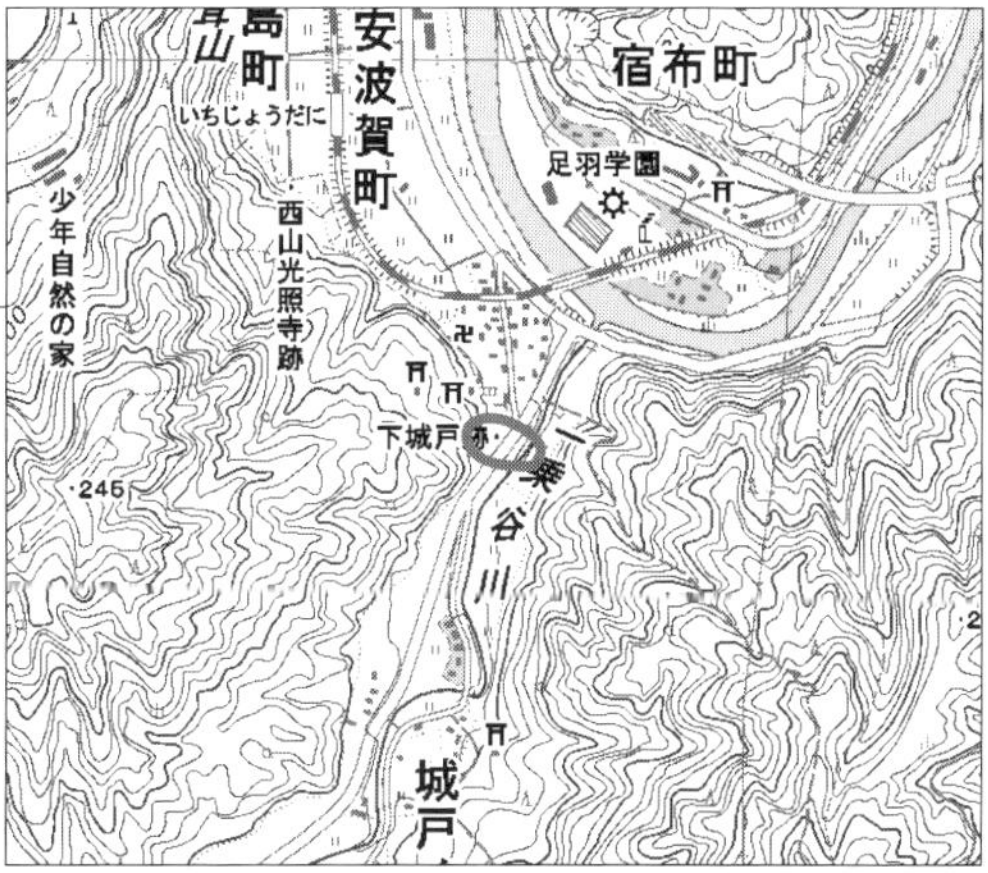

＊1　『一乗谷の宗教と信仰』福井県立一乗谷朝倉氏遺跡資料館、一九九九年

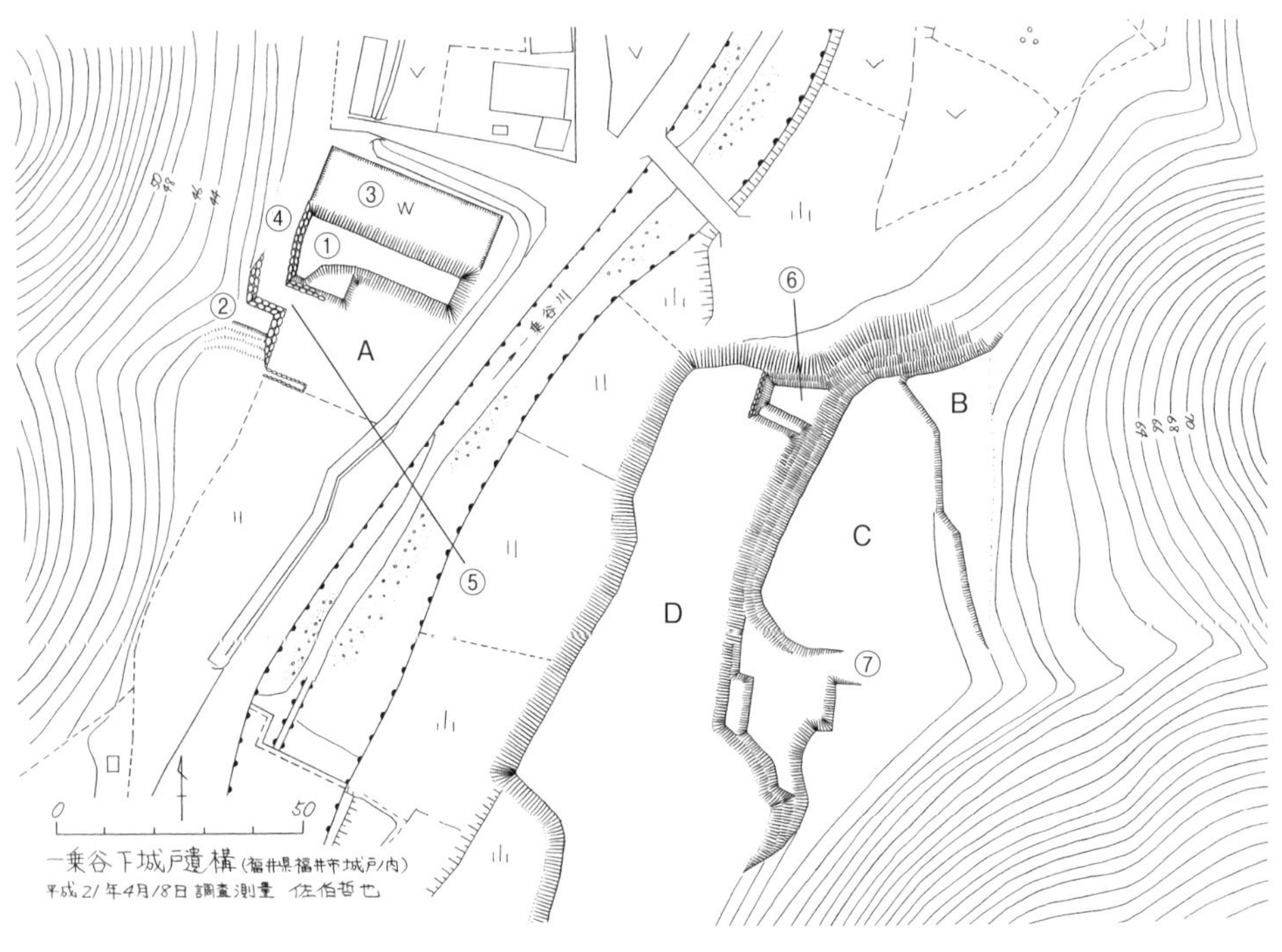

だが、小規模な虎口だったにせよ、城戸があったということは、それに防御される城館遺構の存在が推定される。*2 朝倉氏が一乗谷に本拠を移したのが文明三年（一四七〇）とされていることから、朝倉氏以前における一乗谷遺跡の存在も考えられよう。そして、下城戸も朝倉氏本拠移転以前から存在していたことも、ほぼ確実といえよう。

【城跡】

1．左岸遺構

下城戸は、土塁①・②とそれにともなう石垣、そして水堀③から構成されている。土塁①は下城戸メインの構造物で、基底部で最大幅一八・五m、上担部で一四m、高さが四・五mもある。前面には水堀③（幅一一m、深さ不明）を

*2　杣山城（南越前町）城戸の類例から、当初から大規模な城戸が推定される。

設け、城戸正面の荘厳さ、清楚さの効果を高めている。水堀底で一部砂利敷を確認している。[*3] 山側との間に通路④を通し、土塁②と組み合わせることにより、枡形構造にしている。

枡形構造となっているものの、横矢はほぼ掛からず、軍事目的で屈曲させたとは考えにくい。複雑な構造にすることにより、下城戸の荘厳性を増す効果を期待したのではなかろうか。

折れた枡形構造部分に集中して、巨石が多数使用されている。大きいもので長径が二〜四mもあり、訪来者を驚嘆させる。不必要なほどの巨石を多数使用しており、明らかに構築者の権力の絶大さを誇示するための演出といえる。

石垣が持つ効果の一つとして、石垣上部に重量構造物が建てられるという利点がある。しかし、昭和六十一年（一九八六）・平成六年（一九九四）に行われた発掘調査では、土塁①・②の上部からは、礎石や柱穴は一切検出されなかった（報告書）。したがって、巨石石垣導入の目的は、土塁では支持不可能な重量構造物を建てるためではなく、権力誇示を狙った視覚効果の演出にあったといえよう。

下城戸左岸全体（上流から）

報告書では、⑤地点に幅三m程度の門があったとしている。後世の破壊が激しく詳細は不明としているが、石垣上部に建物が確認できなかったことから、豪壮な櫓門があったとは考えにくい。巨石石垣とは比較にならないほど貧弱な木戸だったのであろう。

平坦面Aからは、多少の柵列と礎石建物一棟（三一・八m×二一・一m）が検出されたのみ（報告書）で、広々とした平坦面だった。

＊3　『特別史跡一乗谷朝倉氏遺跡発掘調査報告Ⅶ』福井県立一乗谷遺跡資料館、一九九九年。以下、報告書と略す

鋭く屈曲した枡形通路

礎石建物は、木戸を監視する城兵の駐屯所だったのであろう。

以上が下城戸の概要である。城戸とあることから壮大な櫓門を想像するが、石垣上に建物は存在せず、門自体は幅三ｍ程度の貧弱な門が建っていたのみである。必要だったのは、不必要なほどの巨石を豪快に積み上げた石垣だった。城戸は一乗谷に訪問する者は身分の貴賤にかかわらず必ず通過する場所であり、宣伝効果抜群の場所である。豪壮な石垣を積み上げて、為政者の絶大な権力を誇示する視覚効果演出の場と考えることができよう。

このような下城戸が、一乗谷城下町の正門だったことは確実である。[*4] しかし、下城戸自体は朝倉氏本拠移転以前から存在し、約百年以上存在し続けたはずである。現存遺構はたしかに正門だが、構築当初の姿は不明であり、構築当初から正門だったとするのは早計である。さらなる発掘調査の成果を待ちたい。

2．右岸遺構

一乗谷川右岸側にも、土塁①と呼応するように土塁⑥が残る。完全に一直線に並ばず、若干ずれるようである。土塁①東端と土塁⑥の基底幅は、共に一三ｍであり、同時に構築した可能性は高い。そして、土塁⑥はもっと一乗谷川側（西側）まで伸びてきて一乗谷を遮断していたかもしれない。未発掘のため報告書でも断定は避けるが、その可能性を指摘する。

土塁⑥の周囲には、平坦面Ｂ・Ｃ・Ｄが残る。⑦地点は出入り口と考えられるため、屋敷跡の可能性が高い。しかし、一乗谷全体を描いた『一乗谷古絵図』では単に「櫓跡」と書かれている

＊4　朝倉氏一乗谷移転当初の正門は上城戸だった可能性が高い。

にすぎず、平坦面は描かれていない。出雲谷（いずもだに）の魚住（うおずみ）出雲守屋敷跡は、平坦面Dのさらに南側である。軍事構造物として土塁⑥を「櫓跡」として描いたのであろうか。

3. 考察

筆者は下城戸は軍事施設ではなく、為政者（朝倉氏）の絶大な権力を誇示する演出の場という仮説を立てた。このような事例は他にあるのであろうか。

まず、近江守護六角（ろっかく）氏の重要な支城であり、一時的な居城だった三雲（みくも）城（滋賀県湖南市）には、石垣の壮大な枡形虎口を構築している。枡形部には特に大石を用いており、しかも構造的に石垣上部に建物は建たず、壮大な城門が存在していた形跡もない。

能登守護畠山（はたけやま）氏代々の居城七尾城（石川県七尾市）には、九尺石（長径二・七m）という巨石を用いた虎口が存在する。従来は織豊系城郭の虎口とされてきたが、構造的には塁線を屈曲させた平虎口であり、畠山氏が構築したと考えられている。石垣上に硬化面は確認できないため、石垣上に建物が建っていたとは考えにくい。したがって、巨石石垣の導入は重量構造物を建てるためではなく、視覚効果を狙った演出と考えられる。

越中守護代神保（じんぼ）氏の居城増山（ますやま）城（富山県砺波市）の主郭虎口には二m大の巨石を用いた石垣がある。*5 石垣上部は傾斜しているため、石垣上に建物が存在していた形跡はない。したがって、巨石石垣の導入は重量構造物を建てるためではなく、視覚効果を狙った演出と考えられる。

必要以上の巨石を用いた石垣

＊5 登城者が目にする面のみに石材を用いており、視角効果を狙った演出であることは確実である。

越中守護代椎名（しいな）氏の居城松倉（まつくら）城（富山県魚津市）の城下町の出入口には、石垣で固めた通称「石の門」が存在する。石垣上には建物が建つスペースはまったくなく、石垣導入の目的は重量構造物を建てるためではなく、視覚効果を狙った演出と考えられる。

以上、四例を紹介した。いずれも守護・守護代の拠点城郭に関する虎口であり[*6]、石垣導入の目的は視覚効果を狙った演出と考えられる。六角・畠山・神保・椎名・朝倉の四氏は、いずれも天文～永禄年間（一五三二～一五七〇）に絶頂期を迎えている。したがって、同期間に守護・守護代が権力誇示方法の一つとして、正門に巨石を導入したという仮説が成立しよう。

ちなみに、岐阜城（岐阜市）山麓織田信長居館にも巨石枡形虎口が存在する。これも永禄十年（一五六七）頃に信長が構築したものだが、巨石上に建物は認められず、貧弱な門跡しか検出されなかった。それは下城戸の様相と酷似し、枡形という構造までも一致する。まだ地方の一大名でしかなかった信長が、当時流行していた巨石虎口を導入した、という仮説が成り立つのである。

【まとめ】現存する下城戸遺構、特に巨石石垣は天文～永禄年間に朝倉氏が構築したと考えられる。そして、権力誇示で導入したのなら、それは朝倉館へ通じる大手道であり、下城戸が正門と考えられる。ただし、朝倉氏本拠移転当初から下城戸が正門だったかは不明であり、今後の発掘成果を待ちたい。

中世城下町の城戸遺構が、これほど明確に残っている事例はほとんどなく、それ自体、下城戸は奇跡的な遺構といえる。朝倉氏城下町遺跡に急ぐあまりスルーしがちだが、ぜひ足を止めて見学してほしいものである。そしていま一度、朝倉氏巨石文化が高水準だったことも再認識すべきであろう。

＊6　守護・守護代の拠点城郭で巨石を使用するのは、天文～永禄年間におけるステイタスシンボルのようなものだった可能性もありうる。

【第二章】

朝倉一族と家臣の城郭

数少ない在地領主の居館

7 細呂木館（ほそろぎやかた）

① あわら市金津町細呂木
② ─
③ 標高三七・二m／比高二〇m
④ A（ほとんど登らなくてよい）

【立地】越前・加賀国境付近に蟠居した細呂木氏代々の居館である。標高四〇m弱の微高地に位置しており、北側には旧北陸道が通る交通の要衝であった。

【城主・城歴】『城跡考』によれば、細呂木治部丞の居館と述べている。細呂木（宜）氏は堀江氏の一族で、坂井郡細呂木郷の地名を冠する土着の武士とされている（『戦国大名朝倉氏』）。

城跡に鎮座する春日神社。ここを目指して訪れればよい

ただし、中世において細呂木郷を含む河口庄・坪江郷は、かつて奈良興福寺大乗院の所領で、大乗院が長禄四年（一四六〇）に「細呂宜郷」に「新関」を設けていたことが判明している。＊1 この「新関」は、『戦国期越前の領国支配』によれば「橋賃」であり、細呂木館の北側を流れる観音川に架かっていた橋の通行税と推定される。橋を架けるほど人馬の交通量が多かったのであろう（おそらく中世北陸道）。そのような交通の要衝に細呂木館が存在するのである。

戦国期になると、細呂木郷は細呂木氏の所領となり、細呂木郷および細呂木氏は朝倉氏の支配下に組み込まれる。

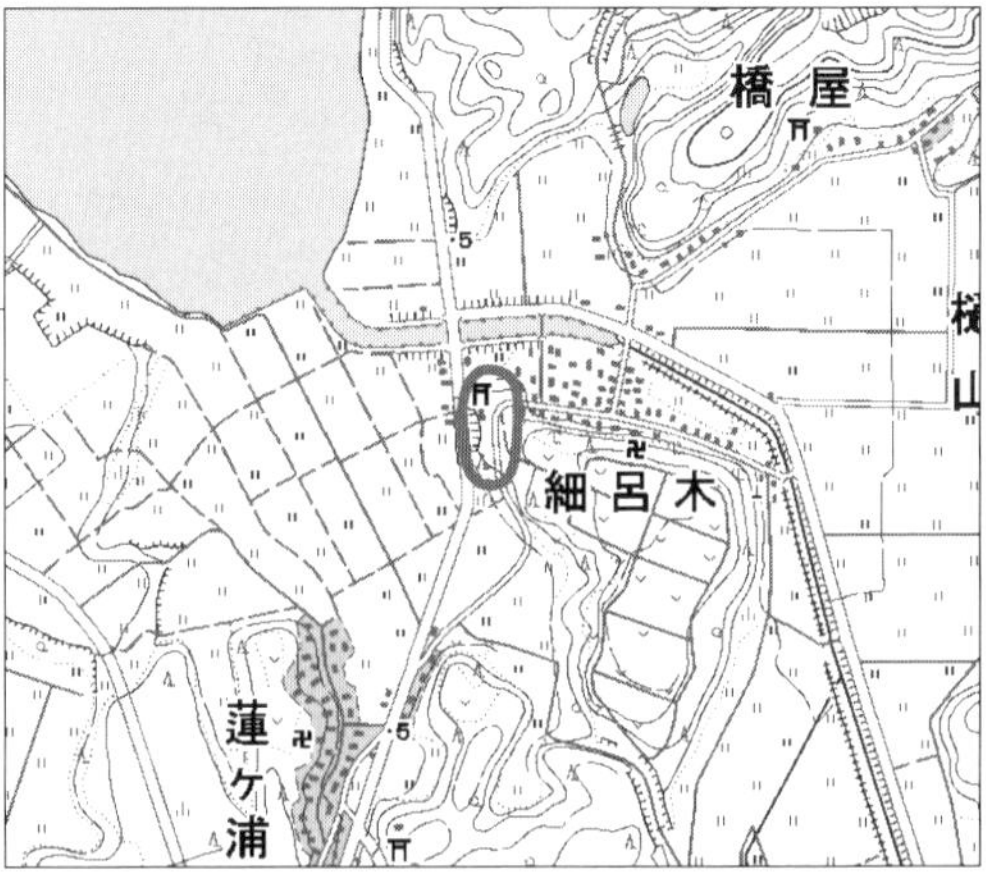

＊1 『戦国期越前の領国支配』

71　細呂木館

縄張り図

細呂木氏は朝倉氏滅亡まで朝倉氏に従っており、『信長公記』では、天正元年（一五七三）八月十三日の刀祢坂の合戦で戦死した朝倉軍の中に、「ほそろ木冶部少輔」の名を記載している。これが『城跡考』が述べる細呂木冶部丞なのであろうか。

だが、細呂木氏は朝倉氏滅亡とともに滅んだわけではない。天正二年（一五七四）七月二十日、織田信長は細呂木氏等に忠節により知行を宛がうことを保証している。[*2] 細呂木氏の中で、織田軍に協力する者がいたのであろう。

天正三年に再度織田軍が越前に進攻し、越前一国を制圧すると、同年八月、大乗院門主尋憲（じんけん）が細呂木郷を含む河口庄・坪江

＊2　『福井県史資料編2』

主郭Ａ西側に残る土塁

郷の所領回復を嘆願するため、はるばる越前まで赴き、豊原寺（とよはらじ）に在陣する織田信長に面会している。この旅行記録が『越前国相越記』で、尋憲本人が書き記しており、混乱した越前情勢を正確に伝える貴重な史料となっている。*3

嘆願の結果、河口庄十郷と坪江郷を安堵する朱印状（しゅいんじょう）を信長から得ることができ、所領回復に成功する。尋憲は十一通の朱印状を持って河口庄十郷・坪江郷へ行き、現地の在地領主に朱印状を渡そうとするが、織田軍進攻直後の混乱と、残党掃討戦の影響もあって、渡す領主どころか人一人おらず困っている。『越前国相越記』はこの様子を、「次に細呂宜郷是又一人も郷人相なおらず候。（中略）この分二郷（新庄郷・細呂木郷）は相渡さず朱印持ち帰り候由申すものなり」と記載している。本来ならば朱印状を細呂木氏に渡し、細呂木郷が大乗院の所領になったことを通知しなければならないのであろう。しかし、細呂木氏の姿は見えなかった。逃亡あるいは滅亡し、人影もまばらになったのであろう。終戦直後の実態が判明して興味深い。

余談になるが、越前制圧後の織田軍による一揆軍残党狩りの悲惨さは有名で、尋憲は『越前国相越記』で「然るところ山狩りて一揆ども切捨て仕る数のしるしには、鼻ぎて持ち来たる。その外二百余り生け取って来たり、陣屋の西の田にて悉以って首切る」と述べる。尋憲は屠殺ともいうべき首切り現場に出くわしたのが八月一十九日で、この日が父二条尹房（にじょうただふさ）の二十五回忌の日だったと記載している。父親の二十五回忌の日に惨殺現場に出くわした尋憲は、僧侶としてどのよう

＊3　『古文書が語る朝倉氏の歴史』所収『越前国相越記』

に思ったことであろうか。

【城跡】標高四〇m弱の微高地に存在する。現在は春日神社の境内地となり、簡単に館跡に到達することができる。案内板や説明板は設置されていないので、春日神社を目印として訪城してほしい。簡単に到達できるが、春日神社の境内となっているため、遺構の残存状況は悪い。それでもAとBに曲輪が存在していたことは指摘できる。Aが主郭と推定され、一部に塁線土塁が残存しているが、横矢折れ・櫓台は認められない。東側土塁は、残存する土塁の中で唯一道路を見下ろす位置にある。街道を通過する敵軍に備えるためと理解すれば、道路は中世の街道だった可能性を指摘することができる。

B曲輪に残存する塁線土塁にも、横矢折れ・櫓台は認められない。Cには現在春日神社の社殿が建っており、旧状は不明。しかし、ABよりも一段低い地形で、やはり曲輪が存在していたと考えられる。それはCを見下ろす北側に土塁が存在し、C曲輪を監視するためとも推定されるからである。

進入経路は、C曲輪からB曲輪虎口①に入ったと推定される。C曲輪へは現在の道路から入ったと考えられ、やはり道路は中世の街道だった可能性が高い。虎口①は旧状を残しており、平虎口である。Bからは②を経由して主郭Aに入ったと考えられ、②は若干改変されているが、基本的には平虎口だったと考えられる。

【まとめ】以上が、細呂木館の縄張りの概要である。虎口等に多少の進化は認められるものの、織豊系城郭のような特徴は見られない。天正三年、細呂木氏滅亡とともに廃城になったか、滅亡後に使用したとしても、改修せずに使用していたと考えられよう。

広々とした平坦面。居住空間には最適である

朝倉氏ナンバー2の居城

8 戌山城

① 大野市犬山
② 犬山城
③ 標高三二四・三m／比高一四〇m
④ B（少し登る、やや登城しにくい）

【立地】犬山山頂に位置する山城である。山頂からの眺望は素晴らしく、大野盆地を一望することができる。また、犬山の北麓から東麓にかけて、越前と美濃を繋ぐ美濃街道が通る交通の要衝でもあった。天文九年（一五四〇）、朝倉氏は約一ヶ月間にわたって白山長滝寺（岐阜県郡上市）に在陣し、篠脇城（同郡上市）を攻めていることが確認できる。文献史料からは確認できないが、このとき朝倉氏は篠脇城や二日町城（同郡上市）を改修したと考えられる。おそらく戌山城が拠点となって、美濃出兵を行ったのであろう。

整備された登城道

【城主・城歴】『城跡考』は、斯波高経の二男義種が築城したとしている。また、『戦国期越前の領国支配』によると、康暦二年（一三八〇）に越前守護となった斯波義将が弟義種のために大野郡支配を認めたのではないかと推定している。したがって、義種が築城したのであれば、康暦二年頃と推定できよう。

初代朝倉孝景が大野郡を支配下に置くと、文明九年

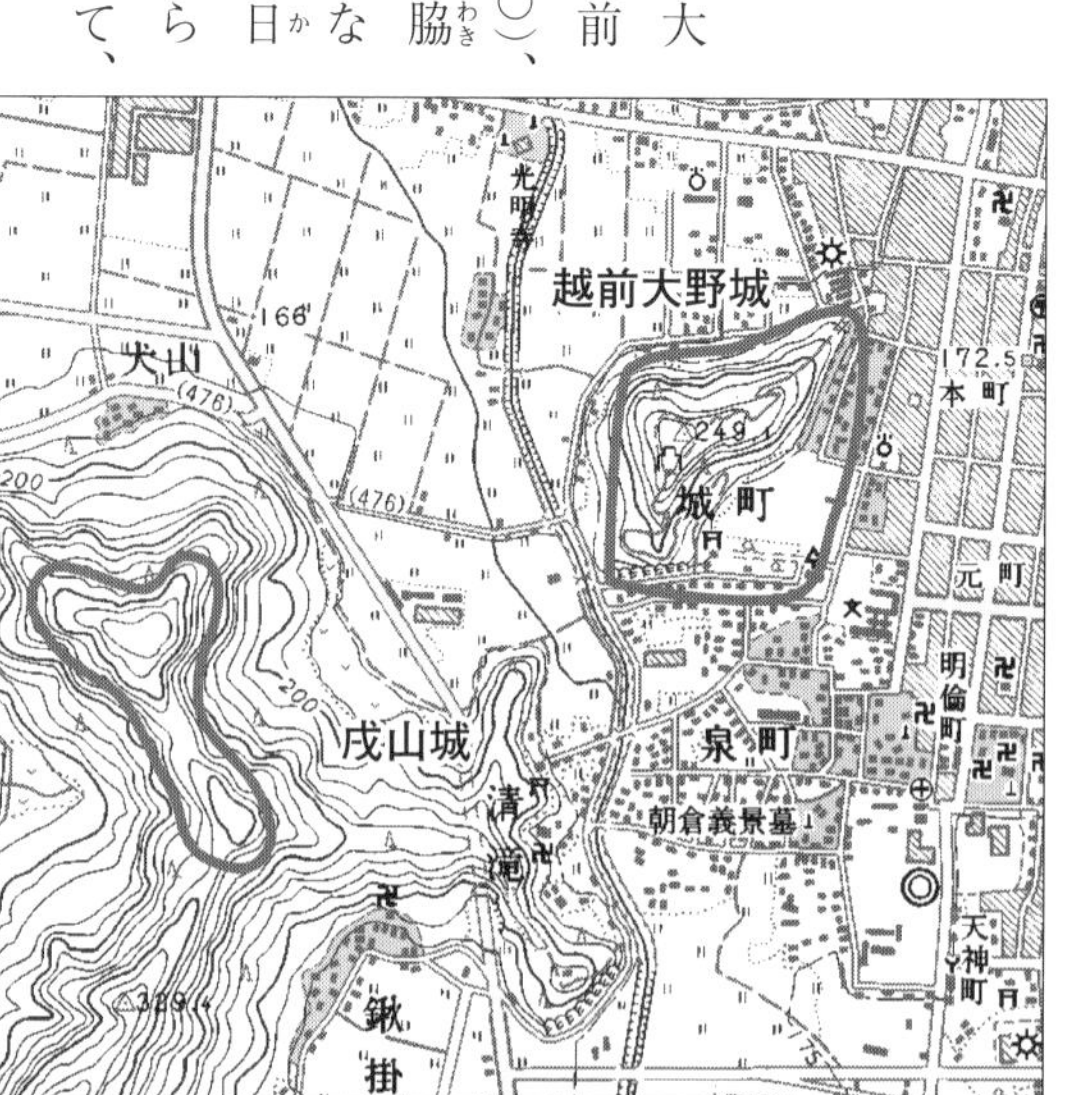

75 戌山城

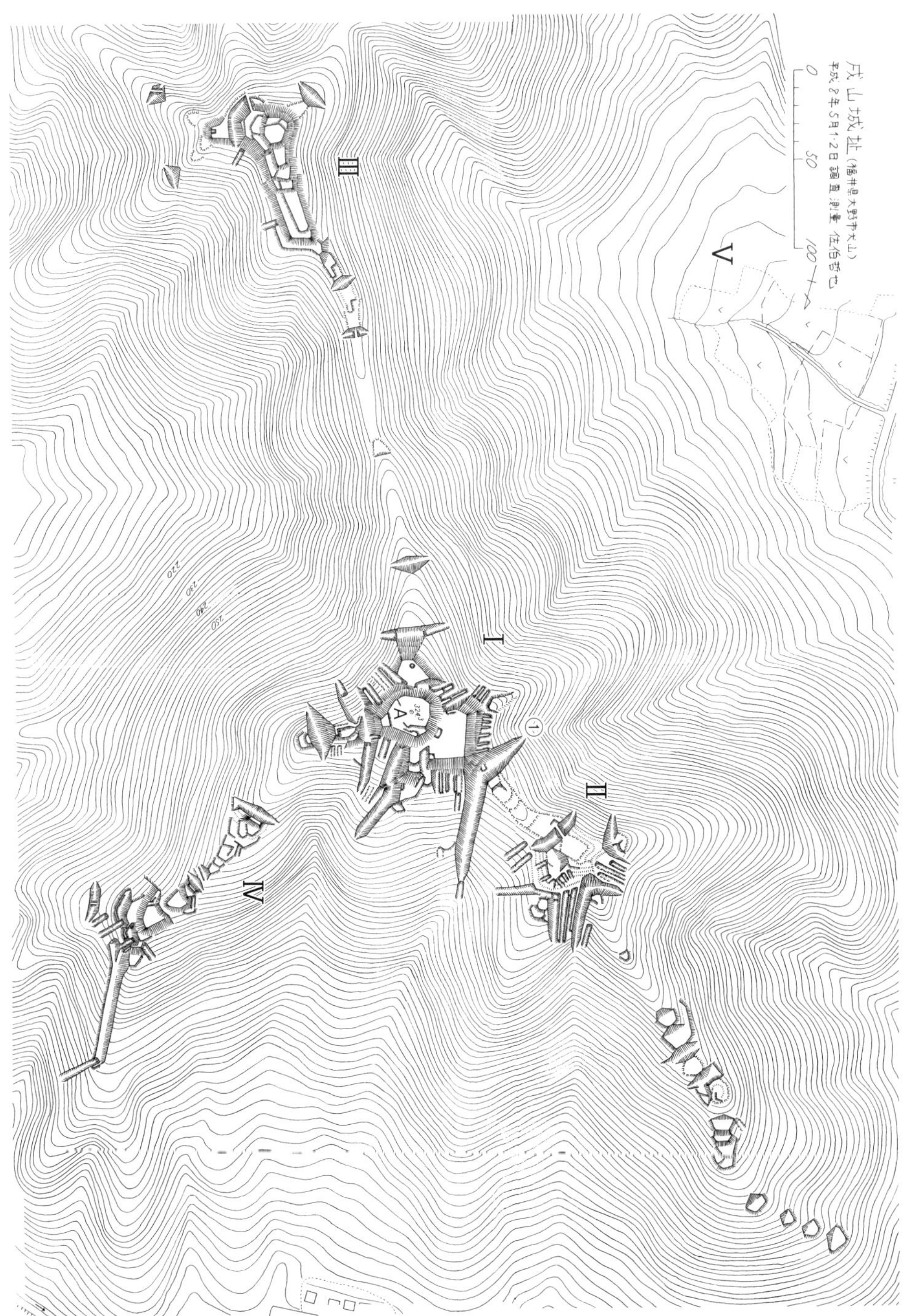
戌山城址（福井県大野市犬山）
平成8年5月1・2日調査測量 佐伯哲也
0
50
100
Ⅰ
Ⅱ
Ⅲ
Ⅳ
Ⅴ
A
①
220
230
240
250

（一四七七）、弟光玖を大野郡司に任命する。[*1] これ以降、最後の大野郡司朝倉景鏡まで代々居城として使用したようである。『城跡考』によれば、孫八郎景鏡は居城を平地居館ともいえる亥山城へ移したという。戦国末期に、居城を平城に移すとはにわかに信じがたい。詰城としての戌山城、政庁居館としての亥山城という二元居住と考えるべきであろう。

朝倉氏のナンバー2としての権勢を振るってきた朝倉景鏡だが、天正元年（一五七三）の朝倉家滅亡にあたり、最後の当主義景を白刃に追い込んだ張本人という悪名を着せられてしまう。義景の首を織田信長の本陣に届けたところ、「一家ノ総領ヲ殺ス不覚仁也トテ目ヲ引鼻ヲ引手ヲ打テゾ笑レケル」（『朝倉始末記』）と、満座の中で辱めを受けてしまう。景鏡の心中いかばかりであったであろうか。

義景の首と引き換えに助命された景鏡だが、その命も長くはなかった。翌天正二年、平泉寺に加担したという理由で越前一向一揆に攻められ戦死してしまう。

その後、天正三年に大野郡の三分の二を賜った金森長近はいったん戌山城に入るが、翌四年に越前大野城（福井県大野市）を築いて移る。この結果、戌山城の存在価値はなくなり、廃城になったという。

【城跡】 登城口には案内板や説明板が設置されている。また、五、六台駐車できるスペースもあって訪城しやすい。さらに遊歩道は整備され、要所要所に案内板・ロープも設置されていて、初心者にも安心して訪城できる城といえる。

城域は、Ⅰ・Ⅱ・Ⅲ・Ⅳ・Ⅴの五地区に大別される。山麓のⅤ地区を殿屋敷と呼び、城主斯波氏（越前守護代）の居館と伝える。残念ながら遺構は存在しない。いずれの地区も、主郭であるⅠ地区との間に遮断性の強い大堀切を設けており、独立性が強い。このため、従郭に対する主郭からの

登城口。案内板等が設置され、わかりやすい

気持のよい尾根道。マイナスイオンを満喫できる

求心力が弱くなっている。中世城郭の特徴の一つといえよう。

Ⅰ地区のA曲輪が主郭で、東端に櫓台を設ける。吉田森氏は、櫓台付近で石垣を発見したと述べている。[*2] 筆者もこの記述を受けて調査をしたが、ついに石垣を発見することができなかった。石垣の有無は、戌山城の歴史、特に金森長近改修の有無を考えるうえで重要な判断材料となる。現地で確認できなかったことは、非常に残念である。

大規模な堀切が多い戌山城において、最も巨大なのが堀切①である。上幅二〇m、高さ一一m、長さは一〇八mに及ぶ。尾根上を遮断し、さらに両斜面に竪堀状に落とし、完全にⅡ地区と分離させている。これほどまで分離しているためか、さすがにⅡ地区に明瞭な曲輪は存在しない。それでも城主は不安だったのであろう。隙間を埋め尽くすように、Ⅱ地区に堀切・竪堀・畝状空堀群を設けている姿には絶句する。寄せ手（敵軍）の足がかりを徹底的に潰したという感じがする。

上：Ⅰ地区とⅡ地区を分断する大堀切①
下：畝状空堀群。戌山城の特徴の一つ

これほどまでⅡ地区を警戒しなければならない理由は、この尾根が平野部に突き出ており、最も敵軍が進攻してくる可能性が高かったためであろう。城主の異常なまで

＊1　『戦国期越前の領国支配』

＊2　吉田森ほか『越前大野城と金森長近』、一九六八年

Ⅲ地区のみに残る横堀

の軍事的緊張感（もはや恐怖感といってよい）が伝わってくる。大小さまざまな畝状空堀群をハリネズミのようにⅠ・Ⅱ地区に設けている縄張りは、戌山城最大の特徴といってよい。

Ⅲ地区は、Ⅰ地区の背後を防御する重要な曲輪群である。ここで注目したいのが、重要な曲輪群なのに畝状空堀群を設けておらず、Ⅰ・Ⅱ地区にまったく見られなかった横堀を設けている点である。横堀がⅠ・Ⅱ地区に存在せず、Ⅲ地区に存在しているのは、極めて重要な事実である。横堀を設けることで馬出曲輪・土橋通路・平虎口を構築して連動させ、計画的な城道を設定している。明確な城道を確認できないⅠ・Ⅱ地区とは、技術的な進歩の差を認めることができる。

それでは、なぜⅠ・Ⅱ地区に横堀は存在しないのであろうか。それは、構築するスペースが存在しなかったからと推定する。つまり、Ⅰ・Ⅱ地区にはすでに大規模な畝状空堀群が縦横無尽に存在していたため、横堀を用いた改修ができなかったのである。

本来であれば、Ⅰ地区を中心として改修すべきであろう。しかし、すでに畝状空堀群が存在していたため、城主はⅠ地区の大改修を諦め、主郭虎口（もしかしたら櫓台も?）の改修のみに終わった。そして、城主はⅠ地区の防御力を増強するために、横堀を用いた別曲輪をⅢ地区に構築した、という仮説が立てられよう。また、Ⅲ地区には畝状空堀群を構築できるスペースが存在しているにもかかわらず存在していないのは、横堀を構築した段階において畝状空堀群はすでに過去の防御施設であり、構築するに値しなかったとも考えられる。構築者は畝状空堀群を捨てて、横堀を

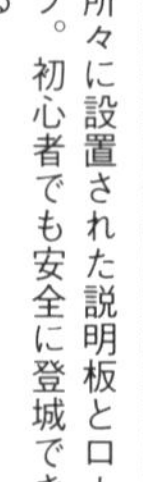
所々に設置された説明板とロープ。初心者でも安全に登城できる

主郭A現状

選択したのである。これは重要な事実である。

Ⅲ地区に横堀を導入した時期は、いつなのであろうか。朝倉氏は元亀年間（一五七〇―七二）に構築した若狭・近江の陣城（じんじろ）で、横堀を多数導入している。もちろん畝状空堀群も導入しているが、少数でしかない。断定はできないが、織田信長との抗争が激化した元亀末年頃に、Ⅰ地区の防御力を増強するために、朝倉（景鏡か）氏が構築したとする仮説を提唱することができよう。

天正三年に金森長近が一時的に入城したとされているが、唯一、長近構築の遺構としてよいのが石垣であろう。もちろん、朝倉氏の城郭でも石垣は存在するが、ごく少数で、しかも部分的でしかない。東郷槇山城（とうごうまきやま）（福井市）のように広範囲に分布する石垣は、明らかに織豊政権時代の石垣とみなすことができる。

吉田森氏が主郭櫓台で石垣を発見したという記述は重要である。しかし、発見できなかったことは前述の通りである。さらに、戌山城の石垣を越前大野城に運んだという伝承まで残っているという。石垣が発見できれば、長近在城の有力な遺構となるだけに、発見できなかったことは、本当に残念である。

【まとめ】大規模な堀切・畝状空堀群は、朝倉家ナンバー2の居城にふさわしい城郭である。しかも横堀も存在していることから、朝倉氏の畝状空堀群の転換期を推定する上で重要な城郭といえよう。今後は、石垣の有無を考古学的な調査から存在を確認するのが重要な作業となろう。

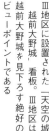

Ⅲ地区に設置された「天空の城　越前大野城」看板。Ⅲ地区は越前大野城を見下ろす絶好のビューポイントである

朝倉氏奉行衆の城郭

9 朝倉山城（あさくらやまじょう）

①福井市深坂町
②―
③標高一七三・一m／比高一三〇m
④B（少し登る、やや登城しにくい）

登城道入口。素朴な看板が嬉しい

【立地】城跡は、通称朝倉山山頂に位置する。山頂からの眺望は素晴らしく、日本海とその沿岸集落を眺望することができる。

【城主・城歴】『城跡考』は、朝倉玄蕃助景連（かげつら）の居城とする。景連は朝倉義景の近臣で、朝倉氏の奉行衆を務めている。奉行衆とは、朝倉家当主が決定した事項を実行する実務執行官のようなもので、朝倉氏滅亡まで存在した。景連は永禄八年（一五六五）の将軍足利義輝（あしかがよしてる）殺害事件において、上杉謙信の重臣・直江実綱（なおえさねつな）と連絡を取り合っている。[*1] なお、景連は朝倉義景が美濃長滝寺経聞坊に送った書状[*2]にも登場するため、対外的な交渉を担当する重臣だったと推定される。朝倉氏奉行人連署奉書では、景連の名は天文十九年（一五五〇）～永禄九年（一五六六）まで見られる。[*3] したがって、景連の朝倉山居城が事実ならば、この頃のことと比定することができよう。

一方、『朝倉始末記』には、天正三年（一五七五）の織田信長の越前進攻にあたり、一向一揆が「深坂ノ朝倉山ヲソ

*1 『発給文書』
*2 年未詳、『白鳥町史史料編』白鳥町、一九九八年
*3 『発給文書』

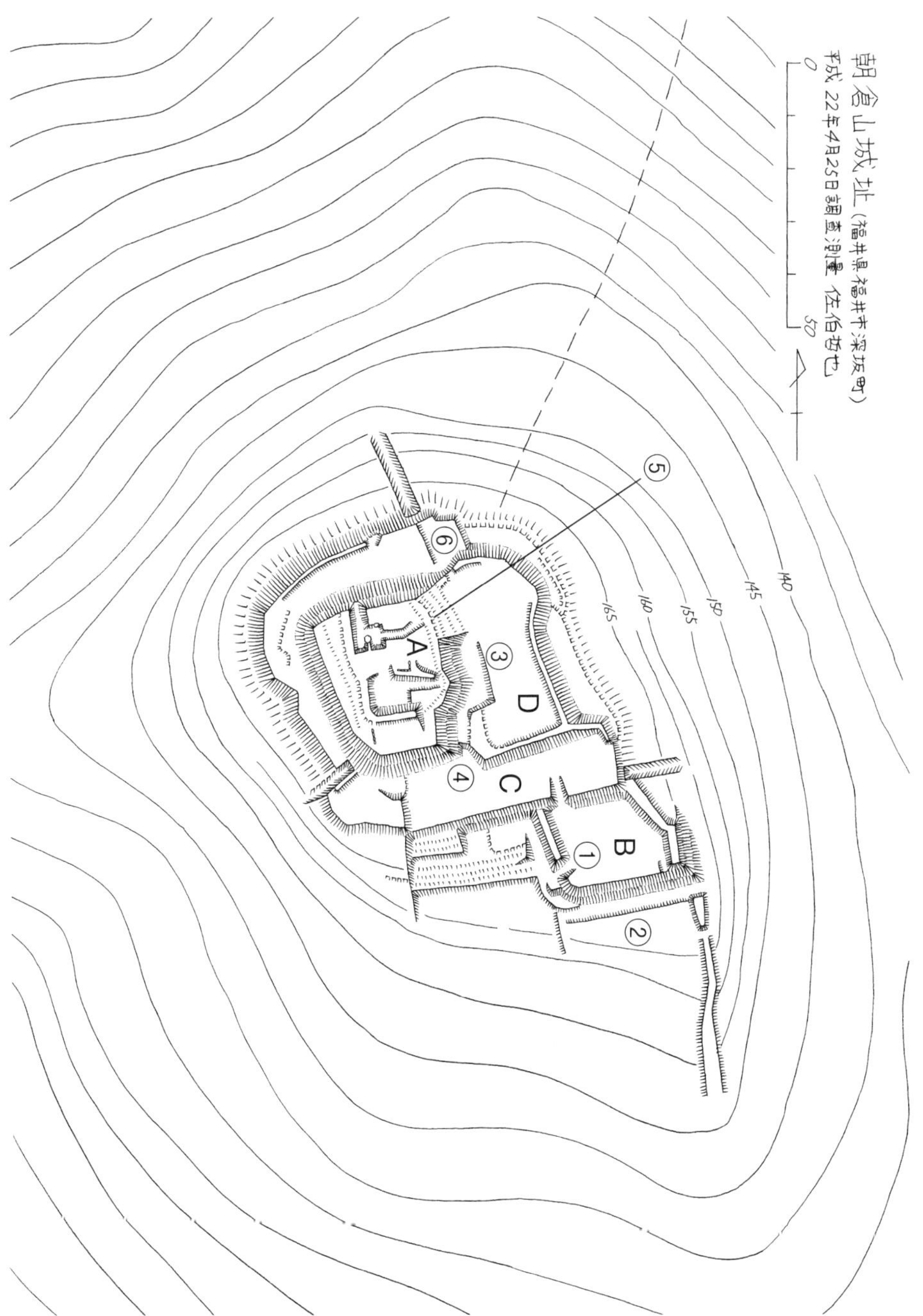

朝倉山城址（福井県福井市深坂町）
平成22年4月25日調査測量 佐伯哲也
0
50
140
145
150
155
160
165
A
B
C
D
①
②
③
④
⑤
⑥

上：土塁で構築された虎口①
下：監視哨設置により生じた土塁。城郭遺構ではない

城郭ニ拵ヘケル」とあり、一揆軍が築城したと述べている。

【城跡】登城口に案内板が設置されている。さらに遊歩道も整備されているので迷うことはない。しかし、駐車スペースはないので、自己責任にて駐車をお願いしたい。

遺構の残存状態はおおむね良好である。しかし、主郭Aには太平洋戦争当時、陸軍の監視哨（かんししょう）が置かれていたことから、このときの遺物と考えられるコンクリート・レンガ・瓦片が散乱している。

明確に城外に開口している虎口は、虎口①である。したがって、虎口①を大手虎口と推定することができる。虎口①は前面に横堀②を設けることにより、大軍に直撃されることを防いでいる。枡形までに発達していないものの、技術的に進歩した虎口と評価でき、十六世紀後半の構築が推定できよう。

虎口①からB曲輪に入った敵軍は、C曲輪・横堀③を経由して主郭Aに進んだと考えられる。虎口④は櫓台で防御力を増強しているものの、枡形虎口までに発達していない。敵軍は横堀③を通過するとき、主郭A・D曲輪から初めて明確な横矢に晒されることになる。横堀③を通過した

登城口。「朝倉山登口」の石碑を目指すとよい

主郭に設置された説明板

敵軍は、⑤付近を通過して主郭Aに入ったと推定される。しかし、⑤付近は監視哨設置時に掻き均されたらしく、虎口は残存しておらず、詳細は不明である。

一方、北麓から登城する場合、明確な虎口が存在しないため、どこから入ったか明確にできないが、虎口⑥を経由して主郭に入ったと推定される。こちらは虎口⑥を突破すれば、ダイレクトに主郭Aを攻撃することができ、手薄な防御形態といえる。B・C曲輪に防御された南方との防御構造の違いを明確に指摘することができる。つまり、城主は南側の尾根続きが弱点と考え、防御の主眼を南側に置いたのである。

以上、朝倉山城の縄張りを概説した。虎口は枡形まで発達していないものの、土塁で明確にし、さらに横堀や切岸・櫓台を用いて防御力を増強させている。また、横堀を通路として利用して計画的な通路設定を行い、横矢掛けに成功している。

敵軍の攻撃を遮断する切岸

【まとめ】このような縄張り構造は、やはり十六世紀後半とみなすことができる。仮説の範疇にとどめたいが、伝承通り朝倉景連の居城とすることができよう。一向一揆軍は再使用したのみと考えたい。なお、北麓には景連の屋敷跡があったと伝わるが、明瞭な遺構は現存しておらず、確認できなかった。また、監視哨設置にあたり、珠洲甕（すずがめ）に納められた経筒（きょうづつ）が発見された[*4]。周囲に残る礫集中箇所は、築城以前の宗教関連遺跡とみなすこともできよう。

＊4　南洋一郎二〇一六

城跡に立つ送信施設。遺構を破壊している

豊原三ヶ故城の一つ

10 雨乞山城（あまごいやまじょう）

①坂井市丸岡町内田
②―
③標高二一五m／比高一八〇m
④B（少し登る、やや登城しにくい）

【立地】福井平野を見下ろす山上に築かれている。城跡に立てば、周辺の集落や中世北陸道、諸河川を広く眺望することができる。豊原寺の主要参拝道の一つ、新宮口が雨乞山城の北麓、来光口が南麓に位置しており、豊原寺を防御する城郭として絶好の選地だったといえよう。

主郭背後を遮断する大堀切

【城主・城歴】「豊原三ヶ故城」の一つである。豊原三ヶ故城とは、中世に一大勢力を誇った豊原寺の周辺に築城された城郭で、三上山（みかみやま）城・西宮（にしみや）城・雨乞山城のことである。しかし、城郭遺構を残すのは雨乞山城のみである。

中世には豊原三千坊と呼ばれるほどの隆盛を誇った豊原寺だが、天正二年（一五七四）に越前一向一揆に加担した結果、翌三年に織田信長の焼き討ちにあい、全山灰燼に帰した。天正三年八月二十八日、織田信長は越前一乗谷から豊原寺に陣を進めている。*1

奈良興福寺大乗院尋憲は、かつて越前に存在していた

*1 『信長公記』

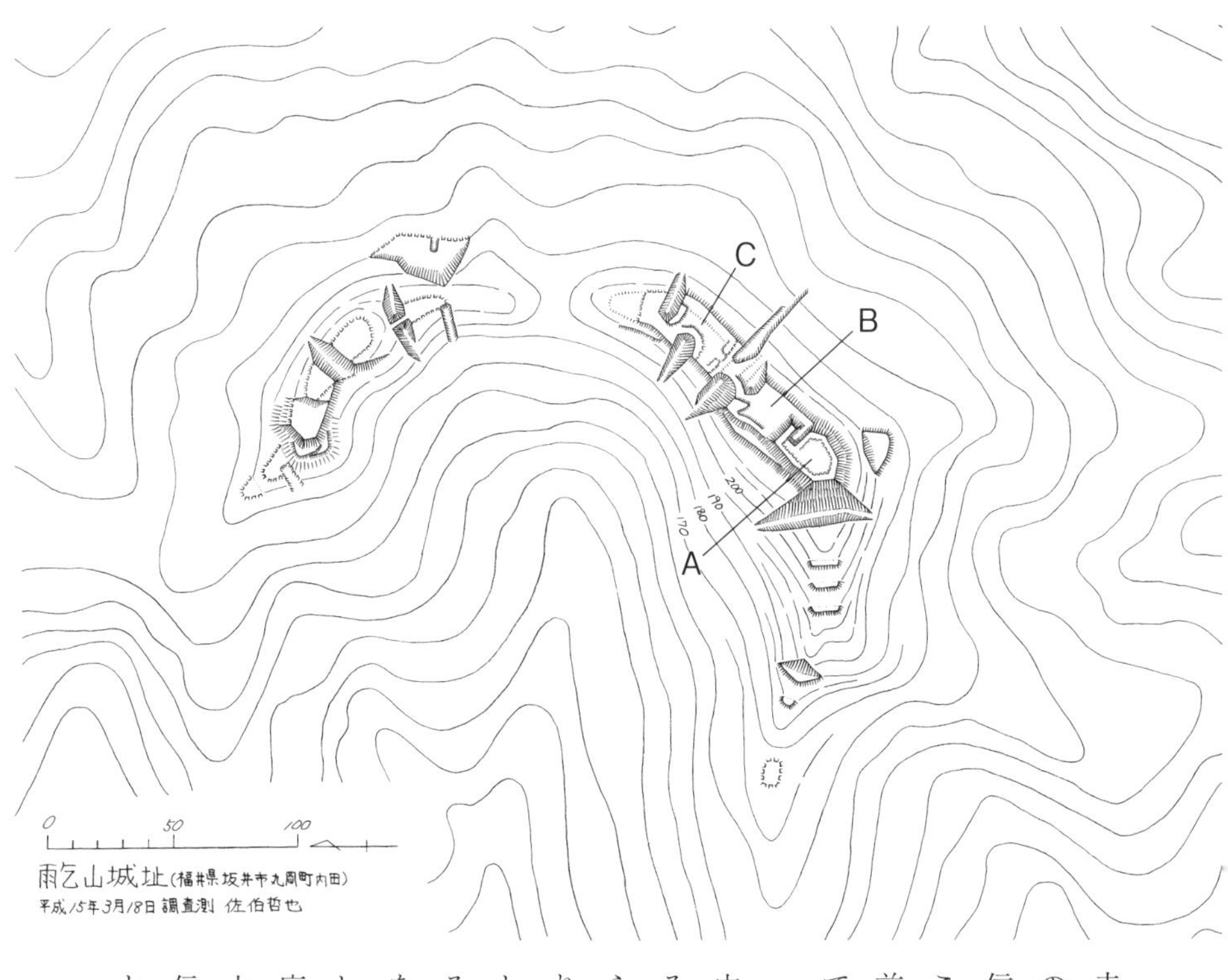

寺領（河口庄・坪江郷）回復の確約を得るため、はるばる信長の陣所に下向している。このときの様子を、尋憲は『越前国相越記』[*2]で詳細に記載している。

それによれば、豊原寺在陣中の信長は「二階座敷に居らるる所」と記載しており、さらに「幸い幸若と申す舞々参り候条、御もてなしに舞を申し付くべし。こなたへ御座あるべきの由」と、信長から舞をリクエストされたことも記している。その結果、「次の座敷」で「烏帽子折、幸若以上四人して舞う」と、自身と信長ら四人で舞い、その褒美として信長から幸若へ「菓子一箱」が下されたことも記載

＊2　『古文書が語る朝倉氏の歴史』所収

している。なんとも優雅な信長の陣所である。

尋憲の願いどおり、寺領安堵の朱印状は九月三日に発給された。さらに、十一日には追加で一通発給するため、尋憲は豊原寺へ「登城」している。この「登城」は豊原寺に置かれた信長本陣全体のことを述べているのであろう。

しかし、尋憲は同じく十一日の記述として「柴田伊賀守（柴田修理子なり）豊原の城をこの伊賀に信長より相渡し、信長は下なる坊へ居渡るものなり」と記載している。「豊原の城」が豊原寺を指すのか、あるいは雨乞山城を指すのか、残念ながら不明である。しかし、雨乞山城を含む豊原寺一帯に、柴田（伊賀守）勝豊が一時的にせよ、拠点を置いた証拠になろう。

【城跡】登城口に案内板等はなく、非常にわかりにくい。駐車場もない。ただし、城跡までは送電線巡視路が設置されているため、登城口さえ見つければ、簡単に登城することができる。だが、城跡にも説明板等は設置されていない。

主郭は城内最高所のAであろう。周囲に塁線土塁が巡る。さらに、明瞭な内枡形虎口が構築されており、主郭Aからの横矢が効く、塁線土塁の一部がそのまま内枡形虎口も構成しているので、両者は同一人物・同一時代によって構築された可能性が高い。

背後を上幅一九ｍの堀切で完全に尾根続きを遮断している。この尾根は、坂井平野に直結しており、敵軍の進攻が最も想定される尾根でもある。さらに、主郭Aが敵軍に直撃される尾根でもある。このため、大堀切を設けて完全に遮断し、主郭Aを防御したのであろう。

B曲輪の虎口は、多少屈曲しているものの、ほぼ直進して入る平虎口である。ただし、櫓台を併設して、櫓台からは横矢が効くようにしている。櫓台から塁線土塁が伸びているが、なぜか途中で消滅している。長年の風雪で消滅したのではなく、当初から設置されていなかったようであ

主郭A現状

る。さらに、反対側の塁線に土塁は設けていない。ここに土塁を設ければ、主郭の内枡形虎口と連動できるのに、そうしていない。この点は、天正十一・十二年に構築された賤ヶ嶽合戦城塞群・加越国境城塞群と異なっている。縄張り技術の未熟さも露呈している点である。

C曲輪の北端には、竪堀を喰い違い状に配置して、さらに幅広になった開口部をせまくするために土塁を配置し、虎口を設けている。こうすることにより、敵軍は屈曲してC曲輪に進攻することになり、進行速度は鈍り、城内からの横矢攻撃にさらされることになる。

C曲輪から約六〇m離れた北側にも、曲輪群が存在する。基本的には堀切や切岸のみの遮断線であり、枡形・喰い違い虎口は存在しない。それが時代差を意味するのか、それとも主郭・従郭といった格の違いによるものなのか、詳らかにできない。

現存遺構はいつ、誰が構築したのであろうか。構築年代の絞り込みが可能なパーツは、主郭の内枡形虎口である。この虎口は賤ヶ嶽合戦城塞群等の縄張りまでに発達していないので、天正十年以降の改修は考えられない。天文～永禄期にかけて構築された加賀・越前の国境付近にも土塁で構築された枡形虎口は存在しない。とすれば、元亀～天正前半に絞り込めそうである。

そこで注目したいのが、柴田勝豊が一時的に豊原寺に在城していたという事実である。雨乞山城を築城したのは豊原寺で、天正三年に主郭内枡形虎口のみ勝豊が改修したとは考えられないだろうか。もちろん、豊原寺の可能性もゼロではない。豊原寺は朝倉氏と友好関係にあり、その朝倉氏は北近江に築いた城郭で内枡形虎口を多用している。天正三年の織田軍進攻にあたり、豊原寺が内枡形虎口を構築した可能性も十分にある。朝倉氏の築城技術を示した虎口ともいえよう。

【まとめ】内枡形虎口の構築者が豊原寺なのか柴田勝豊なのか、議論の分かれるところである。ただし、天正三年前後の構築は動かない。築城当初の姿はどうなっていたのか等々、課題は多い。

主郭内枡形虎口。構築者を推定する重要なパーツである

朝倉氏一門波多野氏の城郭

11 波多野城（はたののじょう）

① 吉田郡永平寺町花谷
② 花谷城・天城
③ 標高四七三・八m／比高四一〇m
④ B（少し登る、やや登城しにくい）

【立地】標高が約四七〇mもあることから眺望は非常に良く、福井最大の河川である九頭竜川やその周辺の集落・街道を広く眺望することができる。ただし、比高も四一〇mもあるため、単なる在地土豪の居城とは考えにくい。郡単位を支配する国人領主級の城郭といえよう。

畝状空堀群。波多野城の特徴の一つ

【城主・城歴】『永平寺町史通史編』[＊1]は、波多野氏数代の居城としている。波多野氏は鎌倉時代より志比荘の地頭職を有する有力国人で[＊2]、朝倉氏が越前国を平定すると、その被官になったと考えられる。四代朝倉孝景の弟道郷は波多野家を継いでおり、朝倉家士列座における波多野氏の序列は二番目となっている[＊3]。

【城跡】城跡は、通称城山山頂に位置する。近年、地元の保存会により整備され、非常に訪れやすくなった。特に花谷登城口には駐車場・トイレ・案内板が設置され、初心者や女性でも安心して登城できるようになった。もちろん、城跡の遊歩道も整備されている。ただし、登城

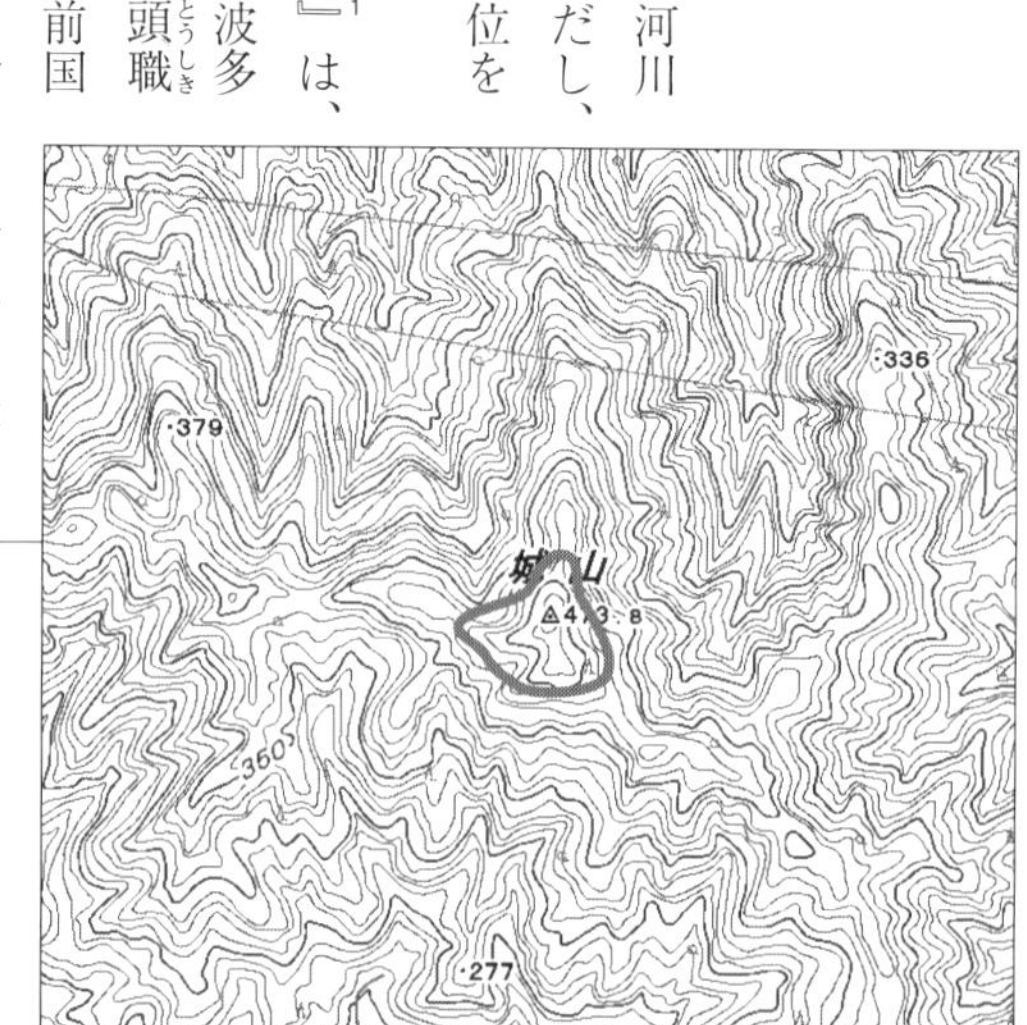

＊1　永平寺町、一九八四年

＊2　『越前波多野城跡』永平寺町教育委員会、一九九〇年。以下、報告書と略す

＊3　『越前朝倉氏・一乗谷』福井県立一乗谷朝倉氏遺跡資料館、二〇〇二年

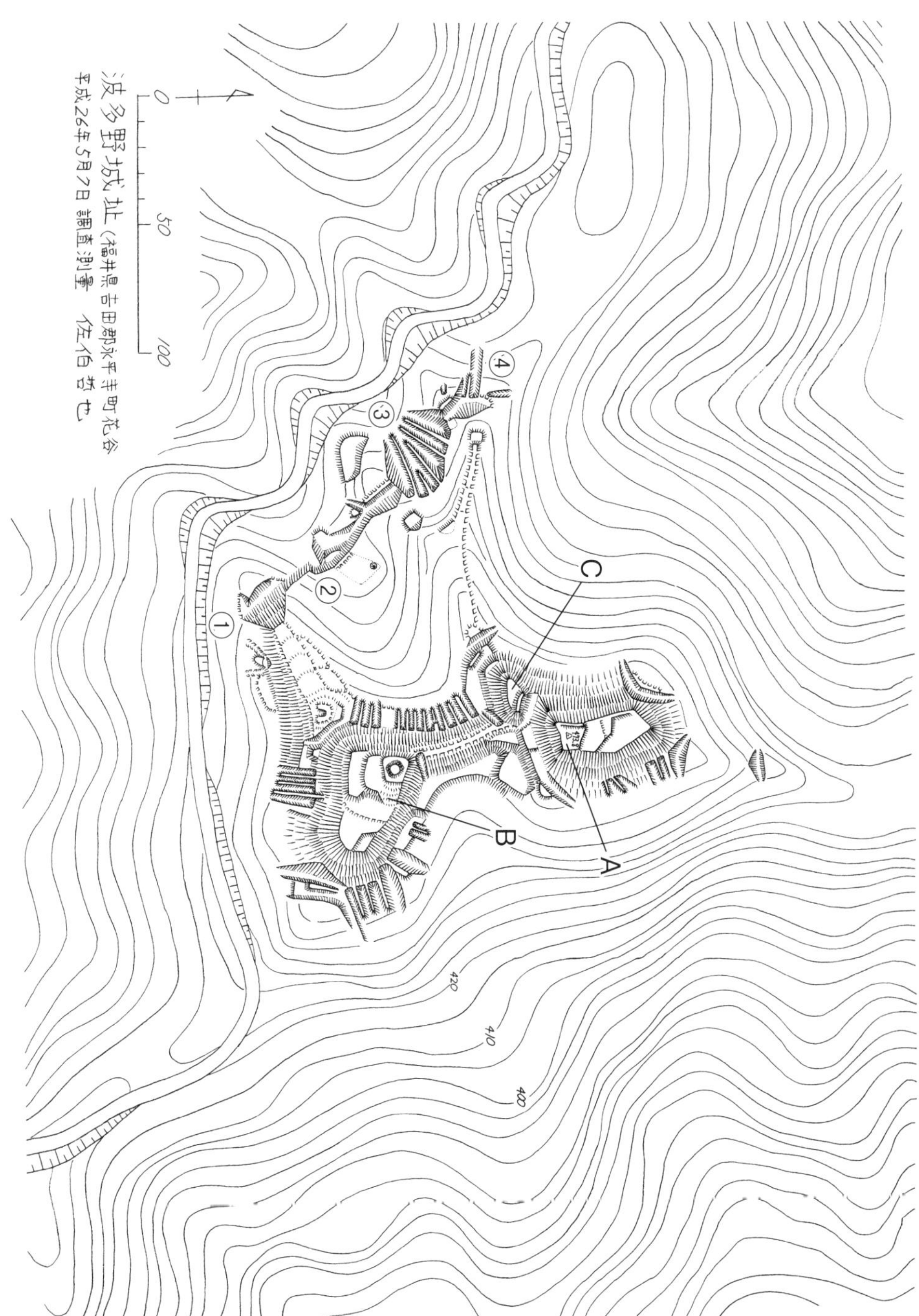
波多野城址（福井県吉田郡永平寺町花谷
平成26年5月7日 調査測量 佐伯哲也
0
50
100
①
②
③
④
A
B
C
420
410
400

塁線土塁を設けているが、地表面観察で虎口（出入り口）は確認できず、どのような方法で外部の曲輪と連絡したか詳らかにできない。一つの仮説として、C曲輪北側の土塁と主郭A南端との間に木橋を架けて連絡していたことも考えられる。

B曲輪の塚状遺構は、報告書によれば経塚（きょうづか）か投石用の集石のどちらかとしている。明らかに円形を意識して構築しており、また、眺望が非常に良いため経塚と考えたい。ただし、構築時期は築城前なのか廃城後なのか、議論の余地は残る。

波多野城で注目したいのは、畝状空堀群である。朝倉系の城郭に多く存在しており、朝倉一族となった波多野氏の城郭に畝状空堀群が存在するのも当然といえよう。特に注目したいのは、堀切①から切岸②・畝状空堀群③・竪堀④をセットで用いた防御ラインの存在である。

上：急斜面に設けられたロープ。初心者でも安全に登城できる
下：堀切①。薮が刈り払われ、見やすい

口から城跡まで徒歩一時間弱はかかるので、そのつもりで登城していただきたい。

主郭は城内最高所のA曲輪。最高所だがB曲輪との比高はわずか四mで、しかも主郭AとB曲輪との身分的な構造差はあまり見られない。主郭Aの西側に

整備された登城道

花谷登城口に設置された案内板。非常にわかりやすい

畝状空堀群と堀切・切岸をセットで使用した防御ラインは、越前では一乗谷城（福井市）にしか存在しない。珍しい畝状空堀群の用法であり、一乗谷城との関連をうかがうことができる。古くから存在していた波多野氏の城郭を、朝倉氏が一乗谷城の畝状空堀群を構築した時期に、波多野城にも畝状空堀群を構築したことが考えられる。現在、一乗谷城の畝状空堀群は、織田信長との抗争期に構築されたといわれているが、構築時期については、まだまだ検討の余地が残る。検討するにあたり、波多野城等周辺の畝状空堀群を詳細に再検討する必要があろう。

山麓には波多野氏の居館が存在しており、現在も波多野氏の子孫の方が在住しておられる。現在は土塁の一部が残るにすぎないが、地籍図調査からは、方一町の堂々たる居館だったと考えられる。有力国人波多野氏代々の居館にふさわしい規模といえよう。

ほとんど埋まっているが井戸跡である

波多野城は平成元年（一九八九）に永平寺町教育委員会により発掘調査が実施された（報告書）。調査範囲が小範囲だったこともあって、石段と思われる石列、敷石と推定される集石が検出しただけで、年代を確定できる遺物は出土しなかった。

【まとめ】山麓の居館と山上の詰城がセットになった典型的な国人領主の居城といえる。ただし、現存遺構は朝倉氏の影響が濃厚に残るため、領国支配を強固にするために朝倉氏が完成させたという説も成立しよう。

花谷登山口。駐車場や案内板等が整備され、非常にわかりやすい

主郭A現状。ベンチが設置してある

一乗谷城の重要支城

12 成願寺城

【立地】美濃街道と朝倉街道が交差する交通の要衝に選地する。足羽川沿いを通る美濃街道は一乗谷城の大手方向に位置し、福井平野とも繋がっている。足羽川の両岸に位置する成願寺城・東郷槇山城は、一乗谷城の大手方向を守る支城として重要視されていたのである。

① 福井市成願寺町
② ―
③ 標高二一四・一m／比高一九〇m
④ B（少し登る　やや登城しにくい）

【城主・城歴】城名の由来となった成願寺は、「文安六年（一四四九）東寺修造料足奉加人数注進状」[*1]に見える。しかし、成願寺城と最も密接に関わっていたのは、城跡直下に位置する真言宗の波着寺である。

年未詳だが、波着寺の照任と空歓は、観音御開帳について滝谷寺を導師として招き、その日時や導師を朝倉氏が決定していることも判明している。[*2] 朝倉貞景・孝景も参詣したとされていることから、朝倉氏と密接に関わる寺院であり、成願寺城の存続期間と重なることは、ほぼ確実である。

成願寺城は「朝倉盛衰記（下巻）」[*3]によれば、前波九郎

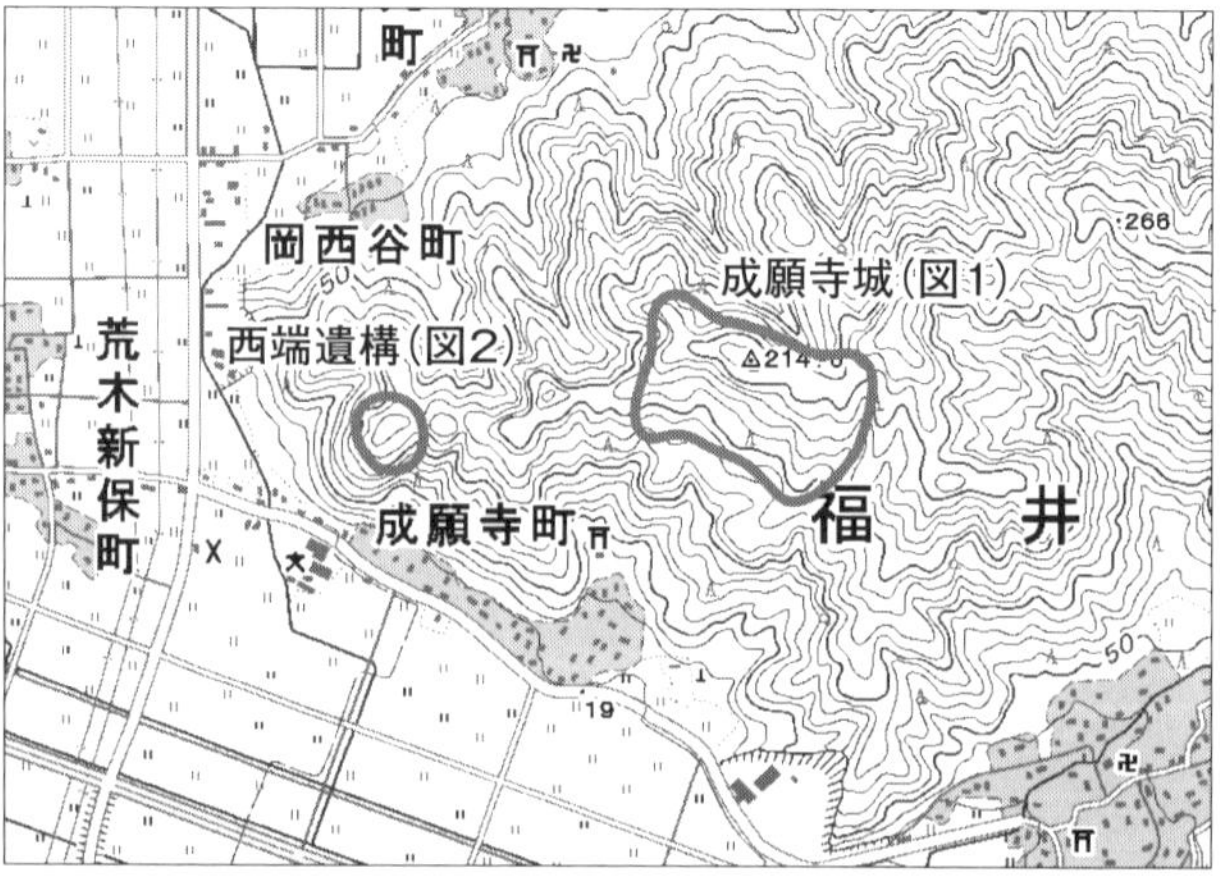

波着寺遊歩道の案内板。迷うことはない

＊1 『福井市史資料編1』
＊2 「波着寺照任・空歓連署状」『福井市史資料編2』
＊3 『福井市史資料編1』所収

図1

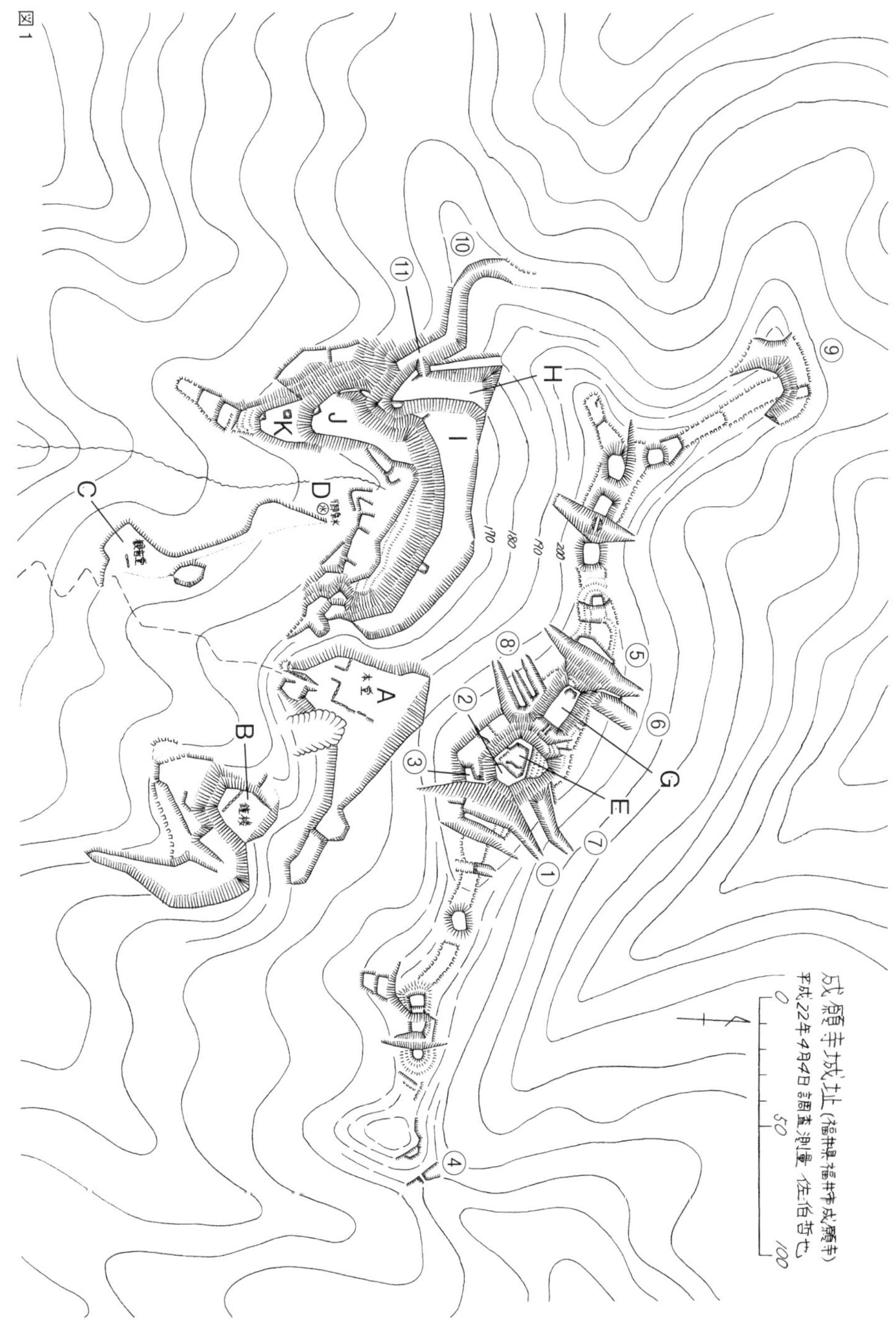
成願寺城址(福井県福井市成願寺)
平成22年4月4日調査測量 佐伯哲也
0
50
100
A
B
C
D
E
G
H
I
J
K
170
180
190
200

上：波着寺本堂跡。成願寺城主郭直下に位置する
下：成願寺城西尾根続きを遮断する堀切⑤

兵衛の城としている。そして、「成願寺ハ一乗三ノ丸前波此城代也」と記載しているように、一乗谷城の出城と位置付けられていたようである。

前波九郎兵衛吉継は朝倉氏の重臣で、元亀三年（一五七二）八月三日、朝倉義景に従軍して近江大嶽城（滋賀県長浜市）に入ったが、八月八日に織田信長に寝返っている。寝返りはさらに続き、翌日には富田長繁・毛屋猪介・戸田与次が寝返った（『信長公記』）。朝倉家における内部崩壊の兆しはすでに滅亡の前年から始まっていたのである。吉継は天正元年（一五七三）の朝倉氏滅亡後、織田信長から越前国守護代に任命されて越前一国を任されるが、翌二年に一向一揆と結んだ富田長繁に大敗して自刃した話は有名である。同じく主家を裏切った同輩に滅ぼされた吉継の気持ちは、いかばかりであっただろうか。

【城跡】

1．山上の城郭遺構

東郷槇山城とともに、一乗谷城の北側を防御する出城として有名である（図1）。成願寺城の

波着寺遊歩道の入り口。ここから成願寺城へ登城する

波着寺説明板。まずはこれを見つけることが重要

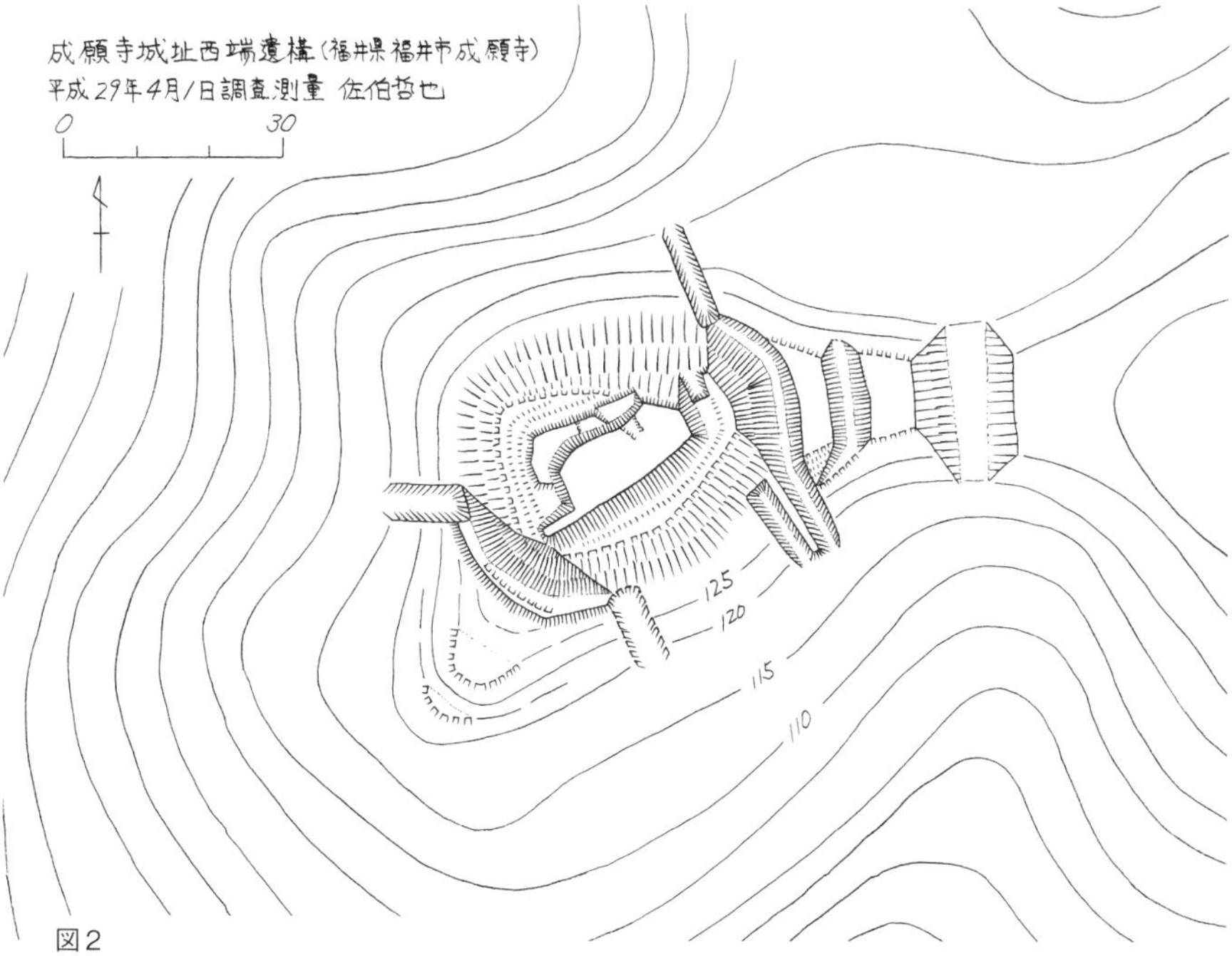

成願寺城址西端遺構（福井県福井市成願寺）
平成29年4月1日調査測量 佐伯哲也
0　30
125
120
115
110

図2

西端には成願寺城西端遺構[*4]が存在する（図2）。しかし、成願寺城と先端遺構とは約五〇〇mも離れており、その間は古墳は存在するが、城郭遺構は存在しない。よって、先端遺構は別個の城郭とした。

案内板・説明板はない。幸いなことに波着寺跡の案内板・説明板や遊歩道は整備されているので、それを頼りに登城されたい。ただし、波着寺跡から城跡までは藪こぎを強いられる。

尾根上に存在するのが成願寺城遺構で、その直下の平坦面A・B・Cおよび湧水Dが波着寺関連遺構である。E曲輪が成願寺城の主郭で、古墳を利用して構築されているため盗掘を受けている。このため破壊が著しいが、それでも塁線土塁を巡らし、三重堀切①および

＊4　西端遺構も古墳を利用して構築している。

成願寺城畝状空堀群⑧。３本と少ない

櫓台②が認められる。堀切と櫓台がセットになった防御施設である。さらに南直下に設けた腰曲輪に、三重堀切①を越えた敵軍が突入するのを防止するために櫓台③を設ける。堀切だけを設けた防御施設より、明らかに進歩した防御施設である。この遺構により、現存遺構は十六世紀後半に構築された可能性が高いことを指摘できる。

三重堀切①によって完全に尾根続きを遮断したため、大規模な防御施設を設ける必要性がなくなる。したがって、古墳を残しつつ小規模な堀切が続き、堀切④で城域は終了する。

E曲輪の西側は、小規模な堀切を経てG曲輪を設ける。その前面には堀切⑤を設け、防御力増強のため土塁を設けている。主郭Eと同じように、堀切と土塁（櫓台）がセットになった防御施設である。

三重堀切①と堀切⑤は、両端を竪堀状に落として敵軍が両斜面に廻り込むのを防いでいる。それでも心配だったのか、城主は竪堀⑥・⑦・畝状空堀群⑧を設ける。畝状空堀群だが三本しかなく、百本以上存在する一乗谷城の畝状空堀群と同レベルで扱うべきではない。構築者・構築年代を厳しく確認する必要があろう。

堀切⑤の西側は、古墳を残しつつ、小規模な堀切や切岸を設けて尾根続きを遮断している。城域の北端は切岸⑨、西端は堀切⑩と考えたい。

2．波着寺跡遺構について

成願寺城の中腹には、波着寺跡とされている平坦面群が残る。平坦面A（通称本堂跡）・平坦面

波着寺御泉水。城兵の飲料水でもあった

B（通称鐘楼跡）・平坦面C（通称観音堂跡）・湧水D（通称御泉水）である。特に平坦面A・B付近では、現在でも中世の土師器皿片を採取することができる。平坦面A・B・Cには建物が建っていたことを推定させる基壇も残る。典型的な中世山岳寺院と評価できよう。さらに、伝承は残らぬものの、平坦面H・I・J・Kはていねいに削平されており、明確な出入口⑪も残っていることから、波着寺関連遺構と考えられる。

前述の史料によって、波着寺は戦国期も存在し、朝倉氏と密接に繋がっていたことが判明している。そして、「波着寺照任・空歓連署状」[*5]により、宝珠坊・玉養坊・財林坊・実泉坊・安養房（坊カ）が存在していたことも判明している。とすれば、平坦面A・B・Cは主要伽藍、平坦面H・I・J・Kは僧坊跡と理解するのが素直な解釈であろう。

成願寺城東尾根続きを遮断する堀切④

【まとめ】以上、成願寺城と波着寺の概要を述べた。成願寺城の遺構は十六世紀後半の様相を示しているが、虎口等はまったく発達しておらず、天正元年の朝倉氏滅亡とともに廃城になったのであろう。しかし、一乗谷城の重要な支城にもかかわらず、畝状空堀群の使い方は一致しない。本・支城における畝状空堀群の用法を明確にすることが、重要な課題の一つといえよう。

波着寺は成願寺城と隣接しているにもかかわらず、主要伽藍と主要曲輪群が直結しておらず、先端の僧坊と城域の西端が繋がっているのみである。これは、中世山岳寺院と中世城郭のあり方を考えるうえで、重要な事実となろう。

＊5　『福井市史2』

成願寺城主郭Eに残る敷砂利。古墳にともなうものと推定される

一乗谷城と同様の城戸を持つ

13 杣山城（そまやまじょう）

①南越前町南条町阿久和
②―
③標高四九二・一m／比高三九〇m
④B（少し登る　やや登城しにくい）

【立地】中世において近江と越前を繋ぐ街道として重要視されてきた北陸街道と、美濃へ抜ける高倉峠越えの街道が山麓直下で交差する交通の要衝である。さらに、重要な宿場町だった湯尾と今庄の集落も眼下に見下ろす。これらのことを考慮して選地されたことはいうまでもない。

本丸（Ⅰ地区）。眺望絶景である

【城主・城歴】鎌倉末期以降、杣山庄を支配した瓜生氏代々の居城として知られている。南北朝時代、たびたび『太平記』や軍忠状等に姿を見せており、延元元年（一三三六）に金ケ崎城（福井県敦賀市）に入城した新田義貞を瓜生氏が援護したことが知られている。

戦国期になり、朝倉氏が越前を支配すると、家臣の河合安芸守宗清が在城する。天正元年（一五七三）八月の刀祢坂の合戦で、織田信長は朝倉軍を完膚なきまでに叩きのめし、戦死者の名前を上杉謙信に送った書状[*1]で列

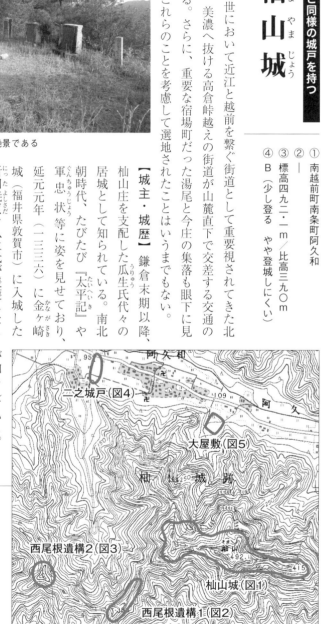

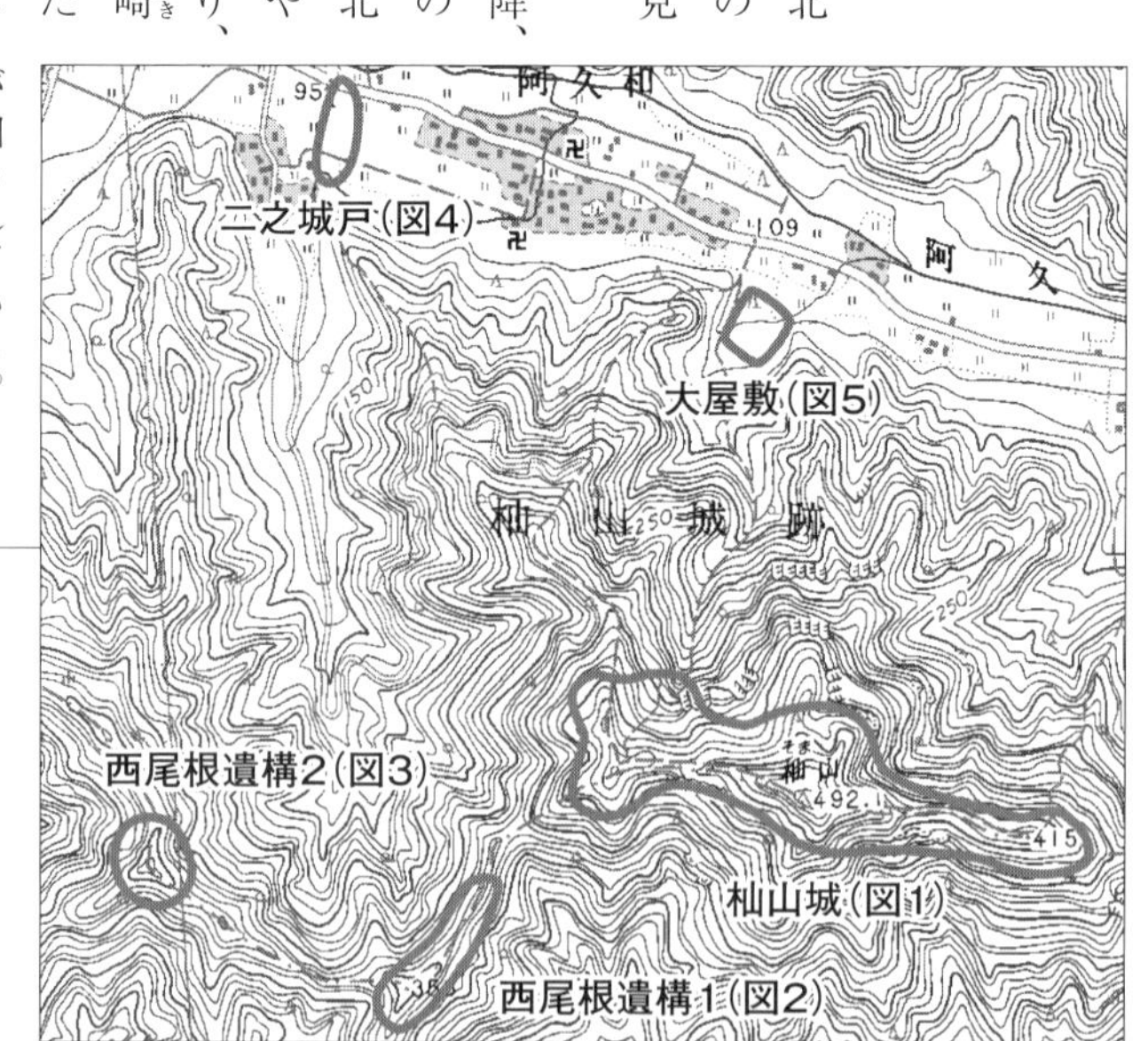

＊1「織田信長朱印状」『福井市史資料編2』

99 杣山城

図1

杣山城址（福井県南条郡南越町阿久和）
平成28年11月11·12日調査測量 佐伯哲也
0
50
100
Ⅰ
Ⅱ
Ⅲ
①
②
③
410
400
390
380

上：西御殿（Ⅱ地区）
下：殿池③。山上居住に欠かせない施設である

記しているが、その中に記載されている「河合安芸守」は河合宗清その人であろう。

天正二年、杣山城に一向一揆が籠城したといわれるが、詳細は不明。ただし、『信長公記』によれば、天正三年八月の織田軍越前進攻にあたり、一揆軍の大将・下間（しもつま）筑後守が「今城・火燧が城」を改修して籠城したとしている。「火燧が城」は燧ヶ城（ひうちがじょう）だが、「今城」に該当する城郭は現在確認されていない。発掘調査から、杣山城は十六世紀後半にも存在していたことが確実なため、今城は杣山城の可能性が高いと筆者は推定する。ただし、ここでは可能性を指摘するだけにしておきたい。

以降、杣山城が使用された形跡はない。おそらく、天正三年をもって廃城になったのであろう。

【城跡】

1．山上の城郭遺構

山頂からの眺望は素晴らしく、また、切り立った断崖絶壁に守られた天然の要害である。南北朝期の城郭としてふさわしい山容といえる。現在は中腹まで舗装道路が設けられ、遊歩道も整備

中腹の駐車場。道路は舗装され、十台くらい駐車できる

整備された遊歩道。歩きやすい

101　杣山城

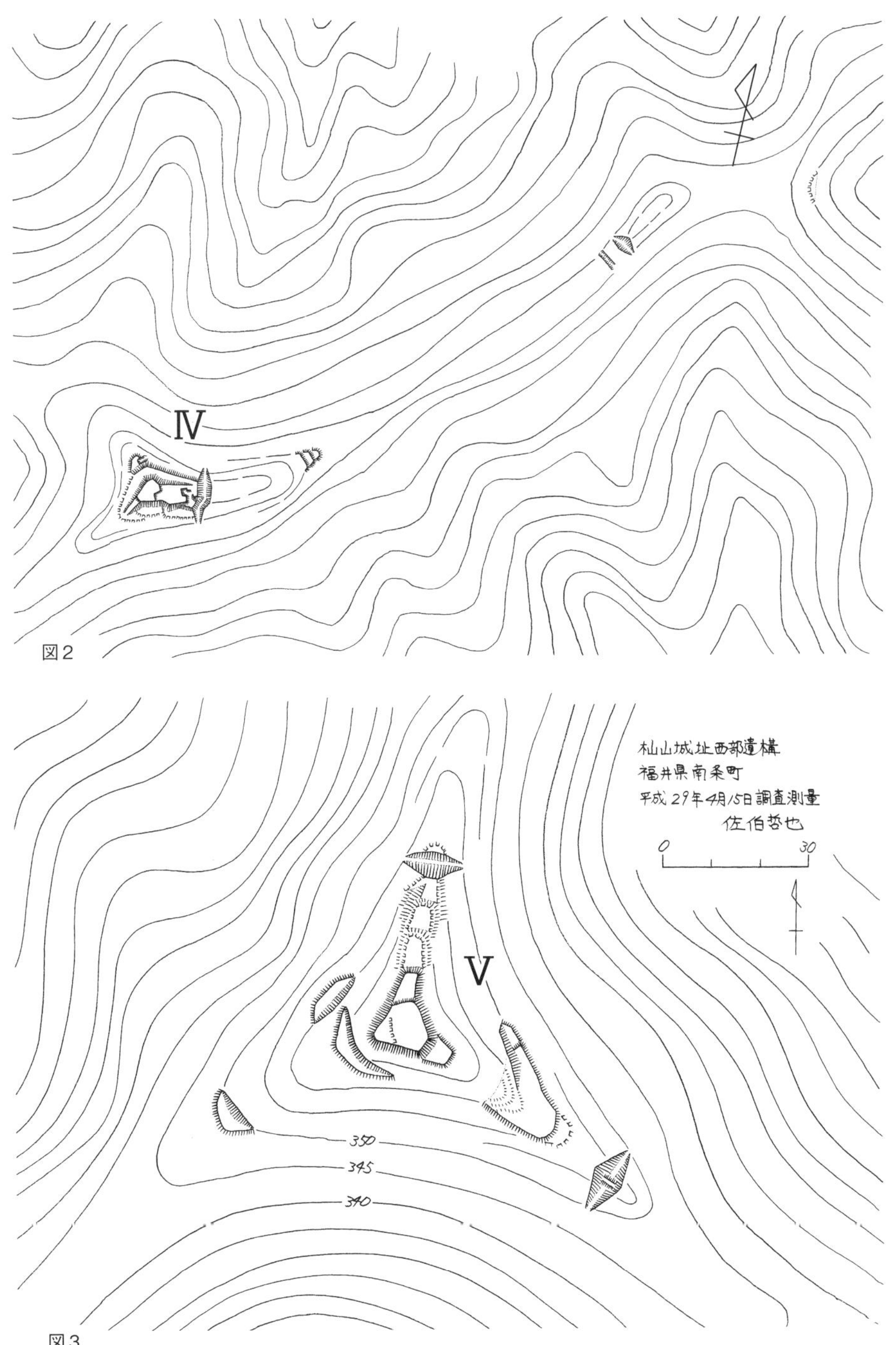
Ⅳ
Ⅴ
杣山城址西部遺構
福井県南条町
平成29年4月15日調査測量
佐伯哲也
0
30
350
345
340

図2

図3

上：東御殿（Ⅰ地区）　下：西御殿に残る礎石群

されているため、ハイキングコースとして親しまれている。

城域は広く、山頂のⅠ地区（通称本丸・東御殿）、Ⅱ地区（通称西御殿）、Ⅲ地区に遺構が存在する（図1）。さらに、Ⅱ地区の西尾根にも小城郭が二ヶ所（Ⅳ・Ⅴ、図2・3）確認できる。杣山城本丸（Ⅰ）からは、北国街道が見えない部分が多く存在する。一方、小城郭からは眼下に見下ろすことができる。このような弱点部分をカバーする支城として、小城郭は築城されたのであろう。

全体的な遺構としては、堀切・竪堀・削平地が認められる一方、枡形虎口は確認できない。織豊系武将の改修が及んでいないことを物語る。南北朝期の城郭として有名だが、二重堀切と竪堀をセットにした防御ライン①や、竪堀で尾根続きを防御した②は、十六世紀後半の様相を示す。戦国期にも使用され、改修されたことを遺構からも読み取ることができる。③は通称殿池と呼ばれる井戸で、現在も湧水を認めることができる。城兵たちの貴重な飲料水だったと考えられる。

昭和四十五～五十六年（一九七〇～八一）にかけて、南条町による発掘調査が実施され、貴重な事実が判明した。[*2] まず、これほど狭隘な高山にもかかわらず、西御殿・東御殿から礎石建物が

遊歩道途中の案内板。迷うことはない

*2 『史跡杣山城跡Ⅲ』南越前町教育委員会、二〇〇七年

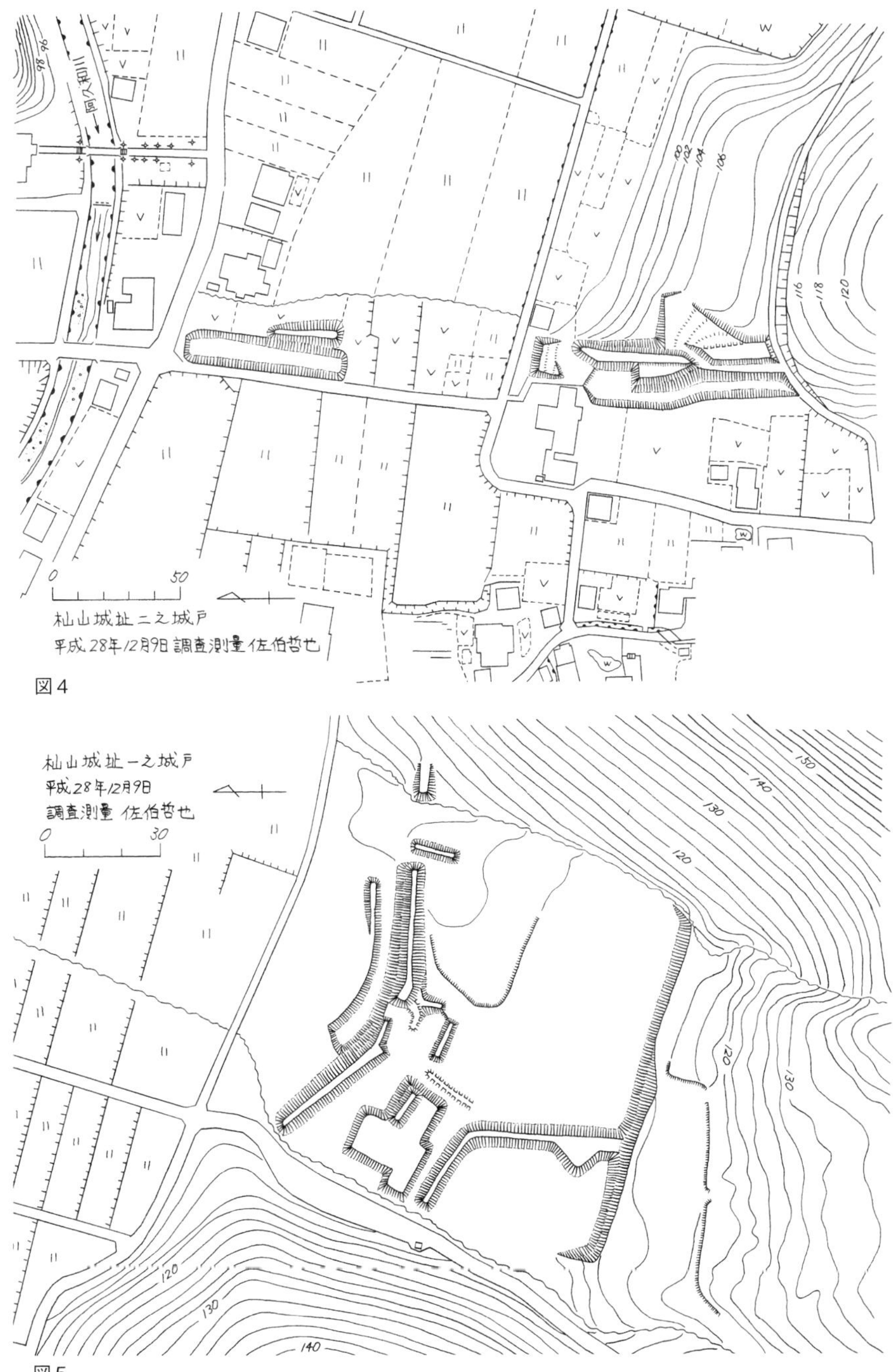
阿久和川
0
50
杣山城址二之城戸
平成28年12月9日 調査測量 佐伯哲也
杣山城址一之城戸
平成28年12月9日
調査測量 佐伯哲也
0
30

図4

図5

上：二重堀切①　下：二ノ城戸の堀（左）と土塁（右）

出土していることである。いずれも小規模なものだが、西御殿で二棟以上、東御殿で二群三棟が検出された。恒常的な建物の存在を推定できる。遺物は、越前焼・土師器・美濃焼・染付・金属製品・石製品が出土し、十三～十六世紀後半の年代と推定された。つまり、考古学的にも十六世紀後半まで使用されたことが判明し、縄張り学と考古学の成果が一致したのであり、河合宗清や下間筑後守が在城していたことは事実として認めてよいだろう。

2．山麓の遺構

山麓には、阿久和川（あくわがわ）の谷を塞ぐ土塁（通称二ノ城戸、図4）と、城主居館と推定される通称大屋敷（図5）が残る。二ノ城戸は高さ三ｍもある大土塁で、外側に堀を持ち、かつては長さが一〇〇ｍもあり、完全に谷を塞いでいたことが判明した。これは、一乗谷川の下城戸と同様であり、遺構からも一乗谷朝倉氏との関連を推定することができる。ちなみに、福井県内の朝倉氏城郭で、谷を塞ぐ土塁が残存するのは杣山城だけであり、これだけでも貴重な遺構といえる。

二ノ城戸から谷の上流約九〇〇ｍの場所に、城主居館大屋敷がある。平成十一～十三年に実施

山麓の案内板。これを目印に登城する

された発掘調査では、[*3]礎石建物が二棟確認されている。おおむね十五世紀前半に拡張され、掘立建物から礎石建物へと変化したと考えられた。

居館にふさわしく、遺物は土師器・越前焼・瀬戸美濃焼・青磁・白磁・瓦質土器・鉄製品・石製品と多種多様にわたり、十四万点も出土した。ところが、遺物の年代は十四世紀末〜十五世紀後半であり、十六世紀の遺物はほとんど出土しなかった。つまり、十六世紀には館は廃絶していたと考えられ、十六世紀後半まで存続した山城とは存続年代がずれてしまったのである。

【まとめ】全国的にも、十六世紀を境として居住場所を山麓居館から山上に移行する山城が多く確認されている。発掘調査から、杣山城もその典型的なケースとして評価することができた。山上に礎石建物が残っているのは、十六世紀以降、山上に居住していた証拠となろう。一方、谷の入り口部に土塁を構築して城下町の内外を明確に区画するのは、一乗谷と同じである。おそらく、杣山城は一乗谷城の重要な支城として機能していたのであろう。

杣山城は山上遺構のみならず、山麓遺構も良好に残す中世城郭である。一乗谷城とともに慎重に研究を進めていくべきであろう。

上：山麓居館跡に立つ説明板
下：山麓居館（大屋敷）の土塁

＊3　『史跡杣山城跡保存管理計画書』南越前町教育委員会、二〇〇八年

越前・近江国境の要衝

14 疋壇城（ひきだじょう）

①敦賀市疋田
②ー
③標高一〇〇m／比高二〇m
④A（簡単に行けて登城しやすい）

【立地】越前・近江国境の要衝であり、越前の玄関口に位置する。さらに、越前と京を繋ぐ西近江路（国道一六一号線）と塩津（しおつ）街道（国道八号線）が合流する要衝でもある。加えて、背後には日本海有数の港湾都市だった敦賀の港町がある。朝倉氏にとって、敦賀は若狭・近江方面に進出するための重要な根拠地であり、疋壇城は敦賀を堅持するための重要支城として朝倉氏に使用されたと考えられる。

【城主・城歴】室町時代に疋壇氏が築城したと伝わるが、詳細は不明。弘治元年（一五五五）、近江塩津城主熊谷（くまがい）氏に攻められ、城兵はいったん城外に退避したとされている。

疋壇城が注目されるのは、元亀年間における朝倉氏と織田信長との抗争時である。元亀元年（一五七〇）四月、朝倉氏を攻めるために敦賀に進攻した信長は、『信長公記』によれば同月二十五日にまず手筒山（てづつやま）城（福井県敦賀市）を攻めて同日落城させ、翌二十六日に金ヶ崎城も開城させている。次いで同日、疋壇（引壇）城を開城させている。

主郭西側横堀③

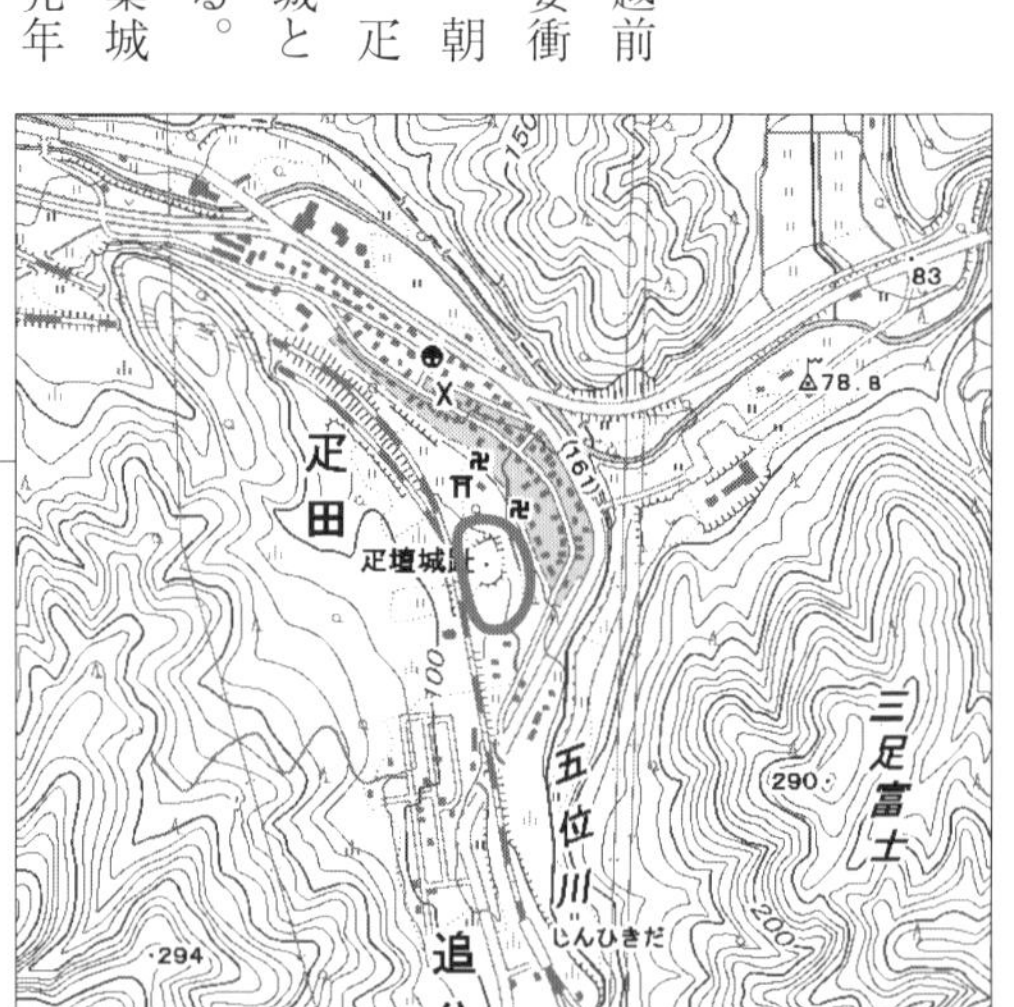

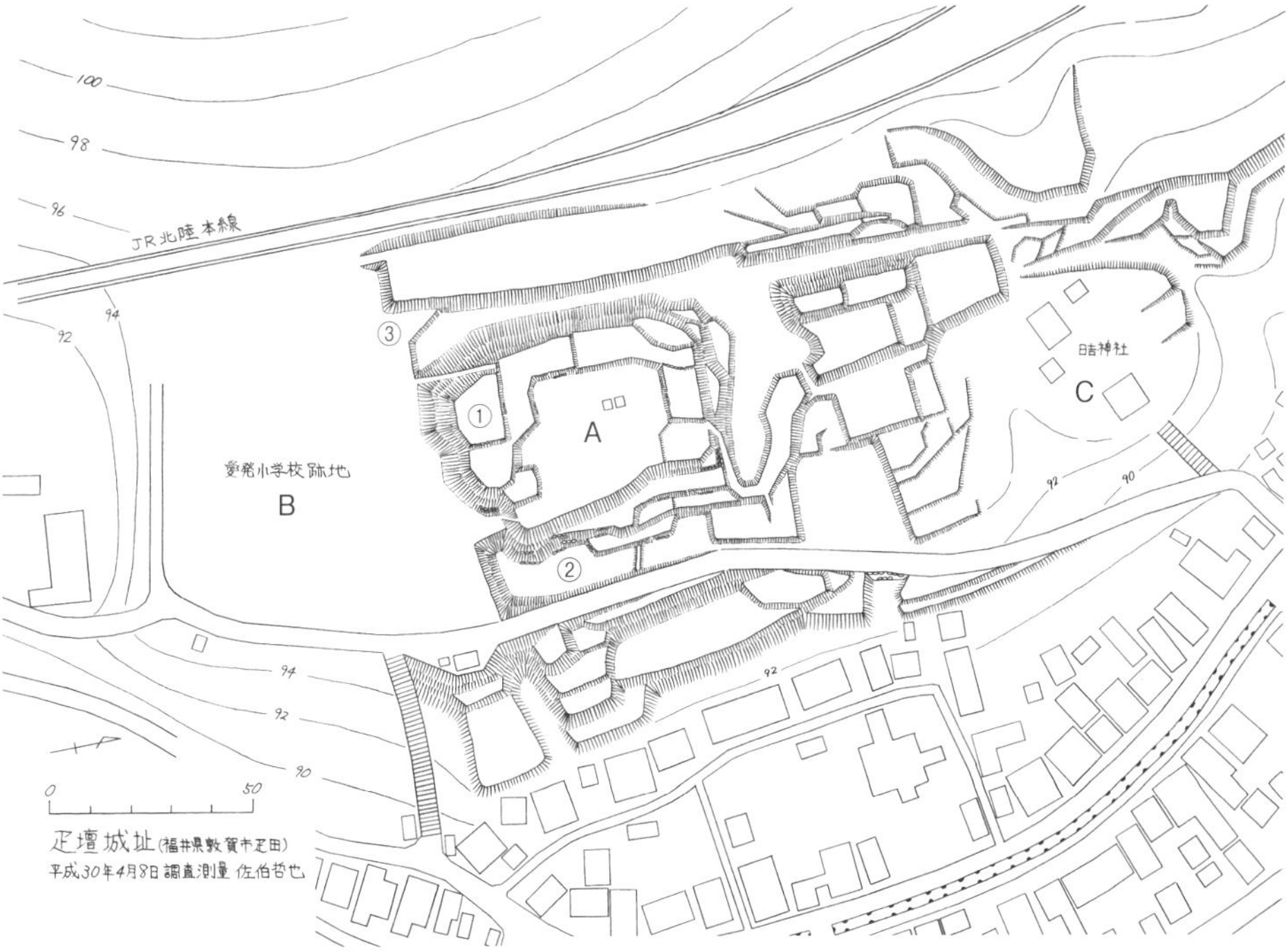

疋壇城址（福井県敦賀市疋田）
平成30年4月8日調査測量 佐伯哲也

つまり、周辺の支・出城には目もくれず、敦賀の市中深く攻め入り、当地域の主城である金ヶ崎・手筒山を真っ先に猛攻し、一両日中に攻め落としたのである。主城を落とされてしまった疋壇城は、自動的に落城したに違いない。見事な戦略といえる。

『信長公記』によれば、疋壇城を接収した信長は、滝川彦右衛門・山田左衛門尉を派遣し、「塀・矢蔵」を破却させている。朝倉氏にとって重要支城だった疋壇城も、信長にとっては無用の城郭だったのである。その後、信長はさらに越前の中心部奥深く進もうとするが、近江の浅井（あざい）長政（ながまさ）が退路を遮断したため、急遽

城跡に立つ説明板

主郭A。高さ約10ｍの切岸が取り巻く

退却したことは有名な話である。

その後、再び朝倉氏によって修復される。やはり、朝倉氏にとって疋壇城は重要な支城だったのである。『信長公記』によれば、天正元年（一五七三）八月、近江から退却する朝倉義景が、刀祢坂口と中河内口どちらに退却するか、評定の中で意見が二分しまとまらなかった。すかさず信長は、義景は疋壇城を目指して退却するはずだから、途中の刀祢坂口は必ず通ると判断し、信長軍は刀祢坂口に急行した。はたして義景は刀祢坂口に退却しており、追いつかれた義景軍は信長軍に大敗する（刀祢坂の合戦）。冴えわたる信長の戦略といえよう。義景が信長に大敗した八月十三日、疋壇城も落城し、これによって疋壇城は廃城になったとされている。

【城跡】疋田の宿場町を見下ろす高台に位置する。疋田の集落は現在も宿場町の形態を色濃く残しており、散策には良い街並みである。加えて、城跡への案内板や説明板も豊富で、迷うことはない。

現在、城跡は旧小学校跡地やJR北陸本線の敷地となっており、保存状態は悪い。それでも高切岸や横堀・石垣が残っており、当時を偲ぶことができる。

Aが主郭である。高さ約一〇ｍの高切岸が巡る高台で、現在は畑地として使用されている。①は通称天守台で、信長が破却した「矢蔵」が建っていたのであろうか。主郭Aの周囲に、横堀②・③を巡らしており、特に③は大正三年（一九一四）の実測図によれば、三重の横堀として描かれ

通称天守台に立つ石碑

ている。天然の要害に頼ることができないため、強固な防御施設を設けたのである。同実測図によれば、旧小学校跡地のBに土塁囲みの「南丸」、日吉神社Cに「小丸」を描く。つまり、主郭Aを中心として、両サイドに副郭B・Cを持つ連郭式城郭を推定することができる。

注目したいのは、主郭A周辺に残る石垣で、もちろん後世の改変も認められるが、当時の石垣も各所に残る。さらに、かつて石垣だったと思われる長径二mの巨石も、切岸下部に散在する。これらから、巨石を用いた高さ四m以上の高石垣を想定することができる。＊1 この推定が正しければ、朝倉氏滅亡により廃城になったのではなく、織豊系武将による再使用も考えられよう。

【まとめ】 残存状況は決してよくないが、大正三年の実測図を用いれば、大まかな縄張りの復元は可能である。これ以上破壊されないことを願う。

上：横堀②に残る石垣。高石垣の可能性がある
下：主郭東側横堀②。人物と比較するとその巨大さがわかる

そして、なによりも石垣の存在が注目される。朝倉氏時代では考えられず、考古学的手法を用いて、朝倉氏滅亡以降の歴史を調査することが重要な課題といえよう。

＊1 北陸で高さ四m以上の石垣が構築されるのは天正十一年以降である。

北陸街道の関門

15 燧ヶ城（ひうちがじょう）

① 南越前町今庄町今庄
② ―
③ 標高二七〇m／比高一三〇m
④ B（少し登る、やや登城しにくい）

【立地】古代より北陸と畿内を繋ぐ重要な街道だった北陸街道は、今庄辺りでは両側からせり出した尾根によって関門のように細くなっている。その尾根上に位置するのが燧ヶ城であり、当城は北陸街道を監視する関門だったといえよう。

整備された遊歩道。非常に歩きやすい

【城主・城歴】古代からの要衝に地に立地するため、さすがに伝承は古く、寿永二年（一一八三）に木曽義仲が仁科守弘に命じて築城したと伝わる。その後、南北朝時代には北朝方の今庄浄慶、戦国時代には朝倉氏の重臣・魚住景固も居城したと伝えている。景固は元亀二年（一五七一）〜四年の朝倉氏滅亡まで奉行衆を務めた義景の近臣である。燧ヶ城を突破されれば、敵軍は越前中央部に一気になだれ込んでしまう。杣山城とともに最後の防衛線として、朝倉氏は重臣を置いて防御にあたらせたのであろう。

当城が良質な史料に登場するのは、天正三年（一五七五）である。すなわち、『信長公記』によれば、同年八月の織田信長の越前進攻にあたり、越前一向一揆軍の大将下

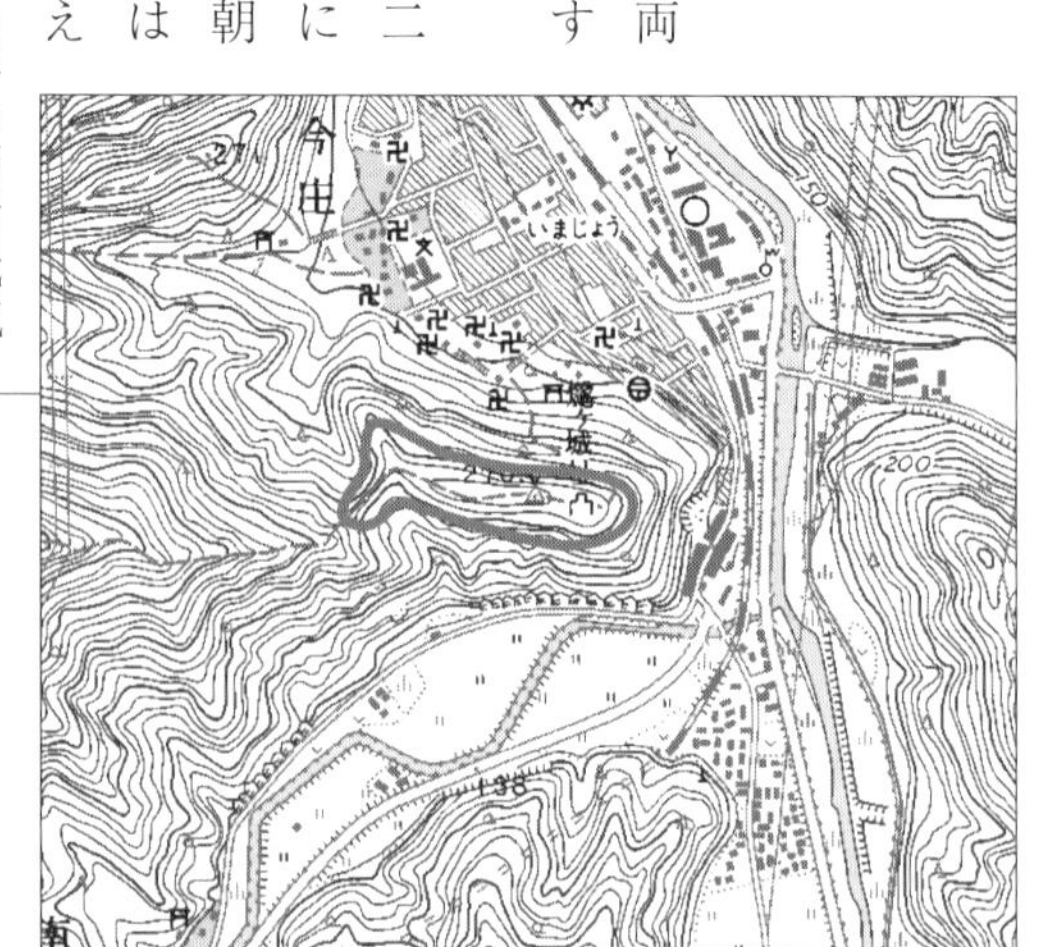

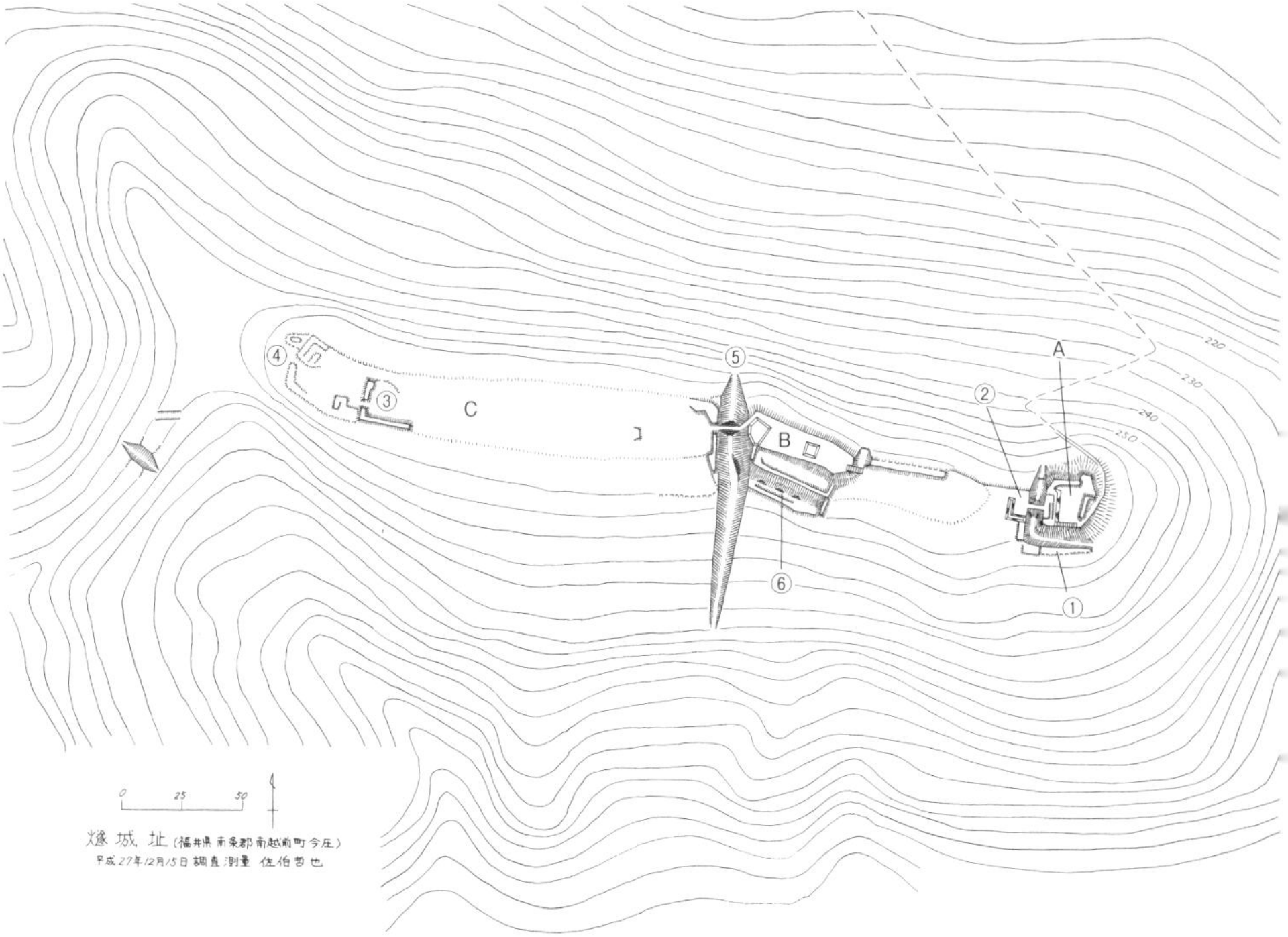

間筑後守が「今城・火燧が城」を改修して籠城したとしている。「火燧が城」は燧ヶ城としてよいだろう。『信長公記』では下間筑後守が「丈夫に構へ」ていた燧ヶ城だが、八月十五日夜に進攻した織田軍に「木目峠・鉢伏・今城・火燧城にこれある者共、跡を焼立てられ胆を潰し、府中をさして罷退き」とある。つまり、さしたる抵抗もせずに一揆軍は総崩れとなり、鉄壁と思われた国境線は簡単に突破されたのである。府中に退却した一揆軍に安住の地はなく、二千余騎が切り捨てられたと『信長公記』は述べる。

一揆軍制圧後、柴田勝家（かついえ）の家臣が一時期在城したと伝えているが、詳細は不明。

途中の案内板。迷うことはない

登城口の説明板。これを目印に登城すればよい

策してほしい。

縄張りは、A・B・Cの三曲輪に大別できる。B曲輪には、後世のものと推定される石垣基壇の小堂跡が二ヶ所残る。小堂にともなう参道が麓からA曲輪を経由して設けられており、この結果、A曲輪にも後世の改変が認められ、後世のものと思われる石垣が残る。

上記のように、現在の登城路は後世の参道であり、城本来の登城路ではない。当時の登城路は土塁道①を通過し、外枡形虎口②を入ってA曲輪に到達したと考えられる。もちろん、土塁道①を通過するとき、A曲輪から長時間横矢に晒される。つまり、外枡形虎口②は従来の考え方だとB曲輪の虎口と思われていたが、A曲輪の大手虎口だったのである。

さらに、従来の考え方と大きく異なっている点がある。それは、A曲輪はB曲輪の馬出ではな

上：A曲輪の石垣。これは後世の改変である
下：虎口②に残る石垣。当時のものか判断は難しい

【城跡】城跡からの眺望は素晴らしく、北陸街道や今庄の宿場町を一望できる。宿場町から城跡までは遊歩道が整備され、説明板や案内板も設置されているため、迷うことなく城跡へ行くことができる。宿場町は江戸時代の雰囲気が色濃く残り、時間があればこちらも散

B曲輪直下に残る石垣の残骸

広々としたC曲輪。城兵達の駐屯地と推定される

いということである。A・B曲輪の間には広々とした自然地形が広がっており、これでは馬出になりえない。B曲輪にとって、尾根の先端を守る出曲輪、あるいは街道（宿場町）を監視する出曲輪としてA曲輪が構築されたのであろう。それにしてもA・B両曲輪の連携は悪い。織豊系武将では考えられないことである。

C曲輪は、西端に土塁囲みの平虎口③・④が認められるものの、曲輪そのものはほぼ自然地形である。これは城兵たちの駐屯地と考えられる。

B曲輪の両端は後世に改変され、旧状は保っていない。しかし、現状からは技巧的な虎口は存在していなかったと推定される。注目したいのは、大堀切⑤や腰曲輪⑥に残る石垣で、高さ四m以上の高石垣だったと推定される。さらに、石垣の残骸と思われる石材が散乱していることから、かつては総石垣で固められていたと推定される。A曲輪の参道下にも石垣の残骸が散乱している。A曲輪もかつては石垣で固められていたのであろう。

B曲輪の小堂基壇。石垣は後世のもの

【まとめ】基本的な縄張りは、朝倉・一向一揆時代に構築されたと考えられる。ただし、現存する高石垣は、やはり織豊系武将によって構築されたと考えてよい。織豊系武将にとっても、燧ヶ城は越前平野部を防御する重要な城郭だったのである。外枡形虎口②が旧状を保っているならば、石垣構築年代は天正後半に下ると考えられよう。

城跡から見た今庄の宿場町

朝倉氏重臣嶋田氏の居城

16 西光寺城（さいこうじじょう）

①勝山市西光寺
②保田城
③標高二二五m／比高一二〇m
④B（少し登る、やや登城しにくい）

【立地】城跡の東麓には、北西俣集落から皿谷集落に抜ける安波賀街道が走る交通の要衝である。城跡からは安波賀街道を見下ろすことができ、安波賀街道を強く意識した選地といえる。

【城主・城歴】一般的に、朝倉氏の重臣・嶋田将監正房の城とされている。嶋田氏は北袋（現在の勝山市付近）を本貫地とする在地土豪で、朝倉氏が越前を支配するに及んでその被官となったと推定される。地元の伝承では、朝倉景鏡の城とされている。大野郡司だった景鏡の居城は、やはり大野郡の中枢だった戌山城と考えられる。嶋田氏が大野朝倉氏の支配下にあったということが、城主として伝承される原因なのであろう。なお、『城跡考』では「城跡、時代不知」と簡単に述べるにとどまっている。

嶋田正房は朝倉氏滅亡後も生き残り、越前一向一揆とともに織田政権に立ち向かった数少ない朝倉家臣の一人である。朝倉氏の有力家臣の多くが義景を裏切って生き続けたのに対して、それを潔しとせず、頑強に織田政権に抵抗し続け

主郭A現況

西光寺城址（福井県勝山市保田）
平成15年3月6日 調査測量 佐伯哲也
0
50
100
A
B
C
D
E
①
②
③
④
⑤
⑥
⑦
190
200
210

上：A・B曲輪を区画する堀切
下：整備された遊歩道。迷うことはない

た正房の生きざまは、多くの人々の共感を呼んだのであろう。越前一向一揆はもちろんのこと、在地土豪の多くは正房に加担して共に織田政権に立ち向かっていた。正房は、より屈強な天然の要害を頼りにできる野津又城等に籠城し、天正七年（一五七九）まで籠城していたと推定される。

越前の在地土豪から見放されたのは、むしろ朝倉氏を裏切って生き続けた朝倉氏の重臣たちである。朝倉景鏡・前波吉継（桂田長俊）・富田長繁は、越前一向一揆や在地土豪から攻撃され、朝倉氏滅亡の翌年（天正二年）にはすべて無残な戦死を遂げている。このようなことを考えれば、必ずしも裏切り者が栄え、生き続けるわけではなかったのである。

【城跡】城跡への案内板は豊富で、遊歩道や説明板も整備され、道に迷うことはない。城内最高所は上下二段構成となっており、上段のA曲輪が主郭と推定される。大手は山麓の集落に続く尾根Cと考えられる。尾根Cは山麓と繋がっているため、最も敵軍の進攻が想定される尾根でもあり、この結果、最も多くの防御施設が設けられている。

まず、堀切①で尾根を遮断している。堀切①を越えても高さ六m以上の高切岸によって行く手

入口の案内板。遠くからでも見つけられる

畝状空堀群の説明板。図解でわかりやすい

を阻まれ、敵軍は北および南側斜面に廻り込むことになる。廻り込んだら最後、ハリネズミのような畝状空堀群②・③によって横移動速度が鈍り、上部の曲輪から放たれる弓矢の格好の餌食になったことであろう。警戒はしているものの、遮断している堀切①は小規模である。大手道が通っていたため、大規模な堀切を設けて遮断するわけにはいかなかったのである。

一方、西の尾根続きは堀切④で完全に遮断している。堀切④は上幅一一m・深さ九mと遮断性が高い。もちろん、B曲輪に繋がる通路も認められない。さらに、堀切⑤を設けて尾根伝いを警戒している。このような構造から、尾根C方向を大手方向としてよいだろう。

もう一箇所、畝状空堀群が残っている。畝状空堀群⑥である。畝状空堀群を設けて通りにくくしているだけで、通路性を保持している点に注目したい。⑦地点に通路状の土塁が現存する。おそらく、D尾根からB曲輪に入るための虎口なのであろう。つまり、D尾根にも城道が存在し、敵軍が虎口⑦に殺到しないように、畝状空堀群⑥を設けたのであろう。

主郭Ａ直下に設けられた畝状空堀群

【まとめ】西光寺城は嶋田氏の居城ではあるが、明瞭な虎口は存在せず、天正期にも使用していたとは考えにくい。それに対して、野津又城には明瞭な内枡形虎口も残り、天正期に築城された可能性は高い。文献史料からも、天正三～四年の正房の野津又在城が確認できる。織田軍に抵抗し続けるために、天正元年頃に西光寺城からより屈強な天嶮である野津又城に移ったと考えられよう。野津又城にも畝状空堀群が残っており、遺構的にも正房の在城を指摘することができるのである。

主郭Ａに設置された説明板

堀切の説明板。図解でわかりやすい

越前平野支配の要衝

17 織田城

①丹生郡越前町織田町上山中
②—
③標高二九六・九m／比高一〇〇m
④C（登城しにくく、注意が必要）

主郭A現況

【立地】城跡からは織田庄の集落が眺望でき、織田庄を支配するために絶好の選地といえる。さらに、北麓には越前平野を東西に繋ぐ街道が通っており、越前平野支配には必要不可欠の城郭といえる。

【城主・城歴】朝倉兵庫助景綱の居城と伝えられている。景綱は一次史料にほぼ登場せず、『朝倉始末記』のみに登場する人物である。『朝倉始末記』によれば、元亀元年（一五七〇）四月、織田信長の越前進攻にあたり、景綱は五百騎を率いて織田城から出陣し、河野口（福井県南越前町河野）を守備したという。織田城主で動員数五百騎は、景綱が朝倉氏の重臣だったことを推定させる傍証となる。

次いで『朝倉始末記』によると、天正元年（一五七三）八月の刀祢坂の合戦で惨敗した朝倉義景は、木ノ芽峠で敗残兵をまとめて踏みとどまろうとするが、景綱はこれを無視して織田城に逃げ帰ってしまう。重臣にも見捨てられた義景は踏みとどまることができず、五〜六騎で落

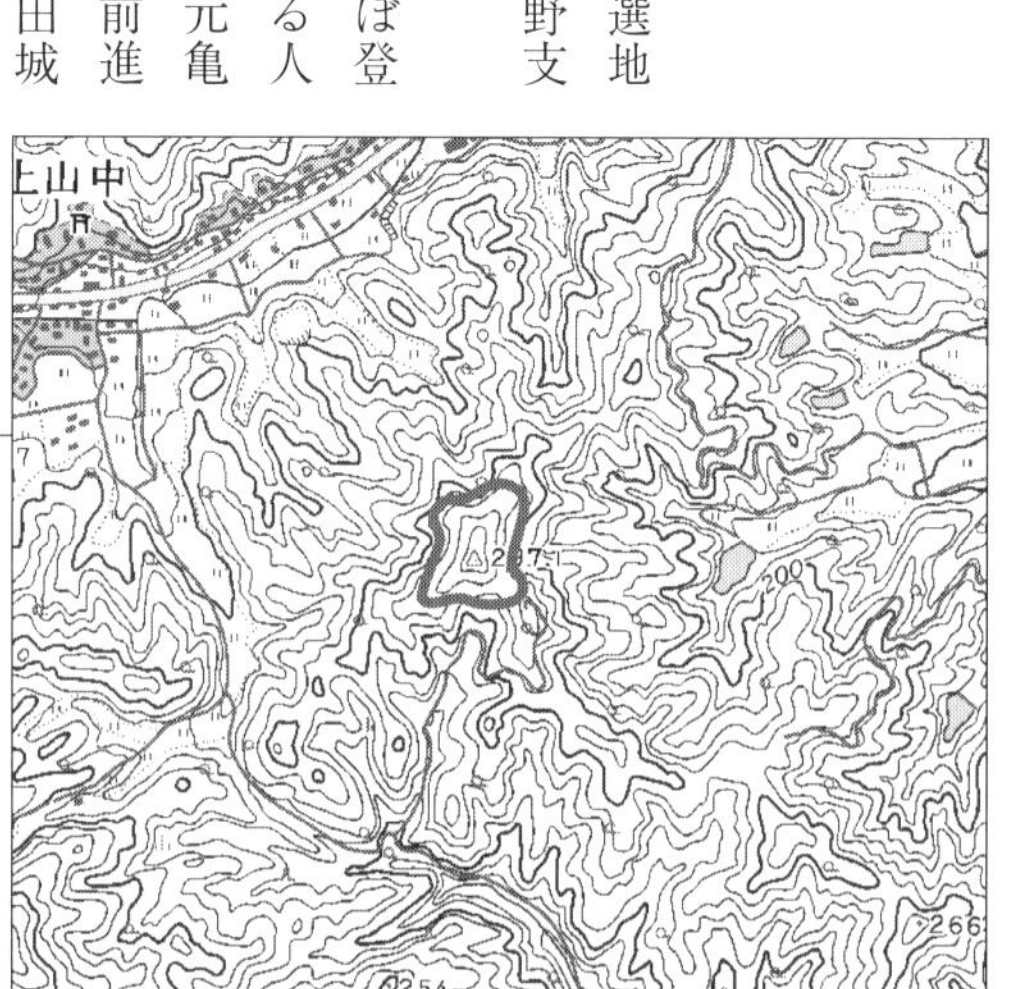

119 織田城

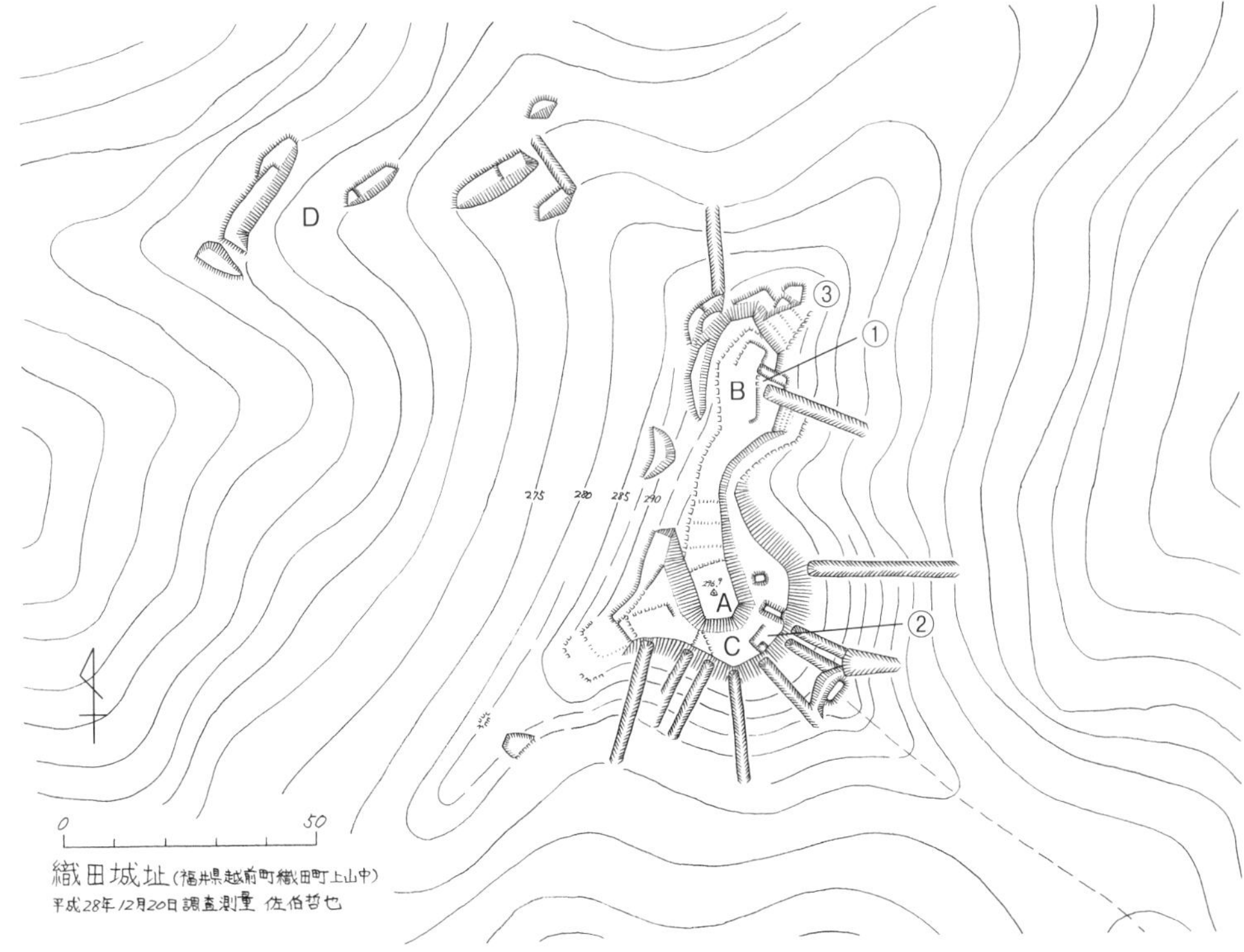

織田城址（福井県越前町織田町上山中）
平成28年12月20日 調査測量 佐伯哲也

ち延び、さらに馬も二～三日間ろくにエサを与えなかったため衰弱し、歩きながら一乗谷に入ったと記載する。

朝倉氏滅亡後、景綱は織田信長に許されてそのまま織田城に居城していたと考えられる。しかし、一時的に一向一揆が越前を支配すると、織田城もまた一揆軍に攻められる。攻撃理由は「織田ノ庄ノ民屋家財米銭ヲ奪ヒ取リ、兵粮ノ為ニ我カ要害へ運入レ」たためとしている。鵜呑みにはできないが、周囲からはあまりよく見られていなかった武将のようである。

『朝倉始末記』によれば、

上：主郭Ａ直下の切岸
下：放射状にのびる畝状空堀群

攻撃は天正二年五月上旬から開始され、五月下旬に景綱は妻子のみを引き連れて城を脱出し、舟で敦賀郡に逃げ落ちたという。見捨てられた城兵は命だけは助けられ、六月五日に一揆軍は城を破却したと記載する。裏切って逃亡する癖は、最後まで続いたようである。

この後、『朝倉始末記』に景綱は登場しない。ただし、『中務大輔家久公御上京日記』天正三年五月十五日条では、島津家久（しまづいえひさ）と里村紹巴（さとむらじょうは）が明智光秀（あけちみつひで）の坂本（さかもと）城（大津市）に招かれ、酒宴の席に「朝倉の兵庫助といへる人くハハり候」と記載している。おそらくこれは景綱としてよいだろう。つまり、信長の家臣（あるいは光秀の家臣）として近江にいたのであろう。これ以降の景綱の消息は不明である。

【城跡】城跡への案内板は一切なく、現地には遊歩道や説明板も整備されていない。十分な事前準備をして登城されたい。

城内最高所のA曲輪が主郭だが、北端のB曲輪との明確な区画は設けていない。主郭Aの一段下にC曲輪を設け、南東の尾根方向に集中して畝状空堀群を配置する。この畝状空堀群は長い竪

C曲輪現況

堀を放射状に配置したもので、越前の畝状空堀群の中では非常に珍しい形式である。

畝状空堀群に防御されるような形で、内枡形の虎口②がある。虎口②の存在から、南東の尾根続きが大手方向と考えてよい。虎口②に入ったとしても、正面には主郭Aの切岸があることから主郭には入れない。主郭に入るには、主郭Aの横矢に長時間晒されながらC曲輪を北上し、①地点から入ったと考えられる。ここでも竪堀を効果的に使用している。

このように虎口を明確化し、土塁や曲輪（主郭A・D曲輪）とセットで防御力を増強していることから、構築年代は十六世紀後半と考えてよい。さらに、虎口②と連動している放射状の畝状空堀群の構築年代も、同年代の十六世紀後半としてよいだろう。

北東尾根続きから敵軍が進攻してきた場合、B曲輪の両斜面を敵軍が迂回しないように竪堀二本を設けている。尾根の中央に設けたのが虎口③で、こちらは単純な坂虎口となっている。さらに、D尾根にも竪堀や小平坦面を設けているが、顕著な防御遺構は設けていない。城主がどちらの尾根続きを重要視していたのか一目瞭然である。

主郭（左）とC曲輪（右）

【まとめ】以上、織田城の縄張りを概説した。現存遺構の構築年代は、虎口②の存在から十六世紀後半としてよい。ただし、遺構に年代差は見られないため、築城年代も十六世紀代に収まるものと思われる。永禄年間以降、朝倉景綱によって築城され、天正二年に廃城になったという仮説が提唱できよう。

C曲輪から見た主郭

大地を切り刻む畝状空堀群

18 茶臼山城（ちゃうすやまじょう）

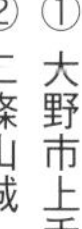

① 大野市上舌
② 三條山城
③ 標高三二二・七m／比高一二〇m
④ B（少し登る、やや登城しにくい）

【立地】 山麓の西側から南側にかけて、真名川（まながわ）を遡る美濃脇街道が走っていた。城跡からは往来が手に取るように見えたはずであり、このことを強く意識して築城されたと考えられる。

【城主・城歴】『改訂版山城は語る』によれば、三條蔵五郎という武将が築城したと記載している。このため、山名を三條山と呼んでいるという。また、若宮山とも呼んでいる。三條山は山容の美しい山で一際目立つ。名の通り、神社（若宮）がかつて存在していても不思議ではない。

整備された遊歩道

【城跡】 小山荘歴史の会の地道な努力により、案内板・説明板が整備され、遊歩道も良好に維持されている。危険個所には階段やロープも設置され、安全に登城できる。このような永年の努力を高く評価したい。

城跡は茶臼山山頂に位置する。ほぼ単郭の城郭で、A曲輪が主郭である。中央部①の不規則なカットは、城郭としては不自然で、廃城後の二次加工の可能性を残

123　茶臼山城

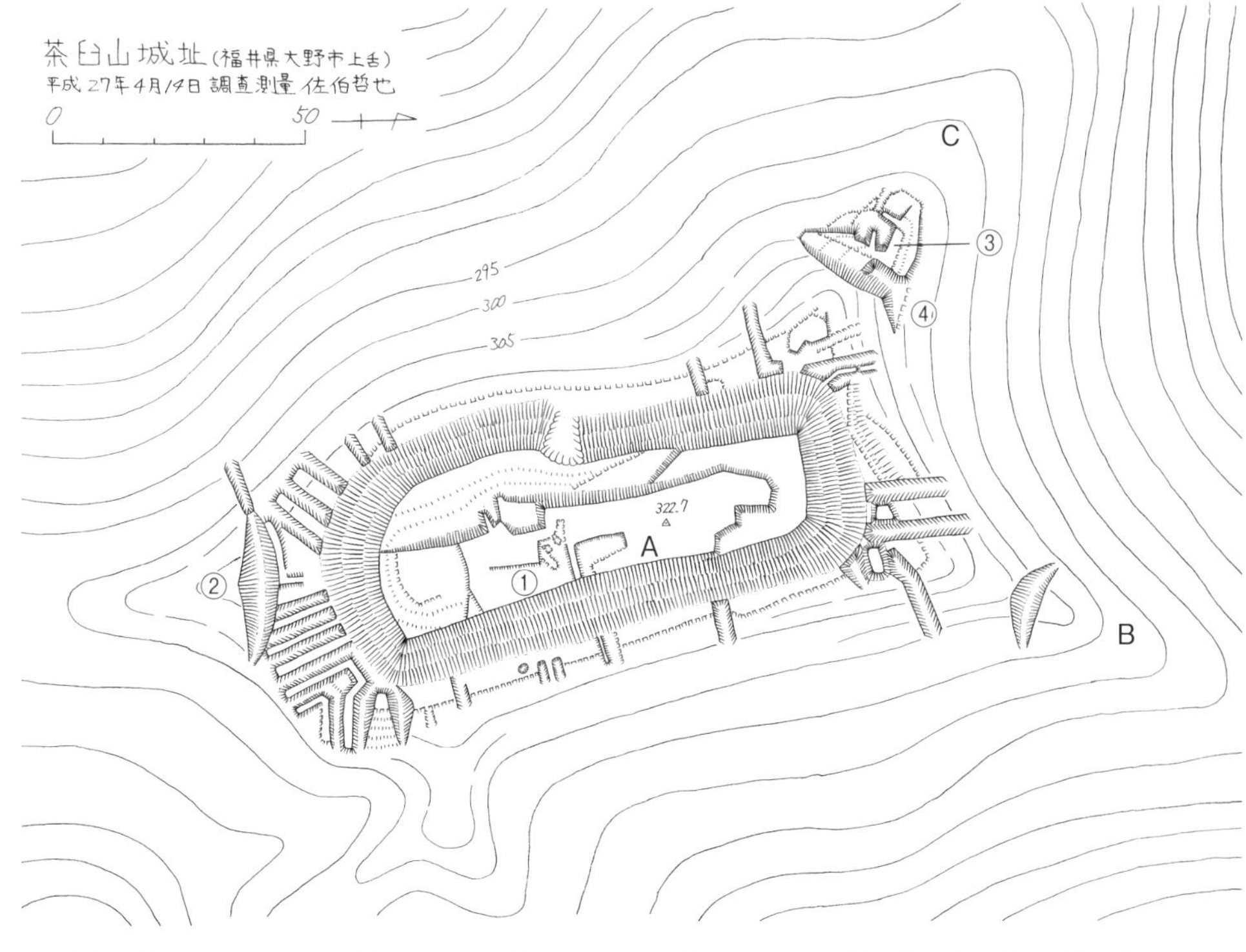

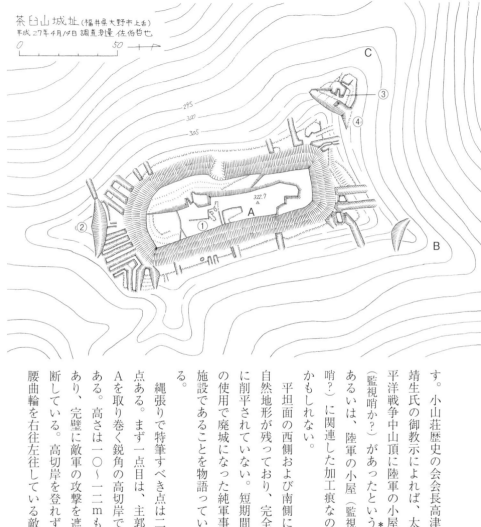

す。小山荘歴史の会会長高津靖生氏の御教示によれば、太平洋戦争中山頂に陸軍の小屋（監視哨か？）があったという。[*1] あるいは、陸軍の小屋（監視哨？）に関連した加工痕なのかもしれない。

平坦面の西側および南側に自然地形が残っており、完全に削平されていない。短期間の使用で廃城になった純軍事施設であることを物語っている。

縄張りで特筆すべき点は二点ある。まず一点目は、主郭Aを取り巻く鋭角の高切岸である。高さは一〇～一二mもあり、完璧に敵軍の攻撃を遮断している。高切岸を登れず、腰曲輪を右往左往している敵

＊1　城跡に陸軍の施設があった事例として有名なのが、朝倉山城（福井市）である。

上：主郭A現況　下：堀切②

軍に対して、城内から弓矢が浴びせられ、敵軍は甚大な被害を被ったことであろう。しかし、腰曲輪と主郭Aを繋ぐルートや虎口も確認できず、どうやって主郭Aに入ったのか、地表面観察では確認できない。おそらく簡易的な木製階段を用いて下段の腰曲輪と連絡していたのであろう。

二点目は、畝状空堀群の存在である。畝状空堀群は茶臼山城最大の特徴といってもよい。腰曲輪南側の尾根続き方向に十三本の竪堀を集中して設けており、さらに尾根続きを遮断する堀切②を設けている。城主が南側の尾根続きを最も警戒していた証拠である。竪堀の深さは二mに達するものも多数存在し、「大地を切り刻む」といった印象を受ける。少なくとも、一乗谷城のような深さ一m程度の畝状空堀群とはまったく違ったイメージを受ける。これほど大規模な畝状空堀群は、近隣では同じく大野市の戌山城にしかなく、同時代・同一人物による構築を推定させる。筆者は戌山城の畝状空堀群は天文九（一五四〇）～十年頃に朝倉氏が構築したと推定した。茶臼山城の畝状空堀群も天文九～十年頃、朝倉氏により美濃口を固めるため戌山城の支城として構築されたと推定したい。美濃口に続く南側尾根続きに畝状空堀群を集中させているのも、これで理

遊歩道入口に立つ説明板

遊歩道入口に立つ説明板。これを目指して登城すればよい

解できよう。

一方、舌城に続くB尾根方向にも竪堀四本を設け、さらに堀切で尾根続きを完全に遮断している。そして尾根を駈けあがって、真正面に鉄壁のように聳え立つ高さ一〇mの高切岸は圧巻である。現在、こちらの尾根に遊歩道が設置され、現代の入り口となっているが、これでは大手とはいいがたい。

C尾根方向も、散在的な竪堀を設けている。こちらは多少横移動できるスペースが存在し、城兵にとっても登りやすい尾根といえる。問題は、掘り切っていない堀切④と未整形の平坦面③の存在である。どのような性格の施設なのか理解に苦しむが、馬出状[*2]の出曲輪と理解すれば、こちらが大手となる。この推定が正しければ、③に出入りを監視する関所のような施設の存在も推測可能であろう。C尾根を下れば上舌集落に辿り着く。

【まとめ】以上述べたように、茶臼山城は天文九～十年頃の朝倉氏と美濃側との軍事的緊張状態を物語ってくれそうである。その意味で、茶臼山城の存在は非常に重要といえよう。

上：大地を切り刻む畝状空堀群。深さは２m近くある
下：鉄壁のような切岸。高さは約10mもある

＊２　茶臼山城の築城年代を天文～永禄年間とすれば、馬出曲輪の構築年代と一致する。

三重の横堀を持つ国境警備の城

19 上野山城（うえのやまじょう）

①あわら市金津町東山
②―
③標高二〇九ｍ／比高一六〇ｍ
④Ｃ（登城しにくく、注意が必要）

【立地】旧北陸街道が西麓を通る交通の要衝である。城跡に立てば、街道の往来や麓の東山集落の様相が手に取るようにわかったはずである。このようなことが築城の要因になったと考えられる。

【城主・城歴】『城跡考』は城主を木曽義仲としているが、にわかには信じがたい。仮に義仲が当地に布陣したとしても、現存する遺構は戦国期のものである。

城跡は、深町（ふかまち）氏の本拠・後山地区の背後に位置する。ここには深町氏が立て籠もったと推定される椚山城・瓜生城・後山城が、それぞれ一・二㎞の距離で存在し、城郭が密集する地域となっている。上野山城と後山城との距離も一・八㎞しかなく、密集地域をさらに密集させている。

深町氏との親密性を感じさせる一方、椚山城・瓜生城・後山城の標高が一三〇ｍなのに対して、上野山城の標高は二〇九ｍもあり、椚山城・瓜生城・後山城を見下ろす。縄張りも横堀を多用するなど、在地土豪の城郭とは明ら

主郭Ａを取り巻く切岸

127 上野山城

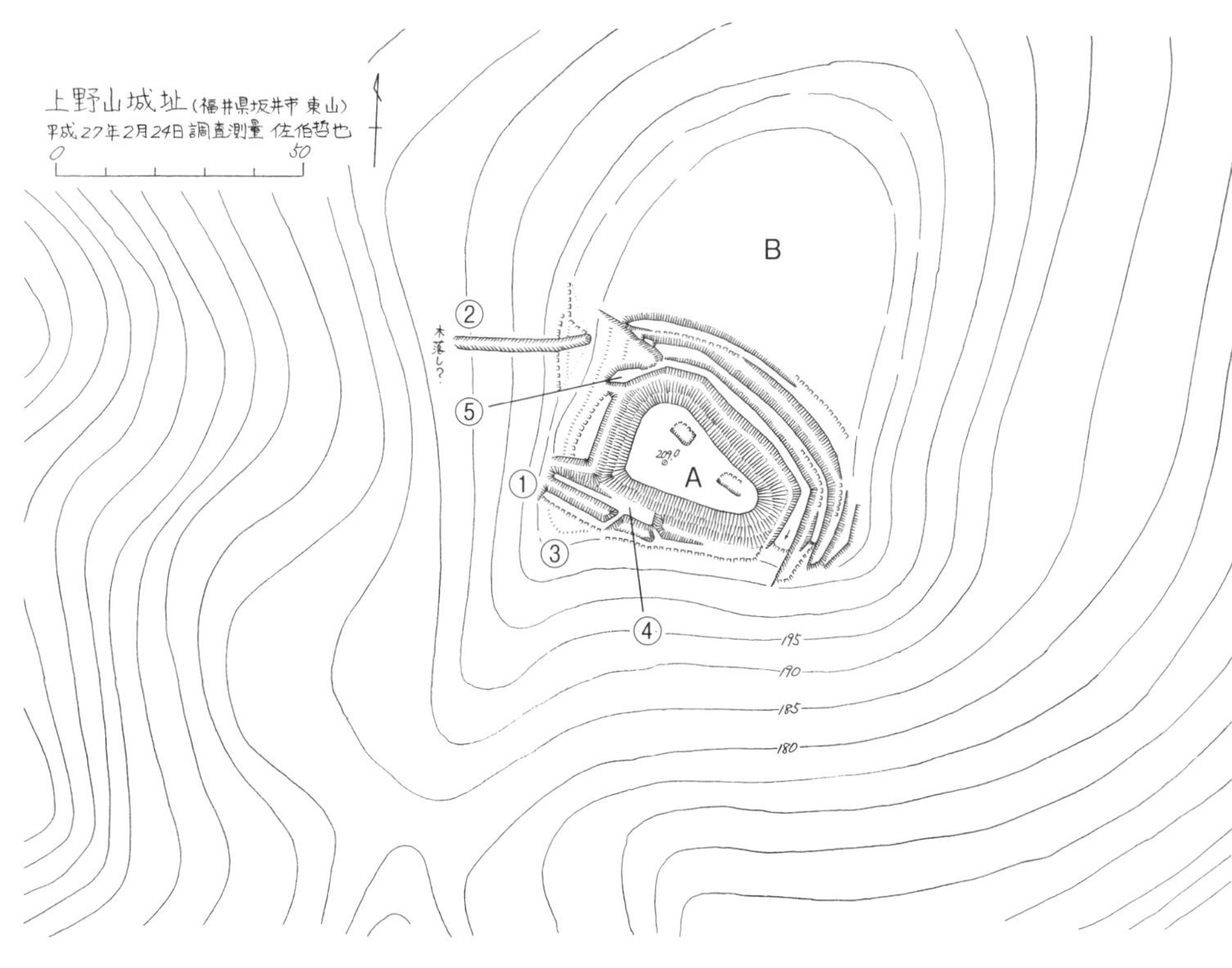

かに違った様相を示している。在地土豪よりも格上の勢力により築城されたことを暗示させている。

【城跡】城跡への案内板は一切なく、現地には遊歩道や説明板も整備されていない。十分な事前準備をして登城されたい。

上野山城は、前述の通り至近距離に位置する椚山城・瓜生城・後山城とは異なった縄張りとなっている。主郭は城内最高所のAで、二ヶ所の窪地が残る。[*1] このような窪地があれば、大型の建造物は建てにくく、小屋程度の建物の存在が推定される。したがって、上野山城は居住よりも軍事を重

＊1　平坦面が未整形なのは、純軍事施設だった可能性を残す。

上：主郭Ａを取り巻く横堀　下：主郭Ａ現況

視した城といえよう。なお、平坦面には土塁や櫓台等の防御施設は設置されていない。

縄張りの特徴は、やはり周囲を取り巻く横堀であろう。当城は平坦な山頂の南端に位置しているため、北側を警戒する縄張りとなっている。したがって、主郭Ａを取り巻く横堀は、北側を重点的に西・北・東側を巡っている。特に北側は一部三重の横堀となっており、極めて厳重な遮断線といえる。福井県において三重の横堀を持つ城郭は上野山城しかなく、これだけでも当城は重要な遺構といえる。北側の尾根続きは、遮蔽物がまったく存在しない、広々とした自然地形であり、上野山城最大の弱点部である。この弱点部を克服するために、三重の横堀を設けたのであろう。

一方、東山集落の南端から登る尾根続きには、一部横堀を設けているものの、完全に遮断していない。横堀状の連続竪堀①は、敵軍が西側斜面を横移動するのを阻止する防御施設である。②は、城域全体の縄張りと連動しておらず、防御施設とはいいがたい。伐採した木を東山集落に落とす、木落し（スベリ溝）かもしれない。

尾根から登ってきた城兵たちは、まず③地点[*2]に到達するはずである。そこからは両側に竪堀・横堀があるため、土橋を渡って④地点に行くことになる。ここは袋小路のような地点で、どこへも進路は続いていない。これは憶測にすぎないが、④地点から切岸に階段等を設けて主郭Aと連絡していたのではなかろうか。だからこそ、③から④へ計画的な通路を設定しているのであろう。しかし、主郭Aに虎口の形跡がまったく見当たらないので、仮説の範疇としたい。

B地点は、広々とした平坦な自然地形で、あるいは下級武士たちの駐屯地だったかもしれない。主郭Aと駐屯地Bとの間には、二重（一部三重）の横堀が巡っており、両者を完全に遮断している。どのように両者を繋いでいたか判然としない。敵軍に直撃されないために、西斜面を廻り込み、⑤地点から木橋を架けて主郭Aへと入ったと推定されるが、仮説の範疇としたい。

主郭Aを取り巻く横堀

【まとめ】 以上述べたように、上野山城の縄張りは深町氏の椚山城・瓜生城・後山城とはまったく違っている。さらにその選地は、深町氏より上位者の選地である。また、伝承もほとんど残らず、平坦面の削平状況から、短期間しか使用されない臨時城郭のように思われる。

これだけの根拠だけでの即断は禁物だが、三重の横堀は朝倉氏によって構築されたと推定される。やはり天文～永禄年間に繰り広げられた加賀一向一揆との抗争で、加賀・越前の国境を固めるために、朝倉氏が築城した臨時城郭という仮説が提唱できよう。

＊2　③地点がかつて馬出曲輪だったならば、朝倉氏が築城した可能性が高くなる。

越前・加賀国境の要衝

20 神宮寺城

① あわら市金津町指中
② ―
③ 標高五〇m／比高四〇m
④ B（少し登る、やや登城しにくい）

【立地】越前・加賀国境の要衝に位置する城郭である。特に天文・永禄年間は、常に加賀一向一揆との軍事的緊張状態にあったことから、朝倉氏の重要城郭として用いられたと考えられる。

【城主・城歴】『城跡考』等、江戸期の地誌類には記載されていない。現地の案内板によれば、当地には春日神社（L）の別当神宮寺が置かれ、戦国時代には神宮寺城も築かれた。戦国時代中頃には一向一揆や織田信長の兵火にかかり、神宮寺・春日神社・神宮寺城も焼亡する。しかし、神宮寺は僧坊の一つ常楽院が残り、江戸期に復興したという。

主郭A・B曲輪間の堀切

当地は加賀・越前国境付近であることから、天文・永禄年間は常に加賀一向一揆との軍事的緊張状態にあった。特に永禄十年（一五六七）三月十二日、加賀一向一揆は国境を越えて越前金津（福井県あわら市）まで進攻している。朝倉氏は防戦するとともに、翌十三日、朝倉景鏡は細呂宜（木）郷神宮寺沢村に禁制を掲げている（『朝倉

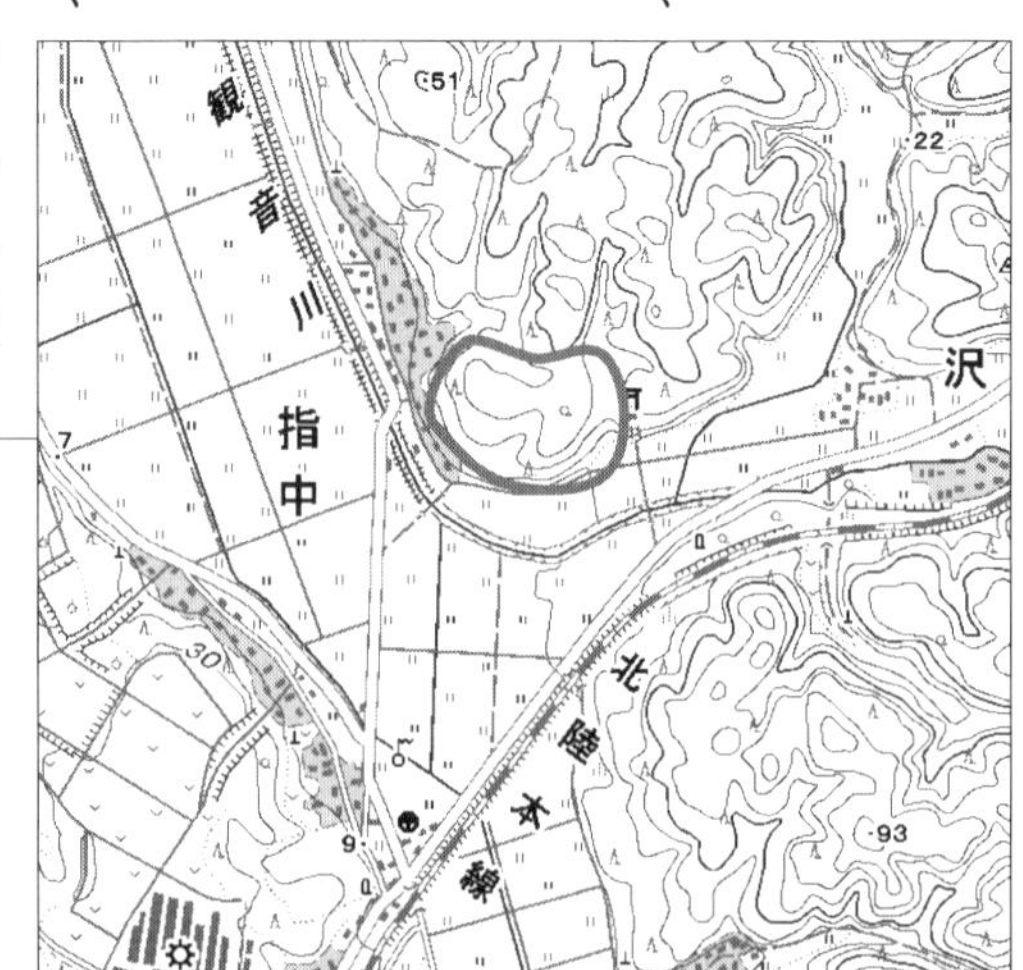

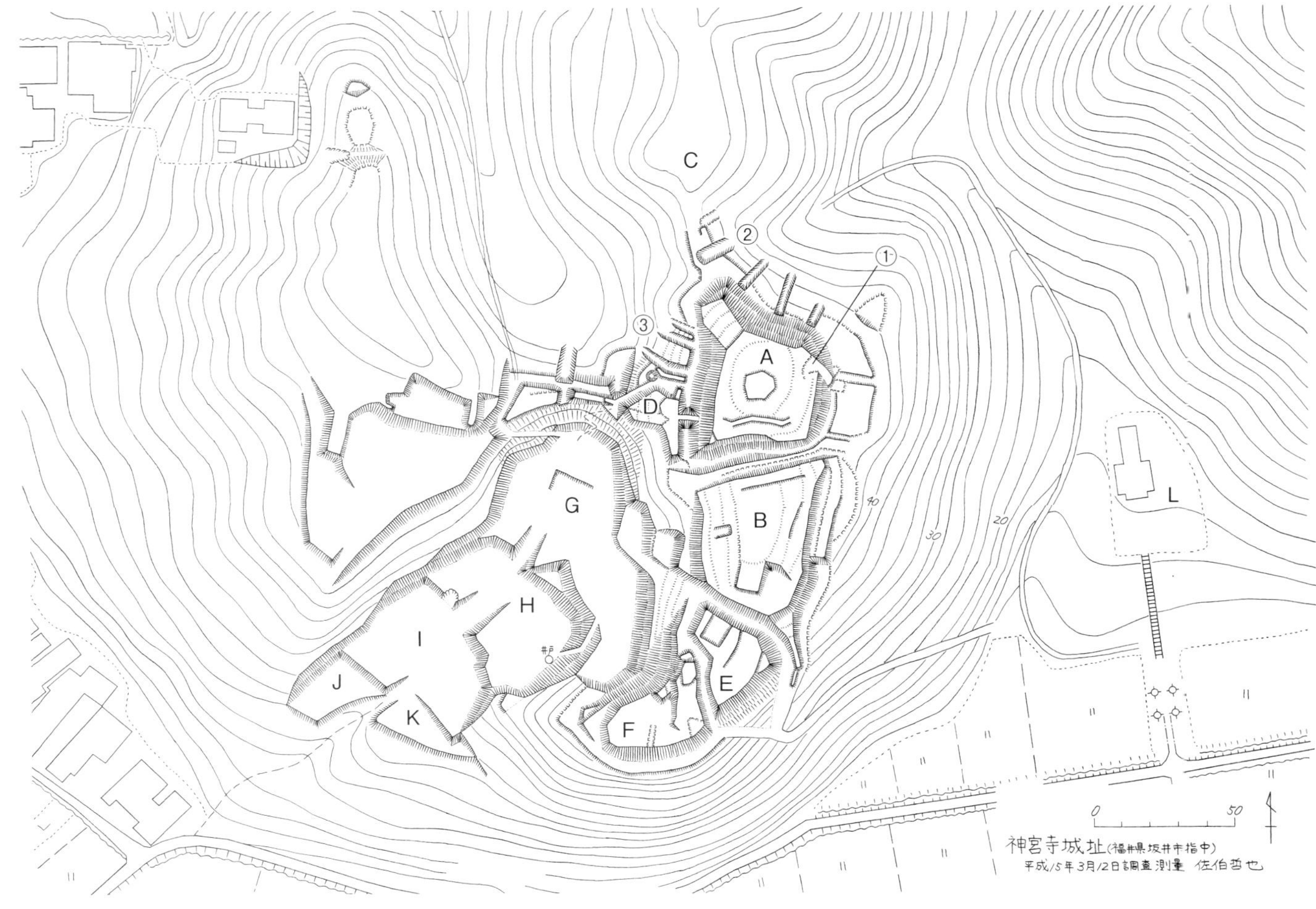
C
②
①
③
A
D
G
B
H
I
J
K
F
E
L
40
30
20
0
50
神宮寺城址（福井県坂井市指中）
平成15年3月12日調査測量　佐伯哲也

氏関係年表』）。この時点で、神宮寺城周辺は朝倉氏が制圧していたことが推定できよう。

【城跡】 標高約五〇ｍの微高地に位置する城郭である。最高所に位置するＡが主郭で、周囲を巡る切岸・横堀といった防御施設は完成しているが、平坦面の削平は甘く、自然地形が残る。これはＢ曲輪も同様であり、軍事目的で築城され、短期間の使用で廃城になったことを推定させる。

虎口①は横堀に防御された内枡形虎口だが、土塁を設けて防御力を増強させようとした形跡はない。織豊系城郭とは違った系統の枡形虎口といえる。

Ｃ尾根からは、三本の竪堀を設けて遮断しているため虎口①には入れない。Ｃ尾根から主郭Ａには、Ｄ曲輪から入ることになる。Ｄ曲輪は主郭Ａと横堀を隔てた対岸に位置し、土橋によって主郭Ａと繋がっている。現在、主郭Ａ側に虎口の痕跡は残っていないが、土橋で繋がっていたことにより、木製階段の昇降設備を設置した平虎口の存在が推定できる。また、両サイドに土橋状の通路を設け、城外への出入り口を設定しており、通路は入るときに主郭Ａからの横矢が効く。したがって、Ｄ曲輪は馬出とすることができる。

馬出Ｄのように、必要以上に長い土橋通路を設けた馬出は、天文〜永禄年間の朝倉氏城郭に多く見られる。同じく越前・加賀国境な位置する河上城（かわかみ）（福井県坂井市）や若狭の狩倉山城（かりくらやま）（同美浜町）に残る馬出は、その好例といえよう。神宮寺城や河上城は、加賀一向一揆軍に備えて、そして狩倉山城は国吉城（くによし）（同美浜町）に備えて朝倉氏が改修したと見てよい。馬出Ｄの存在は、朝倉氏が神宮寺城を重要視していた証拠になるのである。

Ｃ尾根から馬出Ｄに入るには、まず竪堀②を通過するため、少人数しか入れない。さらに畝状空堀群③で大軍の進攻を阻止し、かつ進行速度を鈍らせている。竪堀が三本しかないため、百本以上存在している一乗谷城と同レベルで扱うべきではない。

神宮寺（寺跡）入口。城跡もここから入ればよい

Ｆ曲輪に散乱する五輪塔。中世の墓地だったと推定される

横堀内を進む敵軍は、常に主郭Aからの横矢攻撃に晒され、さらに土橋状通路に入るときにも横矢攻撃に晒される。竪堀・畝状空堀群・横堀・馬出を効果的に配置した見事なルート設定といえる。

このように、主郭Aには内枡形虎口①と馬出Dの二ヶ所の出入り口が認められる。いずれも確定的な格の違いは認められず、どちらが大手か搦手なのかは判断しかねる。ただし、大手・搦手に確定的な違いが認められないのは、中世城郭では一般的であり、珍しい事例ではない。強いていえば、横堀・畝状空堀群等で武装した馬出Dが大手虎口といえよう。

E・F曲輪は主郭A・B曲輪とは違い、曲輪の平坦面はきれいに削平されており、異質な感じがする。さらに、十四～十五世紀のものと考えられる板碑（いたび）・五輪塔（ごりんとう）・骨臓器（こつぞうき）が散乱している。これは、明らかに中世の墓地遺構である。したがって、E・F曲輪の基本的な形状は、神宮寺の墓地として十四～十五世紀に構築され、神宮寺築城にあたって墓を改修せず、堀切等を構築するのみにとどまったと考えられよう。

三方を山に囲まれ、谷底を大きく、そしてきれいに削平した平坦面G～Kは、神宮寺跡と推定される。山麓からG曲輪に至る山道は、平坦面群のほぼ中央を通っており、神宮寺本来の参詣道と推定される。この推定が正しければ、最奥のG曲輪に本堂等の主建造物、H～K曲輪に子坊等の存在が考えられる。戦国期の不在期間も含めて、中世～江戸期にかけて神宮寺は当地に存在していたのであろう。

【まとめ】現存する縄張りから、天文～永禄年間に加賀一向一揆との抗争にあたり、朝倉氏が軍事拠点として築城した可能性が高いと考えられる。特に馬出Dの存在は、朝倉氏城郭を研究するうえで重要な遺構である。築城期間は一向一揆が越前国内に進攻した永禄十年（一五六七）三月

主郭西側の横堀

H曲輪に残る井戸

から、加賀一向一揆と和睦する同年十二月の間に朝倉氏が構築した可能性が最も高いといえよう。

さらに推定を続ければ、築城したものの、一向一揆との和睦によって使用価値が薄れ、廃城となったとも考えられる。とすれば、数ヶ月の使用期間という短命の城であり、人々の記憶に残りにくく、『城跡考』にも明記されなかったのではなかろうか。

馬出Dと主郭Aを繋ぐ土橋

寺跡と推定されるG曲輪

【第三章】朝倉・織田氏に翻弄された若狭国衆の城郭

若狭守護武田氏代々の居城

21 後瀬山城（のちせやまじょう）

①小浜市伏原
②—
③標高一六九・四m／比高一六〇m
④B（少し登る、やや登城しにくい）

【立地】後瀬山山麓に旧丹後街道が通る交通の要衝である。さらに城跡に立てば、日本海屈指の貿易港として栄えていた中世小浜湊（おばま）を見下ろすことができる。若狭一国支配の地として選地されたのも当然といえよう。

【城主・城歴】

1．若狭武田氏時代

登城口の案内板。大きいので間違うことはない

一般的に、五代若狭守護武田元光（たけだもとみつ）が大永二年（一五二二）に築城したとされているが、これを明確に裏付ける良質の史料は存在しない。後瀬山城の山麓居館（守護館）があった長源寺（ちょうげんじ）が大永二年に移転させられていること[*1]、二次史料になるが若狭国伝記に記載されていることが根拠となっている。各地の守護大名は、十六紀になると屈強な山城に居城を移している。確定はできないが、大永年間頃に元光が築城したと考えてよいだろう。

当時の若狭武田氏はすでに弱体化しており、重臣たちの権力抗争（粟屋（あわや）氏・逸見（へんみ）氏）を独力で鎮圧できなくなって

*1　長源寺文書

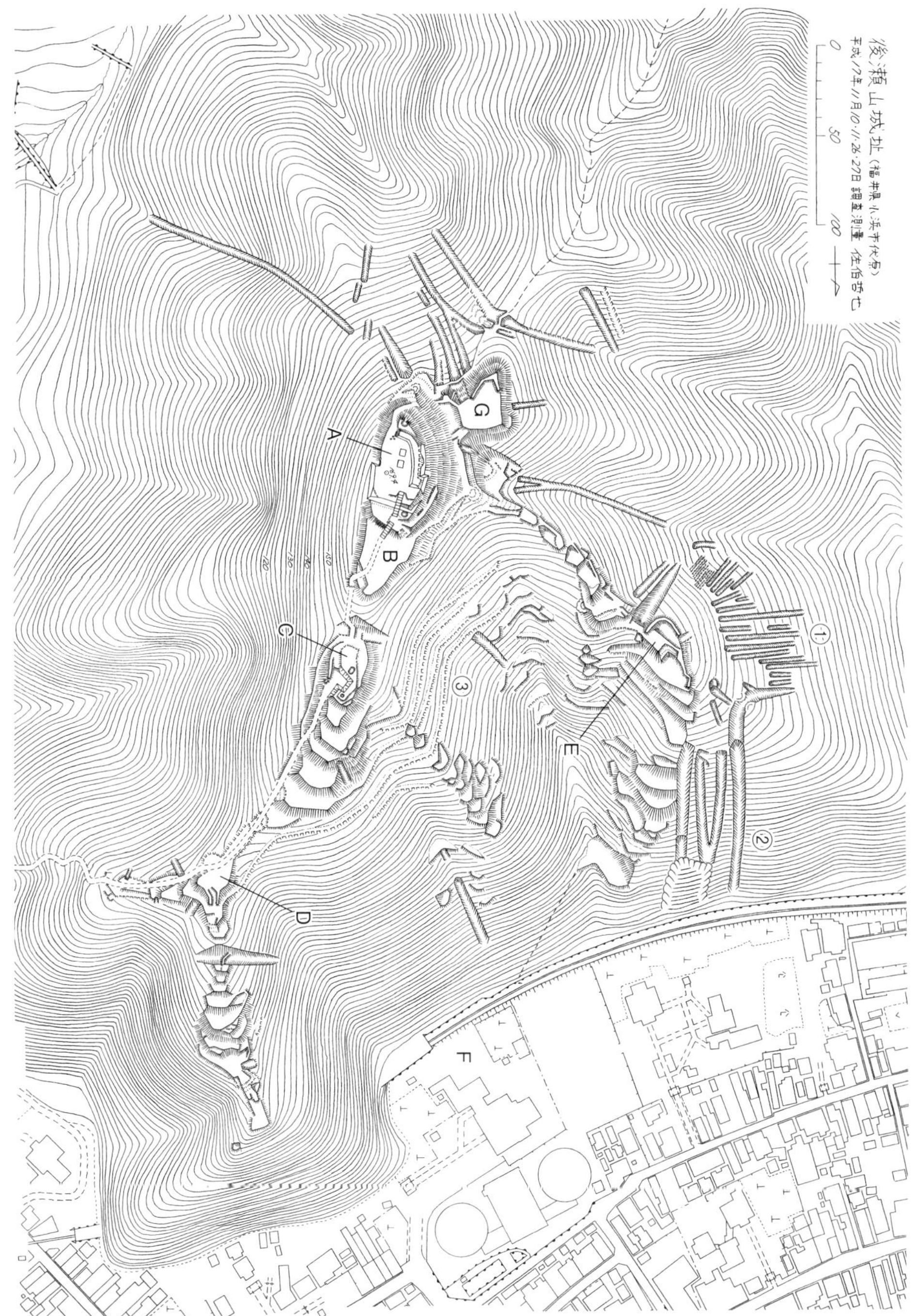
後瀬山城址（福井県小浜市伏原）
平成17年11月10・11・26・27日 調査測量 佐伯哲也
0
50
100
A
B
C
D
E
F
G
①
②
③
120
130
140
150

いた。この窮地を乗り切るため、縁戚にあたる越前朝倉氏に助勢を依頼し、永正十四年（一五一七）にようやく内乱を一時的に鎮圧することができた。つまり、朝倉氏の助勢なしに国の経営が成り立たなくなっていたのである。このありさまに、『朝倉始末記』は「若州ハ小国ナレハ向後御幕下ニ可罷成候間」と記載し、若狭は越前の保護国のようだと述べている。

弘治二年（一五五六）の内乱後、さらに守護の支配力は弱体化し、六代守護信豊の四男・信方（七代守護義統の弟）が大きな影響力を及ぼすようになる。このことは、永禄九年（一五六六）の熊谷統直起請文に[＊2]「信方様江大小事共ニ得御意、聊以不可存疎略之事」とあることからも察せられる。

こうした状況のなか、公然と守護に反旗を翻す在地領主が出てくる。有名なのが、永禄六年（一五六三）から天正元年（一五七三）まで続く国吉籠城戦である。これは、武田氏の重臣でもあった粟屋勝久が反旗を翻して居城の国吉城（福井県美浜町）に籠城したものだが、当時の当主義統に鎮圧する力はなく、朝倉氏に鎮圧を要請したものだった。しかし、朝倉氏も鎮圧できず、ついに朝倉氏滅亡の天正元年まで守り通したことは有名な話である。なお、足利義昭は将軍職就任依頼のため、永禄九年七月二十九日に若狭に立ち寄るが、[＊3]武田氏がまったくアテにできないことを悟り、わずか一ヶ月後の九月一日に越前へと旅立った。

永禄十年に義統が急逝し、子の元明が八代守護に就任するが、十六歳という若年もあって実権はまったくなかった。縁戚ということで毎回出兵を要請され、多額の戦費を浪費していた朝倉氏は、これをチャンスと、若狭武田氏を完全に保護下に置こうとした。まず、越前に滞在していた足利義昭を利用して、反対勢力である武田信方を赦免し味方につける。朝倉義景は永禄十一年（一五六八）七月に武田信方に宛てた書状（発給文書）の中で、「公方様」（義昭）が信方を「御赦免」してくださることを伝えている。本来であれば、義昭の言葉は守護である元明から信方へ伝えら

＊2　大成寺文書
＊3　『多聞院日記』

れなければならないが、無視されているところに当時の元明の立場が察せられる。こうして、不穏分子の封じ込めに成功した朝倉氏は、翌八月に後瀬山城を攻め、元明を越前へ拉致してしまう。若狭国伝記では、後瀬山城に籠城する武田兵が激しく抵抗したことになっているが、当時の武田氏を考えれば、ほとんど無血開城に近かったのではなかろうか。

この後、義景は小浜周辺を領有しており、神宮寺・長源寺・浄土寺に禁制を下している。多額の戦費を浪費した朝倉氏にとっては、当然の行為であっただろう。

元明の拉致後も後瀬山城は存続しており、翌十二年六月七日に同城を訪れた里村紹巴は、「天橋立紀行」の中で、山麓の守護館に「御隠居之御屋形様」（武田信豊）と「御屋形様之御局」（元明夫人）が住んでいることを記載し、さらに元明の要請で発句会や源氏物語の講釈を行ったことを述べている。落ちぶれても名族のプライドの高さをヒシヒシと感じ取ることができる。ちなみに、紹巴は後瀬山城に七日から十五日まで滞在している。

いずれにせよ、元明がこの後、後瀬山城主として復帰することはなかった。若狭武田氏の後瀬山城時代は、永禄十一年八月に元明が拉致されたことで終結したといえよう。

2. 織豊政権時代

天正元年（一五七三）に朝倉氏が滅亡すると、若狭一国は丹羽長秀に与えられた。とはいえ、長秀の本拠は近江佐和山城（滋賀県彦根市）なので、後瀬山城に居城して改修するということはなかった。武田元明の所在はよくわからないが、天正三年、かつての若狭被官人とともに在洛していたことが確認できる。[*4] しかし、天正十年の本能寺の変では明智光秀に加担して佐和山城を攻めた罪により、同年七月十九日、江州海（貝）津で長秀によって生害させられている。これにより、若狭武田家は滅亡した。

---

*4　『信長公記』

賤ヶ嶽合戦を目前に控えた天正十年十月、長秀は若狭の国衆等に、「其地普請何程出来候哉、雨ふり候共、由（油）可被申付候、何程出来候ヲ可承候」と、雨が降っても必ず居城の普請を実行し、進捗状況を報告するように命じている。[*5] まさに「雨ニモマケズ」といった状況である。

同文書の中で、長秀は「此方之普請ハ明日、明後日勿論直出来之事候」としており、居城の普請は明日か明後日にできると述べている。「此方之普請」をどの城とするべきか問題で、若狭での居城である後瀬山城という見方も当然可能であるが、やはり本来の居城である佐和山城とするべきであると筆者は考える。

長秀が若狭の国衆に居城の普請を命じているのは、柴田勝家の上洛を阻止するためだという考えがある。もちろん、大局的に見ればそれも誤りではない。しかし、勝家の上洛ルートと無関係の粟屋氏にも普請を命じていることから、世の中が騒然となり、領国固めの対策と受け取ったほうがよさそうである。

天正十三年（一五八五）には長秀の子長重（ながしげ）が若狭に入部し、さらに同十五年には浅野長吉（あさのながよし）（長政（ながまさ））が入部する。長吉は翌十六年に検地を行い、若狭の石高は八万五千石とされた。文禄二年（一五九三）に長吉が甲斐に転封になると、小浜には木下勝俊（きのしたかつとし）が六万二千石で入部する。そして、慶長五年（一六〇〇）に若狭一国を賜った京極高次（きょうごくたかつぐ）が入部し、翌六年、小浜築城を開始すると、後瀬山城は廃城となったのである。ただし、一年間だけは高次も後瀬山城を使用した可能性が残ることも考慮すべきである。

【城跡】城跡に登るルートはハイキングコースとして整備され、非常に歩きやすい。また、要所要所に案内板や説明板が設置されているため、迷うことはない。ただし、明確な駐車場やトイレは設置されていないため、注意していただきたい。

整備された遊歩道。非常に歩きやすい

途中の案内板。初心者でも迷うことはない

後瀬山山頂に主郭Aを配置し、北側の尾根続きにB・C・D曲輪を階段状に配置する。一方、北西の尾根にもE曲輪を設け、その周囲に畝状空堀群①・②を配置している。E曲輪の尾根直下には、山麓居館である守護所F（現空印寺）がある。したがって、守護所F→E曲輪→主郭Aの経路で大手道が存在していたと考えられる。

現在、主郭Aには愛宕山奥之院が鎮座している。かつての主郭は全周を石垣で固めていたと考えられるが、後世の積み直し箇所も多い。特にL型の石塁は落とし積みとなっており、神社建築のときの石垣と考えられる。これは、元和元年（一六一五）の棟札*6に「後瀬峯大石垣つくり」とあることからも察せられる。ただし、巨石も使用していることから、石材は城郭としての石垣を再利用したのであろう。

上：主郭北面石垣。必要以上の巨石を使用する
下：巨木に抱かれた石垣。古城感にあふれる

積み直しが多いなか、北および東面の石垣は旧状をよく残している。隅角の石垣は長短の比が揃わない算木積みとなっている。したがって、関ヶ原合戦以前（慶長五年以前）に積まれた可能性が高い。また、高さは四m以下であり、天正十一年以前に構築された可能性

*5　山庄家文書
*6　発心寺文書

上：主郭東面石垣。長短の比が揃わない算木積みとなる
下：E曲輪土塁

も指摘できる。石垣構築者は織豊政権だが、織田政権、具体的には丹羽長秀支配時代に構築された可能性を指摘することができよう。

　もう一点、石垣で注目したいのが、巨石の使用である。北面にしか使用していないことから、北側の尾根続きの視覚効果を意識した石垣といえる。つまり、石垣構築者の時代の大手は、北側の尾根続きだったのである。前述のように、石垣構築者は丹羽長秀の可能性が高いため、長秀はそれまでの大手道だった守護館からの道を廃止し、新たな大手道を構築したことになる。文字通り、新領主の威信を示した城造りだったのである。

　石垣構築者が織豊政権ならば、それにふさわしい虎口、つまり枡形虎口が存在したはずである。しかし、どこを探しても見当たらない。現在の入り方は、尾根上をほぼ直進するルートであり、城郭のルートとしては不自然である。おそらく、現在の社殿を構築したときのルートであり、そのときに枡形虎口も破壊されてしまったのであろう。

　このように、主郭周辺は近世以降の改変が著しいが、E曲輪周辺のみは改変が及んでおらず、

主郭現状。愛宕神社が建つ

戦国期の遺構を残している。ここにも櫓台や枡形虎口は残っておらず、若狭武田氏の築城レベルを知ることができる。

注目したいのは畝状空堀群①・②で、E曲輪の塁線土塁も畝状空堀群側のみに設けており、塁線土塁と畝状空堀群が連動していることを示唆している。畝状空堀群によって敵軍の攻撃を遮断していることから、大手道は畝状空堀群の城内側（東側）を通っていたのであろう。

若狭において、畝状空堀群は数本単位であれば珍しくもないが、数十本単位で面として存在しているのは、後瀬山城の他に加斗城（福井県小浜市）しかなく、非常に珍しい防御施設といえる。武田一族の城郭である新保山城（同小浜市）にも存在しない。はたして構築者が武田氏なのか、はなはだ疑問である。

畝状空堀群①（波線部分）

ここで気になるのが、朝倉氏の居城一乗谷城である。ここには百本以上の畝状空堀群が面として存在している。筆者は、この畝状空堀群は朝倉氏が天文～永禄年間に構築したと考えている。したがって、後瀬山城の畝状空堀群も永禄十一年以降の朝倉氏の管理下時代に、朝倉氏が大手道方向を強化するために構築したと考えても、なんら不自然ではない。

畝状空堀群は曲輪の直下に設けるものだが、後瀬山城の場合、E曲輪から二～三〇m離して設けており、若干不自然な感じがする。これは、曲輪直下は岩盤が露頭しており、畝堀を掘りたくても掘れなかったためと理解できる。石材を切り出す技術を、畝堀には応用しなかったということである。

もう一つ後瀬山城で注目したいのが、北西斜面に存在する数本の横道③である。現在は消滅してしまっている部分もあるが、かつてはE曲輪に駐屯する城兵が、主郭A・B曲輪を経由せず、C・D曲輪に移動できるようにしたバイパスのような施設と考えられる。しかし、それは一〜二本程度あればよく、現在のように数本は多すぎる。これだけ多ければ、逆に敵軍にも使用されてしまい、かえって危険である。

この斜面の横道は、江戸時代からすでに知られており、「昔城壁のありし時の横矢を射たる谷の中道」[*7]とされていた。横

竪堀②。ほぼ山麓まで落としている

矢はほぼ掛からないため、横矢説は否定できるが、かなり古い施設ということが判明する。しかし、すべてが城郭施設とはいいきれない。一つの仮説として、雪崩防止用の段切と考えられないだろうか。山の斜面に段差を設けて、雪崩発生を防止する対策が北陸の山間部で行われていた。「谷の中道」の直下には、空印寺・妙興寺(みょうこうじ)等の寺社が存在する。「谷の中道」はこれら寺社を雪崩から守る段切りとして構築されたものもあるのではなかろうか。再考の余地は十分にあると筆者は考える。

［発掘調査による成果］　昭和六十二・六十三年（一九八七・八八）、小浜市教育委員会により、G曲輪で発掘調査が実施された。[*8]

遺構としては、まず曲輪のほぼ中央部から、八間×四間の礎石建物が検出され、二度建て替え

＊7　大森宏『戦国の若狭』、一九九六年

＊8　『後瀬山城』小浜市教育委員会、一九八九年

られたと考えられた。当初の建物は板葺きか桧皮葺きで、二度目には瓦が導入され、その時期はコビキ痕（B）から天正十一年頃と推定された。つまり、丹羽長秀時代である。南端の土塁は幅が広く、なおかつ石垣を構築しているため、築山とされている。しかし、筆者は防御上の重要ポイントであることから櫓台と考えたい。

出土遺物は、青磁・白磁・染付・瀬戸美濃焼・土師皿・香炉・火桶・坩堝・丸瓦・平瓦等である。瀬戸美濃焼は十六世紀後半のもので、天目茶碗・茶入れである。青磁・白磁も出土していることから、礎石建物で茶会等が実施されていたものと考えられた。礎石建物は居住施設としては狭すぎるため、茶会等を催す文化施設だったのであろう。

全体的な判断として、武田元光時代に最初の礎石建物が導入され、丹羽長秀時代に瓦葺き建物に改修されたと推定された。ただし、それは茶会等を催す文化施設であって、一服の茶を喫するゆとりを欲したのは、武田氏も織豊武将も同じだったのである。

G曲輪現況

【まとめ】主郭周辺は神社建設によって改変を受けているものの、おおむね遺構の残存状態は良好で、武田氏・朝倉氏・織豊政権時代の遺構を読み取ることができる。発掘調査により、山上に文化施設が存在していたことが確認できたことも大きい。

今後は、新たに入部した京極氏が、いったん後瀬山城に入城したのか、入城したならどの程度改修したのか、しなかったのか、という点を解明するのが課題となろう。

山麓居館。現在、空印寺が建つ

武田一族重鎮の城

22 新保山城（しんぼやまじょう）

①小浜市新保
②霞美ヶ城
③標高二八七m／比高二四〇m
④C（登城しにくく注意が必要）

【立地】新保山城が位置する宮川保（みやかわのほ）は室町幕府の御料所（ごりょうしょ）として知られており、若狭有数の穀倉地帯だった。穀倉地帯の美田を見下ろす新保山山頂に位置する新保山城は、まさに宮川保を支配するために築城されたといえよう。

【城主・城歴】新保山城主としては、十六世紀前半頃に宮川保の代官を務めた守護武田家被官・粟屋氏が認められる。しかし、新保山城に現存の遺構は明らかに十六世紀後半であり、粟屋氏時代のものではない。

十六世紀中〜後半に在城していたのは、守護一族である。六代守護武田信豊の弟・信高（のぶたか）が天文十年（一五四一）頃から在城したと考えられる。信高の妻が幕臣細川藤孝（ほそかわふじたか）の姉ということから、武田宗家の中でも重鎮だったと推定される。その信高が弘治二年（一五五六）に三十六歳の若さで死去すると、信豊は城主として子の彦五郎（ひこごろう）信方を送り込む。要衝新保山城の城主には、どうしても一族を置く必要があったのであろう。

主郭直下に位置する大堀切②

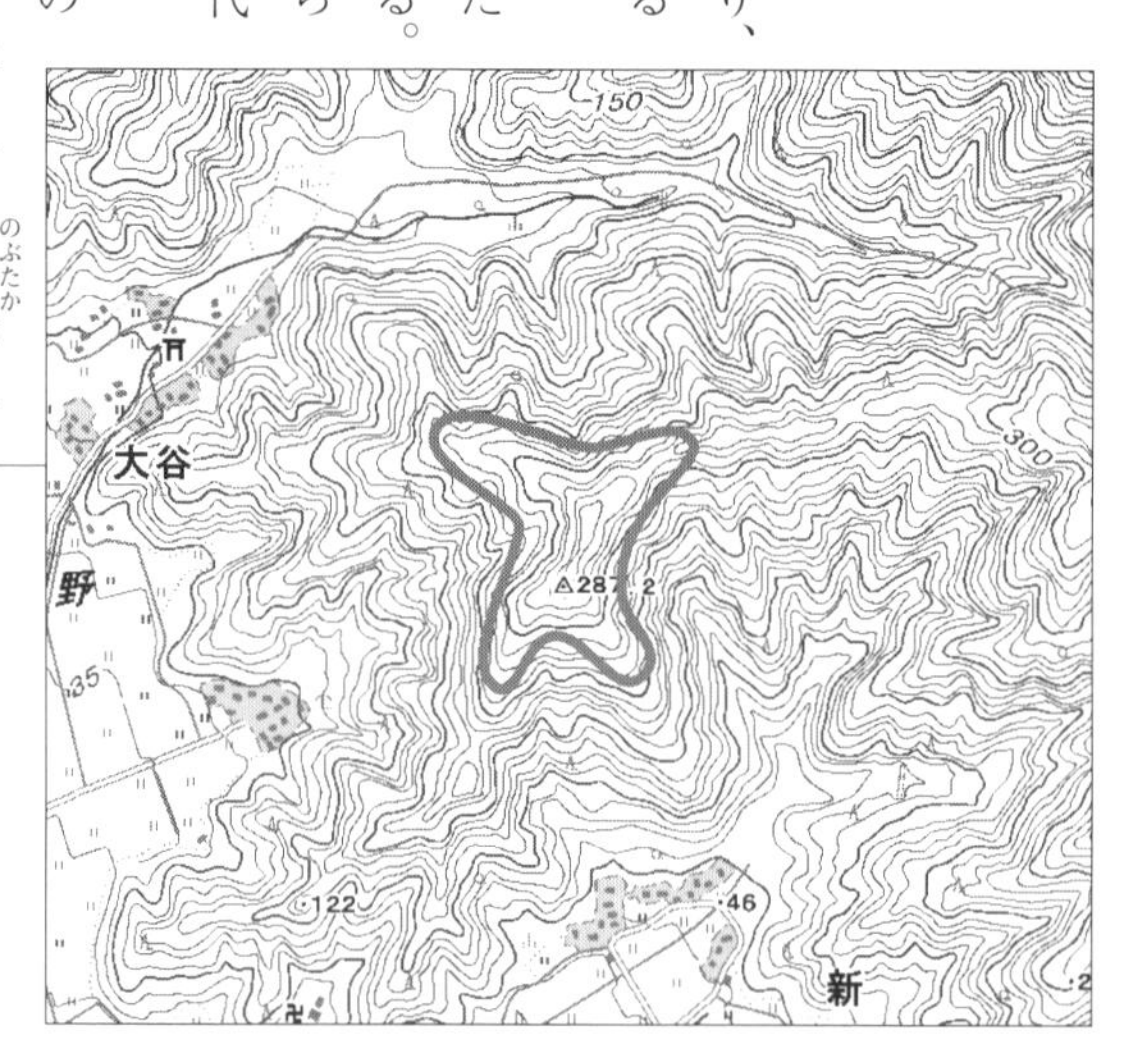

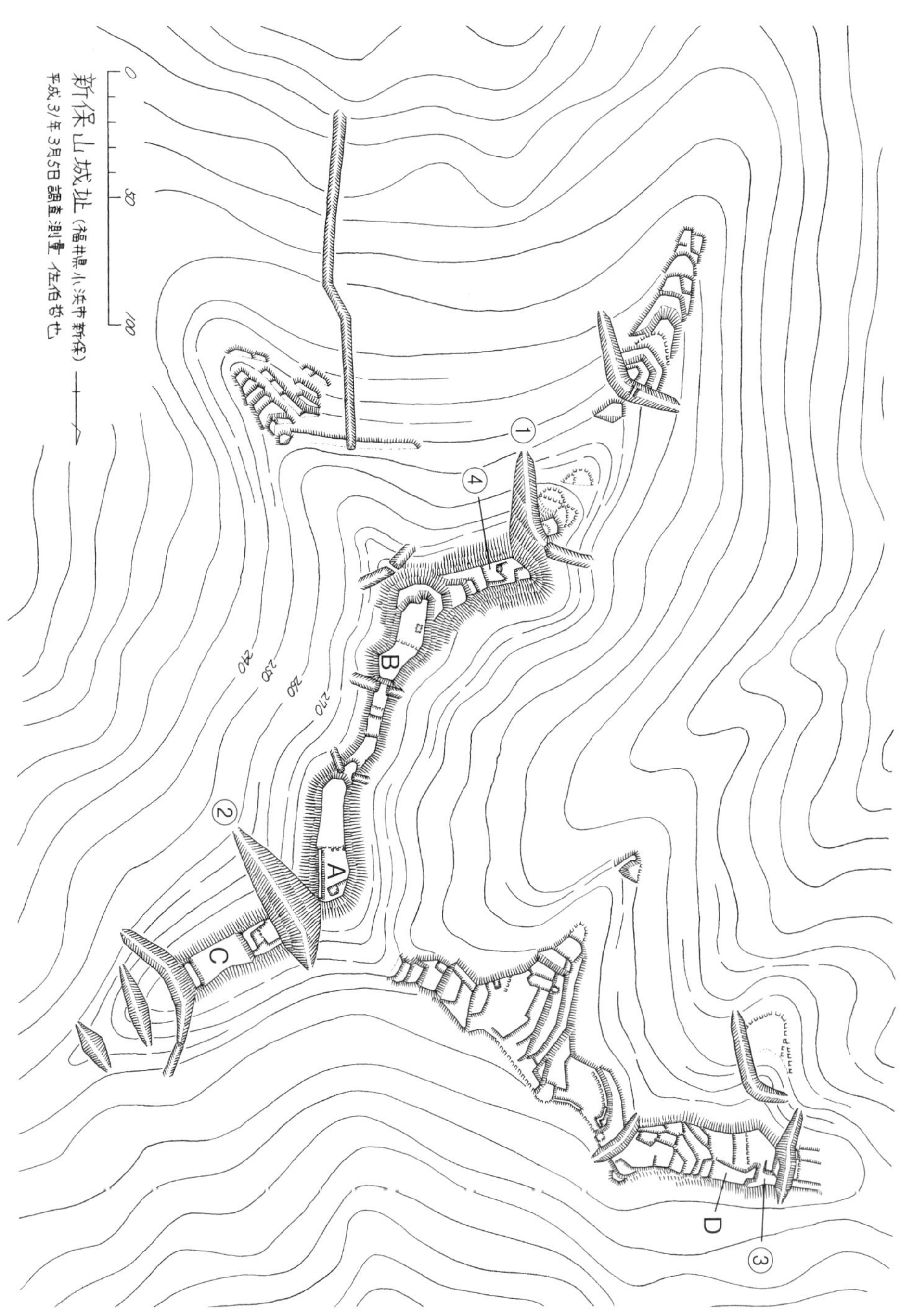
新保山城址（福井県小浜市新保）
平成31年3月5日調査測量 佐伯哲也
0
50
100
240
250
260
270
①
②
③
④
A
B
C
D

南端堀切

武田宗家が衰退し、守護として機能しなくなると、信方はその代行的な存在となり、若狭国衆の盟主として行動する。信方が守護家に対して反対的な行動を示していたことは、永禄十一年（一五六八）七月の武田信方宛朝倉義景書状や、*1年未詳一色藤長宛朝倉義景書状*2からも察せられる。両書状とも義景が信方へ命じている内容だが、そこに当時の守護の存在は述べられていない。つまり、信方が守護代行のような存在だったことが判明するのである。

叛骨的な態度を取り続けた信方を、元亀元年（一五七〇）六月、織田信長は足利義昭の近江高島郡動座を名目に、信方に参陣するよう要請している。*3信長は反対勢力を単に力攻めするのではなく、室町将軍の権威を利用して服従させようとしていたのである。

だが、結果的に信方は参陣しなかったらしく、同年十月、信方は若狭の織田方の城を攻め落とし、翌十一月には近江在陣中の朝倉義景に陣中見舞いを送っている。それは、朝倉方に付いたことを意味しており、大半が織田方に付いた若狭国衆の中において、特異な存在だったといえよう。逆に朝倉氏から見れば、数少ない若狭国衆の同盟軍であり、元亀三年三月、近江出陣にあたり朝倉奉行衆は信方にも「無御油断御用意肝要候」*4と、出陣の用意をするよう要請している。

その後、信方は一次史料に登場せず、詳細は不明である。しかし、天正元年（一五七三）の朝倉氏滅亡後に若狭一国が丹羽長秀に与えられ、さらに新保山城が位置する遠敷郡を長秀が直接支配するため、信方は新保山城主として留まったとは考えられず、没落したと考えられる。

主郭土塁。尾根続きを防御する

主郭現況

*1　発給文書

新保山城は天正十二年（一五八四）に長秀によって破却されたとされている。[*5]しかし、長秀は天正十一年に越前に移っており、遠敷郡は当時、豊臣家の直轄領だった。[*6]したがって、天正十二年の破却が事実であれば、豊臣家によって破却されたと考えられよう。

信方は天正十三年に没したとされている。[*7]これが事実だとすれば、若狭退去から実に十二年間生存していたことになる。おそらく、織田・豊臣政権といった新興勢力に抵抗し続けた人生だったのであろう。あっけなく自刃せず、しぶとく生き続けた、実に信方らしい人生だったといえよう。

【城跡】城跡に登る遊歩道等はまったくない。案内板や説明板も一切設置されていない。目的地まで一時間弱の藪漕ぎを強いられることになる。地形図を読み取り、独力で山中を歩ける人のみに訪城をお勧めする。

主郭に残る礎石群

整備はされていないが、それがかえって幸いし、遺構の保存状態は良好で、大規模な山城を堪能することができる。主郭はA曲輪で、それにB曲輪が接続している。A・B曲輪が山上の主要曲輪群で、前後は堀切①・②で遮断する。堀切の上幅は一六〜二〇mもある巨大なもので、若狭有数の有力国人の居城だったことを物語る。特に堀切①の大切岸は、藪漕ぎしながら登ってきた苦労を解消してくれるビューポイントでもある。C曲輪以北の三重堀切も見どころである。

注目したいのは、主郭Aに残る礎石群である。地表面観察で確認できるのは三個だが、線上に並ぶため、礎石であることは確実である。このような険しい山上で、しかも狭い主郭

＊2　発給文書
＊3　朝倉氏関係年表
＊4　発給文書
＊5　『戦国の若狭』
＊6　福井県史通史編3』。天正十三年からは丹羽長重領
＊7　『戦国の若狭』

C曲輪直下の堀切

虎口③導線

に礎石建物が存在していたことに驚かされる。守護居城である後瀬山城にも礎石建物が存在していたことから、守護に匹敵する家系ということを城郭からもアピールしたのであろうか。竪穴④は現在は涸れているが井戸だったと考えられる。山上居住には必要不可欠の施設である。

もう一点注目したいのが、D曲輪の枡形虎口③である。この虎口の存在により、新保山城が戦国末期まで使用されたことが判明する。城域の末端に存在することから、新保山城最末期の遺構と考えられ、最末期の大手虎口は虎口③で、虎口③方向が大手としてよい。

虎口③と同型の枡形虎口は、若狭では賀羅ケ岳城（福井県小浜市）・白石山城（同高浜町）で確認できる。いずれも戦国末期まで実力を保持していた若狭国人衆の城郭である。枡形虎口ということで、織豊政権の関与も指摘できるが、地域支配の要衝という観点からは外れている城郭ばかりである。虎口の構築者は若狭国人衆であり、若狭国人衆の築城レベルの高さを物語っていると評価すべきであろう。

【まとめ】若狭守護一族の武田信方の実力を物語ってくれる城郭として、新保山城は重要である。そして、若狭国人衆の築城レベルの高さを物語る城郭としても重要である。今後は散策道を設ける等の軽微な整備で、ほぼ現状維持で保存されていくことを切望する。

井戸④

東端堀切

文化人山県氏の居城

23 賀羅ヶ岳城（きゃらがだけじょう）

①小浜市太良庄
②ガラガラ城
③標高二九七・七m／比高二九〇m
④C（登城しにくく注意が必要）

【立地】賀羅ヶ岳城は、宮川保と太良庄（たらのしょう）を分ける尾根上に位置する。特に太良庄側の眺望は素晴らしく、太良庄を支配するには絶好の選地といえよう。

【城主・城歴】若狭守護武田氏の有力被官・山県（やまがた）（下野守）氏の居城として知られている。有力被官でありながら、織田信長の越前進攻をいち早く察知した山県氏は、永禄十二年（一五六九）正月に京都で蜂起した三好三人衆と織田信長との戦いで、山県源内等若狭衆が織田方として戦っていることが知られている。[*1]この戦いで源内は戦死してしまうが、信長の越前進攻以前から若狭衆が信長と結びついていたことが判明し、興味深い。

山県氏最後の当主・下野守秀政（ひでまさ）は文化面でも活躍しており、永禄十二年六月に若狭を訪れた里村紹巴に、「山縣野州（秀政）六日ニめされて、垣屋と云かたハラの他力堂」にて酒宴を張り、もてなしている。さらに、紹巴が後瀬山城を出立し、舟で和田（福井県高浜町）へ向かうときも、秀政が「山かた野州（秀政）山上（後瀬山城

主郭北端堀切。尾根続きを防御する

＊1　『信長公記』

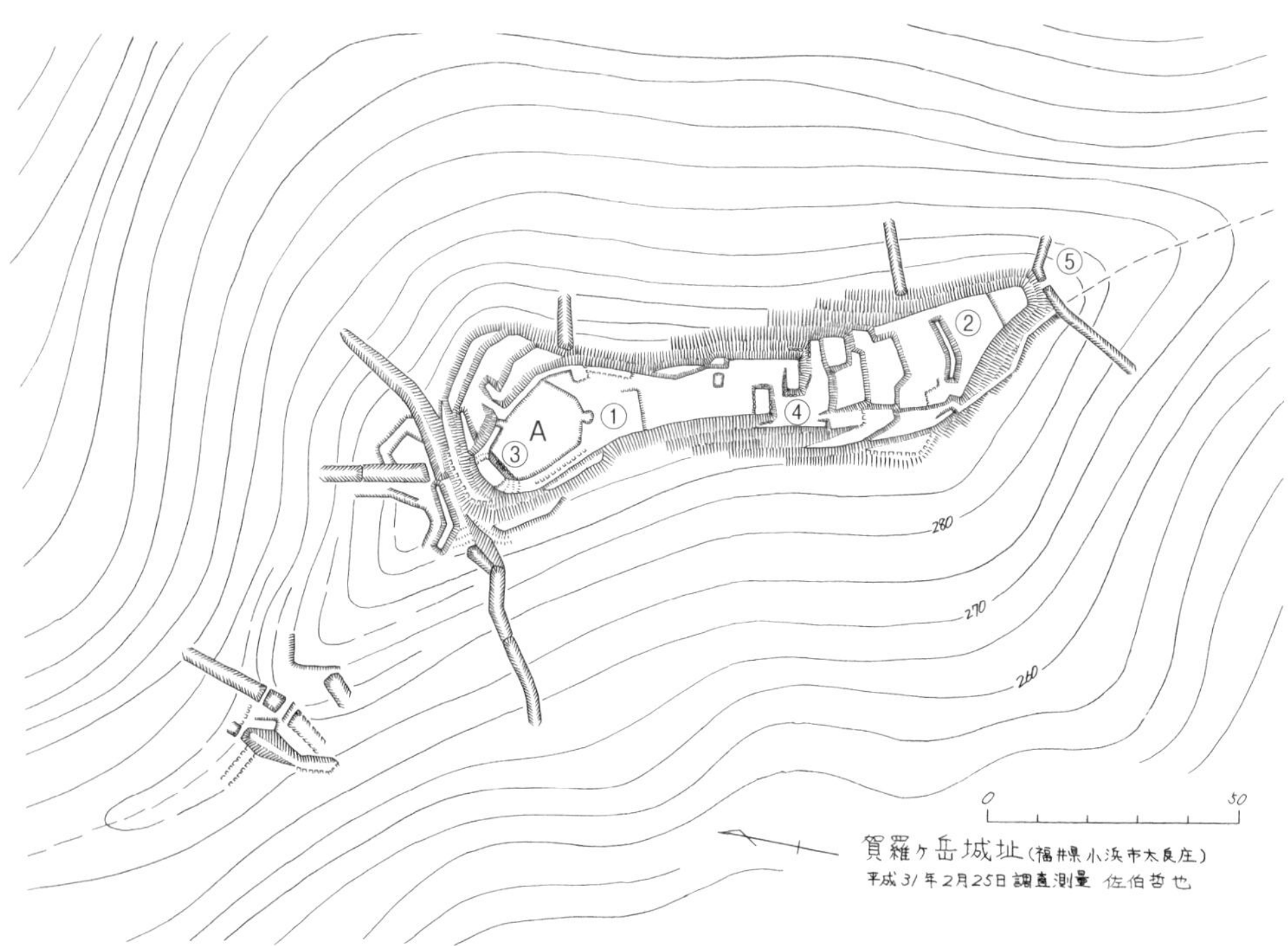

のことと推察される）より見付けられ、樽のねふりをおとろかし給へり」と後瀬山城から樽を鳴らして見送っている。[*2]守護武田氏そのものが文化人だったため、被官である山県氏も文化的教養が高く、秀政が紹巴を供応接待したのであろう。

　山県氏が信長方に付いた結果、元亀元年（一五七〇）十月、反信長方の武田信方等からの攻撃を受ける。[*3]『言継卿記』によれば、このときの賀羅ヶ岳城[*4]には山県孫三郎が籠城しており、「ガラガラ城責落」とあるから落城したらしい。孫三郎なる人物はよくわからないが、二ヶ月後の十二月には早くも秀政が長源寺に

＊2　「天橋立紀行」

＊3　『言継卿記』

＊4　『言継卿記』にはガラガラ城とある

制札を下していることから[*5]、損害は軽微だったと考えられ、あるいは落城は誤報だったかもしれない。

秀政はこの後は一貫して織田方であり、天正三年（一五七五）には旧主武田元明とともに在洛していることが知られる。[*6]天正元年に丹羽長秀が若狭一国を拝領後もそのまま賀羅ヶ岳城に在城し、遠敷郡の一部を支配していたと考えられ、天正元年に遠敷郡谷田寺に、天正八年には同郡の妙楽寺（みょうらくじ）に書状を下している。[*7]そのためには織田政権に忠誠を誓わねばならず、天正三年の信長の越前進攻や同六年の播磨神吉（かんき）城攻めに従軍している。[*8]

賤ヶ嶽合戦を目前に控えた天正十年十月、長秀は若狭の国衆等に居城の普請を命じている。[*9]その中に秀政の名も見えることから、賀羅ヶ岳城に在城していたのであろう。ちなみに、同書状の中で「山県源三郎父子」の名も見えるが、秀政との関係は不明である。

主郭の中央部は現在水が溜まっている

当城は天正十二年に長秀によって破却されたとされている。[*10]しかし、「新保山城」の項でも述べたように、破却が事実であれば、豊臣家によって破却されたと考えられよう。

【城跡】 城跡に登る遊歩道等はまったくない。案内板や説明板も一切設置されていない。目的地まで一時間強の藪漕ぎを強いられることになる。地形図を読み取り、独力で山中を歩ける人のみに訪城をお勧めする。

主郭はA曲輪で、周囲に塁線土塁を巡らしている。筆者が訪城したとき、ちょうどAの部分に水が溜まり、山頂は沼の

*5　長源寺文書
*6　『信長公記』
*7　『福井県史通史編3』
*8　『信長公記』
*9　山庄家文書
*10　『戦国の若狭』

井戸①

一文字土塁②

ような様相を呈していた。訪城が二月だったということもあるが、山頂が湧水地点だということを実見することができた。これは、在地領主が山城を長期間存続させるうえで、重要な条件の一つとなろう。ちなみに井戸は①で、真夏も湧水していることが知られている。[*11]

城域の南端近くに、一文字土塁②が残る。固く締め固められた堅牢な土塁だが、両端に開口部があり、防御上はあまり役に立ちそうにない。堅牢な造りのために、かえって疑問が残る。

北側の尾根続きには、多数の堀切・竪堀を設ける。堀切によって尾根続きを遮断するというよりも、竪堀・土塁も併用して寄せ手の足場を徹底的に潰すという感じである。これは、畝状空堀群を設ける防御思想と酷似する。一方、南側の尾根続きには、両竪堀⑤による一重の遮断線しか設けていない。さらに、枡形虎口④は南側に開口している。これで、大手道は南側の尾根続きに存在していたことが判明する。

賀羅ヶ岳城で最も注目したいのが、櫓台③と枡形虎口④である。両方とも石垣で固めている。現在、石垣はこの二ヶ所でしか確認できず、したがって城内で最も重要かつ象徴的な施設のみに石垣を導入していることが判明する。この両施設の存在により、賀羅ヶ岳城は戦国末期まで使用されていたことが判明し、天正年間における山県秀政の在城を裏づけている。

櫓台③は城内側のみに石垣を設けており、実用的というよりも、登城してきた武士等に「見せる」という視覚的効果に重点を置いた用法になっている。石垣上に建っていた建物は、三間×二

櫓台③の石垣

*11　『戦国の若狭』

間と小屋程度の大きさしかなく、しかも平屋だったと考えられ、天守閣には程遠いイメージの櫓が推定される。

枡形虎口④は、登城してきた武士たちが内側も見るため、内外を石垣で固めている。しかも、不必要なほどの大石を用いているため、こちらも視覚的効果を狙った用法にもなっている。石垣で固めた枡形虎口ということで、戦国末期の構築を強調することはできるが、間詰め石や裏込石は不十分で、非常に稚拙な積み方となっている。天正後半に織豊政権が構築したとはとうてい思えない。櫓台・枡形虎口・石垣の構築者は、秀政とするのが妥当だろう。

【まとめ】賀羅ヶ岳城に残る遺構（櫓台・枡形虎口・石垣）は、若狭国人衆がハイレベルな築城技術を保有していたことを物語ってくれる。同じく山県氏の城と伝えられる聖嶽（ひじりだけ）城（福井県小浜市）の虎口にも石垣を用いており、山県氏が石垣を積極的に導入していたことには驚かされる。

従来は、こうした遺構は織豊政権による改修とされてきた。在地領主・織豊政権の改修の区別を再考するうえで、賀羅ヶ岳城は重要な城郭といえよう。

上：虎口④の導線　下：虎口④。石垣で固める

虎口④の石垣。必要以上の巨石を使用する

朝倉氏の陣城か

24 大塩城

①小浜市口田縄
②―
③標高一三四・六m／比高四〇m
④B（少し登る、やや登城しにくい）

【立地】若狭と丹波を繋ぐ重要な街道だった周山街道が山麓を通る交通の要衝である。さらに、尾根突端には岩座と思われる遺跡も残っており、古くから信仰の対象として注目されてきた土地といえる。

【城主・城歴】守護武田氏の被官・大塩氏の居城として知られており、同氏は代々長門守を名乗ったという。若狭とのかかわりは文明年間からと考えられ、「親元日記別録」*1文明五年（一四七三）九月二十九日条に「武田被官大塩三河入道借物三千疋令事に利々倍々、縣門跡領及二万疋責取之」とある。すなわち、武田被官の大塩三河入道が三千疋の銭を借し、利息を「倍々」にして青蓮院門跡領の税二万疋を責め取ったのである。現在の悪徳金融業者も顔負けの暴利といえよう。

大塩氏は、永禄五年（一五六二）の湯岡城（福井県小浜市）主南部宮斎との合戦で敗れ、大塩城は南部氏に焼かれたという。合戦の詳細は不明だが、この頃の武田氏は信豊

主郭A現況

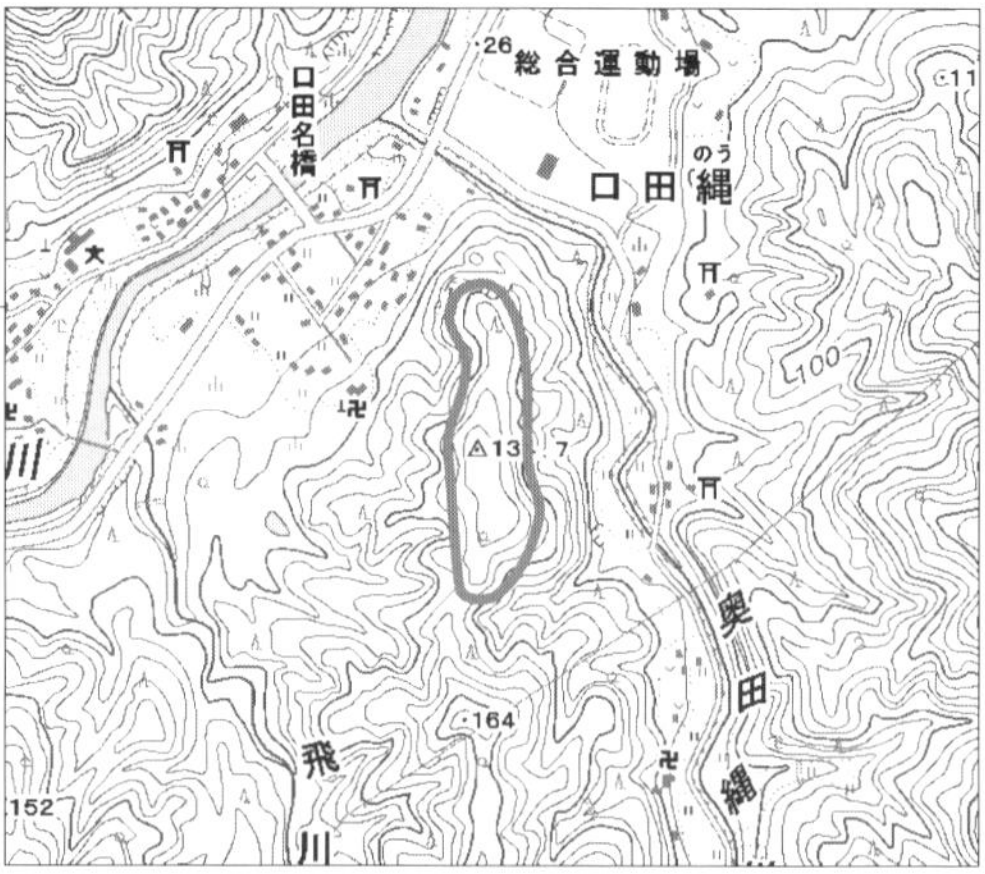

*1『戦国の若狭』

と義統の親子で争っており、それに関連する内乱だったと推定される。焼かれたことにより、大塩城は廃城になったとされているが、遺構はそれより確実に新しく、廃城年代は再考を要する。

【城跡】 城跡に関する案内板・説明板は現地に設置されておらず、若干わかりづらい。しかし、山麓の大光寺(だいこうじ)裏側から、城跡に鎮座する愛宕(あたご)神社まで整備された参道が伸びているため、比較的簡単に登城することができる。

現在、大塩城とされているのがⅠ地区の城郭である。縄張り図を見ても明らかなように、これまで紹介してきた若狭国衆の城郭とは異なっており、若狭国外の勢力によって構築されたと考えられる。曲輪のほぼ周囲に塁線土塁を巡らし、櫓台で防御力を増強した明確な虎口を設けている。低い切岸を巡らすものの、横堀は巡らしていない。この構造は永禄七年に朝倉氏が構築した中山の付城(つけじろ)（福井県美浜町）と酷似している。さらに、中山の付城の虎口は櫓台で武装しているもののほぼストレートに入るが、大塩城の虎口①は屈曲して入っており、技術的な進歩を見ることができる。したがって、永禄十一年に後瀬山城を管理下に置いた朝倉氏が、同年頃に周山街道を押さえるために構築した陣城と推定することができよう。

Ⅰ地区の北側約一五〇ｍのⅡ地区にも城郭遺構が残っている。こちらは虎口も明確でなく、塁線土塁も巡っていない。Ⅰ地区の縄張りとは明らかに異質であり、若狭国衆の城郭としてよい。つまり、大塩氏の城郭はⅡ地区

堀切③に掛かる土橋２本

尾根続きを遮断する堀切③

主郭Ａに鎮座する愛宕神社

と思われるのである。朝倉氏はⅡ地区の城郭を改修するのではなく、Ⅰ地区に新たに築城したのである。そのほうが短期間で構築でき、工事費も大幅に削減することができたのであろう。

Ⅲ地区は若干削平され、巨石が林立していることから、岩座（いわくら）と推定される。西側山麓を「神（こう）の森」と称していることからも、その可能性が高い。ただし、先端尾根に竪堀②を設けていることから、Ⅱ地区の城域として取り込まれていたと推定される。

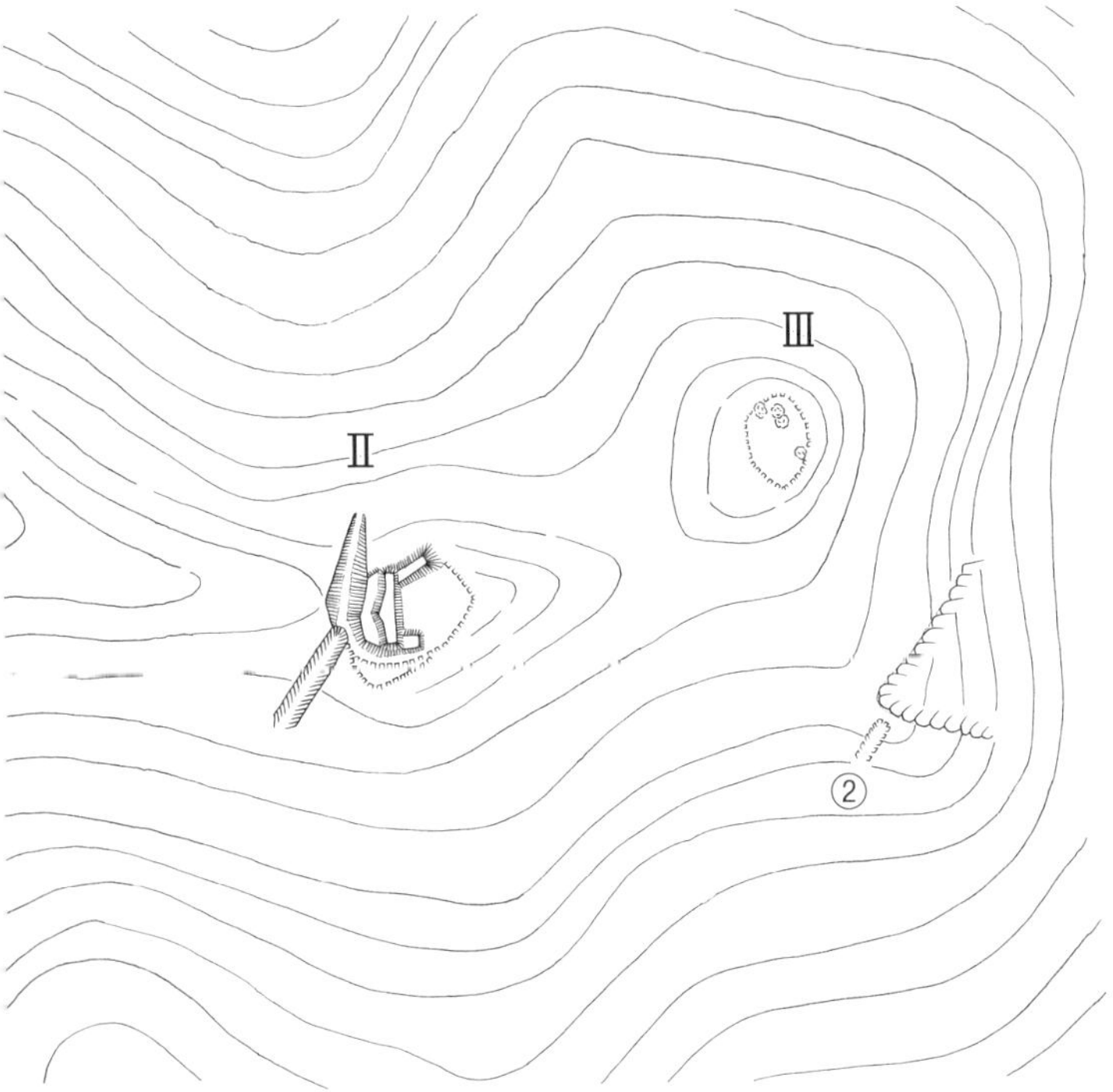

最後に述べておきたいのは、Ⅰ地区の堀切③である。土橋を数本設けていることから、地元では障子堀（しょうじぼり）と称している。しかし、土橋を多数設けるということは、敵兵の通行も可能にしてしまい、遮断を目的とした堀切の機能を低下させることになる。城郭遺構としては、不自然といえる。現地を仔細に観察すると、多数のワイヤーロープが散乱しており、かつて索道（さくどう）を用いて木

主郭Aの塁線土塁

主郭Aを取り巻く切岸

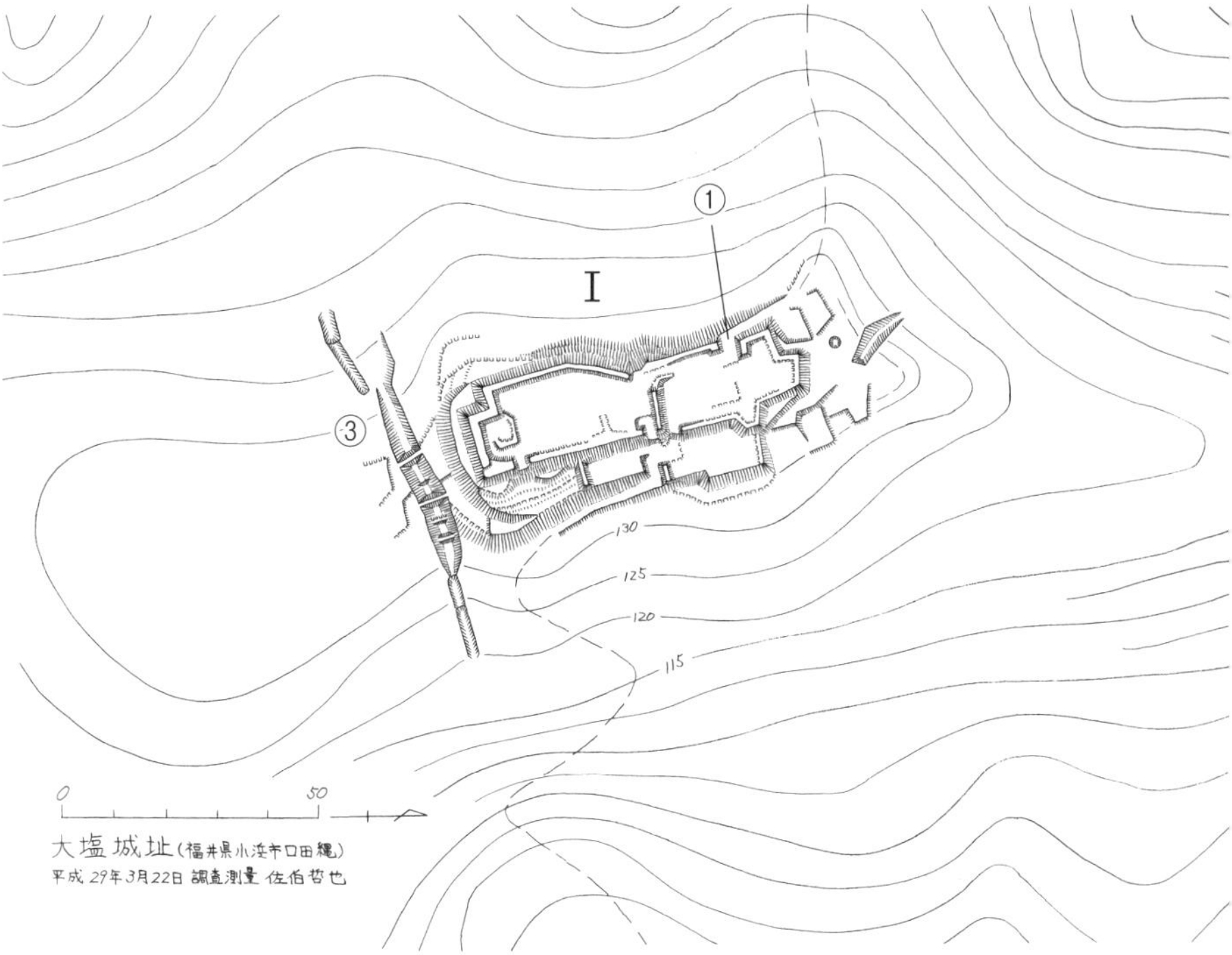

159 大塩城

Ⅰ
①
③
130
125
120
115
0
50
大塩城址（福井県小浜市口田縄）
平成29年3月22日 調査測量 佐伯哲也

の伐採を行っていたことが確認できる。つまり、伐採した木を堀切の対岸（索道の基地）に渡すために土橋を設けたということが推定できないだろうか。城跡に残る土木構造物すべてを城郭遺構とするのではなく、近現代の造作も視野に入れて考えることも重要な作業といえよう。

【まとめ】従来の考えでは、大塩氏の城郭とされてきた。しかし、遺構からは朝倉氏の陣城の可能性が高いことが判明した。同時代史料が極端に少ない戦国期において、縄張りを研究することの重要性を、大塩城は物語ってくれているのである。

虎口①の導線

石垣の櫓台を持つ堅城

25 白石山城

しろいしやまじょう

① 大飯郡高浜町馬居寺
② ー
③ 標高一八六m／比高一五〇m
④ B（少し登る　やや登城しにくい）

【立地】城跡が位置する尾根の突端に、若狭と丹後を繋ぐ重要な街道だった丹後街道が走る交通の要衝である。さらに、中世の良港だった青戸の入江の末端部に面しており、海運を押さえるための機能も果たしていたと考えられる。

【城主・城歴】城主は粟屋右衛門太夫とされている。国吉城主粟屋越中守系とは別系統の粟屋氏である。白石山城が位置する大飯郡は、若狭西部最大の国人で守護武田一門衆でもあった逸見氏の所領であった。この地に粟屋氏が入り込むスキなどなかったのだが、永禄四年（一五六一）に守護武田義統軍に逸見氏が敗れると、所領の一部が没収され、逸見氏を監視するために粟屋氏が築城したとも考えられる。したがって、築城は永禄四年頃と推定されよう。

粟屋右衛門太夫は、弘治二年（一五五六）の「明通寺鐘鋳勧進算用状」*1に「壱石　粟屋右衛門太夫」と名を残す。「天橋立紀行」に登場する粟屋小次郎の父であろう。永禄十二年六月十五日、小浜を舟で出発して和田（白

主郭Aに建つ小祠

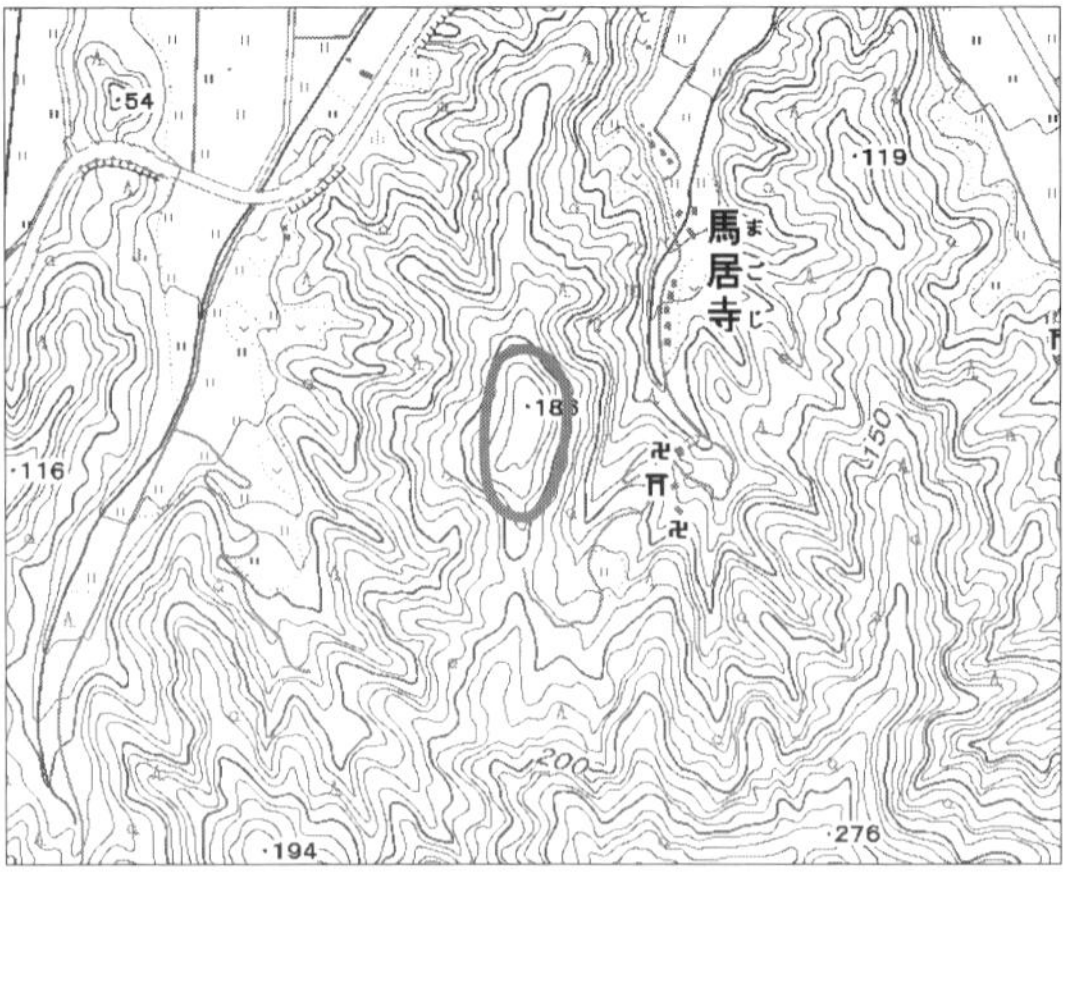

*1 『戦国の若狭』
*2 「天橋立紀行」

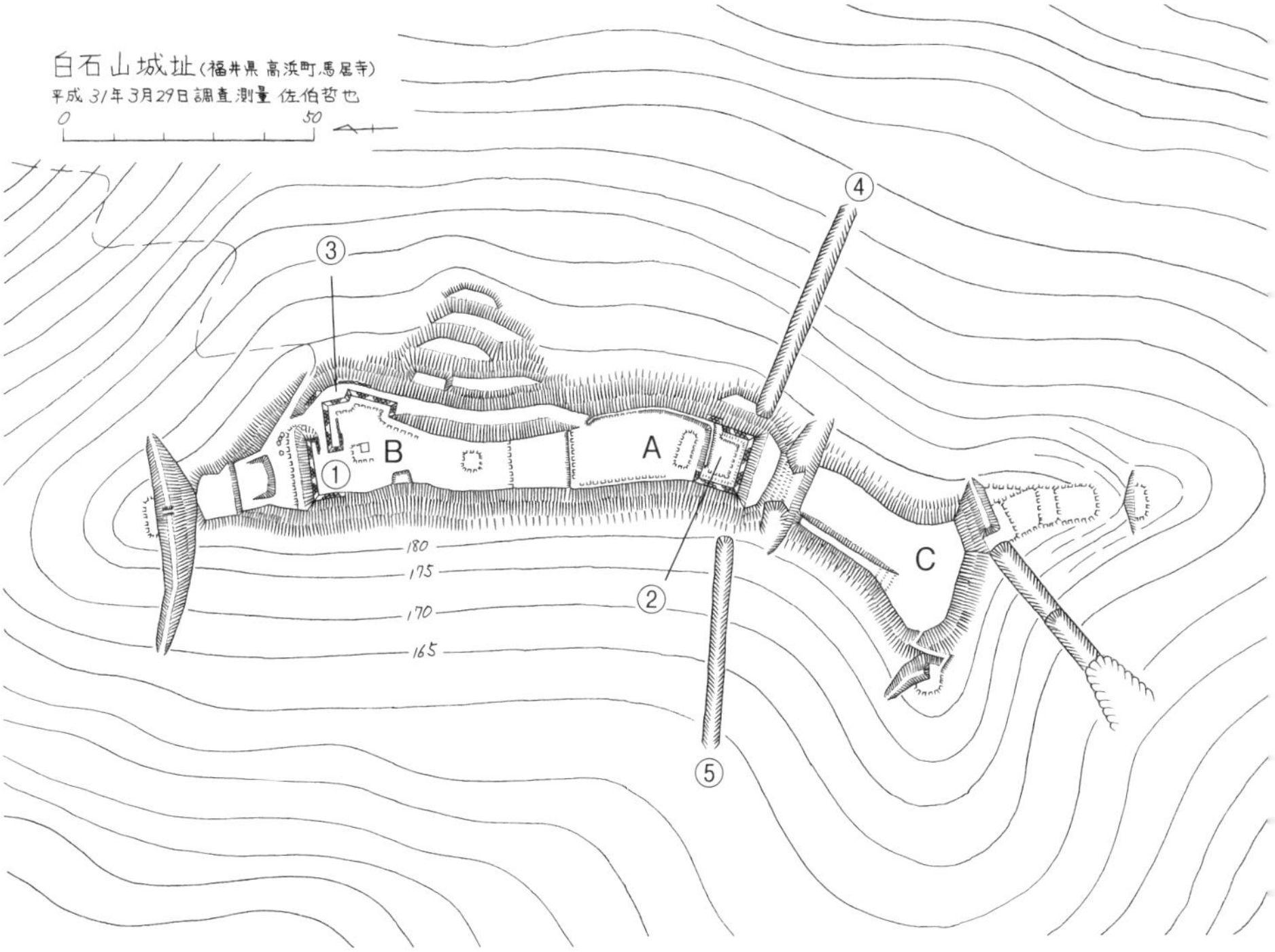

白石山城址（福井県高浜町馬居寺）
平成31年3月29日調査測量 佐伯哲也
0　50
①　②　③　④　⑤　A　B　C
180　175　170　165

石山城北麓）に到着した里村紹巴は、「栗屋小次郎殿館より、北のふもとの一宅にかりの宿を定めぬ」と、和田周辺に宿をとり、翌日小次郎から歓待を受けている。十七日には連歌の興行を行い、紹巴は小次郎の連歌を「今年若冠なるに此道執心も、父の魂をと々めけるか」[*2]と高く評価している。やはり、武田氏被官の文化的水準は一様に高かったのである。

武田氏が没落すると、多くの若狭国衆が織田方に付いたように、小次郎も織田方に付く。そして、元亀元年（一五七〇）の浅井氏の造反により、織田信長の越前進攻はいったん頓挫するが、それ

主郭A現況

北端を防御する堀切

櫓台②を固める石垣

でも小次郎は織田方に止まっており、それを知った織田家臣矢部光佳（やべみつよし）は非常に喜んでいる。[*3]

天正十年（一五八二）十月、丹羽長秀は「粟屋右衛門太夫」等若狭国衆に近江海津への出陣を命じている。[*4] おそらくこれが後年の小次郎と考えてよい。つまり、天正十年まで長秀は在地領主の存在を認めていたと考えられ、小次郎も白石山城に在城していたのである。

だが、小次郎と白石山城の詳細は不明である。丹羽方に与したことにより本領を安堵されたと考えられるが、天正十二年頃に豊臣政権によって破却されたのではなかろうか。

【城跡】城跡に関する案内板・説明板は現地に設置されておらず、若干わかりづらい。しかし、山麓の馬居寺（まごじ）から伸びる林道が、城跡の手前約二〇〇ｍまできているので、比較的簡単に登城することができる。

城跡の縄張りそのものには、特に顕著な特徴はない。尾根頂部を削平し、尾根前後を堀切で遮断する、どこにでも見られる普遍的な縄張りである。当城最大の特徴であり見どころは、なんといっても石垣である。

現在、石垣は枡形虎口①周辺と櫓台②周辺に残存している。使用範囲は広く、残存状況も良好である。さらに未整備のため、四～五百年の風雪に耐えてきた中世城郭の雰囲気満点の石垣であり、訪れた城郭ファンを狂喜させる。近年、整備されすぎた石垣にウンザリしている城郭ファン必見の石垣といえよう。

石垣背後に充填された裏込石

＊3　本郷文書『戦国の若狭』

＊4　山庄家文書

さて、石垣で固められた枡形虎口①は、構造的には新保山城や賀羅ヶ岳城と同じである。しかし、バイパスともいうべき別ルート③が設けられており、しかも横矢折れが二ヶ所も設けられている。通常時は虎口①から入り、B曲輪から主郭Aに進んだと考えられるが、合戦時は門を固く閉ざして敵兵を別ルート③に通したのであろう。そうすると、敵兵はB曲輪から長時間横矢攻撃に晒されることになる。計画的な通路設定であり、新保山城や賀羅ヶ岳城から技術的に進歩した構造といえる。

櫓台②は、三方を石垣で固めた櫓台である。しかし、北面に石垣はなく、土塁を設けていることから、石垣天端いっぱいに櫓が建っていたわけでもなさそうである。ただし、裏込石も認められるため、重量構造物の存在は指摘できそうである。注目したいのは、両側の竪堀④・⑤である。明らかに櫓台②と連動している。石垣の櫓台を設けて完全に尾根続きを遮断した結果、敵軍は両斜面を迂回しようとする。それを阻止するために竪堀を設けたのである。つまり、櫓台②と竪堀④・⑤の構築者・構築年代は同じなのである。石垣構築者も竪堀を重要防御施設として用いていたことを示す重要な事例といえよう。

石垣は裏込石をともなうものの、高さは四m以下であり、隅角は長短の比が揃わない算木積みとなっている。やはり、天正期の石垣といえよう。

【まとめ】虎口に付属する計画的なルート設定により、賀羅ヶ岳城等より一歩進んだ城郭ということが推定できた。しかし、石垣の積み方は稚拙であり、織豊政権の石垣と断定するまでには至らない。現存の遺構・縄張りは天正期のものということはいえそうだが、構築者の推定については、今後の課題とさせていただきたい。

③付近石垣。長短の比が揃わない算木積みとなっている

虎口①の導線

朝倉軍の猛攻を十年間耐え続けた堅城

26 国吉城（くによしじょう）

①三方郡美浜町佐柿
②―
③標高一八六m／比高一五〇m
④B（少し登る、やや登城しにくい）

【立地】若越国境に位置し、山麓には丹後街道が通る交通の要衝である。さらに、機織池（はたおりいけ）を天然の水堀として利用できた要害堅固の城郭でもあった。若狭東部戦線を守備する要塞として、必要不可欠の城郭といえよう。

【城主・城歴】南北朝期に常国国吉（つねくにくによし）が築城するが、実質的には弘治二年（一五五六）に古城跡を利用して粟屋越中守勝久（かつひさ）が築城したとされている。

粟屋氏は若狭守護武田氏代々の重臣だが、永禄四年（一五六一）の武田氏内紛に乗じ、粟屋勝久はともに立ち上がった逸見氏の居城砕導山（さいちやま）城にて反旗を翻す。このときは、朝倉軍の援軍を得て武田氏が鎮圧に成功する。だが、鎮圧は不十分なものだったらしく、勝久は二年後の永禄六年に居城国吉城にて再び反旗を翻す。武田氏七代当主義統には独力で鎮圧する力は残っておらず、また朝倉氏に鎮圧を依頼する。こうして、全国的にも有名な国吉城攻防戦が天正元年（一五七三）まで十年間にわたって朝倉氏滅亡まで続

主郭A現況

国吉城址（福井県三方郡美浜町佐柿）
平成17年11月28日 調査測量 佐伯哲也
0
50
100
A
B
C
D
E
F
G
①
②
③
④
160
150
140
130
120

くのである。

国吉城攻防戦は、寛延四年（一七五一）に作製された『若州三方郡佐柿国吉籠城記』（以下、籠城記と略す）等に詳述されている。いずれも同時代史料とはいいがたいが、他の文献を引用することにより、攻防戦の概要をしることができる。以降、籠城記を基に攻防戦を概括してみる。

攻防戦の初戦となる永禄六年九月、朝倉軍は国吉城目指して攻めのぼり、六～七合目辺りまで山を登ったところ、粟屋勢が大石や古木を投げ落とし*1、さらに弓・鉄砲までも打ちこんだため、朝倉軍はなすすべもなく退却している。

永禄七年九月、朝倉軍は再び若狭に攻め込む。このとき二度国吉城を攻めるが、いずれも粟屋勢の激しい抵抗に遭い、退却している。このとき、朝倉軍は攻め手の拠点として芳春寺（ほうしゅんじ）裏山に付城（中山の付城）を築城している。これは史料で確認でき、明確な遺構を残す北陸最古の付城として貴重である。

永禄八年、若狭に進攻した朝倉軍だが、国吉城周辺で狼藉行為を繰り返すのみに止まった。逆に粟屋勢は打って出て、中山の付城を落としてしまい、朝倉軍はまたもや退却する。この落城により中山の付城はいったん廃城になったという。「朝倉始末記」によれば、中山の付城は天正元年に朝倉氏により再築されている。

永禄九年、朝倉軍はさらに攻め手の拠点を強化するために、狩倉山（かりくらやま）および馳倉山（かりくらやま）に付城を築く。このとき粟屋勢も岩出山（いわでやま）に出城を用いているが、構造から朝倉軍が構築・放棄したものを粟屋勢が使用した可能性が高い。このときも朝倉軍は国吉城を攻めるが失敗し、退却する。

永禄十年は、朝倉軍は国吉城東部で狼藉行為を繰り返したのみである。永禄十一年も若狭に進攻するが、国吉城は素通りし、後瀬山城に向かう。このとき粟屋勢は追撃すべきだったが、永年

＊1　国吉城には多数の石仏・墓石が散乱しており、投石用として持ち込まれたという説もある。

の籠城戦により疲弊し、その余力は残されていなかった。一方、粟屋勢の封じ込めに成功した朝倉軍は、後瀬山城まで進攻することができ、武田氏当主元明を越前に拉致してしまう。この結果、後瀬山城周辺も領有することになった。つまり、朝倉氏は反乱分子を残してしまうが、名実ともに武田氏を支配下に置くことに成功するのである。

元亀元年（一五七〇）、越前に進攻する織田信長は、『信長公記』によれば四月二十二日に若狭熊川城（福井県若狭町）に入城し、翌二十三日は「佐柿粟屋越中所に至って御着陣。翌日逗留」とある。おそらく、信長は山麓にあった勝久の居館で翌二十五日から実施される越前進攻の軍議を練っていたことであろう。

朝倉氏と粟屋氏との直接的な攻防は、永禄十一年をもって終了したと思われるが、朝倉氏はなおも国吉城の周囲に付城を残し、にらみ合いは続いていたものと思われる。すなわち、『信長公記』によれば、天正元年六月十三日、信長が攻め落とした十ヶ所の朝倉氏城郭の中に「若州粟屋越中所へさし向ひ候付城」が含まれている。朝倉軍が近江に出陣するには敦賀を通るが、これには敦賀の背後に隣接する国吉城を押さえておかなければならない。そうしなければ、朝倉軍は退路を断たれて近江で孤立してしまう。朝倉氏は元亀元年以降の近江出陣にあたり、後顧の憂いを取り除くために、国吉城周辺の付城を存続させ、国吉城を押さえていたのではなかろうか。それが、中山の付城・狩倉山城・駈倉山城・岩出山城と考えられるのである。

こうして、永禄六年から始まった国吉城攻防戦は、天正元年の朝倉氏滅亡をもって終了する。実に十年間にわたって朝倉軍の猛攻を防ぎ続け、守り通したのである。名実共に天下の堅城と呼ぶにふさわしい城郭といえよう。

その後の勝久は、一貫して織田方として戦い、天正三年の信長の越前進攻にあたり、山県秀政

山麓の駐車場。ハイカーにはありがたい

登城路の途中にある案内板。初心者でも迷わない

上：主郭Aの櫓台③　下：石垣で固めた虎口①

ら若狭衆とともに海から越前を攻めている。

　賤ヶ嶽合戦を目前に控えた天正十年十月、丹羽長秀は粟屋勝久・勝家父子ら若狭の国衆等に居城の普請を命じている。[*2] したがって、この時点では勝久はまだ国吉城に在城しているものと考えられる。しかし、翌天正十一年の賤ヶ嶽合戦後、木村定光が三方郡を領有すると移封されたと思われ、勝久の嫡子勝家は摂津国岸辺（大阪府吹田市付近）に移される。[*3] そして、勝久は天正十三年に没したと伝わる。これにより、国吉城と粟屋氏との歴史も終わりを告げた。

　この後の若狭には、丹羽長重・浅野長吉（長政）・木下勝俊が入部し、慶長五年（一六〇〇）の関ヶ原合戦後は京極高次が若狭一国の領主として入部する。後述の発掘調査により、国吉城は高次時代まで存続していたと考えられるが、どの段階で廃城になったか、不明のままである。

【城跡】現在、城跡は史跡公園として整備され、遊歩道も完備されている。各所に設けられた案内板・説明板も豊富で迷うことはない。山麓には専用の駐車場があり、ハイカー族にもありがたい城である。

整備された登城路。非常に歩きやすい

＊2　山庄家文書

＊3　『佐柿国吉城ブックレット　国吉城の章』第三巻、美浜町教育委員会、二〇一二年

山頂に詰城、山麓に居館を設けた二元構造の山城である。山頂に設けられたA曲輪が主郭で、虎口①・②を開口させる。単純な枡形構造だが、かつては石垣で固められていたと考えられる。特に虎口①は大手虎口のため、鏡石（かがみいし）を用いる。南端に櫓台③を設け、南側の尾根続きを監視する。この櫓台は石垣で固めておらず、中世城郭そのものの櫓台といえる。櫓台よりも虎口の強化に重点を置いていたことが判明する。

北側に続く尾根にB・C・D・E曲輪が続き、特にC・D曲輪には枡形虎口を設ける。しかし、石垣は用いていない。B曲輪北面の切岸は圧巻で、高さが一〇mもある。C・D・E曲輪は虎口が明確なため、各曲輪の内部を通って各曲輪と連絡していたと考えられる。しかし、B曲輪に虎口は確認できない。おそらく、西面に石垣が並んでおり、かつては石垣上に通路が存在し、通路を用いて主郭AやC曲輪と連絡していたのであろう。

D曲輪の枡形虎口。土造りである

中腹に設けられたF曲輪は、山上の主要曲輪群とは様相が異なっており、塁線土塁を巡らす。さらに、土塁・櫓台を喰い違い状に設けた枡形虎口を、ほぼ曲輪の中央に設けている。この枡形虎口は、新保山城・賀羅ヶ岳城・白石山城とほぼ同型のものだが、国吉城と新保山城の虎口は石垣を設けていない。新保山城の虎口の下限を天正元年とすれば、F曲輪虎口も天正元年と推定することができる。つまり、粟屋勝久時代の遺構となる。

B～E曲輪と違って、F曲輪と主郭Aとの繋がりは希薄である。このことからも、織豊系城郭の遺構とはいいがたい。

虎口①の鏡石

B曲輪の切岸。完全に遮断している

上：Ｆ曲輪枡形虎口導線　下：山麓居館Ｇ石垣

やはり、Ｆ曲輪は勝久時代の遺構の可能性が高い。

　Ｇ曲輪は国吉城の居住施設、つまり居館が存在していた部分である。居館の正面（南面）に設けられた石垣は、明らかに山上に設けられた石垣よりも新しい時代の石垣である。すなわち、高さは四ｍを越えており、裏込石の厚さも一ｍもあった。なによりも、隅角石は長方体の切石を用いており、さらに矢穴痕も残っている。二段しか残っていないため詳細は不明だが、算木積みになっていたことは確実であり、しかも長短の比は、１：２もしくは１：３で積まれていた可能性が高い。文禄期とされる金沢城の石垣より明らかに進化していることから、居館の正面（南面）の石垣は慶長期に積まれた可能性が高いといえよう。

　居館の虎口は、横矢が掛かる④と推定される。しかし、後世の改変が著しく、発掘調査を実施しても詳細は判明しなかった。だが、周辺の平面構造から重厚な櫓門があったとは考えにくい。単層の四脚門程度が推定されよう。

［発掘による調査成果］　平成十五～十八年度にかけて、美浜町教育委員会により居館Ｇにて発掘調査が実施された。[＊4]

山麓居館Ｇ石垣に残る矢穴

＊４　『国吉城址調査報告書Ⅰ』美浜町教育委員会、二〇一一年

居館Gの中央部最大の平坦面からは、城主館跡の存在が推定されたが、後世の改変により、明確な遺構は検出されなかった。出土遺物としては、土師器皿・越前焼・瀬戸美濃焼・白磁・染付等が出土している。年代観として、大半は十六世紀中頃～末期に比定でき、一部は十七世紀初頭～前半に位置づけられる。これは国吉城の歴史とほぼ一致し、歴代の城主の居館であることが判明した。

特に注目したいのが、瓦の出土である。小浜城の特徴と一致したため、京極氏が十七世紀前半に瓦葺き建物を構築したと考えられる。出土量が少量のため、石垣上の建物のみに使用されたのだろう。したがって、慶長期になっても京極氏（城代は多賀越中守）は国吉城を重要視し、瓦葺き建物を構築していたことが、考古学的に実証されたのである。

【まとめ】 若狭の堅城国吉城が慶長期に入っても使用されており、やはり若狭において重要な地位を占めていたことが判明した。特に瓦が確認されているのは、若狭では国吉城の他に小浜・高浜・後瀬山城の三城のみである。このことからも、国吉城が重要視されていたことが判明する。

しかし、慶長期まで使用されていたわりには、縄張りはさほど発達していない。これは、後瀬山城にも当てはまる。また、途中で放棄されたようなF曲輪の存在も気になる。このアンバランスは何を意味するのか、今後の課題としたい。

いずれにせよ、若狭有数の堅城として実証された名城であり、汗をかき古城の雰囲気を満喫できる中世城郭であることに違いはない。さらに、国吉城を専門に扱った若狭国吉城歴史資料館が開設されている。ぜひ立ち寄っていただきたい。国吉城に対する理解が深まり、国吉城巡りをより充実したものにしてくれるであろう。

山麓に建つ若狭国吉城歴史資料館

【第四章】

朝倉氏が国外遠征で築いた城郭

朝倉氏系の馬出が残る城

27 松山城（まつやまじょう）

① 石川県加賀市松山町
② ―
③ 標高五五m／比高四五m
④ B（少し登る、やや登城しにくい）

【立地】越前・加賀の国境に位置し、山麓に北陸道が通る交通の要衝である。比高は四五mとさほど高くないが、那谷川（なたがわ）と動橋川（いぶりはしがわ）の合流点に位置し、両川を天然の堀とした要害でもある。南加賀への進出の拠点として、朝倉氏が重要視したのも当然といえよう。

Ⅱ地区横堀

【城主・城歴】越前朝倉氏は、天文年間前半に越前一国をほぼ平定すると、後半には丹後・若狭・近江・美濃・加賀の周辺五カ国に派兵して軍事力を行使する。

朝倉氏が加賀進出の拠点として使用したのが、大聖寺（だいしょうじ）・日谷（ひのや）・松山の三城である。大聖寺・日谷城は織豊政権による改修が著しく、朝倉氏時代の遺構が残っていない。したがって、本書では松山城のみを紹介する。

天文二十四年（一五五五）八月、加賀江沼（えぬま）郡で朝倉氏と加賀一向一揆が衝突したとき、一揆軍が松山城等で篝火（かがりび）を焚いたことが知られている。[*1] 朝倉氏は天文十二

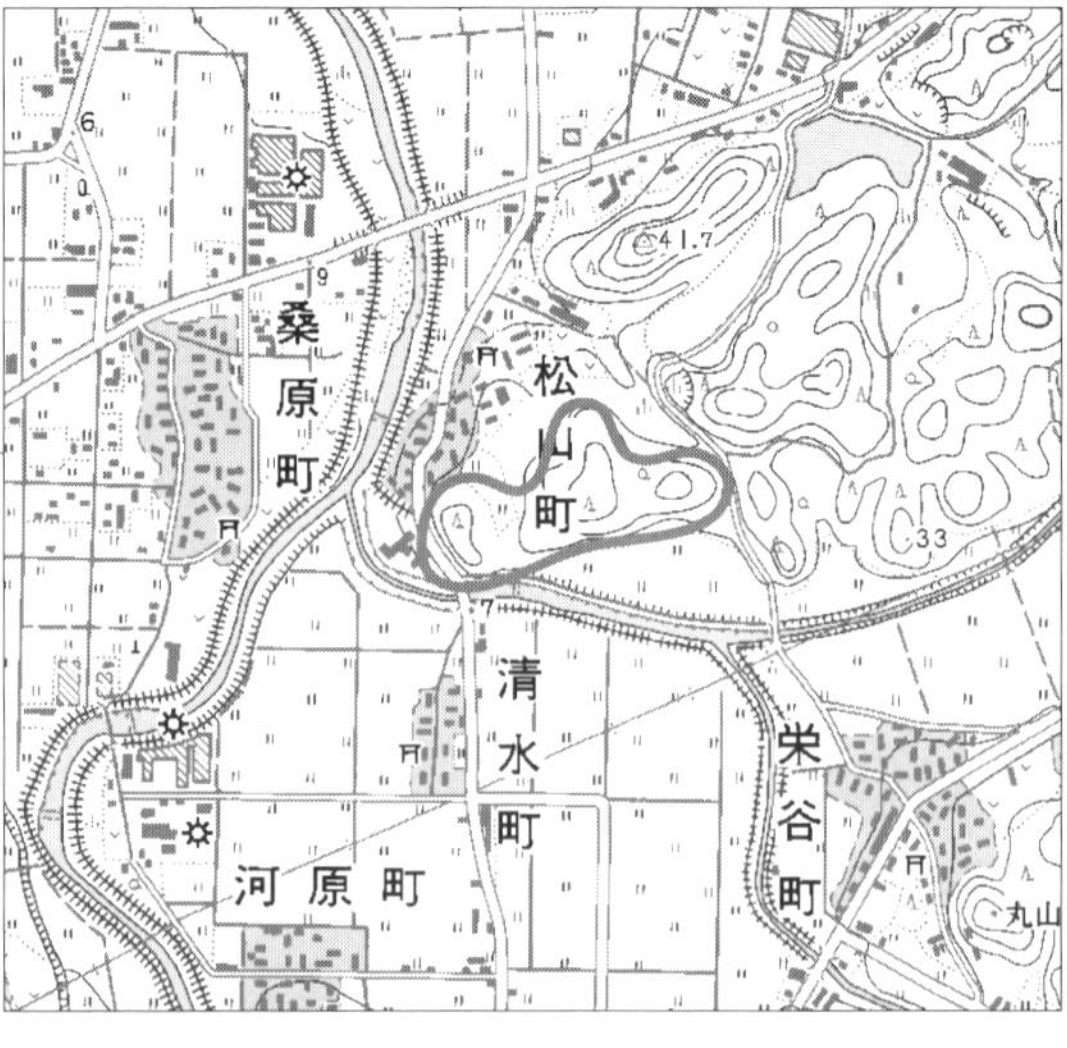

＊1　『加賀史料戦国ⅩⅢ』（加能史料編纂委員会、二〇一五年）所収『賀越闘諍記』

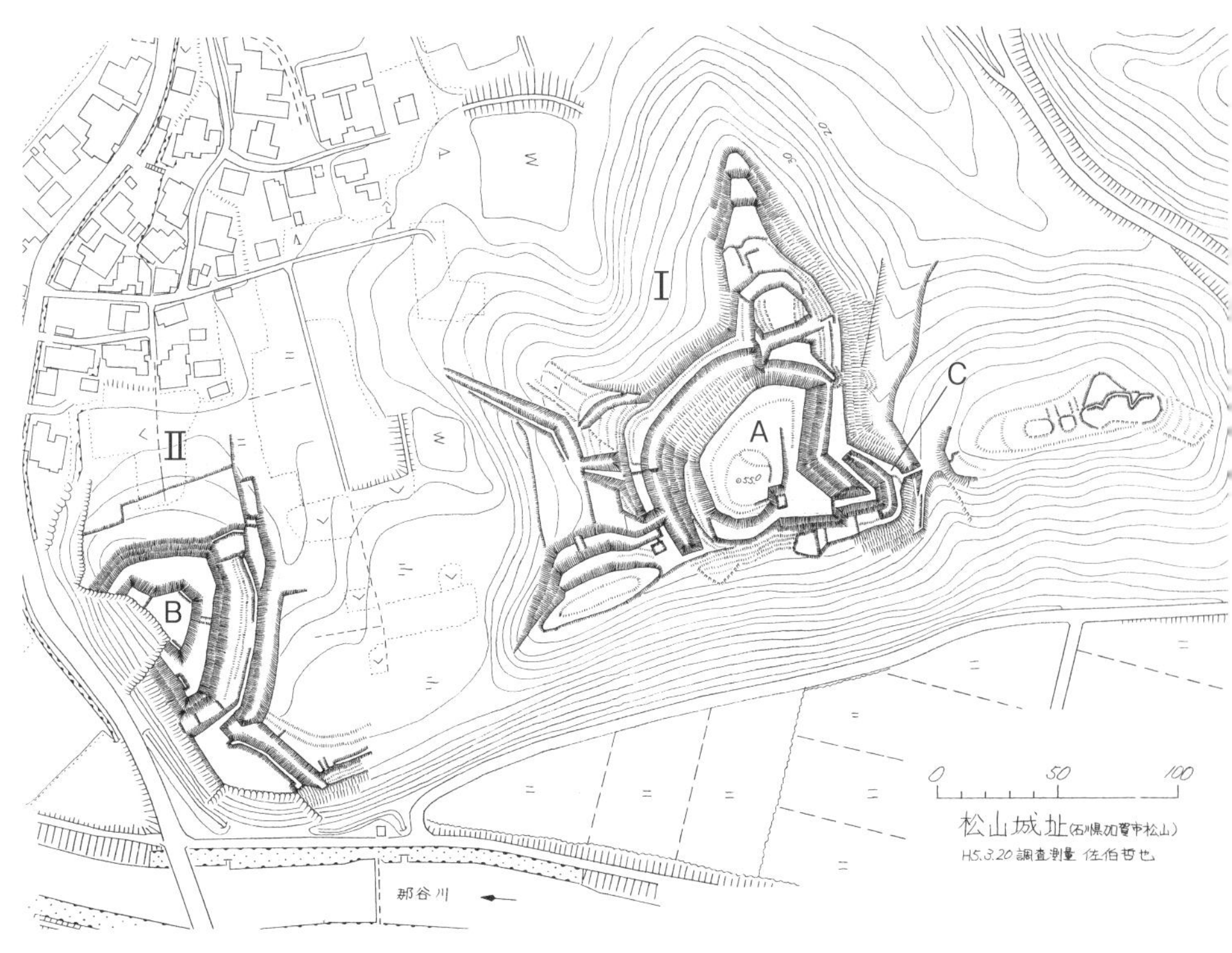

年以来、加賀南部（江沼郡・能美（のみ）郡）に出陣しており、加賀一向一揆と一進一退の攻防を繰り返していた。永禄七年（一五六四）九月は、朝倉義景自ら加賀へ出陣し、南加賀全土を制圧する大勝利を得るが、*2 同十年三月には逆に一揆軍に越前への進攻を許してしまう。

　このような泥沼状況を解消するために、越前逗留中だった足利義昭は永禄十年十一月、本願寺顕如（けんにょ）と朝倉義景に和睦を命じる。次期将軍最有力候補者の「鶴の一声」は絶大で、二十年以上にわたって血みどろの戦いを繰り広げてきた両者は、翌十二月にあっさりと和睦

*2　この合戦で義景は湊川（北加賀・南加賀の境）まで出陣している。

する。和睦の条件として、人質交換を行ったうえで、朝倉氏は黒谷・日谷・大聖寺城を焼き払い、一揆軍は柏野（かしわの）・松山城を焼き払う。[*3] つまり、この時点での松山城は一揆方の城だったわけである。しかし、松山城は南加賀への進出には必要不可欠の城であり、当然、朝倉方だったときも存在していたはずである。特に永禄七年はその可能性が高い。ちなみに、朝倉氏と一揆軍の和睦を成功させた義昭は、翌永禄十一年四月に一乗谷で元服を遂げている。

その後の松山城は一揆軍や織田軍に使用され続け、最後は慶長五年（一六〇〇）に前田利長（まえだとしなが）が大聖寺城攻めの本陣として使用している。このときの利長の在陣はわずか五日間であり、大々的な改修はなかったとみてよい。現存する遺構の大部分は、永禄年間のものと考えられよう。

【城跡】 城跡に関する案内板・説明板は現地には若干設置されているが、麓には一切設置されておらず、入り口がわかりづらい。城跡もあまり整備されておらず、盛夏の訪城はお勧めできない。また、駐車場はないので、自己責任にて駐車していただきたい。

城跡は、大山と呼ばれるⅠ地区と、御亭山と呼ばれるⅡ地区から構成されている。Ⅱ地区がⅠ地区の出曲輪と考えられるが、ほぼ独立しており、連動性はまったく認められない。中世城郭そのものといえる。かつてはⅡ地区直下で那谷川と動橋川が合流しており、合流地点を監視するためにⅡ地区が構築されたのであろう。

両地区とも横堀を巡らしている反面、明確な枡形虎口や櫓台は確認できない。したがって、現存する両地区の構築年代・構築者は同じであろう。注目したいのは、Ⅰ地区の東端に設けられた馬出Cである。C曲輪は主要曲輪と横堀で隔てられており、なおかつ城内外の通路が認められるため、馬出としてよい。特徴としては、その通路が異常に長いことである。つまり、敵兵は馬出曲輪に入る以前から、長時間にわたって横矢攻撃に晒されてしまうわけである。

Ⅰ地区横堀

＊3　『加能史料戦国XV』（加能史料編纂委員会、二〇一七年）所収『安楽山産福寺年代記』

馬出Cと同型の馬出を持つ城郭として、河上(かわかみ)城と神宮寺(じんぐうじ)城があり、いずれも越前・加賀の国境に位置し、永禄年間に朝倉氏によって構築されたと考えられる。永禄年間に一揆軍との抗争が激化した結果、国境線を固める必要性に迫られた。このために馬出状の虎口を構築して、城郭の防御力を増強したのであろう。

虎口は城郭の弱点部の一つであり、弱点を克服するためにさまざまな防御施設が考案された。馬出もその一つであるが、永禄年間にすでに朝倉氏が用いていたことには驚かされる。永禄年間当時の朝倉氏の築城技術の高さを物語る遺構として注目すべきであろう。

【まとめ】長い通路を付属させた馬出が、永禄年間における朝倉氏の築城技術の一つであることが判明した。城郭の弱点部である虎口の防御方法を、すでに習得していたのである。織豊政権が好んで使用した枡形虎口とは違った防御施設であり、朝倉氏独自の虎口構造といえよう。

このように、永禄年間における朝倉氏の築城技術は高く、織田政権と同等、もしくはそれを上回るハイレベルなものだったと考えられる。朝倉氏が有数の戦国大名にのし上がれたのも、築城技術の高さが一因していることはいうまでもない。

しかし、この馬出は若狭・近江の朝倉氏城郭には見当たらない。それは時代的なものなのか、それとも現場での構築主体（現場での土木作業部隊。朝倉氏は施工依頼主のようなもの）の違いからくるものなのか、よくわかっていない。これらを詳細に読み取っていくことが、今後の課題となろう。

主郭A現況

朝倉氏系の畝状空堀群が残る城

28 篠脇城（しのわきじょう）

① 岐阜県郡上市大和町牧
② —
③ 標高四八六m／比高一八〇m
④ B（少し登る、やや登城しにくい）

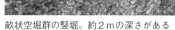

畝状空堀群の竪堀。約２mの深さがある

【立地】郡上（ぐじょう）郡有数の穀倉地帯で、中世からの荘園として知られていた山田荘のほぼ中央に位置し、眼下に見下ろすことができる。山麓を通る古道川沿いの街道は飛騨国益田（ますだ）郡と繋がっていた。山田荘を支配するには最適の選地といえよう。

【城主・城歴】郡上郡を支配する東（とう）氏代々の居城として有名である。『大和町史通史編上巻』によると、築城は正和元年（一三一二）頃としているが、確証はない。

天文九年（一五四〇）、朝倉氏は隣国美濃郡上郡を制圧するため篠脇城を攻める。このときの様子は、郡上郡長滝寺の『荘厳講執事帳第二巻』*1に記載されている。すなわち、「天文九年八月廿五日越前衆当郡へ乱入し、同日当寺（長滝寺）に彼人数陣執（中略）、山田篠脇城堅固なるよって責候へ共悉切崩、九月廿三日ニ越前へ追越候也」とある。つまり、八月二十五日に朝倉軍が郡上郡へ進攻し、長滝寺を本陣として篠脇城を攻めた。しかし、篠脇城は堅城のためことごとく防ぎ、朝倉軍は九月二十三日に越前に敗退したと述べている。東氏と篠脇城は約一ヵ月間の朝倉軍の猛攻

＊1『白鳥町史史料編』白鳥町、一九九八年

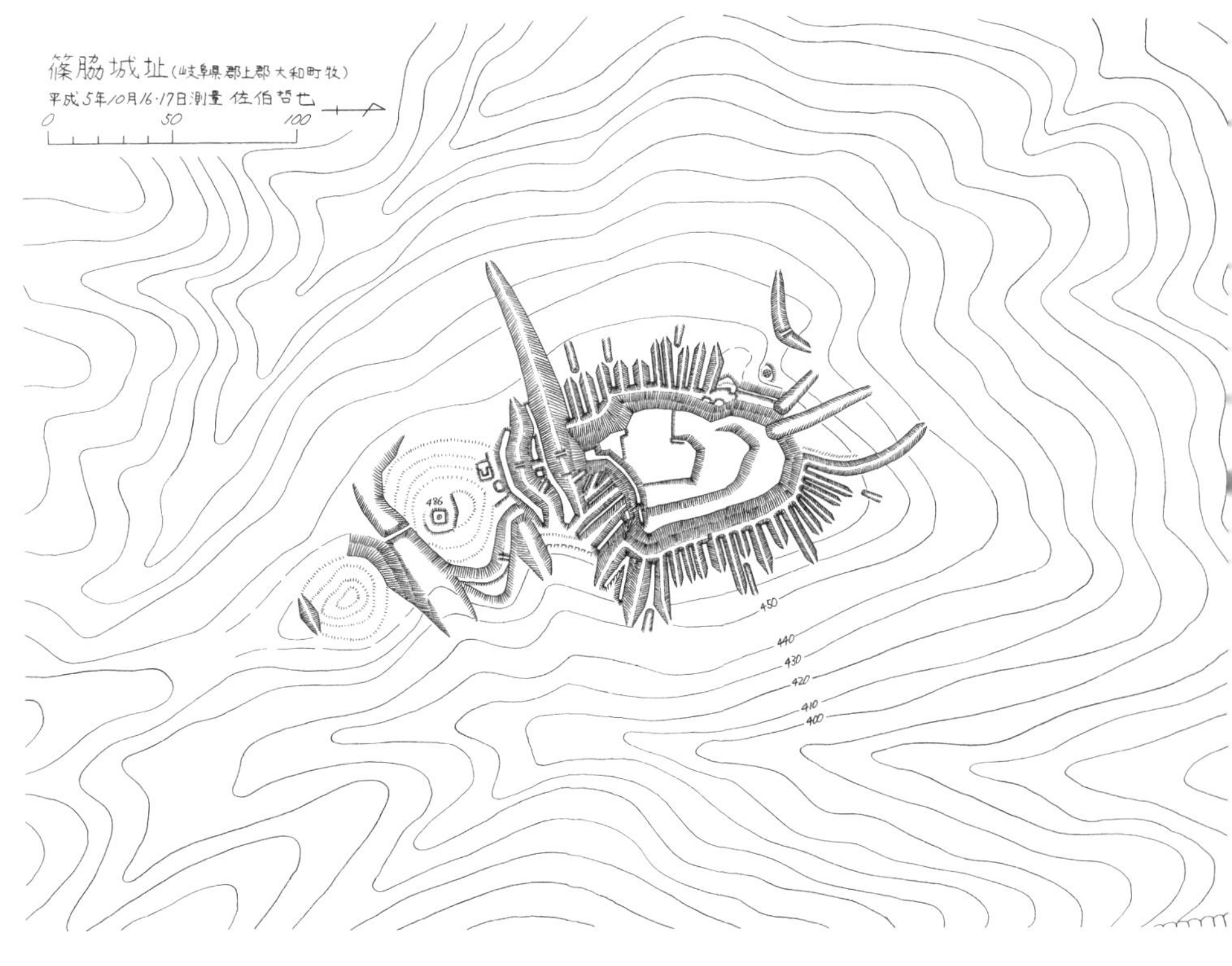

に耐え、見事に朝倉軍を撃退したのである。

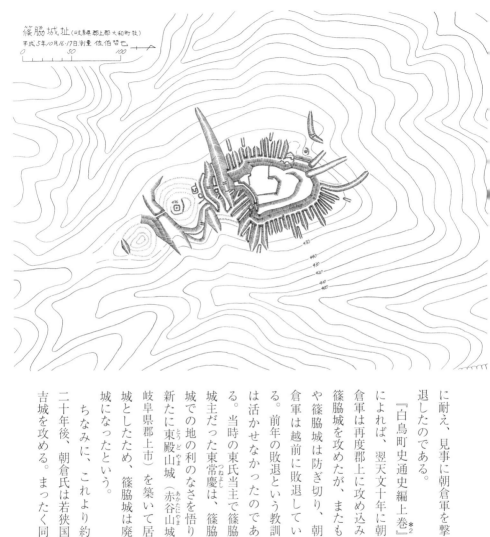

『白鳥町史通史編上巻』*2によれば、翌天文十年に朝倉軍は再度郡上に攻め込み篠脇城を攻めたが、またもや篠脇城は防ぎ切り、朝倉軍は越前に敗退している。前年の敗退という教訓は活かせなかったのである。当時の東氏当主で篠脇城主だった東常慶（つねよし）は、篠脇城での地の利のなさを悟り、新たに東殿山（とうどやま）城（赤谷山（あかたにやま）城、岐阜県郡上市）を築いて居城としたため、篠脇城は廃城になったという。

ちなみに、これより約二十年後、朝倉氏は若狭国吉城を攻める。まったく同

*2 白鳥町、一九七六年

登城路入口。説明板が多く遠くからでもわかる

上：主郭背後の土塁　下：主郭に残存する礎石

様のパターンだが、やはり敗退している。越前国内では無類の強さを誇る朝倉氏だが、国外の戦いになると、案外弱く敗退することが多い。豊富な兵力を武器に猛攻すれば落城する、という単純なものではなかったといえよう。

【城跡】　城跡は史跡公園として整備され、非常に観察しやすくなっている。登城口には説明板・案内板が備えられ、初心者でも間違わずに城跡へ辿り着くことができる。駐車場も設けてあり、ハイカーにはありがたい。

篠脇城最大の特徴は、地元で「臼の目堀」と呼んでいる畝状空堀群であろう。まず、曲輪の周囲に鋭角の高切岸（高さ約七ｍ）と横堀を巡らせ、遮断線を統一する。そして、その外側に約四十本の竪堀（畝状空堀群）を配置する。深さ約二ｍの竪堀は、敵兵の動きを鈍らせるのに十分な深さであり、「臼の目堀」と呼ばれるようにビッシリと畝状空堀群を巡らした姿は壮観である。まさに、「大地を切り刻む」といった表現がピッタリくる。背後の二重堀切と連動した畝状空堀群は、完璧な遮断線といえよう。畝状空堀群の一部は観察しやすいように雑木を苅り払ってあり、初心者でも非常にわかりやすくなっている。

井戸跡への案内板。非常にわかりやすい

井戸曲輪現況

さて、一般論に従えば、畝状空堀群を含む現存遺構すべてが天文十年以前に東氏が構築したことになる。しかし、これだけ壮大な畝状空堀群は郡上郡になく、当然、東殿山城にもない。東殿山城は平坦面と稚拙な石垣があるだけの単純な縄張りで、新たに築城したにもかかわらず、篠脇城よりも縄張り技術が後退しているとさえいえる。縄張りだけで比較するなら、篠脇城と東殿山城は違う時代に違う人物によって構築したといわざるをえない。

篠脇城と同型の畝状空堀群は、郡上郡と隣接する越前大野郡の戌山城と茶臼山城（ともに福井県大野市）に存在する。さらに、朝倉氏の居城一乗谷城にも、小規模だが百本以上の畝状空堀群が存在する。したがって、篠脇城の畝状空堀群は、朝倉氏（しかも大野郡司朝倉氏）が構築したと考えれば問題はなくなる。

上・下：畝状空堀群現況

では、篠脇城の現存遺構は天文十年以降に朝倉氏が構築したのであろうか。見事な遮断線のため、天文年間では早すぎる。少なくとも永禄年間以降であろう。一つ考えられるのが、永禄二年（一五五九）に起こった、郡上郡を二分する大戦に発展した東氏と支族遠藤氏の戦いである。この戦い

大手門通りの案内板

主郭現況

山麓の東氏居館跡。池が復元されている

で東氏は滅亡し、郡上郡は遠藤氏が支配する。混乱に乗じて朝倉氏が郡上郡に進攻し、篠脇城を改修したのかもしれない。あるいは「敵の敵は味方」というように、遠藤氏の要請に応じて朝倉氏が郡上郡に進攻したのかもしれない。

いずれにせよ、現存の遺構を東氏時代のものとするには無理がある。東氏の後に郡上郡の支配者となった遠藤氏の可能性を含めて、現存遺構の構築者を再考する必要性があろう。

【まとめ】篠脇城は、一般的にいわれている歴史と、遺構との年代観が一致しないことが判明した。縄張り的には、永禄年間における朝倉氏の改修と考えたい。

山麓には東氏館が存在していたが、発掘調査の結果、十五世紀末に廃絶していることが判明している。つまり、天文九・十年の朝倉合戦のとき、東氏は別の場所に居住していたのである。それはどこなのか判明していない。現在でも、山上の主要曲輪には礎石を数個確認することができることから、山上に居住していたのかもしれない。

このように、東氏や篠脇城について不明な点が多い。幸いにも、二〇二〇年度から篠脇城の発掘調査が実施される。これによって一つでも多くの謎が解消されることを願う次第である。

山麓の駐車場。ハイカーにはありがたい

山麓の資料館。東氏居館の出土品等が展示してある

美濃における朝倉氏系の陣城

29 神路城

①岐阜県郡上市大和町神路
②一夜城
③標高三六〇m／比高一一〇m
④B（少し登る、やや登城しにくい）

【立地】かつての郡上街道は城跡の北側の峠道を通っており、郡上街道を直接把握・監視できる場所に築かれている。郡上街道の往来を強く意識した選地といえよう。

【城主・城歴】『大和町史通史編上巻』によれば、遠藤盛胤あるいは臼田某が居城し、臼田某は後に豊後に移ったという。盛胤は長良川対岸の木越城（岐阜県郡上市）主としても伝承を残しており、信憑性は高いといえる。ちなみに、盛胤は永禄二年（一五五九）八月、主家東氏の居城東殿山城を訪城したとき、射殺されてしまう。盛胤の弟盛数は兄の弔い合戦を大義名分にして、打倒東氏のため挙兵し、東氏を滅ぼしてしまう。新たに郡上郡の領主となった盛数は、郡上八幡城（同郡上市）を築いた。

【城跡】城跡に関する案内板・説明板は設置されておらず、明確な登城路も存在しない。また、駐車場もないので、自己責任にて駐車していただきたい。ただし、城跡は杉が植林されているため薮は少なく、比較的歩きやすい。

遺構の保存状態は良好で、土塁・切岸・竪堀等が明瞭に残っている。A曲輪が主郭で、曲輪の塁線、特に虎口周辺

主郭周囲を固める切岸

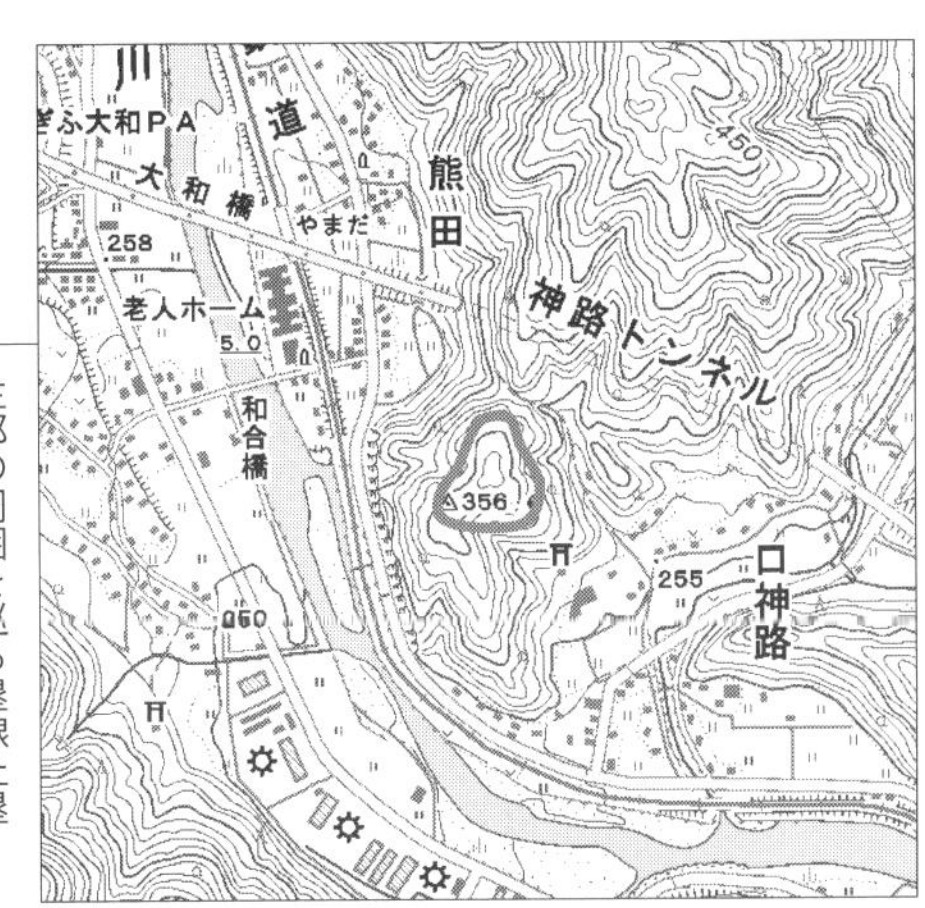

主郭の周囲を巡る塁線土塁

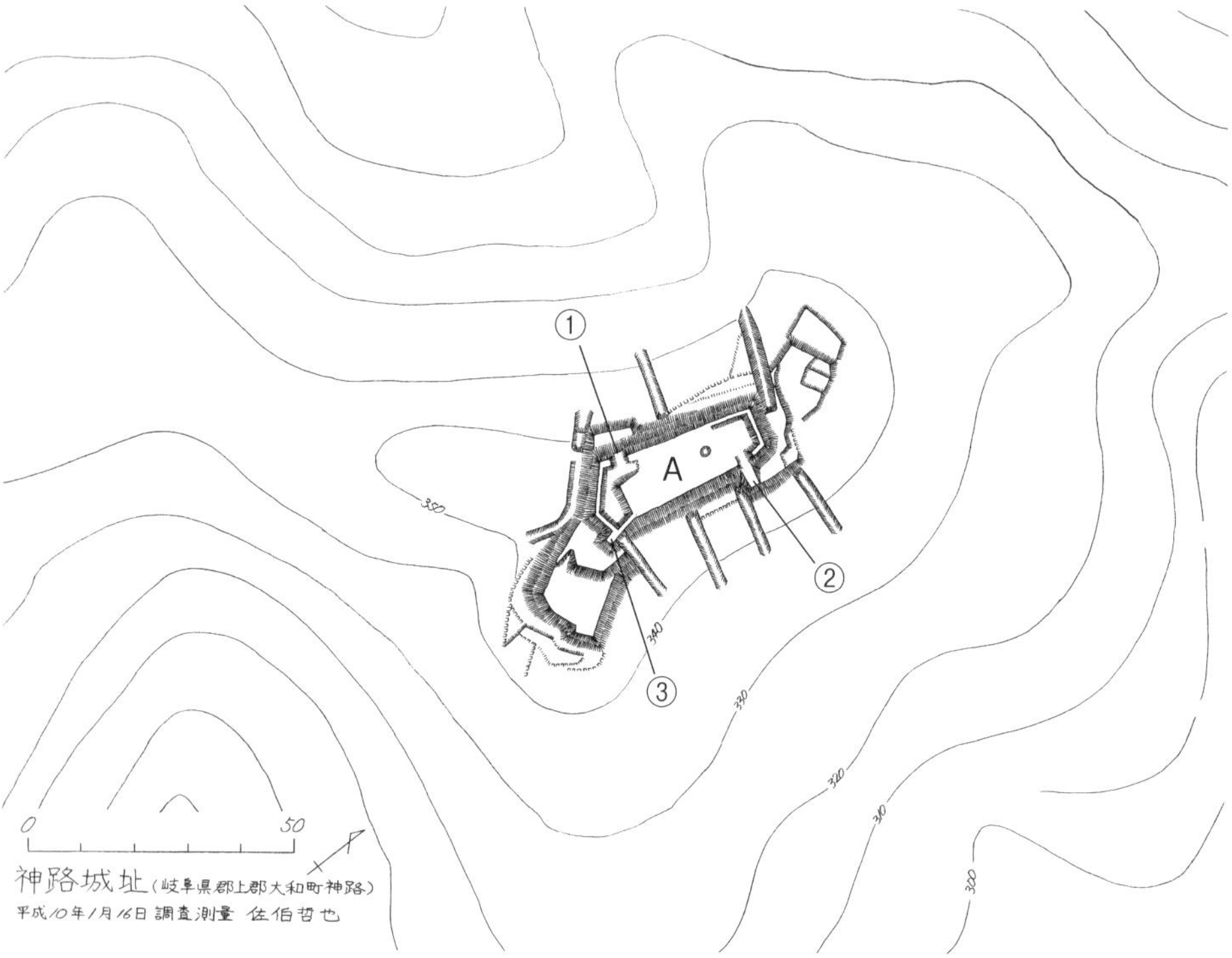

神路城址（岐阜県郡上郡大和町神路）
平成10年1月16日 調査測量 佐伯哲也

に土塁を巡らす。虎口は①・②で、土塁で構築された明確な虎口となっている。複雑な枡形虎口にまで発達していないが、入る前から曲輪からの横矢が掛かるように設定されている。櫓台③を張り出させて、塁線に横矢を掛ける。織豊系城郭の場合、塁線土塁と横堀はセットで用いられるケースが多いが、神路城は横堀を巡らすまでには至っていない。コンパクトにまとまった縄張りは、陣城として築城されたことを物語っている。

伝承では遠藤氏の城となっているが、このような縄張りを持つ城郭は郡上郡に他に存在せず、同じく盛胤の伝承を持つ木越城の構造とも違って

虎口①復元

虎口②復元

いる。つまり、郡上郡とはまったく関係のない勢力が構築したことを物語っている。

　これらの特徴が多く見られる城郭として、永禄年間に朝倉氏が築城した陣城が挙げられる。永禄七年（一五六四）に若狭で築城した中山の付城（福井県美浜町）は、その代表例である。残念ながら朝倉氏の伝承は残っていないが、縄張り（構造）は朝倉氏の陣城そのものなので、朝倉氏の陣城としてよいだろう。篠脇城も神路城も朝倉氏の伝承が残っていないのは、非常に示唆的である。おそらく短期間で放棄したため、伝承が残らなかったのであろう。

　筆者は先に、篠脇城は永禄二年に朝倉氏によって改修された可能性を提示した。とすれば、このとき朝倉氏が築城した可能性が高い。ただし、神路城から篠脇城はまったく見えず、同じ尾根で繋がっているわけでもないので、篠脇城を攻める付城として構築されたとは考えにくい。郡上郡深くに入り込んだ朝倉氏にとって、越前と繋がる郡上街道は命綱そのものだった。その郡上郡を確保するために、神路城を築城したと考えてよい。

　神路城に新旧二世代の遺構は見られず、同一人物が同時代に構築した遺構しか残っていないと考えられる。したがって、遠藤氏・臼田氏の在城が事実ならば、朝倉氏が放棄した神路城をそのまま使用したのであろう。

【まとめ】遺構的に、神路城は朝倉氏が永禄年間に構築した可能性が高いことが判明した。永禄三年頃、今川・織田氏は陣城を構築していることが中井均氏の研究によって判明している。しかし、その陣城は後世の開発によってほぼ遺構を残していない。となれば、遺構が完存している神路城等は、永禄年間における陣城の姿をとどめる貴重な城郭といえよう。

　朝倉氏の郡上郡への進攻は、文献でも確認できる。今後は現地に残る遺構を調査し、より具体的な朝倉氏の行動を考察することが課題といえよう。

主郭A現況

塁線から飛び出た櫓台③。横矢が掛かる

国吉城攻めの拠点

30 中山の付城（なかやまのつけじろ）

①三方郡美浜町太田
②―
③標高一四五・五m／比高一〇〇m
④B（少し登る、やや登城しにくい）

【立地】国吉城の真正面に位置し、間に支障物は存在しない。また、国吉城とは直接尾根続きにはなっておらず、国吉城から逆襲される恐れもない。万一逆襲されたとしても、丹後街道を通って越前に退却することができる。国吉城を攻める付城として最適の選地といえよう。

主郭Aを取り巻く塁線土塁

【城主・城歴】十年間続けられた国吉城攻めの際の、朝倉軍の拠点として有名である。永禄六年（一五六三）、国吉城攻めの失敗に懲りた朝倉軍は、翌年、芳春寺山に付城（中山の付城）を築き、国吉城一帯で青田刈り等の狼藉を行っている。しかし、肝心の国吉城攻めはまたもや失敗に終わる。さらに永禄八年に中山の付城に布陣した朝倉軍は、再び国吉城付近で狼藉を働く。これに対して、国吉城の粟屋勢は中山の付城に忍び込んで放火し、混乱した朝倉軍に攻撃を加え、またもや朝倉軍は撤退しているのである。粟屋勢の前では、朝倉軍はどうしようもなく弱かったのである。

永禄八年の落城により、朝倉軍は中山の付城を放棄する*1

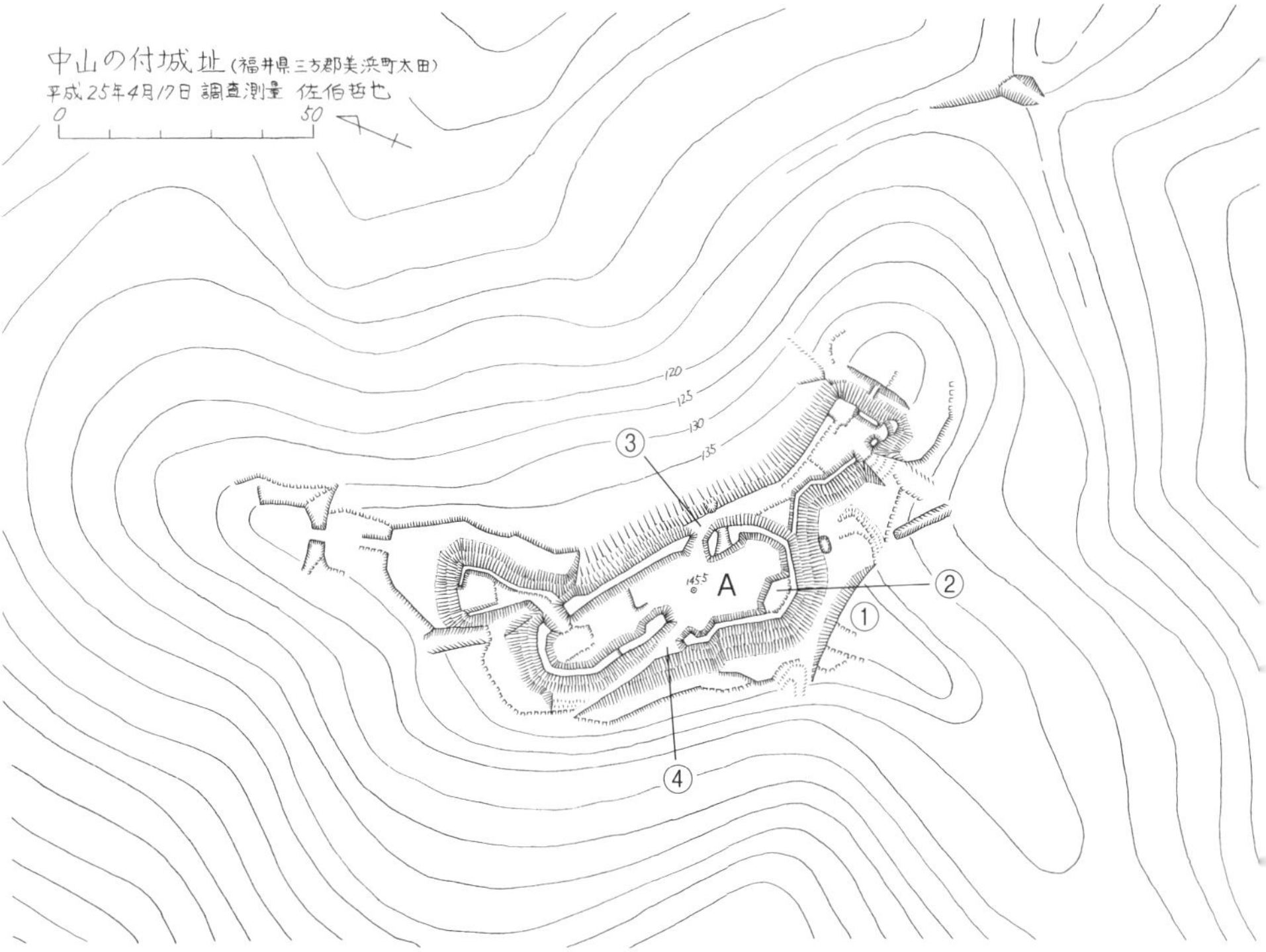

中山の付城址（福井県三方郡美浜町太田）
平成25年4月17日 調査測量 佐伯哲也
0 50
120 125 130 135
145.5
A
①
②
③
④

が、天正元年（一五七三）に朝倉義景が再築した。[*2] これについて、『信長公記』では天正元年八月に攻め落とした城の中に「若州粟屋越中所へさし向ひ候付城」とあることから、中山の付城かどうか不明だが、朝倉氏が構築した国吉城攻めの付城が天正元年に存在していたことは確実である。これも、同年の落城により廃城になったのであろう。

【城跡】国吉城攻めの有名な遺跡の一つだが、城跡に関する案内板・説明板は設置されておらず、明確な登城路も存在しない。また、駐車場もないので、自己責任で駐車していただきたい。

＊1『国吉籠城記』
＊2『朝倉始末期』

虎口④

虎口③

ただし、城跡は杉が植林されているため薮は少なく、比較的歩きやすい。

史跡公園化がされていないことが幸いして、遺構の保存状態は良好である。A曲輪が主郭で、国吉城からの逆襲の心配はほとんどないものの、やはり国吉城方面を警戒している。まず、堀切①で国吉城方面を完全に遮断し、櫓台②を設けて同方向を監視する。虎口③・④を設けるが、国吉城方向とは逆方向に開口させている。国吉城を意識して構築されていることを雄弁に物語る。

虎口は土塁で構築された明確な虎口で、しかも櫓台で防御力を増強している。しかし、ほぼストレートに入る単純なもので、枡形とはいいがたい。元亀元年（一五七〇）、実質的には朝倉氏によって築城された長比城（滋賀県米原市）には、土塁を喰い違い状に配した枡形虎口が構築されており、虎口③・④はそれより技術的に劣る。とすれば、現存の遺構は永禄七年の築城段階のものとしてなんら問題はない。現存遺構は統一された縄張りであり、新旧の年代差は認められない。したがって、永禄七年に構築された遺構が後世に改修されず、そのまま残っていると考えられよう。

たしかに朝倉軍は粟屋勢に連戦連敗し、国吉城を落とすことはできなかった。だが、周辺に付城を築き、粟屋勢を国吉城に押しとどめることに成功する。その結果、武田元明を越前に連行し、小浜周辺を領有することになった。さらに、粟屋勢を国吉城に釘付けにすることにより、近江への出兵を可能にした。このようにみれば、大局的には朝倉軍の勝利といってもよいのではないだ

主郭Aを取り巻く塁線土塁

櫓台②。「國吉城見張之趾」の石碑が立つ

ろうか。

【まとめ】現存する遺構は、永禄七年の朝倉氏築城段階のものということが判明した。永禄年間における朝倉氏の築城技術を明確に残す城郭として重要である。さらにそれは、北陸における明瞭な遺構を残す最古の陣城としても貴重である。

天正年間になると織豊系城郭で多用される塁線土塁・櫓台が、すでに永禄年間に用いられているのである。これを見ても、朝倉氏が高い築城技術を保有していたことが判明する。おそらく永禄・元亀年間の朝倉氏の築城技術は、織田氏と同等、もしくはそれを上回るレベルだったといえよう。

いま一つ重要なのは、朝倉氏はほぼ同時期に加賀で一向一揆と戦っており、そこでは同型の縄張りを持つ城を築いていないことである。これは何を意味するのか、北陸城郭史を研究するうえで、避けて通れない重要な研究課題といえよう。

上：主郭Ａを取り巻く塁線土塁
下：主郭Ａの周囲を取り巻く切岸

主郭Ａを取り巻く塁線土塁

堀切①。尾根続きを遮断する

国吉城攻めの付城

31 狩倉山城（かりくらやまじょう）

①三方郡美浜町佐田
②―
③狩倉山城　標高七〇・九m／比高六〇m
馳倉山城　標高二一二・八m／比高一八〇m
④B（少し登る、やや登城しにくい）

【立地】若狭に出陣中の朝倉軍にとって、若狭と本国越前を繋ぐ丹後街道を制圧下に置くことは、必要不可欠なことだった。そういう意味では、丹後街道を両方から挟み、しかも眼下に見下ろす狩倉山城・馳倉山城は、絶好の選地といえよう。

狩倉山城　主郭内堀に掛かる土橋現況

【城主・城歴】十年間続けられた国吉城攻めの際の、朝倉軍の付城として有名である。『国吉籠城記』によれば、国吉城を攻めあぐねた朝倉軍は、永禄九年（一五六六）に馳倉山（かりくらやま）に付城を築城したと述べている。この馳倉山とは、狩倉山城と馳倉山城の二城のことと考えられる。この年も朝倉軍は国吉城を攻めるが失敗し、越前に敗退している。『国吉籠城記』によれば、翌永禄十年、馳倉山に陣取って国吉城周辺で狼藉を働いていたことが記載されている。この年は朝倉軍は国吉城を攻めていない。こ

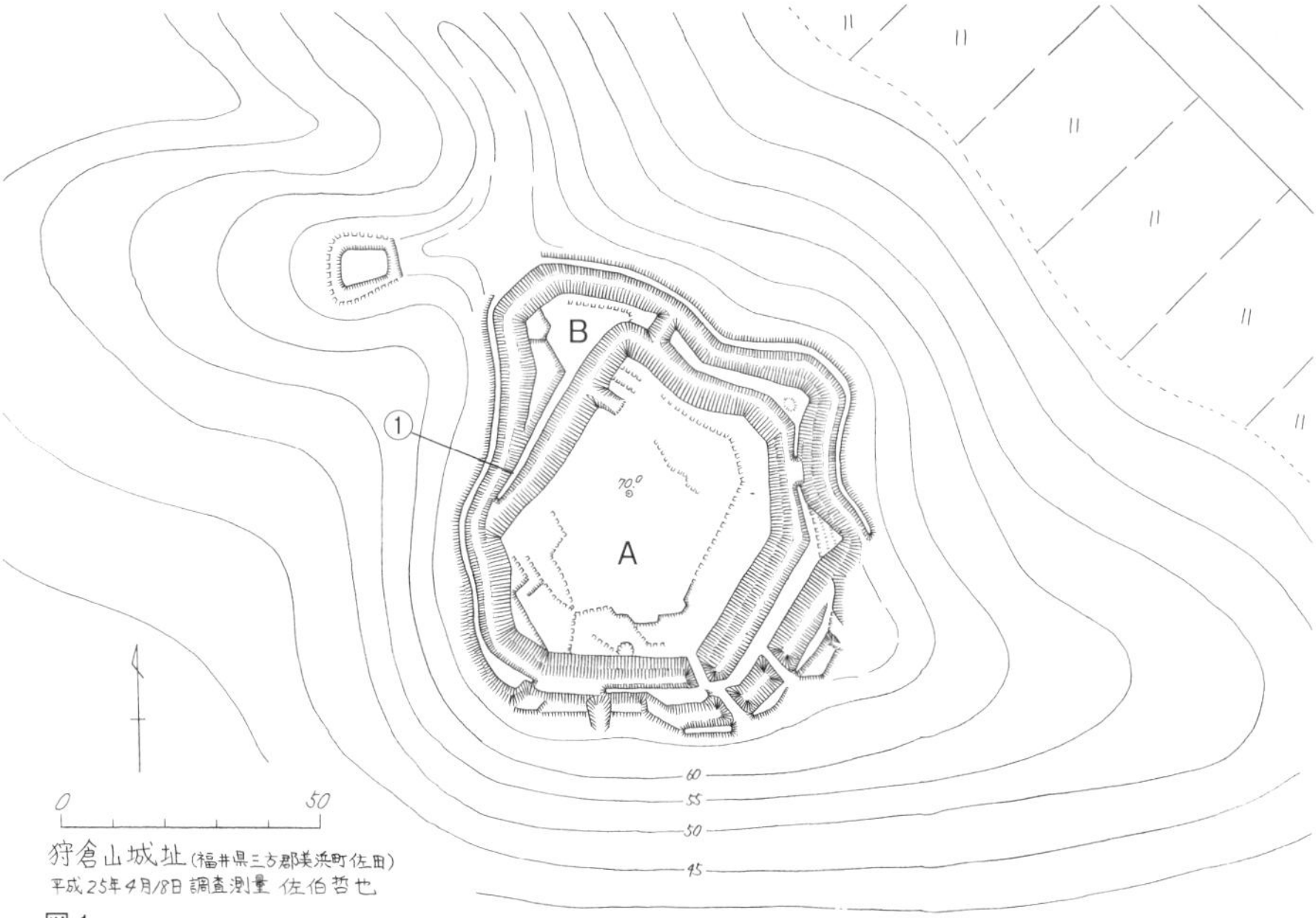

狩倉山城址（福井県三方郡美浜町佐田）
平成25年4月18日調査測量 佐伯哲也

図1

さらに翌永禄十一年にも国吉城を素通りして小浜に向かい、後瀬山城の武田元明を拉致して越前に引き上げている。長年の出兵で疲弊していた粟屋勢は、国吉城から打って出る余力が残っておらず、国吉城下を通過する朝倉軍をそのまま見過ごしてしまったという。

【城跡】国吉城攻めの有名な遺跡の一つだが、城跡に関する案内板・説明板は設置されておらず、明確な登城路も存在しない。駐車場もないので、自己責任にて駐車していただきたい。

史跡公園化がされていないことが幸いして、遺構の保存状態は良好である。両城ともに朝倉系の陣城の特徴をよく残している。まず、狩倉山城（図1）には馬出Bが残っており、これには長い通路①が付属している。

狩倉山城　主郭を取り巻く内堀

狩倉山城　主郭を取り巻く外堀

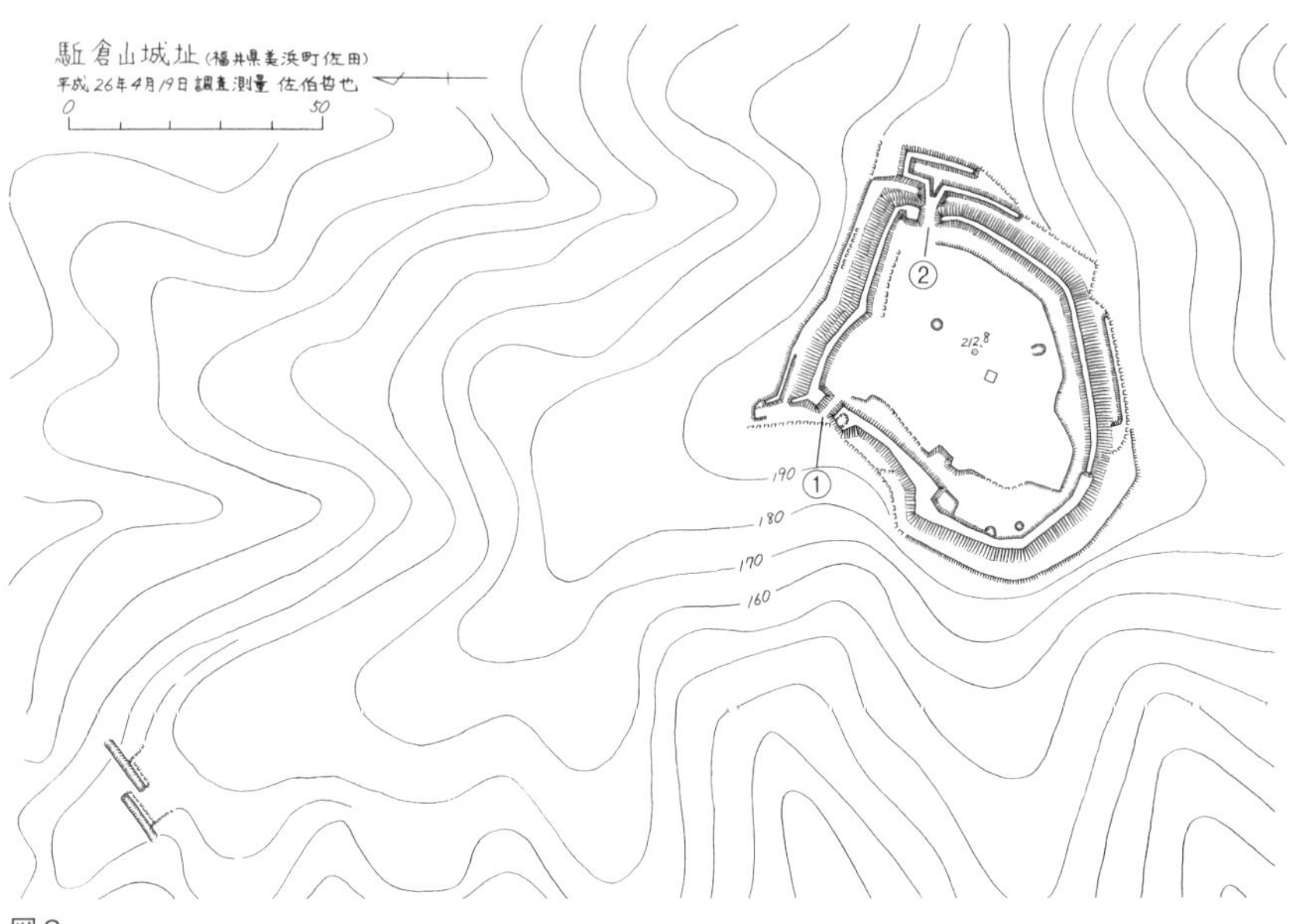

図２

これは前述の加賀松山城と同じ馬出であり、朝倉氏が構築したことを物語る。駈倉山城（図２）には馬出こそ設けていないが、虎口②の外側には長い土塁状の通路を設けている。敵軍は虎口に入る前から長時間にわたり横矢攻撃を受けることになり、これは狩倉山城の通路①と同じ考え方である。

両城とも、全周に横堀や土塁を巡らしている点は評価できるが、虎口は枡形まで発達しておらず、天正期まで下らせることは難しい。永禄～元亀年間とするのが妥当であり、『国吉籠城記』が永禄九年に朝倉氏が築城したとする記述と矛盾はない。

さて、朝倉氏は織田信長と対決するために、元亀年間は近江への出兵を繰り返すことになる。近江出兵の根拠地となるのが敦賀で、その背後が若狭国吉城である。つまり、近江への出兵を可能なもの

狩倉山城　主郭Ａ現状

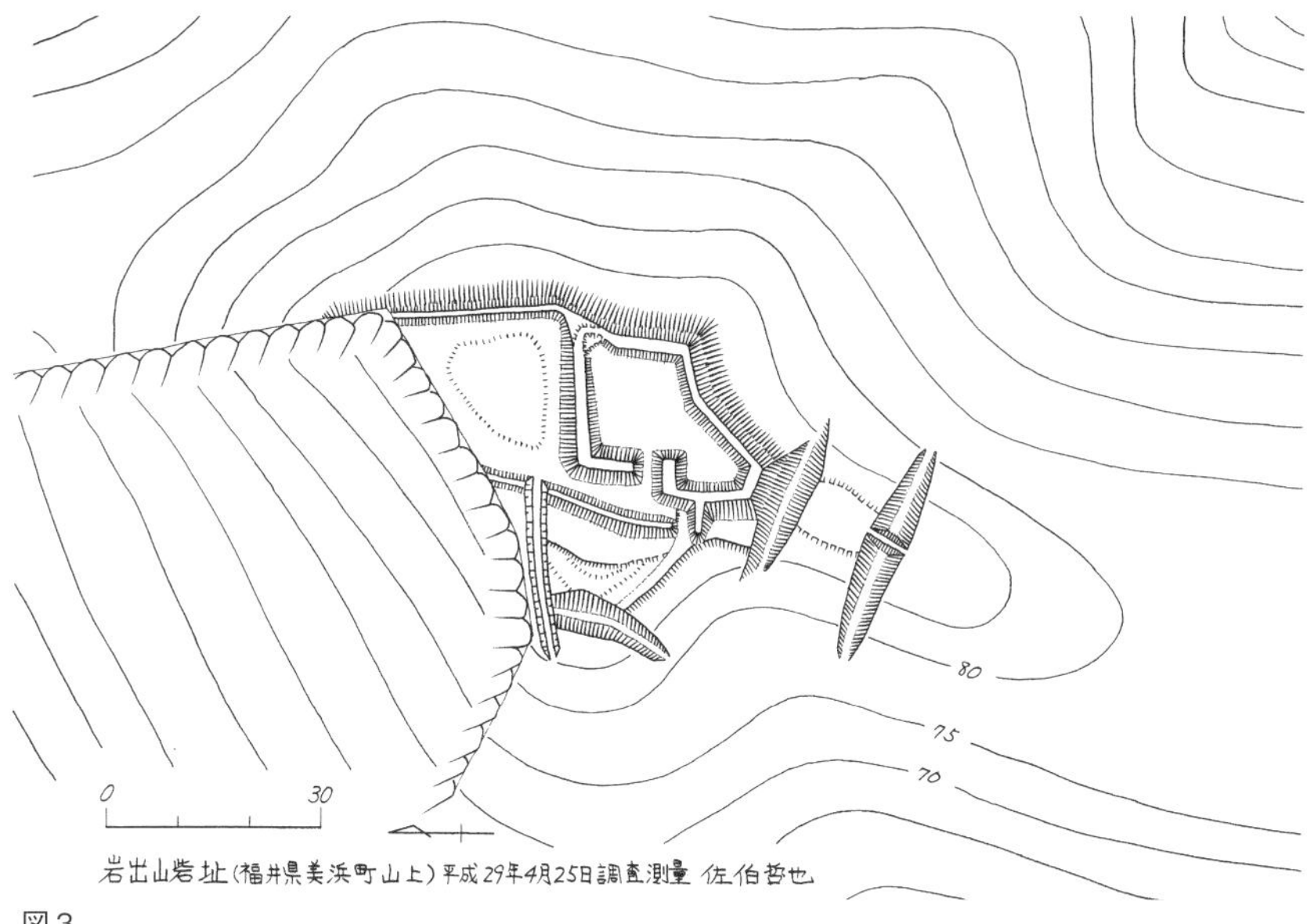

図3

にするためには、粟屋勢を国吉城に釘付けにしておかなければならないのである。後顧の憂いを取り除くためにも、狩倉山城・駈倉山城等の付城が必要だったのである。国吉城攻めの付城から、近江出兵のための付城へと目的が変化したのである。

中山の付城から一・二km離れた場所に岩出山砦（図3）があり、粟屋氏の城とされてきた。しかし、縄張りは中山の付城と共通点が多く、朝倉氏の放棄後、粟屋氏が使用したと考えたい。

岩出山砦・中山の付城・狩倉山城・駈倉山城の平面的な位置を見てみると、岩出山砦・中山の付城が第一防御ライン、狩倉山城・駈倉山城が第二防御ラインとして捉えることができる。この二重の防御ラインを敷くことにより、粟屋勢の敦賀進攻を押さえ、朝倉軍の近江出兵を可能にしたのである。したがって、この四

狩倉山城　外堀に掛かる土橋

城は元亀年間も存在したと筆者は考えたい。

【まとめ】狩倉山城・馳倉山城・岩出山砦に朝倉系陣城の特徴が残っていることから、朝倉氏が築城した可能性が高いことが判明した。その年代については、『国吉籠城記』の記載どおり、永禄九年の可能性が高く、記載内容の信憑性の高さも裏付けることができた。

岩出山砦・中山の付城・狩倉山城・馳倉山城の四城を維持することで、朝倉氏は近江出兵を可能なものにする。永禄～元亀年間における数少ない戦国大名の陣城群として貴重な遺構といえる。織豊系陣城との違いを指摘できる城郭として、今後も多くの謎を解き明かしてくれるであろう。

【第五章】織田軍との抗争と城郭

元亀争乱出発点の城

32 金ヶ崎城（かながさきじょう）

①敦賀市金ヶ崎町
②ー
③標高九〇m／比高八〇m
④B（少し登る、やや登城しにくい）

【立地】越前・若狭・近江三国の国境に位置し、中世以降、日本海有数の良港だった敦賀湊を掌握できる要衝である。比高は八〇mとさほど高くないが、日本海に突き出た半島に位置し、三方を海に囲まれた天然の要害でもある。近江・若狭へ数多くの出兵を繰り返した朝倉氏が、出陣を整える拠点として重要視したことはいうまでもなかろう。

主郭Aに残る円墳

【城主・城歴】金ヶ崎城は、南北朝時代に北朝方・南朝方の争奪の場として幾度となく登場する。しかし、現存する遺構は堀切と連動した畝状空堀群であり、明らかに十六世紀後半のものである。したがって、城歴も十六世紀後半を中心にして述べる。

織田信長と朝倉・浅井氏の抗争が本格化した、いわゆる元亀の争乱は、金ヶ崎城から始まる。『朝倉始末記』によれば、元亀元年（一五七〇）四月、織田信長は将軍足利義昭の名で朝倉義景に上洛を命じるが、義景はこれを拒否する。将軍の

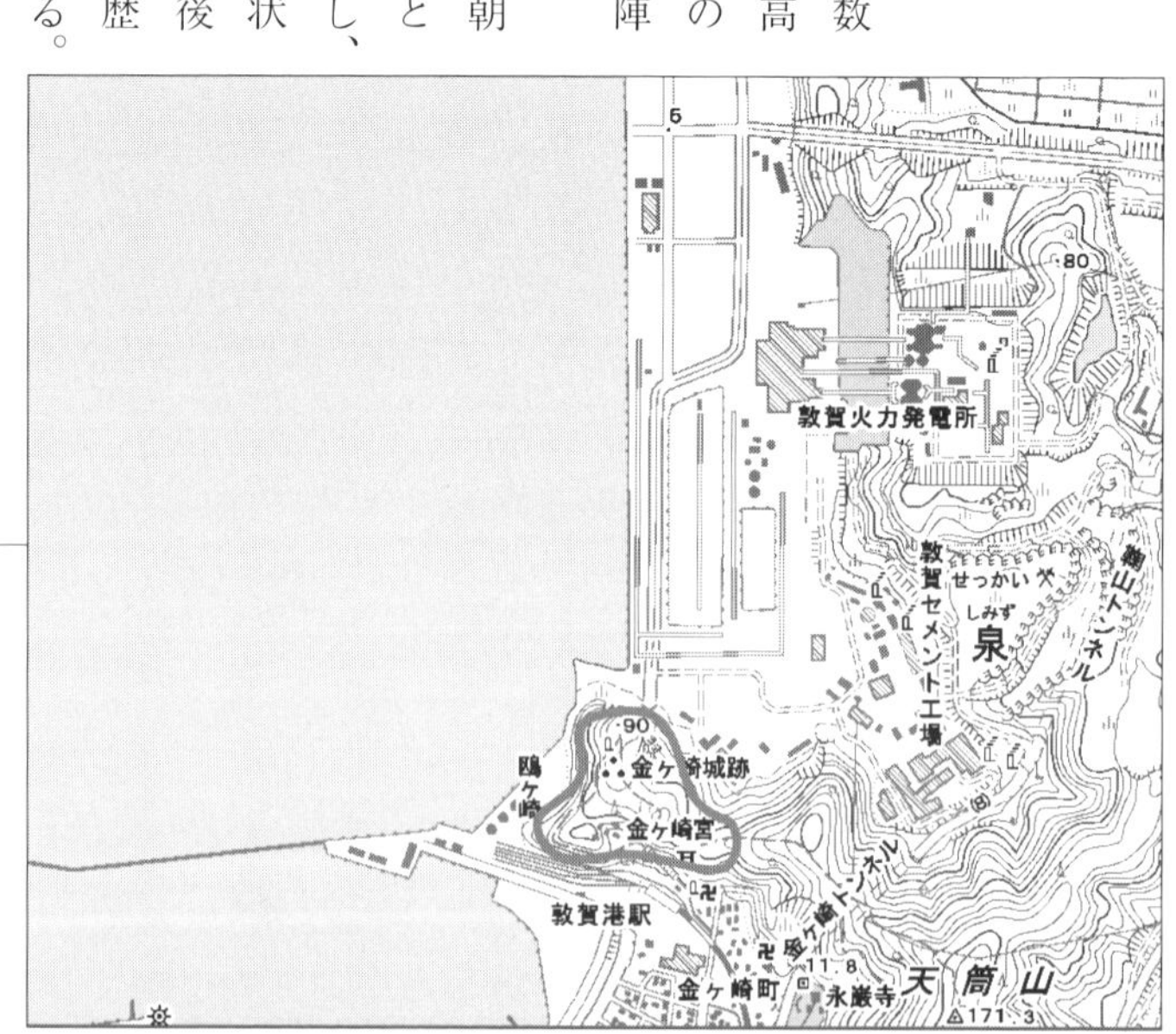

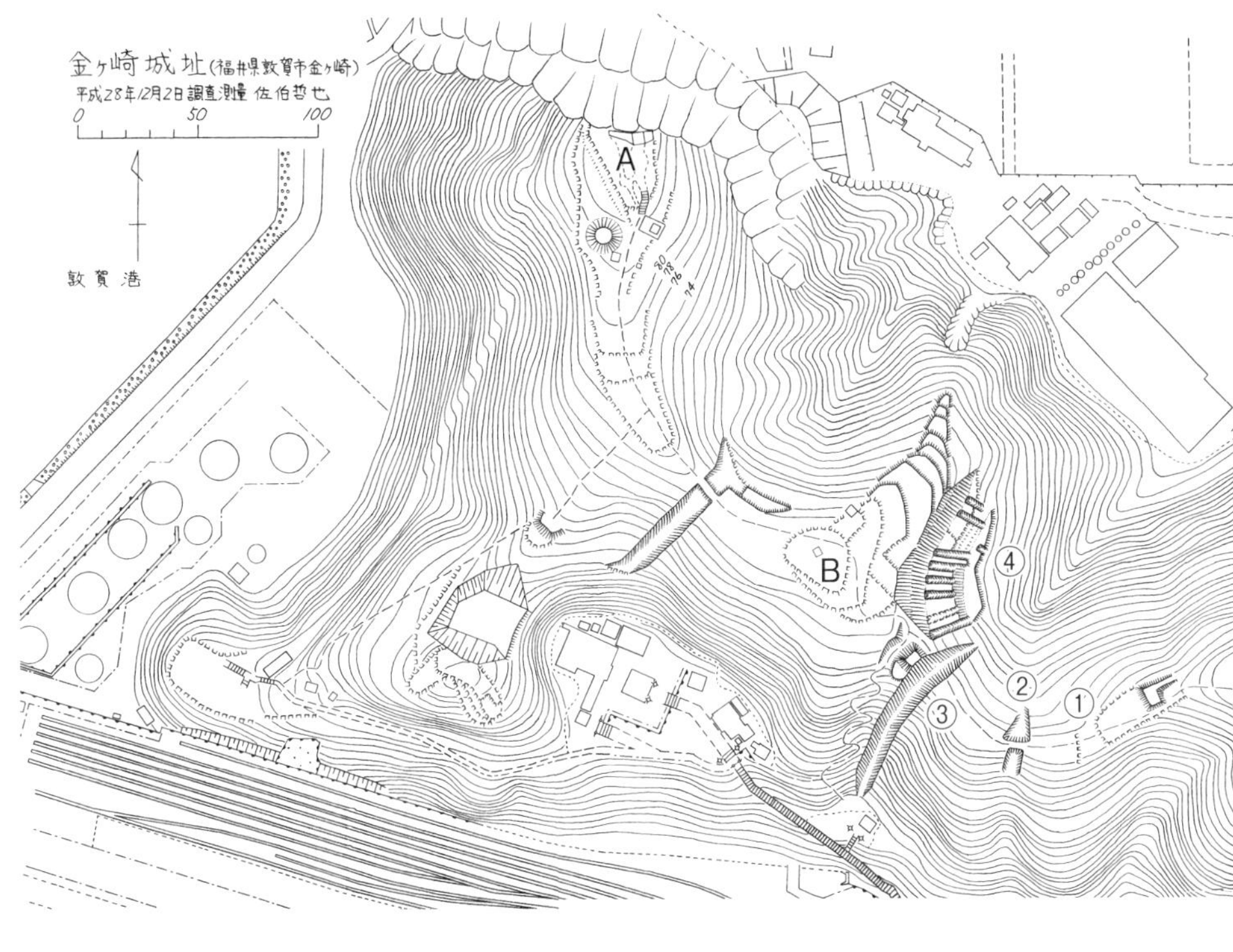

命に背いた、という大義名分を得た信長は、朝倉義景を討伐すべく越前に進軍する。こうして、天正元年（一五七三）八月まで続く元亀の争乱の火ぶたが切って落とされた。

近江から若狭[*1]に進軍した信長は、四月二十三日に粟屋勝久の国吉城に入り、そこで軍容を整える。そして二十五日、越前の玄関ともいうべき手筒山・金ヶ崎城に猛攻をかけた。『信長公記』によれば、手筒山城はその日のうちに攻め落とし、一千三百七十の首を打ち取ったという。この勢いに乗り、翌二十六日に金ヶ崎城に猛攻かけた。

金ヶ崎城には敦賀郡司の朝倉景恒（かげつね）（中務大輔）が籠城し

＊1　若狭国衆の多くは織田方として従軍しており、これは朝倉氏にとって大打撃となる。

ていたが、防ぎきれぬと悟った景恒は、開城して退却する。救援途中だった朝倉義景・景鏡がいずれも途中で引き返し、孤立無援と知った景恒にとって、退却はやむをえなかったのである。それにしても、よく一命を許されたものである。信長としては、一刻も早く中央部へ進軍したかったのであろう。あるいは、当初から背後の浅井氏の動向が気になっていたのであろうか。

手筒山・金ヶ崎城を手中にした信長は、いよいよ越前中央部に進軍しようとするが、背後の浅井長政が反旗を翻したため、急遽反転し、近江朽木谷（滋賀県高島市）を経て京都へ逃げ帰る。このとき、殿軍（しんがり）として金ヶ崎城に木下藤吉郎秀吉が置かれたことは有名である。

その後の金ヶ崎城は、一次史料に登場しない。『信長公記』では、天正元年八月に織田軍が攻め落とした朝倉方十城の中に「敦賀」城は記載されているが、金ヶ崎城の名は登場しない。また、天正三年八月に越前に進攻した織田信長は、『信長公記』では「十四日敦賀に御泊。武藤宗右衛門（舜秀）所に御居陣」とあることから、敦賀城に布陣したと考えられる。もちろん、同年に蜂起した越前一向一揆軍は、金ヶ崎城を使用していない。

このような一次史料の結果に基づけば、手筒山・金ヶ崎城は元亀元年の落城をもって廃城になったと考えたい。それは、後述の縄張り調査の結果とも矛盾しない。

ちなみに、敦賀城は遺構をまったく残していないが、平成二十一・二十三年度に敦賀市教育委員会により発掘調査が実施され、興味深い事実が判明した。[*2]

調査結果によれば、十五世紀からなんらかの施設が存在しており、十六世紀後半に遺物量が増加し、さらに礎石建物まで出現する。おそらくこれが、武藤舜秀（むとうきよひで）が居城した敦賀城と考えられる。ここで注目したいのは、敦賀城そのものは十五世紀から存在しており、当然、手筒山・金ヶ崎城と併存していたと考えられる。敦賀郡司朝倉景恒の居城は敦賀城であり、織田軍との交戦にあた

山麓の駐車場。トイレ付でハイカーにはありがたい

山麓の説明板

＊2　『敦賀町奉行所跡』敦賀市教育委員会、二〇一二年

り、一時的に金ヶ崎城に籠城したと考えてよかろう。

【城跡】 国史跡にも指定されていることから、城跡に関する案内板・説明板は豊富で、遊歩道も整備されている。さらに、山麓には専用の駐車場やきれいなトイレまでも設置されている。加えて、城跡からの日本海の眺望は素晴らしく、ハイキングには最高といえよう。だが、知名度のわりに遺構の残存度は悪い。というよりも、当初から存在していなかった可能性が高い。

まず、主郭（本丸）に相当するのが城内最高所のAで、通称月見御殿跡である。尾根の突端に位置することから眺望は抜群で、いかにも月見御殿があったことを彷彿とさせる。しかし、ほぼ自然地形で、古墳（円墳）が残っていることからも、中世において人工的な土木施工はほとんど実施されていなかった可能性が高い。それに続く尾根上にも明瞭な曲輪は配置されておらず、大規模かつ堅牢な建物の存在は否定したい。

上：伝月見御殿址。ほぼ自然地形である
下：堀切⑤（通称三の木戸）

焼米出土伝承地であるB地点は、緩やかな斜面が広がっているため、曲輪を構えるには最適な場所である。しかし、ここも不明瞭な段が残るのみで、主要曲輪群は形成されていない。

一方、防御施設は顕著

登城道途中の案内板。迷わず散策できる

伝月見御殿址からの眺望。敦賀湾を一望できる

上：二重堀切③（通称二の木戸）
下：畝状空堀群④

に残る。まず、尾根続きを浅い堀切①・堀切②（通称一の木戸）で遮断する。そして、二重堀切③（通称二の木戸）で完全に遮断する。この堀切では物足りなかったらしく、北側に切岸とセットになった畝状空堀群④を構築し、敵軍が北側に迂回するのを防止している。二重堀切と連動した見事な防御ラインといえよう。現存遺構の構築年代が十六世紀後半であることを物語る。ちなみに、敦賀から木の芽峠を越えて越前中央部に至る街道沿いに位置する堂山（どうやま）砦（福井県敦賀市）にも、堀切と連動した畝状空堀群が残る。同時期に同一人物によって構築されたと考えられよう。

切岸とセットになった畝状空堀群は、朝倉氏の居城一乗谷城（福井市）で大規模に残る。敦賀一帯は敦賀郡司朝倉氏が支配した地域であることを考えれば、現存する防御施設（二重堀切③・畝状空堀群④等）の大部分は、敦賀郡司朝倉氏が構築したと考えられる。一乗谷城の畝状空堀群の構築年代が天文～永禄年間と推定されるので、金ヶ崎城の畝状空堀群も永禄年間、それも信長の進攻を間近に控えた永禄十二年（一五六九）頃とするのが最も妥当だろう。

天筒山城。ほぼ自然地形で展望施設が建つ

【まとめ】 切岸とセットになった畝状空堀群は、朝倉氏城郭そのものである。しかし、明確な曲輪はほとんど存在せず、臨時的な野戦築城という感じが強い。また、元亀年間に朝倉氏が好んで使用した土塁造りの虎口も残っていない。つまり、元亀年間に使用されていなかったことを物語る。したがって、ほとんど自然地形だった金ヶ崎城を、織田軍の越前進攻に備えるため、永禄十二年頃に改修したと考えられ、そのときの遺構が現存遺構と考えられるのである。そして、元亀元年に落城し、廃城となる。

敦賀郡司朝倉氏の居城はあくまで敦賀城であり、金ヶ崎城は一時的に使用したにすぎないことになる。それは文献の調査結果とも矛盾しないのである。

知名度のわりに遺構はほとんど残っておらず、城郭ファンはガックリくるかもしれない。しかし、それはそれで当時の状況を如実に物語ってくれるのである。そういう意味では、金ヶ崎城は文献史料と遺構が一致する重要な城郭といえよう。

上：二重堀切③（通称二の木戸）
下：堀切②（通称一の木戸）

平坦面B。ほぼ自然地形。焼米出土伝承地でもある

山道監視の陣城

33 長比城（たけくらべじょう）

①滋賀県米原市柏原・須川
②野瀬山城
③標高三九〇・九m／比高二一〇m
④B（少し登る、やや登城しにくい）

Ⅰ城を取り巻く土塁

【立地】近江・美濃国境に位置する要衝の城である。また、山麓直下に中山道（東山道）が通っており、中山道を監視・掌握するには絶好の選地といえる。後述するように、織田軍の近江進攻を阻止するには必要不可欠の城郭といえよう。

【城主・城歴】元亀元年（一五七〇）～天正元年（一五七三）までの元亀の争乱において、当初は朝倉・浅井連合軍のほうが優勢だった。元亀元年九～十二月、入洛を目指す朝倉・浅井連合軍は、京都市内を見下ろす一乗寺城（京都市左京区）に陣取り、織田軍と激しい攻防戦を繰り広げている。さらに、京都防衛の重要拠点宇佐山城主・森可成は、信長の弟信治と共に同年九月、近江坂本で朝倉・浅井連合軍を迎えるも、逆に戦死している。湖西においては、比叡山を味方につけた朝倉・浅井連合軍のほうがはるかに優勢だったのである。

このような情勢のなか、朝倉・浅井連合軍はさらに織田軍を窮地に追い込むため、近江・美濃国境を封鎖し、織田軍の近江進攻阻止を企てる。つまり、上平寺城・長比城（ともに滋賀県米原市）の築城である。『信長公記』によれば、「去

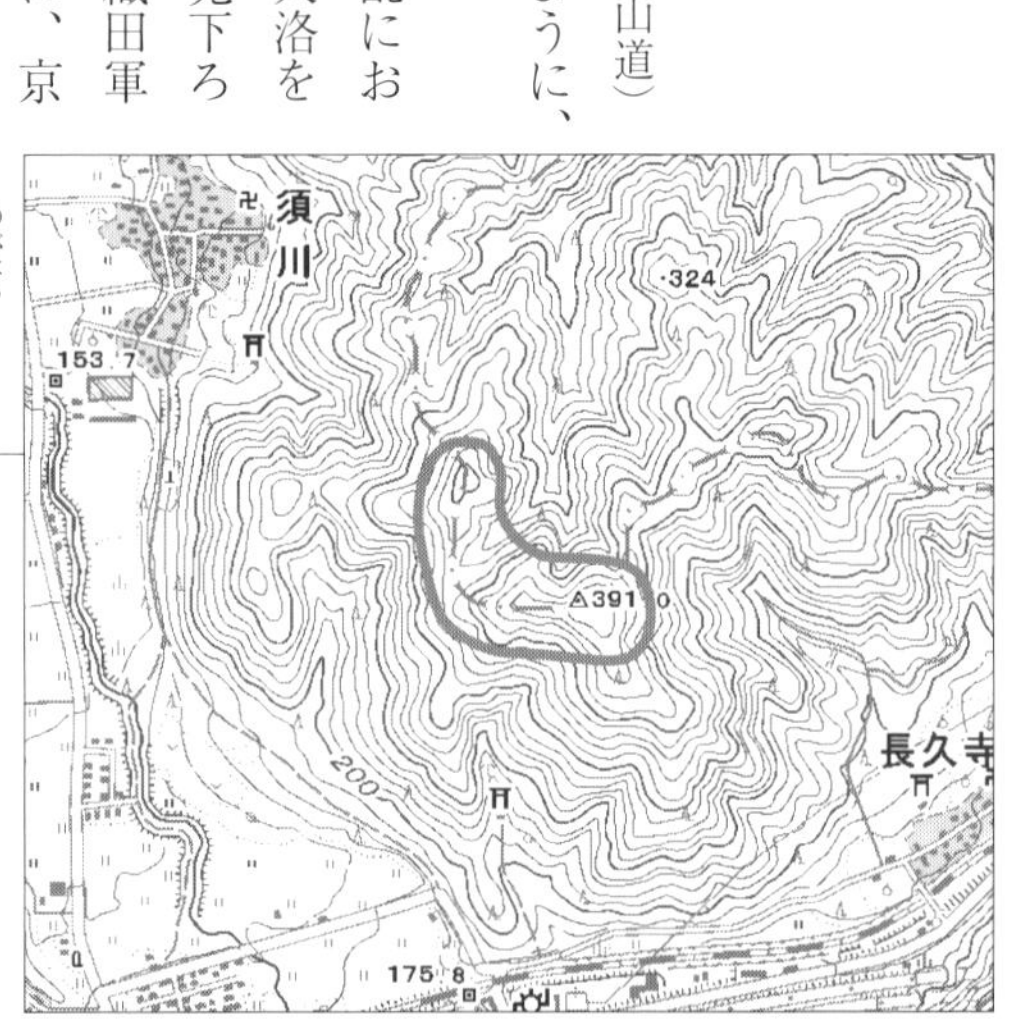

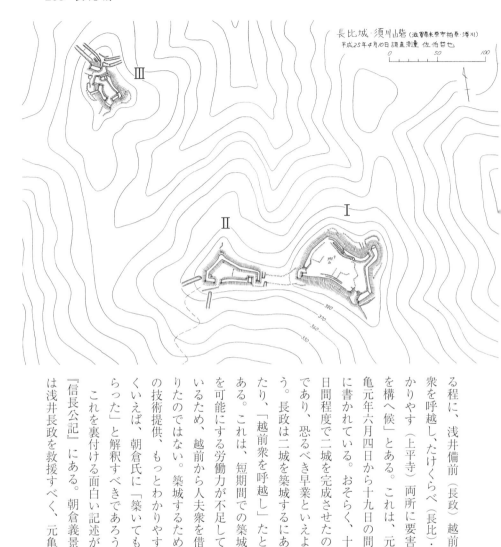

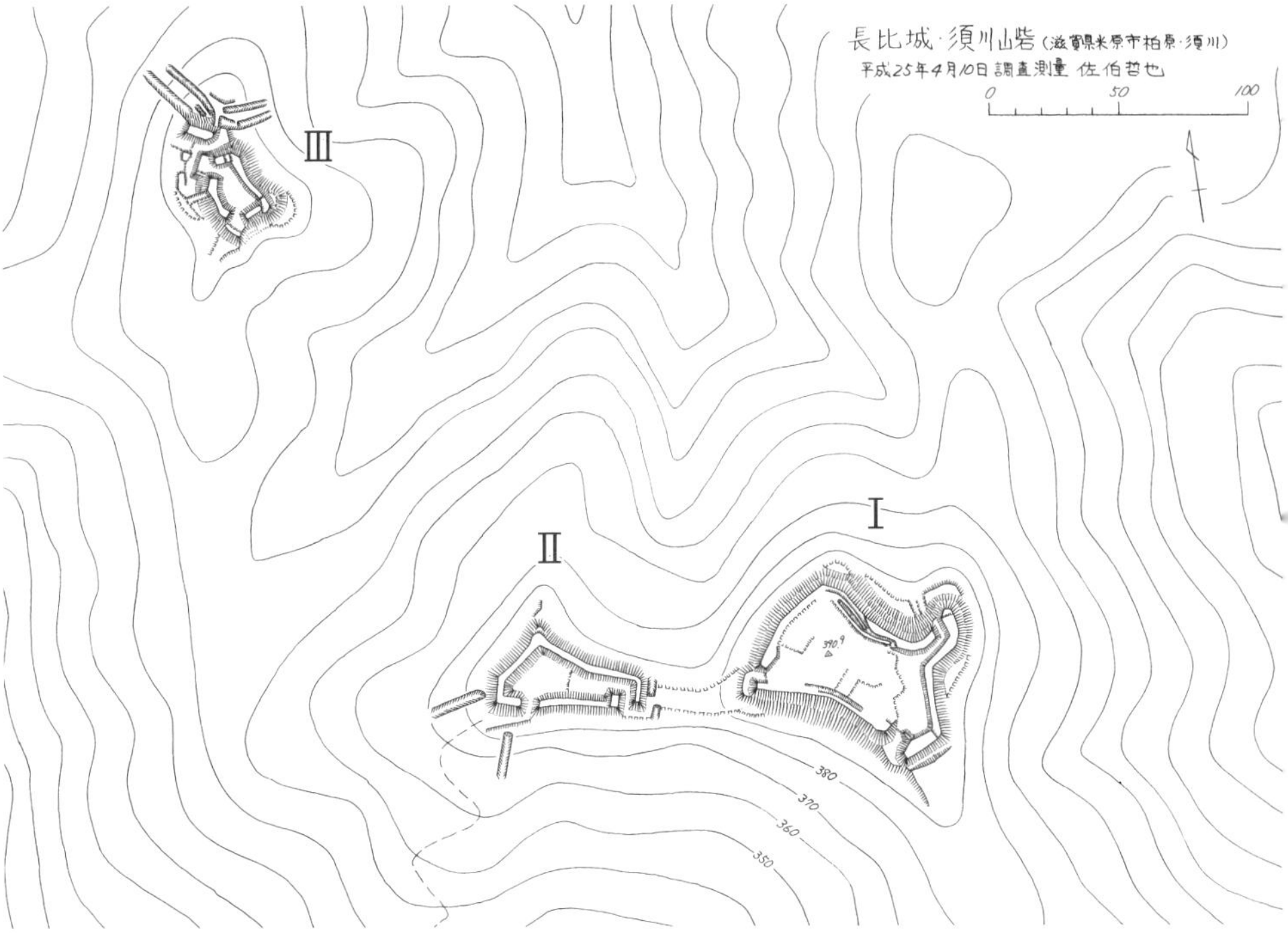

長比城・須川山砦（滋賀県米原市柏原・須川）
平成25年4月10日調査測量　佐伯哲也

る程に、浅井備前（長政）越前衆を呼越し、たけくらべ（長比）・かりやす（上平寺）両所に要害を構へ候」とある。これは、元亀元年六月四日から十九日の間に書かれている。おそらく、十日間程度で二城を完成させたのであり、恐るべき早業といえよう。長政は二城を築城するにあたり、「越前衆を呼越し」たとある。これは、短期間での築城を可能にする労働力が不足しているため、越前から人夫衆を借りたのではない。築城するための技術提供、もっとわかりやすくいえば、朝倉氏に「築いてもらった」と解釈すべきであろう。

　これを裏付ける面白い記述が『信長公記』にある。朝倉義景は浅井長政を救援すべく、元亀

山麓の説明板

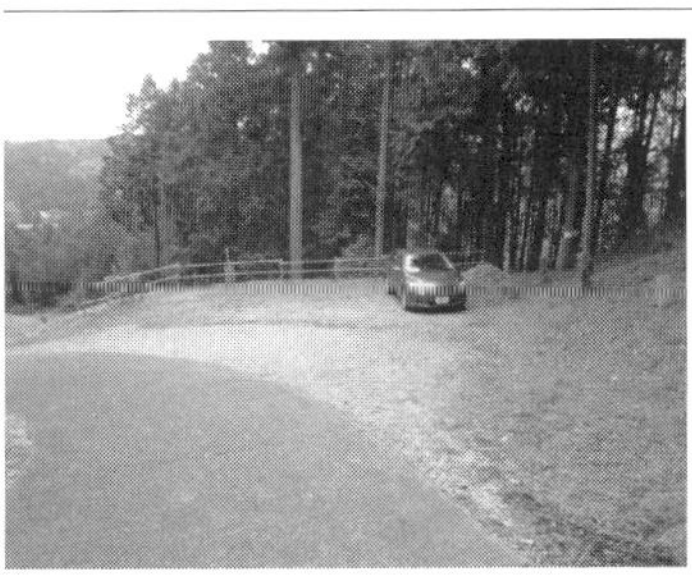

山麓駐車場。五〜六台は駐車できる

三年七月三十日に一万五千の兵を率いて小谷城（滋賀県長浜市）に着陣する。しかし、「此表の為躰（ていたらく）見及び、抱へ難く存知」と判断したため、八月三日に大嶽城を改修してそこへ移ってしまう。つまり、小谷城の縄張りがあまりにも低レベルで、籠城に耐えがたいと判断したのである。このことからも、ハイレベルな築城技術を保有する朝倉氏に築城を依頼したと考えたほうがよい。長政としては屈辱的な行為ではあったが、自分で築くよりも朝倉氏に築いてもらったほうがはるかによかったのであろう。

築城は六月十五日には完成したと見え、同日、朝倉軍は美濃に進攻し、垂井・赤坂付近で放火している。この時点での国境封鎖は、完璧と思われていた。

ところが、織田信長のほうが一枚上手で、鉄壁の牙城を力攻めで落とそうとはしなかった。上平寺城・長比城を守備していたのは、浅井氏の重臣堀秀村とその老臣樋口直房だが、信長は両名を調略し、織田方に引き入れることに成功する。この結果、「六月十九日、信長公御馬を出だされ、堀・樋口謀反の由承り、たけくらべ・かりやす取物も取敢えず退散なり」と驚いた守備兵は、一目散に城を放棄し、信長は無血で二城を手中にすることができたのである。鉄壁と思えた国境の牙城は、あっけなく崩れた。この後、信長は「たけくらべに一両日御逗留」と、長比城に二日間在城している。縄張りは鉄壁でも、守備力を鉄壁にするのは縄張りではない、城主と城兵の結団力であることを如実に物語る。

当時の武将からは、浅井と織田を比較した場合、織田のほうが光り輝く存在で、二者択一を迫られた場合、当然の如く織田を選んだのであろう。しかし、裏切り者の将来は光り輝きはしなかった。わずか四年後の天正二年八月、木の芽峠の守将だった樋口直房は、城を放棄して甲賀（滋賀県甲賀市）へ逃げる途中、羽柴秀吉に妻子ともども成敗されてしまう。裏切り者には哀れな末路

整備された登城道。歩きやすい

I城に建つ標柱

しか待っていなかったのである。

【城跡】比高が約二百mもあるため城跡まで一時間程度かかるが、登城道は整備されて歩きやすく、城跡は木々が伐採されて観察しやすくなっている。登城口には説明板・案内板が備えられ、初心者でも間違わずに城跡へ辿り着くことができる。

　城跡はⅠ・Ⅱ・Ⅲ城から構成されており、一城別郭の縄張りとなっている。もっとも、Ⅲ城は地元では須川山砦と呼ばれており、城主を在地領主の遠藤氏としている。たしかに築城者はそうかもしれないが、三城共に共通する縄張りを持っているため、現存する縄張りは同時期・同一人物によって構築されたものとしてよい。

　三城とも塁線に土塁を巡らし、土塁で構築された明確な虎口を持つ。それは、若狭の中山の付城そのものである。違うのは、中山の付城の虎口はほぼストレートに入るのに対して、三城は土塁を喰い違い状に配した枡形虎口となっている点である。これは、中山の付城の築城（永禄七年〈一五六四〉）から元亀元年までの技術的な進歩の過程と捉えることができよう。同型の虎口は、元亀三年に朝倉氏が改修・築城した大嶽城・福寿丸・山崎丸にも見られ、元亀年間における朝倉氏の虎口の典型といえよう。

　Ⅱ城の東虎口は、他の虎口より規格性を持っていることから、元亀元年よりも後世の改修という見解もある。しかし、土塁を喰い違い状に配した枡形虎口という点では完全に一致しており、年代差を指摘するまでには至らない。逆にな

Ⅰ城南側虎口導線

入口の案内標石。これを目指して登城すればよい

登城口の案内板。非常にわかりやすい

Ⅱ城東側虎口導線

ぜ、東虎口のみ改修しなければならないのか、説明がつかない。改修痕も見当たらないことから、元亀元年の虎口としたい。

朝倉氏が築城した長比城は、美濃側を意識した縄張りとなっている。とすれば、織田軍が進攻した場合、最初の攻撃目標はⅠ城となる。Ⅰ城の陥落に備えてⅡ城の東虎口をより強固な構造とした（十日間の工事期間ではこれが限度）、とするほうが理解しやすい。

Ⅲ城（須川山砦）の北側は、連続竪堀で尾根続きを遮断しているが、畝状空堀群を構築するまでには至っていない。永禄年間に朝倉氏が好んで使用した畝状空堀群は、元亀年間に入ると必ずしも使用されるとは限らなくなる。朝倉氏の防御施設に対する重要度が、畝状空堀群から土塁造りの虎口へと変化しつつあることが読み取れる。これは、朝倉氏系陣城の変遷を追ううえでも、長比城は重要な指標になってくれるのである。

【まとめ】　塁線土塁と枡形虎口という、天正年間に織豊政権武将が好んで使用したパーツすべてがすでに使用されている。つまり、織豊系陣城の祖形が、元亀年間に朝倉氏によってすでに構築されていたわけである。これは、朝倉氏の持つ築城技術が非常に高かったことを示す重要な証拠となる。

朝倉氏城郭の代名詞ともいえる畝状空堀群は、元亀年間に入ると必ずしも使用されなくなる。長比城は使用されない事例である。なぜこのような使い分けがされているのか、原因を探るのも重要な課題の一つといえよう。

Ⅱ城南側虎口

Ⅱ城現状。周囲に土塁が巡る

北国脇往還監視の城

34 上平寺城

①滋賀県米原市上平寺
②苅安城
③標高六六九m／比高三六〇
④C（登城しにくく注意が必要）

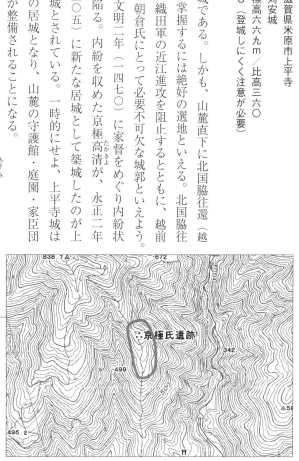

【立地】近江・美濃国境に位置する要衝の城である。しかも、山麓直下に北国脇往還（越前道）が通っており、北国脇往還を監視・掌握するには絶好の選地といえる。北国脇往還は名が示す通り、越前と繋がっていた。織田軍の近江進攻を阻止するとともに、越前からの武器・弾薬等を確保するためにも、朝倉氏にとって必要不可欠な城郭といえよう。

【城主・城歴】北近江の守護京極氏は、文明二年（一四七〇）に家督をめぐり内紛状態に陥る。内紛を収めた京極高清が、永正二年（一五〇五）に新たな居城として築城したのが上平寺城とされている。一時的にせよ、上平寺城は守護の居城となり、山麓の守護館・庭園・家臣団屋敷が整備されることになる。

主郭Aの背後を断ち切る堀切

大永三年（一五二三）、浅井氏・浅見氏等国人の襲撃により高清が尾張に逐われたことから、上平寺城はいったん廃城になったと考えられる。しかし、そのまま廃城になったのではなく、元亀元年（一五七〇）六月に浅井氏の依頼に応じた朝倉氏が改修したことは、「長比城」の項で述べたとおりである。元亀元年六月十九日、長比城とともに織田方に寝返った上

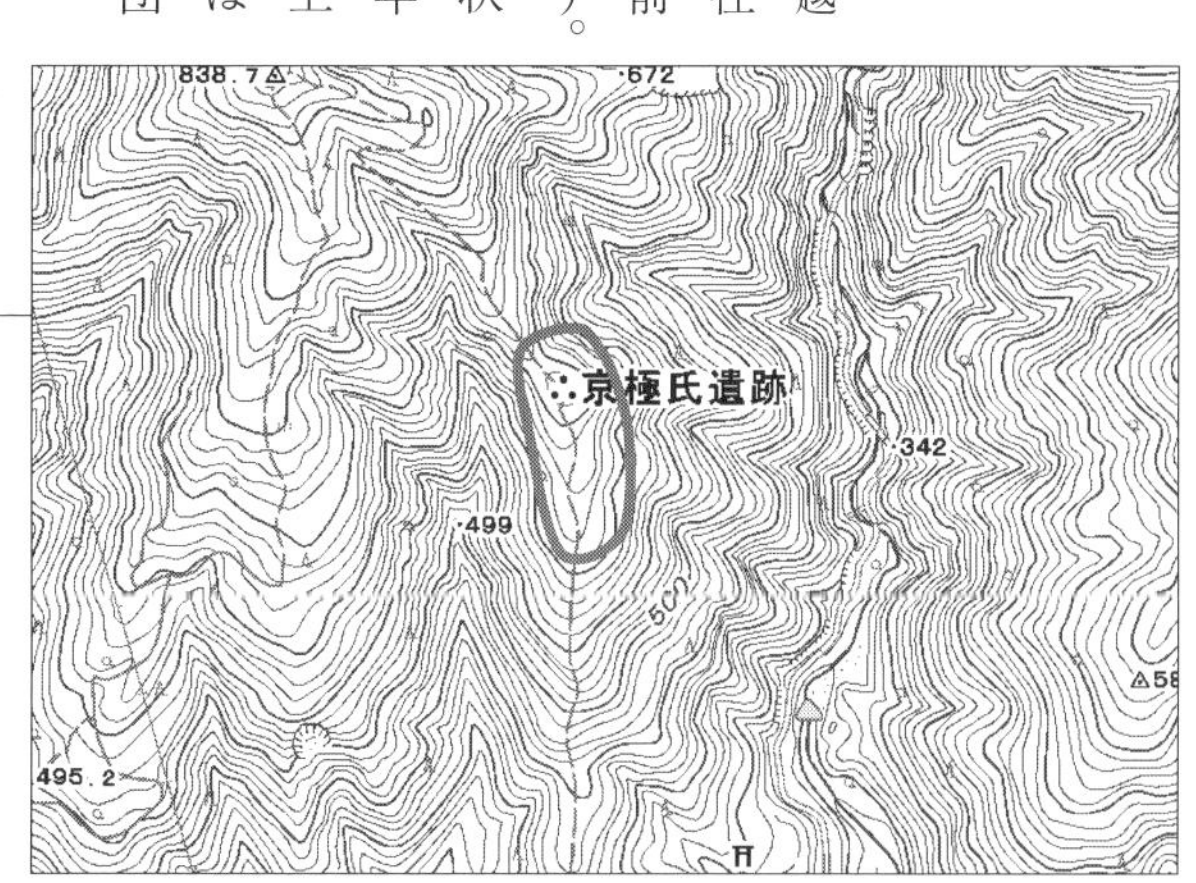

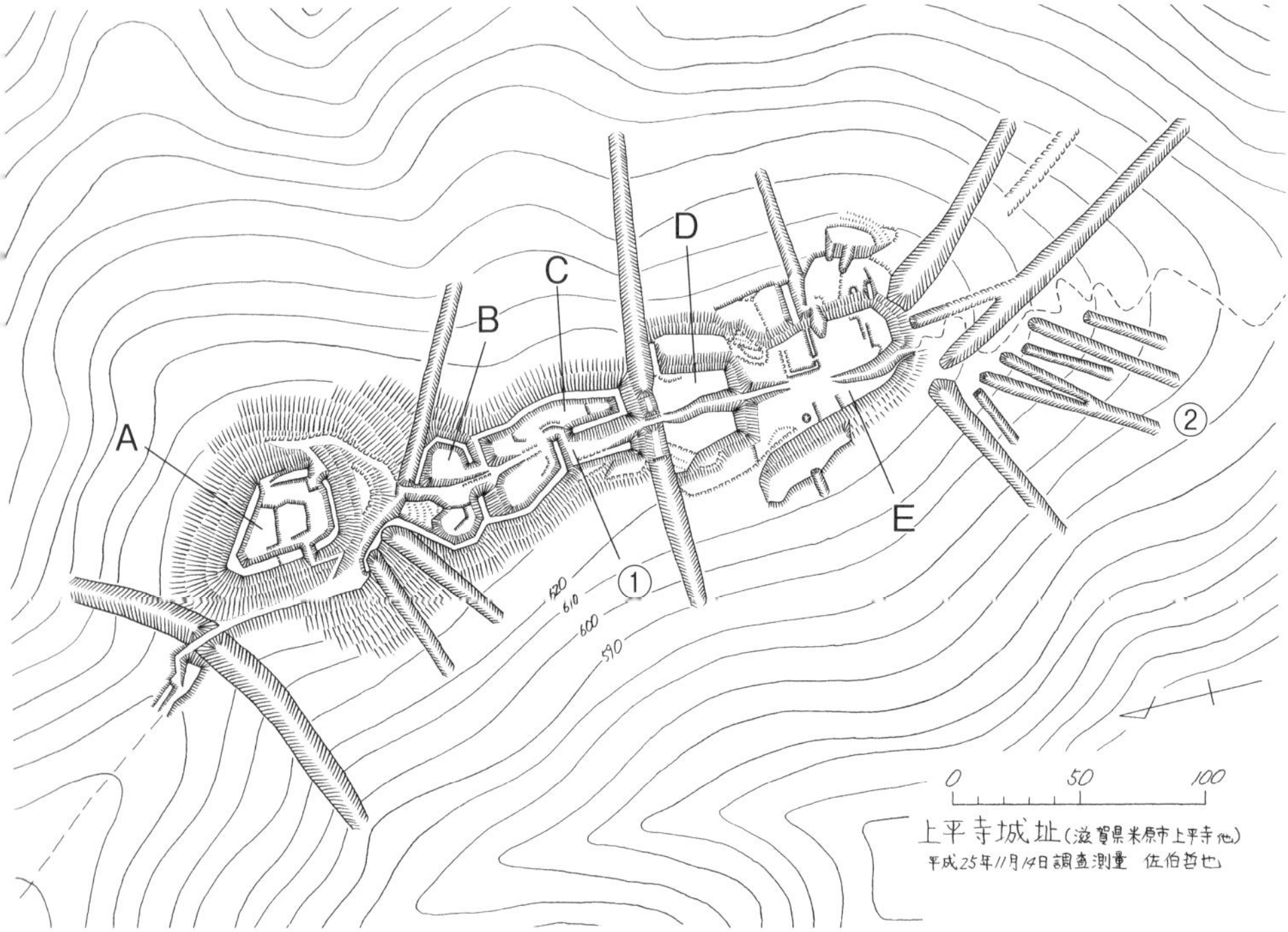

A B C D E ① ②

上平寺城址（滋賀県米原市上平寺他）
平成25年11月14日調査測量　佐伯哲也

平寺城は、その後、歴史の舞台に登場しない。しかし、近江・美濃国境に位置し、両国を繋ぐ街道を監視する重要な城だったことに変わりはない。少なくとも、浅井氏が滅亡する天正元年（一五七三）までは存続した可能性を模索すべきであろう。

【城跡】城跡一帯はきれいに伐採され、観察しやすい状態となっている。登城道も整備され、非常に歩きやすい。要所要所に案内板・説明板が設置され、初心者でも迷わず登城することができる。山麓には専用の駐車場も設置され、ハイカーにはありがたい。ただし、標高は約七〇〇m、比高は約四〇〇mもあるため、麓からは一時間半ほど歩かなければならず、積雪が

主郭Aと尾根続きを連絡する土橋

主郭A現況。塁線土塁が取り巻く

ある場合もある。足ごしらえ・服装等身支度を万全にして登城されたい。

当城は、全長四七〇mもある巨大な城郭である。しかし、これだけの巨城をわずか十日間余りで築けたとはとうてい思えない。やはり基本的な縄張りは、京極氏時代のものを最大限使用し、改修は最小限にとどめたと考えるべきである。

縄張りは、主郭Aを最高所に、B・C・D・E曲輪を尾根上に並べる。朝倉氏城郭の特徴としては、曲輪の塁線に土塁を巡らす、土塁造りの明確な虎口を設ける、この二点が挙げられることから、主郭A・B・C曲輪が朝倉氏の改修と見なすことができる。そのような目で再度見てみると、B・C曲輪から土塁を取り去ると、D・E曲輪と酷似した構造パターンであることに気付かされる。つまり、かつてのB・C曲輪はD・E曲輪のように平坦な曲輪だったが、朝倉氏が土塁を構築して現存の構造に改修（もちろん主郭Aも）したと考えられるのである。これならば、十日間程度で改修が可能となろう。

虎口①は土塁で明確になっているが、長比城とは違った構造の虎口である。虎口①のように、片方の土塁を曲輪状に張り

上：B曲輪の塁線土塁
下：CD曲輪間の堀切。末端は竪堀となる

C曲輪を取り巻く塁線土塁

E曲輪現況

上：虎口①導線（外側）　下：虎口①導線（内側）

出させて長時間横矢を効かせる構造は、若狭岩出山砦や丁野山城・中島砦（ともに滋賀県長浜市）にも見られる。いずれも、永禄～元亀年間にかけて朝倉氏が築城・改修したものであり、虎口①も朝倉氏が使用した虎口の一パターンとしてよい。

山城は地形に応じて築城・改修されることが多い。上平寺城の場合、短期間で構築可能かつ最も効果的な虎口が採用されたはずである。それが虎口①なのである。したがって、築城（改修）者には多種多様な虎口パターンを使いこなすことが求められた。多種多様な虎口パターンを駆使することができた朝倉氏の築城技術は、やはり戦国最高レベルだったのである。

末端の畝状空堀群②は、畝状空堀群の少ない近江にあって、朝倉系の畝状空堀群と理解され、これも元亀元年朝倉氏の構築とされてきた。しかし、朝倉系の畝状空堀群とも違っていると筆者は推定する。

越前に残る朝倉系畝状空堀群は、曲輪の周囲に切岸を巡らせ、その直下に畝状空堀群を配している。金ヶ崎城の畝状空堀群もそのパターンである。しかるに、畝状空堀群②は、E曲輪から遠

城跡に建つ説明板。図面付きでわかりやすい

登城道途中の案内板。初心者でも迷わない

く離れ、斜面を潰すように配置されている。おそらく、麓から攻め上がってきた敵軍を、上手くE曲輪虎口に誘導するための施設と考えられる。このような畝状空堀群は、朝倉系畝状空堀群では皆無である。ただし、このような畝状空堀群が十六世紀前半に存在していたとも考えにくい。やはり、朝倉氏の構築とすべきなのであろうか。結論はまだ出せていない。

【まとめ】朝倉氏が多種多様な虎口を駆使することができたことを証明する城として、上平寺城は重要である。高所にあったため後世の改変もなく、保存状態は良好で、ぜひ訪れたい城である。

十六世紀前半は、京極氏の城郭として存在していたことも確実で、そのときの縄張りがどのようなものだったのか、さらなる解明も必要だ。もちろん、わずか五〇〇mしか離れていない弥高寺とどのような関係にあったのか、朝倉氏の改修が及んでいるのか、重要な課題の一つである。

山麓の京極氏居館には庭園が存在し、地表面観察ができるように整備されている。発掘調査からも、十六世紀前半のものとされた。ぜひあわせて見学してもらいたい。上平寺城の理解をより深めることができよう。

上：山麓の京極氏館　下：京極氏館に残る庭園跡

整備された登城道。初心者でも安心である

麓の専用駐車場。ハイカーにはありがたい

朝倉氏近江進出の拠点

35 田上山城（たがみやまじょう）

①滋賀県長浜市木之本町木之本
②—
③標高三三〇m／比高二〇〇m
④B（少し登る、やや登城しにくい）

【立地】山麓直下には、越前と近江を繋ぐ主要街道の一つ北国街道が通る交通の要衝である。また、山岳地帯から近江平野にさしかかる木之本（きのもと）の宿場町を見下ろす山上に位置する。越前の勢力が近江進出の拠点を置くには最適の場所といえよう。

麓の総合案内板。一日の計画を立てやすい

【城主・城歴】田上山城は、天正十一年（一五八三）の賤ヶ嶽合戦において羽柴方の本陣（羽柴秀長（ひでなが）陣）として使用されたことは、あまりにも有名である。しかし、前述のように越前の勢力が近江進出の拠点を置く場所としては最適なため、古くから朝倉氏が本陣として使用してきたことも事実である。最古の事例として、明応四年（一四九五）七月、三代朝倉貞景は近江出陣のため、「柳ヶ瀬」に本陣を置いている。具体的に柳ヶ瀬のどこに本陣を置いたのか不明だが、柳ヶ瀬・木之本一帯は十五世紀末以降、朝倉氏が近江進出の拠点として使用していたのである。

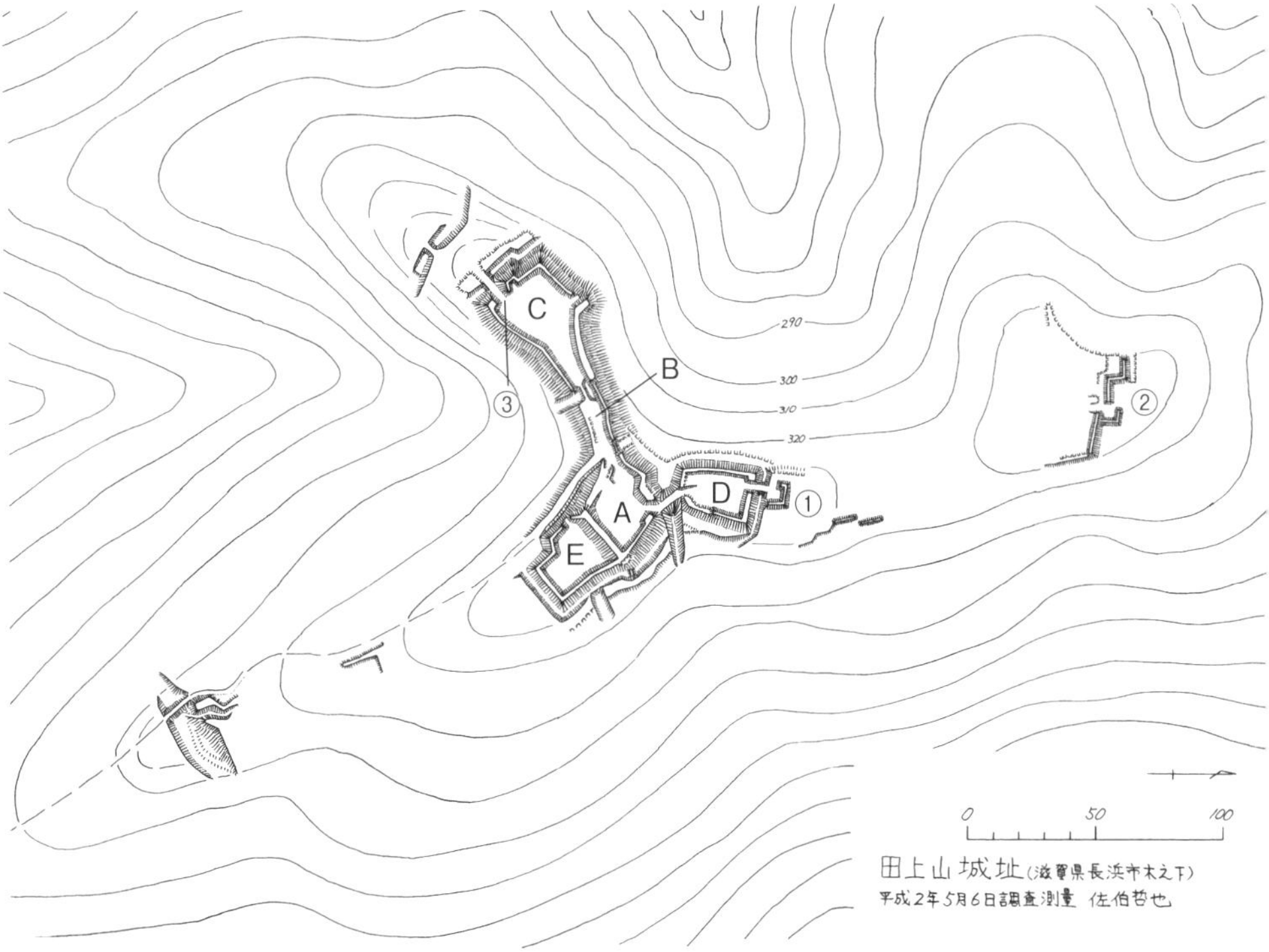

田上山城址（滋賀県長浜市木之下）
平成2年5月6日調査測量　佐伯哲也

皮肉にも、約九十年後の天正十一年にも柴田勝家が本陣（玄蕃尾城）を置いている。時代・人物が変わったとしても、やはり越前勢にとって柳ヶ瀬・木之本一帯は近江進出の拠点として使用され続けていたのである。このため、織田信長は柳ヶ瀬・木之本を無力化するため、元亀二・三年（一五七一・七二）の二度にわたって放火している。

　元亀元年以来、抗争を繰り広げてきた織田信長と朝倉・浅井連合軍は、天正元年についに最後の戦いに突入する。同年八月十日、朝倉義景は小谷城の浅井長政を救援すべく、二万の大軍を率いて田上山城に入城する。このときの様子

登城口の案内板。非常にわかりやすい

整備された登城道。歩きやすい

C曲輪現況

は、信長が上杉謙信に送った書状[*1]に詳述されている。すなわち、八月十日「(信長が)江北小谷取詰候処、朝倉義景罷出、木本多部山陣取」とある。義景が陣取った「木本」とは、『信長公記』が述べる「義景本陣田上山」、すなわち田上山城としてよいだろう。「多部山」は「田部山城」の項で詳述する。

信長はただちに田上山城を攻めたのではなく、「小谷与敵陣之間取切候、義景及難儀候」と、まず小谷城と敵陣(田上山城・田部山城)の間を遮断したので、義景は窮地に陥ったと述べる。ちなみに、『信長公記』によれば、間を遮断したのは山田山の陣所と述べる。おそらく義景は、前年の如く大嶽城へ入城する予定だったと考えられるが、信長は先に阻止したのである。そして、「木本多部山与此方陣取(おそらく虎御前山(とらごぜんやま)城)之間、節所候条、先大嶽へ攻上、則内攻崩、悉討果候事」と、大嶽城を落城させ全滅させたと述べる。信長はまず義景と長政(小谷城)の連絡を遮断し、小谷城の一画(大嶽城)を崩したのである。見事な戦略といえよう。

初戦で大敗した義景は、なすすべもなく越前に敗退し、同月二十日に自刃する。『信長公記』によれば、八月十三日に織田軍が攻め落とした朝倉方城郭十城の中に「たべ山・義景本陣田上山」とあり、この時点で田上山城が落城していることが判明する。織田信長書状と『信長公記』の内容は完全に一致しており、『信長公記』の信憑性の高さを再評価することができる。

その後、田上山城は天正十一年の賤ヶ嶽合戦で羽柴方の本陣(羽柴秀長)として再び使用される。

現地の説明板。縄張り図解説なのでわかりやすい

＊1　「織田信長条書」『上越市史別編1上杉氏文書集一』上越市、二〇〇三年

＊2　『賤ヶ岳合戦城郭群報告書』長浜市教育委員会、二〇一三年

羽柴軍が木之本周辺に陣城を構築し始めたのが、同年三月十七日なので[*2]、田上山城もこの頃に秀長本陣として改修されたのであろう。廃城年代は、柴田勝家が北之庄（きたのしょう）（福井市）で自刃する四月二十四日を一つの目安とすることができる。その後記録に登場せず、廃城になったと考えられよう。

【城跡】田上山城は、少なくとも天正元年と天正十一年の二度使用されている複合遺構であることが判明している。そのような点から着目してみる。

まず、L字型土塁を配した外枡形虎口①は、織豊系城郭そのものである。土塁の内部を小曲輪と見れば、馬出曲輪と見なすこともできる。朝倉氏も馬出を用いているが、こちらは長い土橋状の通路を付属させている。しかし、外枡形虎口①にはそのような施設は設けられていない。したがって、外枡形虎口①の構築者は羽柴氏としてよい。

上：D曲輪南横堀　下：外枡形虎口①

約一五〇m離れた尾根続きの惣堀②には、外枡形虎口が設けられている。西側には折れを設けて外枡形虎口を狙っている。尾根続きを遮断する惣堀は、朝倉氏が永禄九年（一五六六）に築城した駈倉山城にも残っている。しかし、この惣堀

主郭Aの休息所。ホッと一息つける

上：C曲輪虎口③の横矢掛け
下：C曲輪を取り巻く塁線土塁

は横堀を喰い違いに配した単純なものでしかない。したがって、惣堀②も天正十一年の所産と見てよかろう。

D・E曲輪は直線的に仕上がっており、統一性が認められる。外枡形虎口Fとの関連性から、D・E曲輪は天正十一年の増築と考えてよい。

それでは、B・C曲輪はどうであろうか。曲輪の両側に長々と土塁を配し、途中に出入り口と思われる箇所、土橋を設ける縄張りは田部山城そのものである。田部山城の現存縄張りは、ほぼ朝倉氏に限定できるため、B・C曲輪は朝倉氏段階の遺構と考えてよい。

上記の考えに立てば、天正元年に朝倉氏がA・B・C曲輪を構築し、天正十一年に羽柴（秀吉）氏がD・E曲輪・外枡形虎口①・惣堀②を構築したと考えられる。朝倉氏の遺構の可能性を最初に唱えられた高田徹氏も同様の説を提唱しておられ[*3]、筆者も賛同したい。

ただし、一点だけ疑問点が残る。それはC曲輪の虎口③である。尾根を遮断する堀切のほぼ中央を突出させて、堀切内全体に横矢を効かせた保塁のようなもので、入るときにはもちろん、突出部から横矢が掛かる。ほぼストレートに入るため、基本的には平虎口で、天正元年でも朝倉氏

＊3　高田徹「賤ヶ岳城塞群の評価に関する一考察」『賤ヶ岳合戦城郭群報告書』長浜市教育委員会、二〇一三年

には構築可能と推定する。しかし、このような虎口は現在、朝倉氏城郭には認められない。突出部を土塁で囲まれた曲輪と見なすことが許されるのなら、かろうじて上平寺城に類例を見出すことができる。しかし、拡大解釈しすぎという批判の声が聞こえてきそうである。

【まとめ】天正十一年の賤ヶ嶽合戦一色で語られてきた田上山城に、天正元年の朝倉氏の遺構が残っている可能性が判明した。つまり、天正元年・十一年の複合遺跡ということである。ただし、残念ながら個々の遺構については、天正元年・十一年の判別は確立しておらず、研究者によって異論があるのが実情である。

朝倉氏は約八十年間にわたって柳ヶ瀬・木之本[*4]を近江進出の拠点として使用してきた。越前勢にとって、柳ヶ瀬・木之本が重要拠点だということを、皮肉にも柴田勝家が再評価してくれている。つまり、賤ヶ嶽合戦城塞群の中には、田上山城の他に朝倉氏の遺構を残す陣城がまだ存在している可能性もあるわけだ。事実、『信長公記』が述べる朝倉氏「与語（余吾）」城は現在も所在不明である。他の陣城と重複している可能性は高い。

賤ヶ嶽合戦城塞群を含めた北近江の城郭に、どの程度朝倉氏の関与を認めるのか、再考の時期にきているといえる。その意味で、田上山城の再認識は重要な作業だったといえよう。

C曲輪の虎口③

＊4　織田軍は朝倉氏の拠点木之本を無力化するために、数回にわたって放火している。

小谷城救援の朝倉氏城郭

36 田部山城（たべやまじょう）

① 滋賀県長浜市田部
② ―
③ 標高二三〇m／比高一一〇m
④ B（少し登る、やや登城しにくい）

【立地】西麓に北国街道が通る交通の要衝である。城の背後には、高時川沿いに大浦街道が通る。大浦街道は北国街道の脇道のような存在で、朝倉氏は万一の場合、北国街道が封鎖されても、大浦街道を通って越前に退却することができた。さらに、当城の麓には山田山を経由して小谷城からの尾根道が降りてきている。したがって、朝倉氏にとって当城は、田上山城と小谷城を繋ぐ重要な中継地だったといえよう。

主郭A東側堀切

【城主・城歴】『淡海温故録』によれば、田部助七郎や中島宗左衛門等が在城したと述べている。中島宗左衛門は朝倉氏が築城した丁野城の出城的存在の中島砦にも伝承を残す。したがって、朝倉氏の家臣の可能性が高い。

天正元年（一五七三）八月、朝倉義景が小谷城を救援すべく二万の大軍を率いて近江に出陣したとき、義景の陣城として一次史料に登場する。詳細は「田上山城」の項で述べたので省略するが、信長が上杉謙信に送った書状[*1]によれば、八月十日に朝倉義景が「木本多部山」に「陣取」っている。そして、「木本田部山」と織田軍陣所（おそらく虎御前山城）との

＊1　「織田信長条書」『上越市史別編1上杉氏文書集一』上越市、二〇〇三年

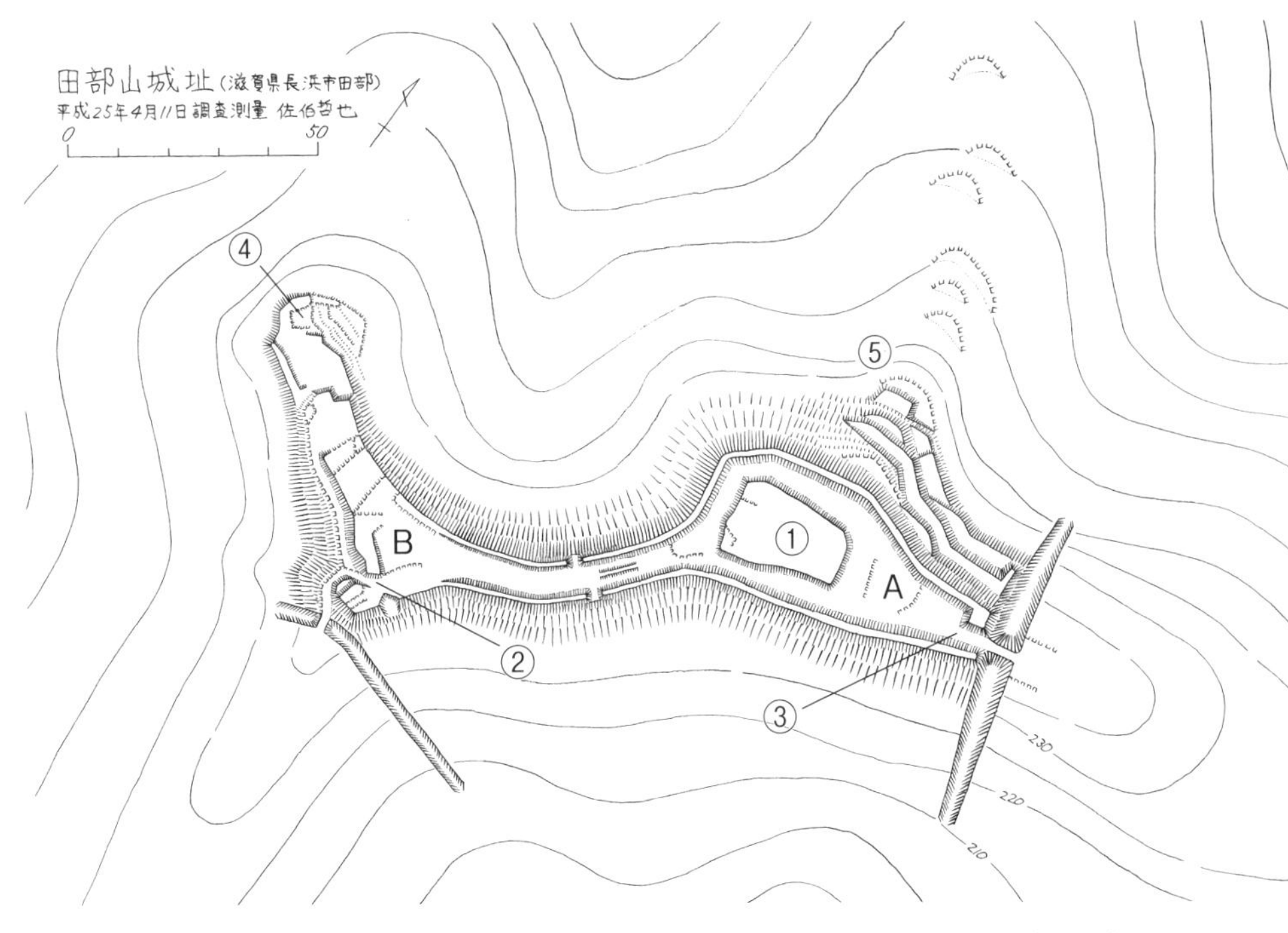

間に「節所」があるので、まず大嶽城を攻め落とし、全滅させたと述べている。このように、「木本」＝義景本陣と田部山城は必ずペアで記載されており、信長は義景本陣同様に田部山城を重要視していた証拠である。両城の直線距離はわずか一・八㎞しか離れていないため、田部山城は田上山城の重要支城として、そして田部山城と大嶽城を繋ぐ中継地[*2]として信長も重要視していたのである。

二万の大軍を率いて出陣したものの、八月十二日に大嶽城を落とされた朝倉軍は、総崩れとなって越前に敗走する。『信長公記』によれば、八月十三日に織田軍が攻め落とした朝倉方城郭十城の中に「たべ山」とあり、この時点で田部山城が落城していることが判明

＊2　信長は田部山城と大嶽城を分断するために、中間地点の山田山に陣を構えている。

主郭Aを取り巻く塁線土塁

する。つまり、朝倉軍の在陣はわずか四日間だったのである。

【城跡】比高は一一〇mで、田部集落とは五〇〇mしか離れていないが、城跡には簡単な説明板はあるものの、城跡への案内板や矢印はなく、明確な登城道もないため、相応の装備で登城してほしい。

主郭はA曲輪で、西側に土壇①を設ける。あまり意味がなく、両側の土塁を構築したときの地山の残りと考えられる。本来ならば平坦面積が縮小し、移動の邪魔となるため削り取られるのだが、なぜか残っている。短期間の構築・使用で廃棄された臨時城郭を物語る。B曲輪にも不必要な小段や自然地形が残る。やはり臨時城郭であることを裏付ける。

B曲輪までの尾根には、幅が狭いにもかかわらず両側に土塁を設け、ほぼ中央部に出入り口と思われる開口部を設ける。さらに、移動速度を鈍らせる土橋まで設ける。その縄張りは田上山城そのものであり、田上山城・田部山城が同時期・同一人物によって構築されたことを物語る。

織田軍の進攻が最も想定される尾根には、堀切や両竪堀で遮断し、虎口②・③で厳重に警戒している。一方、ほぼ進攻が想定されない虎口④は不明瞭で、堀切等も設けていない。構造差・考え方は歴然としている。これは、構築者が反織田方＝朝倉氏だったことを裏付ける。ほぼ無防備な小平坦面群（城兵の駐屯地）⑤を、織田軍の進行方向と反対側に設けていることからも、この推定の正しさを物語るだろう。城主は朝倉氏と判断してよい。

統一された縄張り、明確な防御思想から、現存縄張りは同時期・同一人物によって構築された

主郭Aを取り巻く塁線土塁

と考えられる。そして、臨時城郭であることから、天正元年八月十日から十三日の間に構築・使用で廃棄されたと考えられる。築城主体・築城・廃城年代がほぼ限定できる、実に貴重な城郭といえよう。

特に注目したいのは、虎口②・③・④である。同時期・同一人物によって構築されたのならば、理論的には同型の虎口にならなくてはいけない。しかし、実際にはまったく違っている。虎口②は喰い違い状の枡形虎口で、長比城や大嶽城と同型だが、虎口③は単純な平虎口でしかない。虎口④はとりあえず内枡形虎口だが、あいまいな施工方法となっている。このように、三者一様ではない。

山城の場合、縄張りは地形によって大きく左右され、虎口はまったく違った形となることを田部山城は如実に物語る。虎口形態の決定にあたり、どうすれば最も施工量が少なく、短時間で防御力を発揮することができるか、等々の点が考慮されたはずである。それは、各場所の地形によって違ってくる。その違いを田部山城の虎口は見事に表してくれるのである。逆に、軍事的緊張下であれこれと思案した構築者の思いがヒシヒシと伝わってきて非常に面白い。やはり山城、特に臨時城郭は一筋縄ではいかないのである。

【まとめ】田部山城は、天正元年における朝倉系陣城ということが判明した。朝倉氏関与の判断基準として、当城が用いることができるのは非常にありがたい。朝倉氏城郭の解明がさらに進むことを期待したい。

もう一つ重要なのは、田上山城・田部山城共に畝状空堀群を用いていないことである。元亀～天正元年に朝倉氏が築城・改修した城郭に畝状空堀群は非常に少ない。逆に、土塁で構築した城郭は非常に多い。この事実もあわせて、朝倉氏城郭の解明に用いるべきであろう。

現地に建つ説明板。少し小さい

小谷山頂の朝倉氏城郭

37 大嶽城（おおづくじょう）

①滋賀県長浜市湖北町伊部
②—
③標高四九四・六m／比高三九〇m
④B（少し登る、やや登城しにくい）

【立地】小谷山山頂に位置する。小谷山は標高約五〇〇mのほぼ独立丘陵のため、三六〇度にわたって眺望を得ることができる。さらに西麓には、朝倉氏にとって生命線ともいえる北国街道が通る。天然の要害と交通の要衝を兼ね備えた山城といえよう。

【城主・城歴】小谷山山頂に位置するため、築城当初の小谷城ではないかと考えられている。大嶽城の史料上の初見は大永五年（一五二五）で、同年九月に小谷城主浅井亮政（すけまさ）を近江守護六角定頼（ろっかくさだより）が攻めている。すなわち、『長享年後畿内兵乱記』[*1]に「大永五年。定頼公浅井城大津見（具）江発向。九月浅井亮政没落」とある。やはり、当初の小谷城は大嶽城であった可能性が高い。

大嶽城が歴史上大きく注目されるのは、織田信長と朝倉・浅井連合軍が激突した元亀の争乱のときである。元亀三年

主郭A現況

＊1『史跡小谷城跡保存管理計画書』長浜市教育委員会、二〇一四年

223 大嶽城

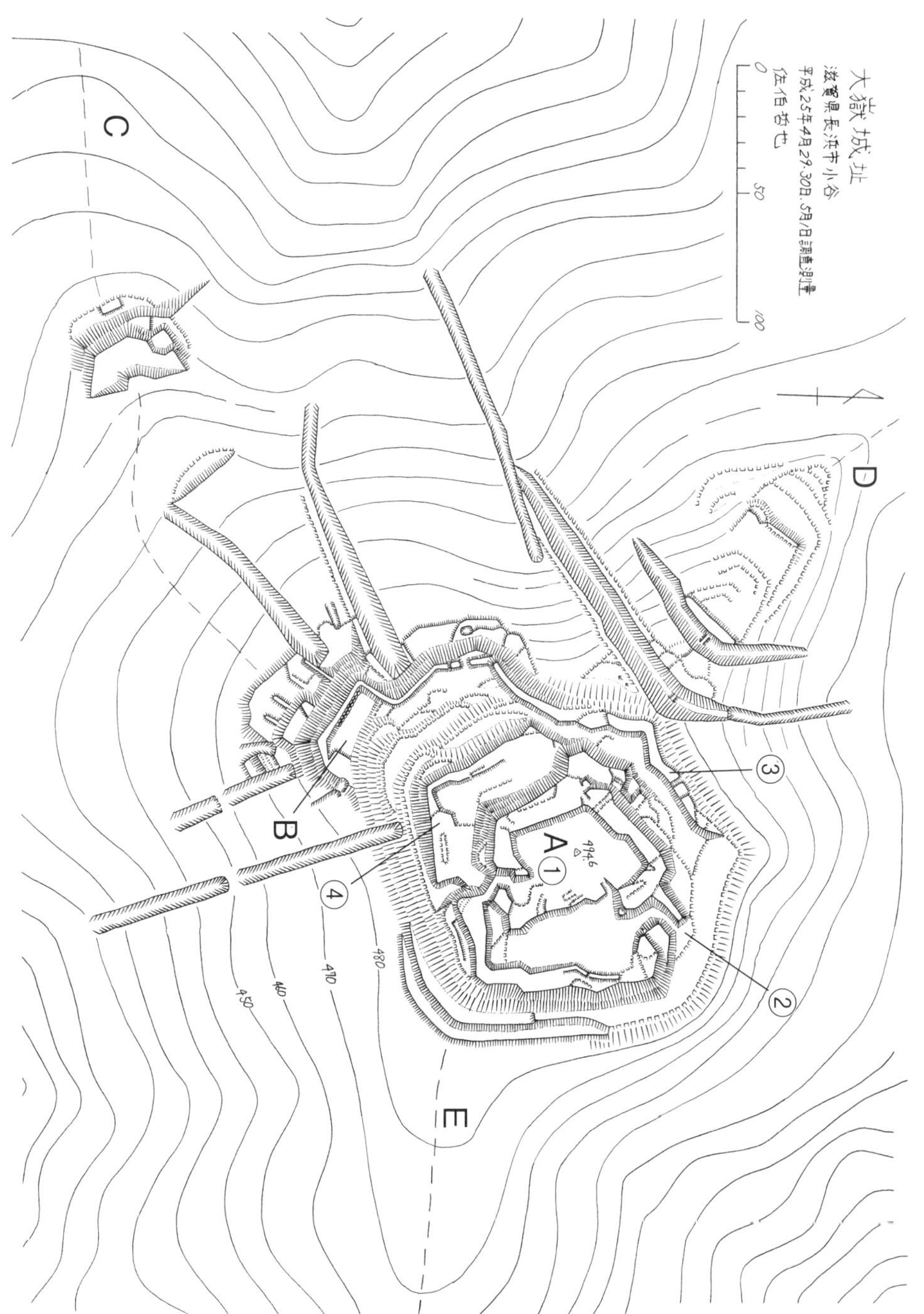
大嶽城址
滋賀県長浜市小谷
平成25年4月29.30日.5月1日調査測量
佐伯哲也
0
50
100
A
B
C
D
E
①
②
③
④
494.6
450
460
470
480

（一五七二）七月、朝倉義景は浅井長政を救援すべく、一万五千の大軍を率いて小谷城に着陣する。着陣した日を、『信長公記』は「七月廿九日、浅井居城大谷（小谷）へ参着候」とし、七月二十九日とする。しかし、『嶋記録』所収「浅井長政書状」[*2]では「義景去晦日御着城」とあることから、七月三十日としている。

その後の行動が面白い。義景は小谷城に着陣したものの、八月三日、小谷城を見下ろす大嶽城を改修してそこへ移ってしまう。[*3]『信長公記』はその理由について、「此表の為躰（ていたらく）見及び、抱へ難く存知、高山大づくへ取上り居陣なり」と判断したためという。つまり、小谷城の縄張りがあまりにも低レベルで、籠城に耐えがたいと判断したのである。ハイレベルな築城技術を保有していた朝倉氏の目から見れば、小谷城は稚拙極まりない城に見えたのであろう。盟主とはいえ、自分の居城にダメ出しを食らい、居城を見下ろす位置に城を築かれた屈辱的行為を、浅井長政はどのように受け取っていたことであろうか。

義景の大嶽城在陣は、多数の織田軍を近江に釘付けにしており、武田信玄の西上作戦を成功させる重要な戦略の一つだった。このため、信玄は同年十一月十九日付で義景に書状を送り、来年五月までの在陣を要請している。

しかし、義景は四ヶ月間という長期滞陣の末、同年十二月三日に越前に帰国する。これに対して、信玄は十二月二十八日付で義景に書状を送り、無断での帰国を非難している。だが、義景にとってとうてい承服できる話ではなかった。十二～三月は積雪のため本国越前との交通は遮断され、朝倉軍は近江で孤立してしまう。その前に帰国した義景の行動は、北陸の大名としては当然の行動といえる。

雪中行軍の困難さを物語る記録として、柴田勝家書状[*4]がある。勝家は天正十一年（一五八三）

＊2　太田浩二『浅井長政と姉川合戦』サンライズ出版、二〇一一年

＊3　『朝倉始末記』

＊4　『新修七尾市史3武士編』七尾市、二〇〇一年

の賤ヶ嶽開戦にあたり、先発隊（前田利家隊）を同年二月二十八日に賤ヶ嶽に派兵しているが、同書状の中で「路次通雪割候、当月（三月）中者、深雪ニ馬足難不可立候、無理立懸」と、三月中旬は馬の足も立たないくらい深雪だが、雪を割って無理に行軍していると述べる。義景本陣（大嶽城）と越前中央部を繋ぐ重要中継地が、まさにこの賤ヶ嶽なのである。積雪期前に撤退した義景の行動は、やはり正しかったのである。したがって、信玄の要請は、雪国の実情を知らない実現不可能な無理難題といえよう。

　四ヶ月間も在陣しているので、各方面から義景のもとへ陣中見舞いの者が訪陣し、見舞い品を置いていく。記録に残る見舞い品は、塩硝・蒲鉾・昆布・小鯛・大般若巻・青銅百疋・酒である。塩硝は鉄砲の火薬、青銅百疋は戦費、酒は万国共通の贈答品といえる。大般若巻は不安と恐怖に慄く戦場にあって、心のよりどころを求めた品であろう。面白いのは蒲鉾・昆布・小鯛で、蒲鉾・昆布は北陸の名産、特に富山では現在でも結婚式の引き出物に多用されている。また、小鯛は「小鯛の笹漬け」の名で現在も若狭小浜地方の名産として販売されている。現在の名産はすでに戦国時代から贈答品として扱われていたことが判明し、面白い。

　義景の大嶽城在陣は、元亀三年八月三日から十二月三日までの四ヶ月間に及ぶ。一万五千の大軍を率いての在陣なので、大嶽城を含めて周辺の城郭は、相当改修されているとみなさなくてはならない[*5]。

　十二月三日、義景は越前に引き上げるのだが、『朝倉始末記』によれば、大嶽城と丁野山城に番勢を置いて帰国したと述べる。もちろん、『朝倉始末記』は一次史料ではないので確定はできないが、丁野山城は元亀三年以前から存在していた可能性が高い。すなわち、丁野山城の完成度の高さ、田部山城の完成度の低さは、期間的な余裕の有無にあったともいえよう。

＊5　大嶽城・丁野山城・山崎丸・福寿丸の完成度の高さは、四ヶ月間という使用期間の長さが物語っているとも言える。

翌天正元年八月十日、義景は浅井氏救援のため再び近江に出陣し、田上山城に陣取る。大嶽城北方尾根続きの焼尾砦は、浅井氏の家臣・浅見対馬が守っていたが、八月十二日、信長はこれを寝返らせ、焼尾砦を足掛かりとして大嶽城を攻める。信長が上杉謙信に送った書状[*6]に大嶽城を「内攻崩」とあるのは、このことを述べているのであろう。

『信長公記』には、大嶽城に越前軍の番勢として小林・斉藤民部丞・西方院の計五百人が籠城していたが、支えきれず降参する。本来ならば全員討首となるところだが、「此者共命を助け、敵陣（田上山城＝義景本陣）へ送り遣はされ」たという。その理由は、大嶽城落城を義景に知らせて徹底抗戦の不利を悟らせ、越前に退却させることだった。はたして義景は、信長の筋書きどおり越前に退却し始める。退却中の朝倉軍に織田軍は刀祢坂で追いつき、背後から襲いかかり、完膚なきまでに叩き潰している。見事な信長の作戦といえよう。

ちなみに、大嶽城に在城していた西方院は、『朝倉始末記』によれば越前豊原寺の坊院となっている。朝倉氏は平泉寺（へいせんじ）の他にも天台宗寺院勢力を積極的に利用していたのである。

そして大嶽城には、塚本小大膳・不破河内・同彦三・丸毛兵庫・同三郎兵衛が置かれている。『信長公記』によれば、八月十三日までに織田軍は大嶽城を含む朝倉方十城を攻め落としている。

その後、大嶽城は一次史料には登場しない。ただし、小谷城を見下ろし、小谷城の弱点部を補完しているため、小谷城存続中は大嶽城も使用されていたと考えられる。小谷城は天正三年八月まで存続が確認できるため、大嶽城もその頃まで使用されていたと考えられよう。

【城跡】 標高約五〇〇mの小谷山頂に位置する。標高が一五〇mも低い小谷城の主要曲輪群を完全に見下ろす。当時は小谷城内の様子が手に取るようにわかったであろう。大嶽城を織田軍に占拠された小谷城の運命は、風前の灯だったのである。事実、織田軍が小谷城の総攻撃を開始した

主郭Aの現地説明図。鳥瞰図なのでわかりやすい

＊6　「織田信長条書」『上越市史別編1上杉氏文書集一』上越市、二〇〇三年

のが八月二十七日夜で、翌日にはあっけなく落城している。大嶽城が占拠されたことにより、浅井軍は身動きがとれず、朝倉軍を追いかけた織田軍の背後を急襲することもできなかった。大嶽落城は、小谷城にとってまさに「万事休す」だったのである。

前述のように、大嶽城は浅井・朝倉氏の複合遺跡である。そのような立場から縄張りを見てみる。山頂のA曲輪が主郭で、ほぼ全周に塁線土塁を巡らす。虎口は①と②で、基本的には土塁を喰い違い状に配置した枡形虎口である。この形態は長比城や福寿丸・田部山城にも見られ、いずれも元亀年間の朝倉氏城郭であり、同時期における朝倉氏城郭の標準パターンと言える。これにより、主郭Aは元亀年間に朝倉氏によって改修されたと考えられる。元亀三年八～十二月までの義景在陣期間と考えてよかろう。

主郭A現況

主郭Aを取り巻く土塁の上幅は広く、七m前後もある。土塁上部に簡易な建物が立っていた可能性を指摘できる。この幅広土塁は、③・④にも認められ、こちらも朝倉氏の改修と推定される。一方、B曲輪土塁は上幅が一・五m前後しかなく、さらに石垣まで用いている。現在、朝倉氏城郭では本国越前を含めてほぼ石垣は認められない。唯一認められる壺笠山城（大津市）には、逆に朝倉氏城郭で多用される塁線土塁・土塁虎口が認められず、朝倉氏城郭としては異質な縄張りといえる。いずれにせよ、主郭A土塁とB曲輪土塁は、構築者の違いを指摘できる。浅井氏城郭では、鎌刃城や枝折城（ともに滋賀県米原市）等に石垣を見ることができる。

山頂の主郭A。一息つける休息所である

B曲輪の塁線土塁。石垣で固めている

上記のように見るならば、主郭A周辺に朝倉氏の遺構が残り、その周辺に浅井氏の遺構が残存していると考えることができよう。天正三年まで織田軍によって使用された可能性は高いが、縄張りの改修は認められず、使用のみに止まったようだ。

大嶽城の出城として構築された福寿丸・山崎丸が位置する知善院尾根方向Cには、巨大な竪堀を設けて敵軍の横移動を阻止するが、遮断までには至っていない。焼尾砦[*7]があるD尾根方向には二本の巨大な堀切を設けて完全に遮断する。もちろん、浅井氏が焼尾砦構築（天正元年）以前から堀切は存在していたと思われるが、朝倉氏は連絡路を確保しようとした形跡はない。やはり、朝倉氏にとって浅井氏は、格下の家臣的存在でしかなかったようである。

朝倉氏にとって最も重要だったのはE尾根で、小谷城の主要曲輪群を繋ぐ尾根であるとともに、山田山を経由して本国越前を繋ぐ連絡路でもあった。連絡路を遮断するわけにいかず、したがって堀切等を用いて遮断していない。逆に、月所丸という小城を構築して連絡路の確保に努めている。浅井氏の城郭（焼尾砦）のあるD尾根とは対照的である。この急所を見抜いた織田信長は天正元年、山田山を占拠して田上山城（義景本陣）と大嶽城を分断する。この結果、義景は窮地に追い込まれ、大嶽城も落城する。したがって、山田山占拠を許してしまったことが、朝倉・浅井連合軍の滅亡を速めた要因の一つといえよう。

【まとめ】大嶽城は、朝倉・浅井両氏の遺構が混在する複合遺跡であることが判明した。それは

＊7　明確な遺構を残しておらず、詳細は不明である。

文献史料とも一致し、全体的な縄張りとも矛盾しない、貴重な城郭といえる。主郭A周辺は、元亀年間における朝倉氏城郭の遺構として、他の城郭の判断材料としても使用できそうである。

朝倉義景本人が約四ヶ月間も在陣し、さらに一万五千の大軍が山中に寝起きしていたという事実を遺構面から解決する必要がある。主郭Aには相応の建物が存在していたと考えられ、幅広の土塁はその証左ともいえる。とはいえ、作事についてはほぼ不明といってよい。今後は考古学的調査からの解明に期待したい。

大嶽城出城の一つ

38 福寿丸（ふくじゅまる）

① 滋賀県長浜市湖北町郡上
② ―
③ 標高三〇〇m／比高二〇〇m
④ B（少し登る、やや登城しにくい）

【立地】小谷山山頂の大嶽城から南方に伸びる知善院尾根に位置する。知善院尾根は北国街道まで南下しており、敵軍が攻めのぼってくる有力な進攻方向の一つと考えられる。敵軍の進攻を食い止められる絶好の位置といえよう。

【城主・城歴】朝倉・浅井連合軍と織田信長が戦った元亀の争乱も後半戦に突入した元亀三年（一五七二）七月、朝倉義景は浅井長政を救援すべく、一万五千の大軍を率いて小谷城に着陣する。

南側横堀

義景は、七月三十日（『信長公記』では二十九日）にいったん小谷城に入る。しかし、小谷城があまりにも稚拙なのに驚き、これでは織田軍の攻撃に耐えかねると判断し、八月三日に小谷城を見下ろす大嶽城に入城してしまう。大嶽城から南に延びる知善院尾根は北国街道に繋がっており、この尾根を敵軍が攻め上がってくる恐れがあった。したがって、陣城を構築して大嶽城を防御する必要があり、そのために構築されたのが福寿丸・山崎丸なのである。

『嶋記録』所収「浅井長政書状」[*1]では「義景去晦日御着城、昨日（八月二日）知善院尾筋被寄陣候」とあることから、朝

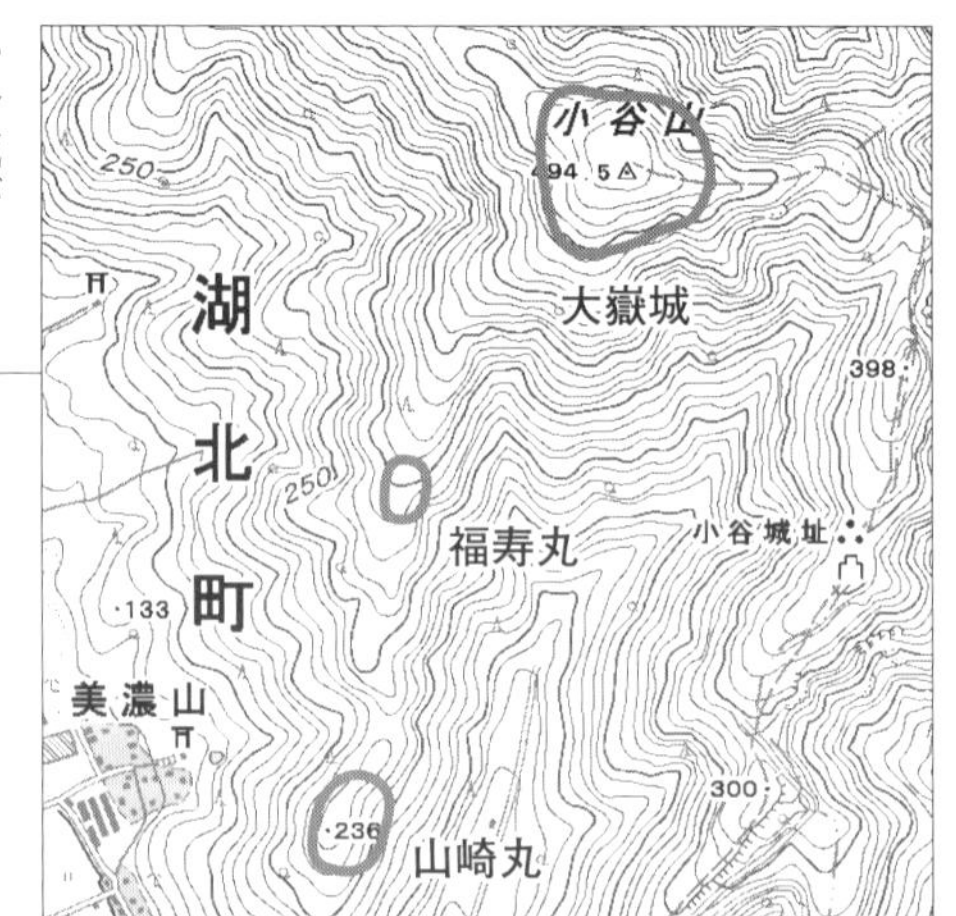

＊1　太田浩二『浅井長政と姉川合戦』サンライズ出版、二〇一一年

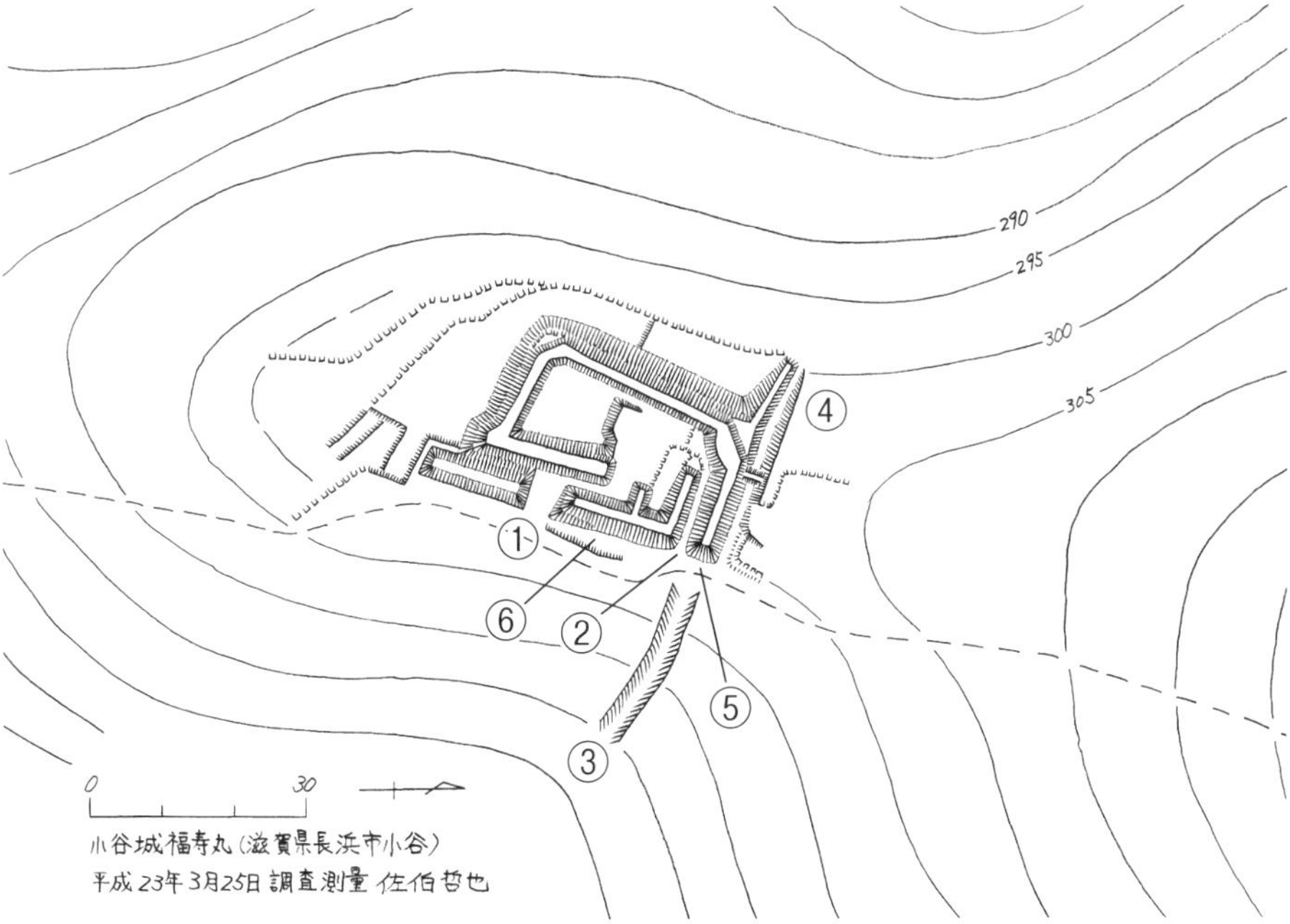

小谷城福寿丸(滋賀県長浜市小谷)
平成23年3月25日 調査測量 佐伯哲也

倉軍が福寿丸・山崎丸を構築したのが八月二日だったことが判明する。そして翌日、義景は大嶽城に入る。つまり、弱点部をカバーしたうえで大嶽城に入城したのである。さすがは朝倉軍、小谷城をダメ出ししただけのことはあり、見事な布陣といえよう。なお、名称については、浅井氏一族の福寿庵惟安首座（ふくじゅあんいあんしゅそ）の名をとったものといわれている。

【城跡】麓から伸びる登山道は整備されており、非常に歩きやすい。城跡には説明板も設置され、初心者でもわかりやすく城跡を探訪することができる。ただし、登山口に案内板や説明板は設置されていないので、事前に調べておくほうがよい。

曲輪の全周に塁線土塁を巡らし、土塁を喰い違い状に配置した枡形虎口①を設ける。その縄張りは長比城

南側切岸

虎口①付近に建つ標柱。わかりやすい

や大嶽城と同一であり、元亀年間における典型的な朝倉氏城郭のパターンといえる。虎口①・②は、現在の登山道に接するように開口しているため、現在の登山道がかつての登城道としてよい。登城道には敵軍が通るため、登城道側（東側）の防御力を増強しなければならない。この結果、東側のみに横堀が採用されている。⑥もかなり埋まっているが、横堀と考えてよい。

福寿丸・山崎丸の最大の任務は、敵軍の進攻を食い止め、大嶽城を防御することにあった。したがって、堀切④を設けて尾根続きを遮断し、さらに迂回する敵軍には竪堀③を構築して阻止している。おそらく、⑤には簡単な木戸を設けて出入りを厳しく監視していたことであろう。木戸を突破しようとする敵兵に対して、出撃用の虎口として虎口②を設けたと考えられる。

竪堀③と堀切④で防御ラインを形成していたことは確実だが、一直線にはならない。正確な復元は不可能だが、⑤地点は横堀⑥と竪堀③・堀切④が複雑に絡み合った、枡形状の通路が存在していたのではなかろうか。単純に尾根と登城道を遮断するのではない、朝倉氏の高い築城技術を見ることができる。

以上見たように、現存縄張りは統一されており、遺構に改修・増築の痕跡は見当たらない。したがって、現存遺構は元亀三年に朝倉氏が構築したものとしてよいだろう。

【まとめ】福寿丸が元亀年間における朝倉氏城郭の典型的な縄張りだということが判明した。しかも、構築年代を一次史料で判明できることも非常にありがたい。

織田信長も同時期（元亀三年七月）に虎御前山城を構築しているが、虎口に限定すれば、福寿丸・山崎丸のほうが技術的に上回っていると思える。元亀年間に朝倉氏が高い築城技術を保有していたことを、福寿丸・山崎丸が証明してくれたのである。福寿丸・山崎丸を標準指標として水平展開すれば、さらに朝倉氏城郭を深く解明することができるだろう。

曲輪を取り巻く塁線土塁

大嶽城出城の一つ

39 山崎丸（やまざきまる）

① 滋賀県長浜市湖北町郡上
② ―
③ 標高二三六m／比高一四〇m
④ B（少し登る、やや登城しにくい）

【立地】小谷山山頂の大嶽城から南方に伸びる知善院尾根に位置する。知善院尾根は北国街道まで南下しているため、敵軍が知善院尾根を攻めのぼってくるのを阻止し、大嶽城を防御するのが最大の任務だったと考えられる。

【城主・城歴】元亀三年（一五七二）八月二日、朝倉軍が大嶽城を防御する陣城として、福寿丸と共に構築したと考えられる（「福寿丸」項を参照）。名称の由来は、朝倉氏の重臣山崎長門守（新左衛門）吉家（よしいえ）が守備していたことによる。ちなみに、吉家は天正元年（一五七三）八月十三日、朝倉軍が大敗した刀祢坂の合戦で、戦死者の中に山崎長門守の名を見出すことができる。*1 したがって、吉家が在城していた可能性は高い。

刀祢坂の合戦とは、越前に敗退する朝倉軍を織田軍が背後から急襲したもので、「織田信重（信忠）書状」*2には「去る十三日夜、越前衆夜落ちを致し候処、あとより（織田）信長追い懸け、首二千余り討ち捕り候。大将朝倉孫三郎父子、山崎、小林、彼ら初めとして十人余り、同じく美濃の辰起（斎（さい）

土塁④。一際大きい

*1 「織田信長条書」『上越市史別編1上杉氏文書集一』上越市、二〇〇三年

*2 『古文書が語る朝倉氏の歴史』

*3 「山崎吉家副状」『発給文書』

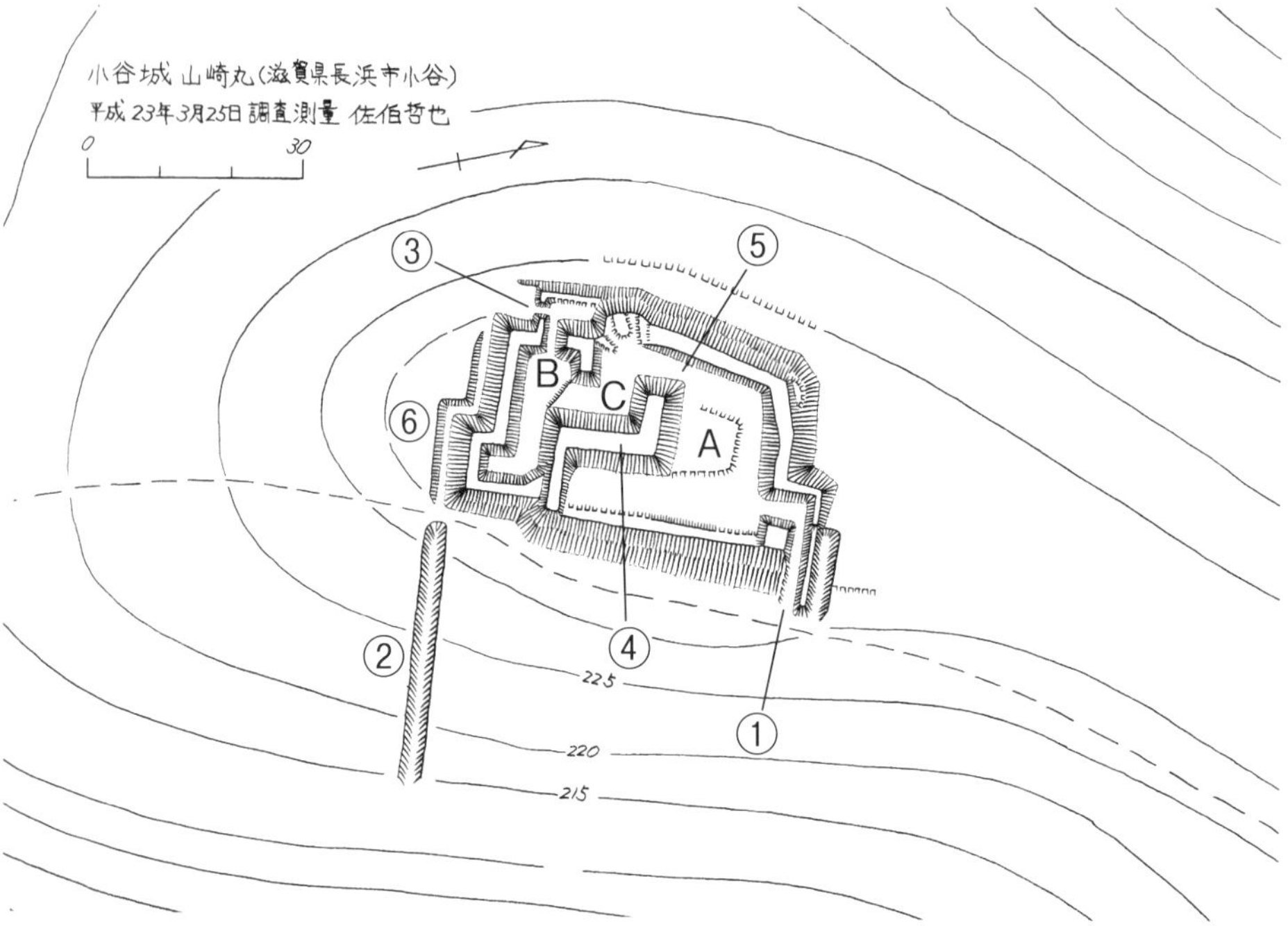

小谷城 山崎丸(滋賀県長浜市小谷)
平成23年3月25日 調査測量 佐伯哲也

藤龍興)の頸討ち捕り候」とあるのは、その状況を的確に記述している。ここにみえる「山崎」とは、吉家であろう。

山崎吉家は朝倉氏の年寄衆で、元亀元年に朝倉軍が近江に進攻際は副将を務めるほどの重臣である。上杉氏との外交も担当していた。元亀三年には義景と同じく大嶽城に在城していたことが判明しており、[*3]山崎丸を含めた大嶽城・福寿丸全体を統括する武将だったのであろう。

【城跡】麓から伸びる登山道は整備されており、非常に歩きやすい。城跡には説明板も設置され、初心者でもわかりやすく城跡を探訪することができる。ただし、登山口に案内板や説明板は設置されていないので、事前に調べておくほう

虎口③

曲輪を取り巻く塁線土塁

がよい。

曲輪の全周に塁線土塁を巡らし、土塁を外側に張り出し、櫓台を併設した枡形虎口①を設ける。その縄張りは長比城と同一であり、元亀年間における典型的な朝倉氏城郭のパターンといえる。

山崎丸は、知善院尾根を攻めのぼってきた敵軍の攻撃を最初に受ける城である。このため、横堀①と竪堀②を連結させて防御ラインを構築している。竪堀②は敵軍が尾根斜面の迂回防止用と考えられることから、かつての登城道は現在と違い、虎口③に入ったと考えられる。このため、塁線土塁に横矢を掛けて、虎口③の防御力を増強させているのであろう。

敵軍は、虎口③→B曲輪→C曲輪→主郭Aと直接城内を進み、虎口①から福寿丸・大嶽城へと向かったと考えられる。つまり、山崎丸そのものが関門のような機能を果たしており、城内で幾度も屈曲を繰り返していたのである。主郭Aは敵軍からダイレクトに攻撃されるため、分厚い土塁④を設け、虎口⑤に対して土塁上から横矢を掛けているのであろう。

虎口①が北側を警戒した形となっているのは、福寿丸を警戒しているわけではない。こちら側は鞍部（あんぶ）（峠状）となっているため、敵軍が入り込む余地が生じている。このため、北側を警戒する虎口（虎口①）が必要だったのである。

【まとめ】山崎丸が、元亀年間における朝倉氏城郭の典型的な縄張りだということが判明した。しかも、構築年代が一次史料で判明することも非常にありがたい。

土塁・虎口・曲輪が幾何学的に連動している縄張りは、芸術作品といえるほど美しく、そして高い防御力を発揮する縄張りでもあった。ただし、山崎丸の使命は敵軍を城内に引き入れ、全滅を覚悟で敵軍の進攻を食い止めることであり、戦国の非情さを物語る縄張りでもあった。こうした戦国の厳しい実情を知る城郭としても、山崎丸は貴重な遺構といえよう。

標柱と現地案内板。鳥瞰図なのでわかりやすい

虎口③

小谷城の西麓を守る出城

40 丁野山城（ようのやまじょう）

①滋賀県長浜市小谷丁野町
②―
③標高一六九・一m、比高七〇m
④B（少し登る、やや登城しにくい）

【立地】小谷山山麓の南から西方に北国街道が通る。標高の高い大嶽城や小谷城では、北国街道の実質的な掌握は難しいと考えられる。その結果、丁野山城を築き、実質的な監視・掌握を行ったと考えられる。

【城主・城歴】『近江輿地志略（おうみよちしりゃく）』には、「相伝是浅井氏、織田信長と戦の時、越前朝倉の家士堀甚助・久保田堪十郎・平泉寺の衆徒玉泉坊と浅井家の援兵として楯籠りし城也」とあり、浅井氏による築城後、朝倉氏家臣や平泉寺玉泉坊（ぎょくせんぼう）が在城したとしている。

主郭Aを取り巻く横堀

元亀三年（一五七二）十二月三日、約四ヶ月間の大嶽城滞陣を経て、朝倉義景は越前に帰国する。『朝倉始末記』は、帰国にあたり義景は、大嶽城・丁野山城に番勢を置いたとしている。これが事実であれば、元亀三年の段階ですでに存在し、朝倉氏が支配していた城ということになる。元亀三年七月、織田信長は小谷城山麓に虎御前山城を築城する。この対抗措置として、浅井氏の丁野山城を朝倉氏が改修したという仮説を立てることができよう。

天止元年（一五七三）八月十二日、織田軍の攻撃により大

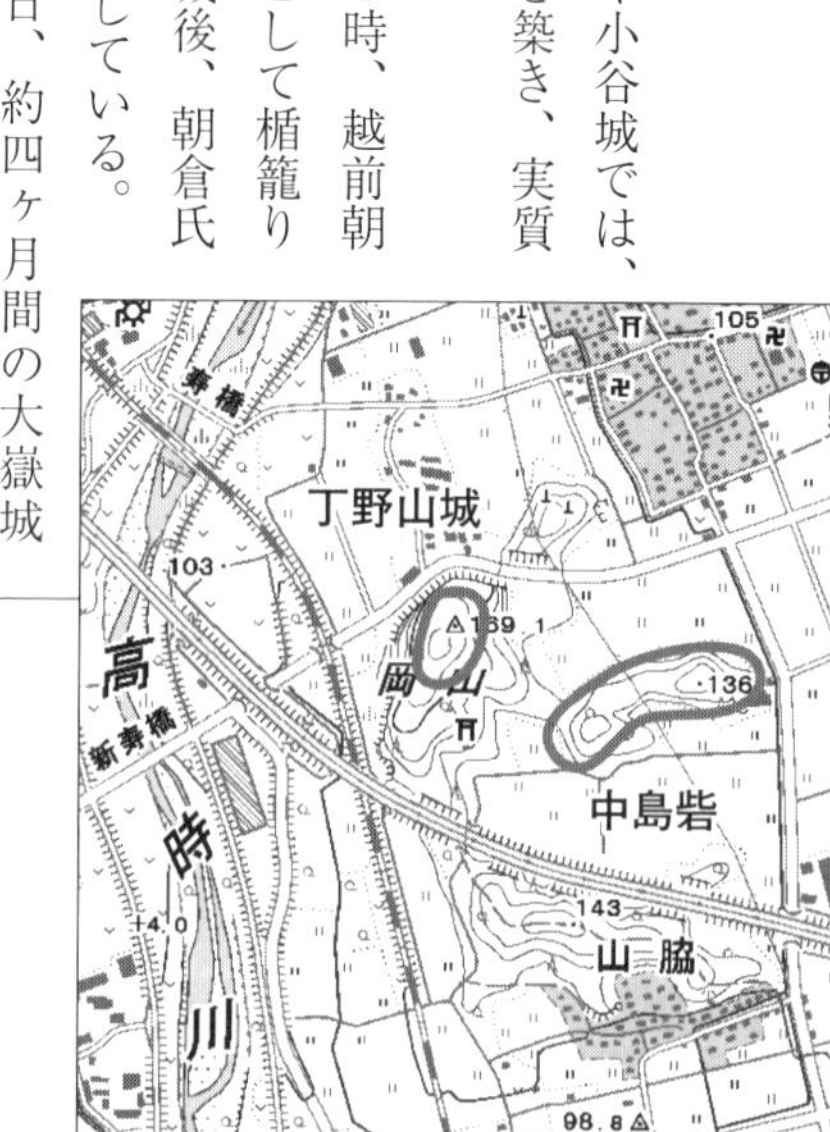

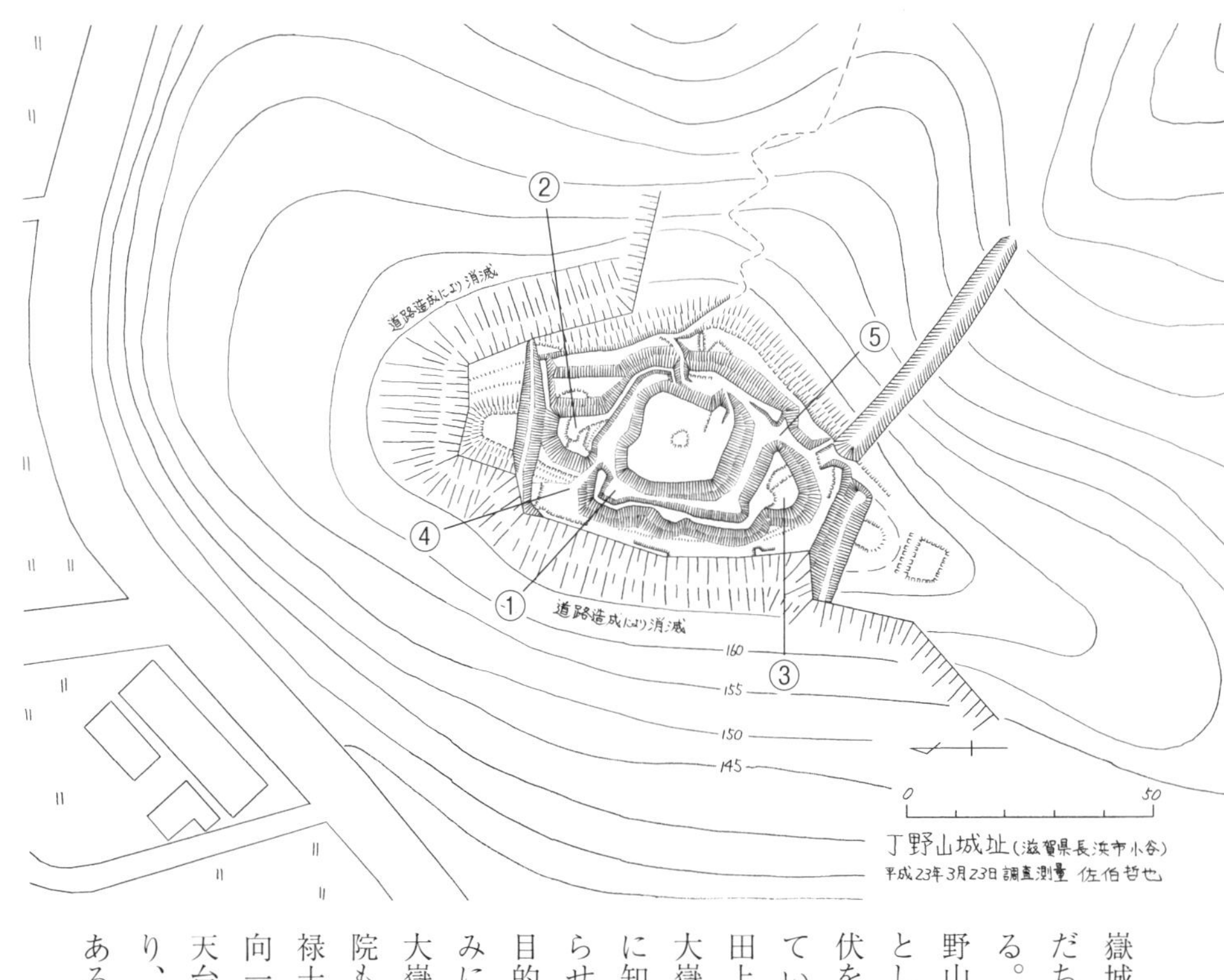

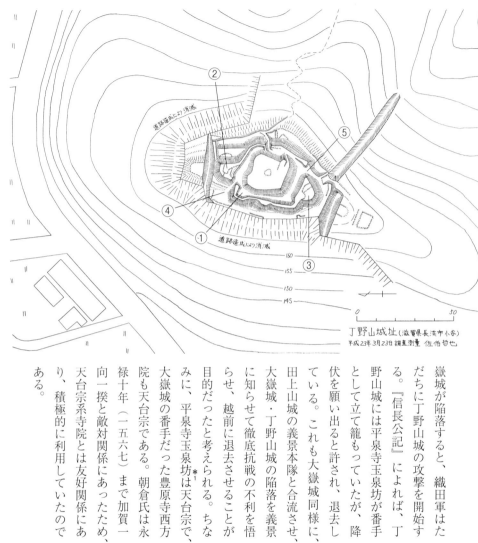

嶽城が陥落すると、織田軍はただちに丁野山城の攻撃を開始する。『信長公記』によれば、丁野山城には平泉寺玉泉坊が番手として立て籠もっていたが、降伏を願い出ると許され、退去している。これも大嶽城同様に、田上山城の義景本隊と合流させ、大嶽城・丁野山城の陥落を義景に知らせて徹底抗戦の不利を悟らせ、越前に退去させることが目的だったと考えられる。ちなみに、平泉寺玉泉坊は天台宗で、[*1] 大嶽城の番手だった豊原寺西方院も天台宗である。朝倉氏は永禄十年（一五六七）まで加賀一向一揆と敵対関係にあったため、天台宗系寺院とは友好関係にあり、積極的に利用していたのである。

＊1　平泉寺や豊原寺も城を築いているが、どちらも虎口はあまり発達していない。丁野山城の縄張りは朝倉氏が構築したと考えられる。

主郭Ａを取り巻く横堀

『信長公記』によれば、八月十三日までに織田軍は丁野山城を含む朝倉方の十城を攻め落としている。以降、使用された形跡はない。このときの落城をもって廃城になったのであろう。

【城跡】 麓から伸びる登山道は整備されており、非常に歩きやすい。城跡には説明板も設置され、初心者でもわかりやすく探訪することができる。雑木も伐採され、遺構も観察しやすい。ただし、駐車場はないので、自己責任で駐車してほしい。

曲輪の全周に塁線土塁を巡らし、土塁を曲輪状に外側に張り出し（①）、虎口に入る敵軍に横矢を効かせる縄張りは、上平寺城や同じ山陵に位置する中島砦、そして朝倉氏が若狭で築城した岩出山砦と同様の縄張りである。したがって、元亀年間における朝倉氏城郭の標準パターンの一つといえる。南北の尾根続きを堀切で遮断し、ほぼ中央に塁線土塁と繋がった櫓台②・③を設け、その対角線上に虎口④・⑤を設けている縄張りは、非常にバランスが良く、同一人物によって計画的に構築されたことを物語る。矛盾なく整っている縄張りに、新旧の時代差は感じられない。したがって、現存遺構は元亀年間に朝倉氏が構築したものと考えてよい。

同じく朝倉氏関係勢力が籠城していた中島砦からは、遮断施設もなく、簡単に主郭Ａに入ることができる。南北の尾根続きからは、鋭い堀切を越えて、櫓台②・③の横矢攻撃を受けながら虎口を突破しなければならない。櫓台②・③は大きさから橋頭堡ともいってよく、敵軍の攻撃から主郭Ａを防御する。特に南側は、喰い違い状の堀切を越え、内枡形虎口を突破しても正面には櫓

主郭Ａ現況。説明板が設置されている

登城口の案内板。わかりやすい

台③が立ちはだかっており、狭い通路を通ってようやく虎口⑤に辿り着く。ハイレベルな縄張りと評価でき、構築者は南の尾根続きを強く警戒していたことが判明する。

『江陽浅井郡丁野山古砦之図』によれば、南の尾根続きに「寄手　明智日向守光秀」の砦跡を描く。「明智日向守光秀」砦跡は高速道路の建設によって全壊し、確認できないが、丁野山城との直線距離はわずか五〇〇mしか離れておらず、敵味方の陣が尾根続きでこのような至近距離にあったとはにわかには信じがたい。ただし、丁野山城の縄張りからは、それは妥当な判断といえる。いまもって筆者の結論は、「よくわからない」のままである。

【まとめ】丁野山城が、元亀年間における朝倉氏城郭の典型的な縄張りであり、それが平野部にも存在していたということが判明した。

南端の堀切

当然といえば当然だが、平野部に近い朝倉氏城郭は、越前と強い関連性を持つ場所に築城されていることが判明しつつある。他国に来て滞陣する場合、物資の補給・連絡を確保するために、城郭が必要だったことを強く物語っているのである。

また、大嶽城には豊原寺西方院、丁野山城には平泉寺玉泉坊がそれぞれ番手（番勢）として籠城していたことが判明した。朝倉氏の天台宗系寺院の積極的な利用がうかがえる。両寺は戦国大名顔負けの武装集団であるがゆえに、悲惨な最期を迎えている。宗教者とは本来どのようであるべきか、強く物語っているように思えてならない。

主郭Aを取り巻く横堀

丁野山城の出城

41 中島砦（なかじまとりで）

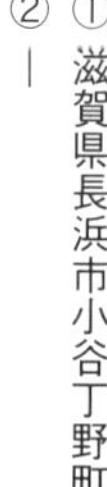

① 滋賀県長浜市小谷丁野町
② ―
③ 標高一三〇m／比高三〇m
④ B（少し登る、やや登城しにくい）

【立地】通称岡山と呼ばれる山陵の山頂には丁野山城が位置し、その尾根続きに中島砦が築かれている。両城の間には明確な遮断施設がないことから、両城の親密さをうかがうことができる。丁野山城から中島砦を見下ろすことができるため、中島砦は丁野山城の出城と位置づけることができよう。

【城主・城歴】『江陽浅井郡丁野山古砦之図』には、中島砦の守将として「中島惣左衛門」を記述する。だが、『朝倉始末記』では丁野山城の守将の一人として「中島宗左衛門」の名を記述している。丁野山城と中島砦の直線距離はわずか三〇〇mしかなく、伝承が混同しているのか、山陵全体の守将だったのか、どちらかなのであろう。

中嶋宗左衛門尉直頼（なおより）は浅井長政の家臣で、太尾山城（ふとおやま）（滋賀県米原市）主だった。元亀二年（一五七一）に佐和山城（同彦根市）が織田信長の攻撃で開城すると、直頼も太尾山城を退城している。したがって、翌元亀三年に朝倉氏が丁野山城・中島砦を構築したとき、中島砦の守将として採用された可能性は高いといえよう。

主郭Aを取り巻く横堀

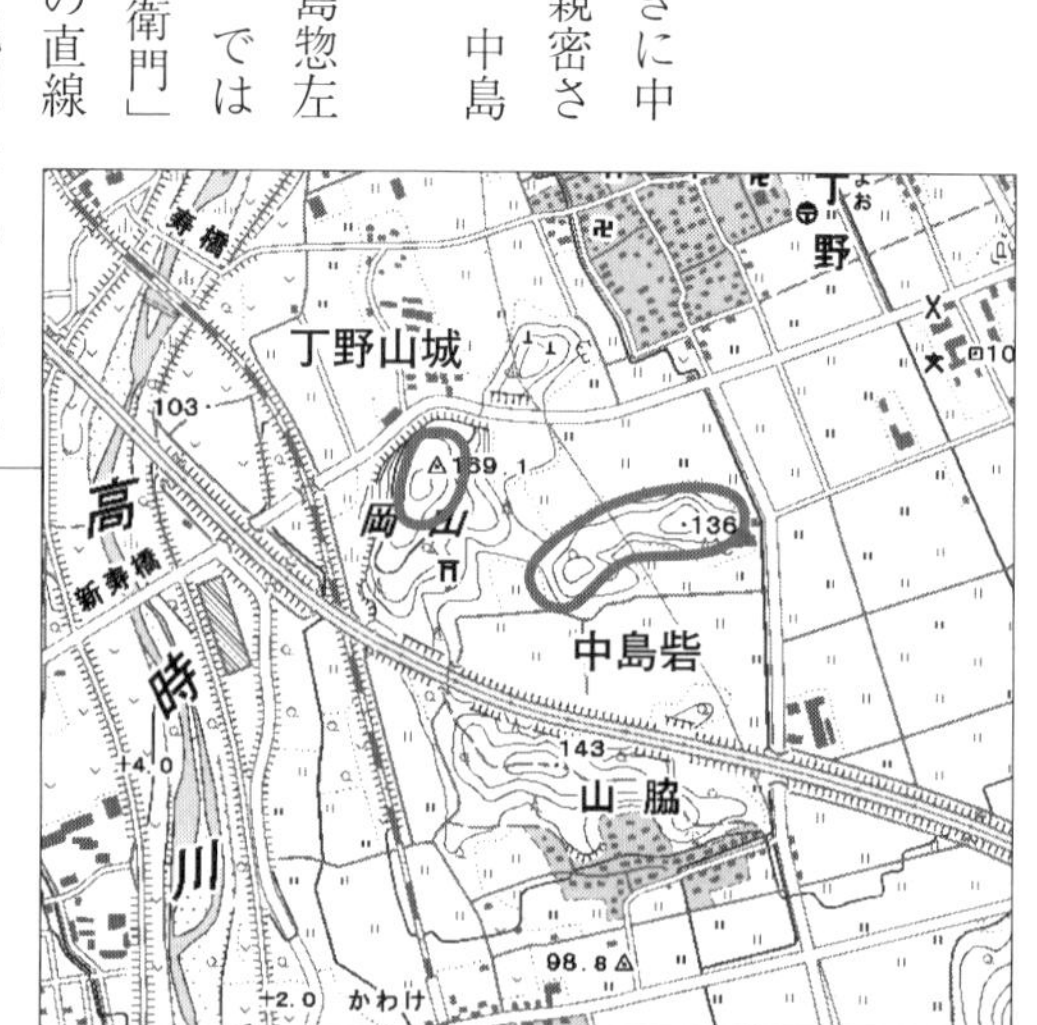

中島砦址(滋賀県長浜市小谷丁野町)
平成23年3月24日調査測量 佐伯哲也

『信長公記』によれば、八月十三日までに織田軍は丁野山城を含む朝倉方の十城を攻め落としている。中島砦の名は見当たらないが、以降、使用された形跡はない。他の十城と同じく落城し、廃城になったのであろう。

【城跡】 麓から伸びる登山道は整備されており、非常に歩きやすい。城跡には説明板も設置され、初心者でもわかりやすく探訪することができる。雑木も伐採され、遺構も観察しやすい。ただし、駐車場はないので、自己責任で駐車してほしい。

曲輪の全周に塁線土塁を巡らし、土塁を曲輪状に外側に張り出し(①)、虎口に入る敵軍に横矢を効かせる縄張りは、上平寺城や同じ山陵に位置する丁野山城、そして朝倉氏が若狭で築城した岩出山砦と同様の

登城口の案内板。初心者でも迷わない

縄張りである。したがって、元亀年間における朝倉氏城郭の標準パターンの一つといえる。

東側の尾根を両竪堀②で遮断するが、丁野山城との間には明確な遮断施設は設けておらず、両城の親密さをうかがうことができる。ただし、竪堀③を設け、敵軍が南側に迂回するのを防止し、虎口に誘導するという警戒態勢は怠っておらず、軍事的緊張状態のなか、築城されたことを如実に物語る。

『江陽浅井郡丁野山古砦之図』では、両竪堀②からさらに東側の尾根続きに朝倉氏家臣の名を冠した砦を描くが、古墳等が残るだけで、ほぼ自然地形である。不明瞭な平坦面は残るが、それが戦国期の城郭遺構なのか、地表面観察のみでは明確にしがたい。ただし、これが城兵が臨時的に駐屯した平坦面の実態なのかもしれない。

以上、中島砦の縄張りを述べた。丁野山城との親密性、同城との縄張りの共通性、同城との至近距離は、両城が同一人物・同一時期に構築されたことを物語る。元亀三年に朝倉氏が築城したと考えてよかろう。さらに、比高がわずか三〇mで、朝倉氏にとって重要な北国街道と七〇〇mしか離れていないことも、重要な事実として認識すべきであろう。

【まとめ】中島砦が元亀年間における朝倉氏城郭の典型的な縄張りであり、丁野山城とともにそれがほぼ平野部に等しい低丘陵に存在したということが判明した。

前項で述べたように、平野部に近い朝倉氏城郭は、越前と強い関連性を持つ場所に築城されていることが判明しつつある。他国に来て滞陣する場合、物資の補給・連絡を確保するために、城郭が必要だったのであり、その必要性に着目すれば、近江（大嶽城）と越前（敦賀）の中間に位置する賤ヶ嶽は、物資補給の中継地として、朝倉氏にとって実に重要な地点となる。やはり賤ヶ嶽城塞群は、朝倉氏の関与していたことの再検討が重要な課題といえよう。

主郭Aを取り巻く横堀

【第六章】

越前一向一揆時代の城郭

木ノ芽峠城塞群の主城

42 鉢伏山城（はちぶせやまじょう）

①南条郡越前町今庄町二ツ屋
②ー
③標高七六一・八m／比高四五〇m
④B（少し登る、やや登城しにくい）

【立地】木ノ芽峠城塞群の主城である。比高が四五〇mもあるため、眺望は絶好ではるか敦賀湾まで望むことができる。もちろん、城塞群のほぼ中央に位置する木ノ芽峠やそこを通る北国街道、そして同じく城塞群の観音丸城・木ノ芽城・西光寺丸城を見下ろすことができる。

【城主・城歴】

主郭Aを取り巻く塁線土塁

1．木ノ芽峠の歴史

木ノ芽峠城塞群のほぼ中央に位置する木ノ芽峠は、ミクロ的に見れば越前中央部の関門であり、マクロ的に見れば畿内と北陸を繋ぐ重要な関門となる。したがって、戦国期にも北陸の主要な峠の一つとして多くの著名人が通過している。

まず、公家の冷泉為広（れいぜいためひろ）は延徳三年（一四九一）三月七日、「キノメタウゲ（木ノ芽峠）坂遠」[＊1]と木ノ芽峠を越えている。「坂遠」とあり、難路だったことを端的に表現している。また、奈良興福寺大乗院門跡の尋憲は、奈良からはるばる越前の織田信長の陣所まで出かけ、越前の所領回復を信長に懇願している。

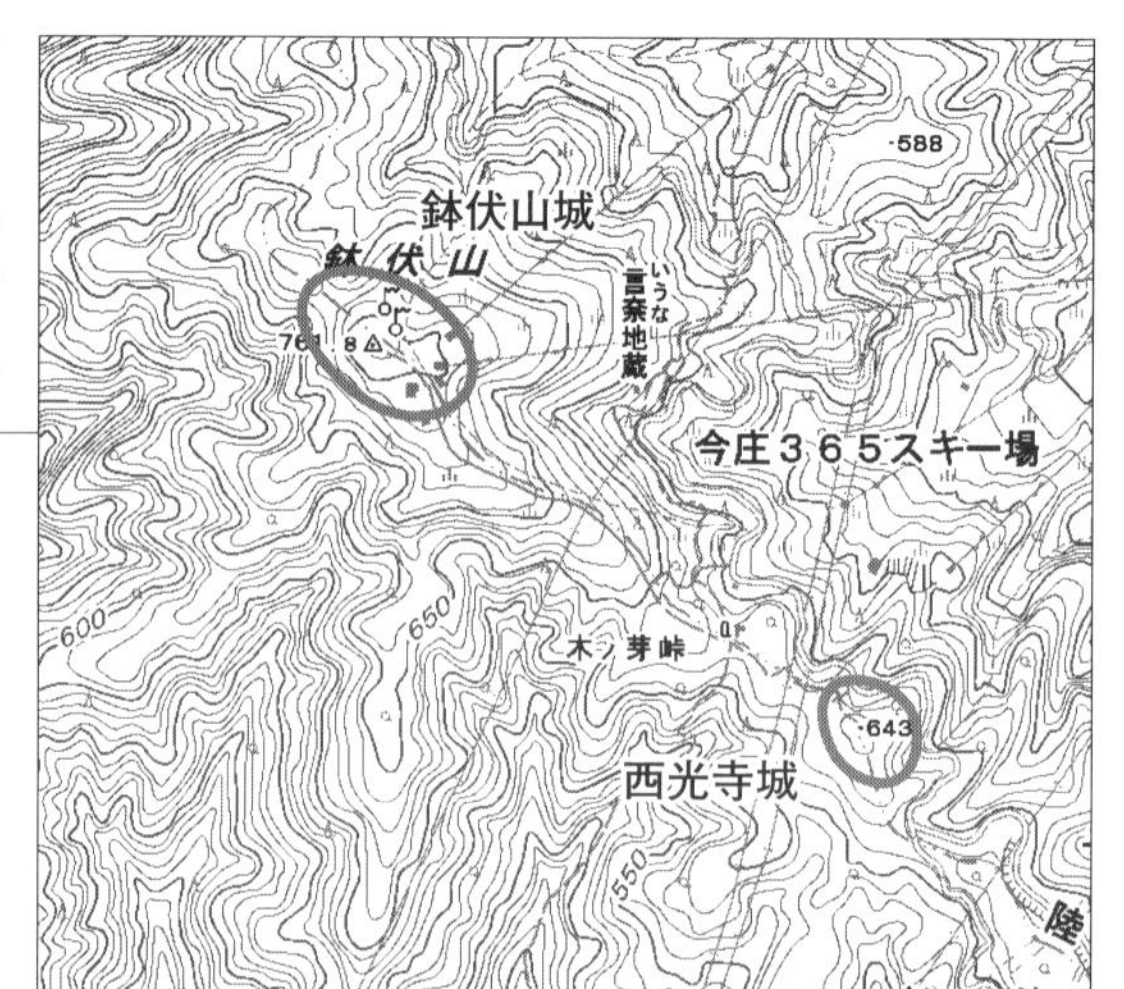

＊1　『越後下向日記』小葉田淳「冷泉為広の越後下向日記と越前の旅路」『福井県史研究第三号』福井県総務部県史編纂課、一九八六年

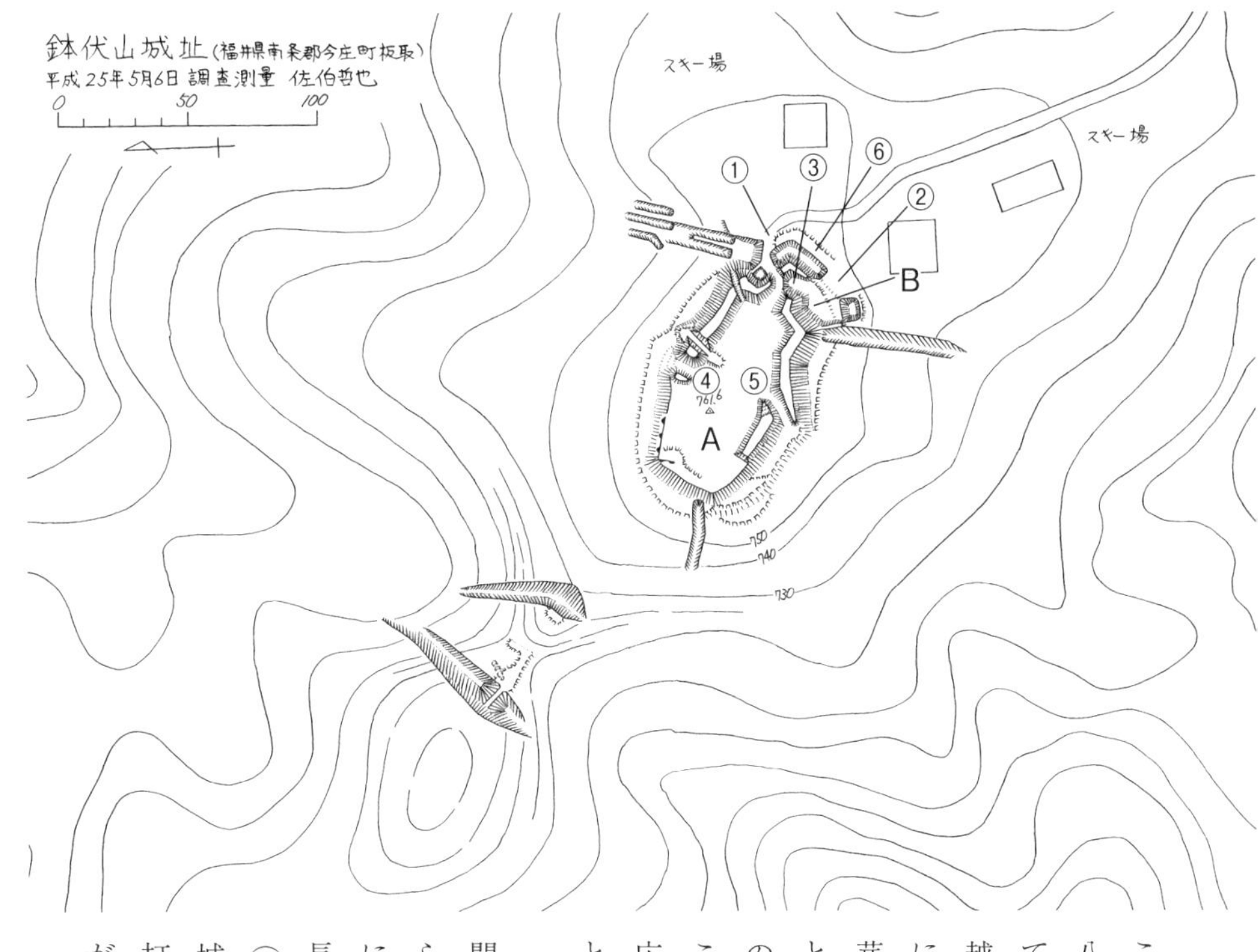

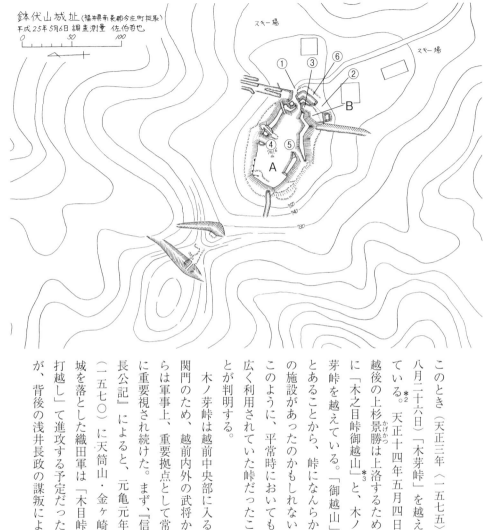

このとき（天正三年〈一五七五〉八月二十六日）「木芽峠」を越えている。[*2] 天正十四年五月四日、越後の上杉景勝は上洛するために「木之目峠御越山」[*3]と、木ノ芽峠を越えている。「御越山」とあることから、峠になんらかの施設があったのかもしれない。このように、平常時においても広く利用されていた峠だったことが判明する。

木ノ芽峠は越前中央部に入る関門のため、越前内外の武将からは軍事上、重要拠点として常に重要視され続けた。まず、『信長公記』によると、元亀元年（一五七〇）に天筒山・金ケ崎城を落とした織田軍は「木目峠打越し」て進攻する予定だったが、背後の浅井長政の謀叛によ

＊2　『越前国相越記』『古文書が語る朝倉氏の歴史』
＊3　『天正十四年上洛日帳』『上杉氏文書集　二』

り撤退している。また、天正元年八月に近江から越前に敗退する朝倉軍は、刀祢坂から木ノ芽峠を越える予定だったが、刀祢坂で織田軍に追いつかれ、大敗している。そして、織田軍は「木目追越」して越前中央部に進攻している。[*4]

天正三年、越前一向一揆を討伐するため、再度越前に進攻した織田信長は、「木目峠打越し」て越前中央部へと進軍している。[*5]

天正十一年四月、賤ヶ嶽合戦で敗退した柴田軍は、「惣人数ハ木目之弓手・馬手之栄（山？）中へ逃入候事」[*6]と、木ノ芽峠の左右の山中に逃亡したと述べている。柴田軍も木ノ芽峠を越えて越前中央部に敗退したのである。ちなみに、同秀吉書状には、「小姓共討にて柴田旗本へ切り懸、即時衝崩、五千余討殺候」と、小姓たちが活躍したいわゆる「賤ヶ嶽の七本槍」を述べている。

以上述べたように、木ノ芽峠は軍隊が通行する軍事道路としても使用されていたことが判明する。

2. 城郭としての木ノ芽峠

城郭としての木ノ芽峠は、どのように使用されたのであろうか。『朝倉始末記』によれば、元亀元年四月の織田信長の越前進攻にあたり、朝倉氏家臣の印牧能信（かねまきよしのぶ）が「木ノ目峠ノ上ナル鉢伏セノ要害」に籠城したという。もちろん、元亀元年に朝倉氏によって改修されたと考えられるが、朝倉氏にとって越前中央部を固める重要拠点のため、これ以前より木ノ芽峠城塞群は朝倉氏によって築城されていたことであろう。二次史料ではあるが、「鉢伏セノ要害」と鉢伏山城の名が記述されているところに注目したい。ちなみに、印牧能信は天正元年八月の刀祢坂の戦いで捕虜となり、一命を助けられたが、生き恥を晒したくないといって切腹している。[*7] 朝倉氏滅亡後の天正二年七月、『信長公記』によれば「木目峠に取出を拵へ、樋口（直房）を入置かれ候」とあり、

＊4　「織田信長条書」『上杉氏文書集 二』

＊5　『信長公記』

＊6　「羽柴秀吉書状」『七尾市史武士編』

＊7　『信長公記』

織田氏が使用し、樋口直房を守将として置いていたことが判明する。しかし、木ノ芽峠に構築した砦が木ノ芽峠城塞群をさすのか、あるいは鉢伏山城のみをさすのか不明である。ちなみに、直房は妻子を連れて甲賀へ逐電したため、羽柴秀吉によって成敗されている。

3．専修寺賢会の書状

天正二年八月、越前一向一揆は織田信長の越前進攻に備えるため、木ノ芽峠城塞群に専修寺賢(せんじゅじけん)会(え)等を守将として置いた。専修寺住職賢会は、天正二〜三年に木ノ芽峠城塞群に在城し、在城中のさまざまな様子を詳細に十三通の書状として、加賀諸江坊坊主（おそらく賢会の弟）に書き送っている。宛て主が弟のため、挨拶等の形式的な書状ではなく、本音を述べた稀有な書状群である。特に当時の一向一揆の実情を述べている点に注目したい。少し長くなるが、主要部分を抜き出して紹介したい。なお、宛て主はすべて諸江氏で、差出年はすべて天正二年である。[*8]

［①八月廿日書状］賢会は「我等陣所者はちふせ（鉢伏）要害相拵踏候事候」と述べているが、後述のように「はちふせ」は木ノ芽峠城塞群全体を示しているものと思われる。このときの木ノ芽峠城塞群は「普請ニ取乱候」と述べていることから、改修の真っ最中だったのであろう。そして、賢会は諸江氏（弟）に「三尾河内（木ノ芽峠の麓）迄可有御登候間、乍大儀御上候て、城可御覧候」と、自分が在城する城を見に来いと述べる。自分の勇姿を見せたかったのであろうが、これも宛て主が弟だったからであろう。

賢会は、「鉢伏、西光寺・正闡坊・今少路（常楽寺）・照護寺・我等五人して相踏候」と述べる。鉢伏山城のみに五人もの守将が在城することは考えられないので、この書状が述べる「鉢伏（はちふせ）」は、木ノ芽峠城塞群全体を示していると考えられる。そして、鉢伏山城に賢会が在城していたのであろう。賢会は最後に「一段手広なる山候間難儀まで候」と述べ、守備範囲が広す

＊8　福井県福井市大町にあったが現在は廃絶

8月20日付け諸江殿宛て専修寺賢会書状　福井県坂井市・勝授寺蔵　画像提供：福井県文書館

ぎて、籠城は困難と泣き言を述べる。

［②八月廿四日書状］賢会は、「拙者八ふせ（鉢伏）の要害相踏候、雪のふり候ハんするまてハ可相抱覚語（悟）迄候、仏法之御一大事と存候、身命捨□馳走申まて候」と、降雪期まで籠城し、仏法の一大事なので命をかけて奉公する覚悟と述べている。賢会の戦意は極めて旺盛だが、「風雨只なをさりの事にても候ハす候、こや（小屋）のもり（漏り）候事難儀」と、小屋の雨漏りを修理もせず住みにくいと弱音も述べる。戦場とはいえ、一揆上層部の居住施設が、雨漏りする小屋程度だったことが判明し、当時の作事状況がわかり興味深い。

賢会は、「我々具足おもくて候て迷惑候」と述べる。なんとも情けない発言だが、普段から具足をつけて戦場を駆け巡っていなかったことを推定させる。初めて具足をつけたのであろうか。以前の一揆上層部は「口は出すけど手は出さず」という状態で、戦場に出るのは在地の土豪であり、後方から指示することが多かった。今回は実際に最前線に出てしまったのである。これが一揆上層部の実態なのであろう。

地元住民の心は、すでに一揆上層部から離れていた。同書状で賢会は、四十文ほど地元から徴発しようとした。当然、賢会は地元は素直に応じるものと思っていたが、地元は「礼銭の御請取候様沙汰之限、以日記（金品の受け取りを明記した証書のようなもの）つけこわせ候とて候」と、いきなり徴発するのではなく、証書を書いてほしいと要求したと述べる。これについて、賢会は「さてさてなにとしたる事候哉、不能分別候、左様に候へハ当座ニ用ニ不立候」と怒りを露わにしている。そして、このような無礼な態度をとられたことに対して、「何とて左様ニそさう（粗相）ニめされ候や、我々ハ捨物候哉」と自虐的な言葉を述べ、地元住民に「うつけたる事のあほうか」と、聖職者にあるまじき罵詈雑言を述べる。憎悪を書きつづったこの書状が、四五〇年後に大衆

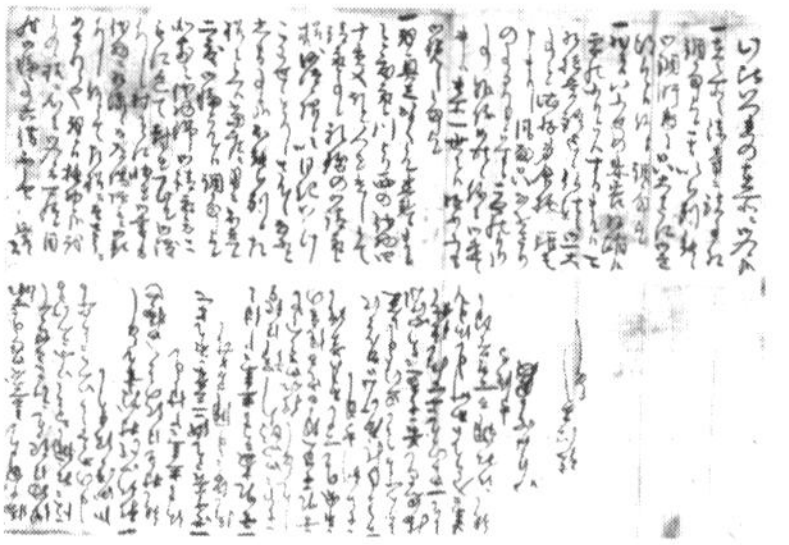

8月24日付け諸江殿宛て専修寺賢会書状　福井県坂井市・勝授寺蔵　画像提供：福井県文書館

の面前にさらけ出されるとは、賢会は夢にも思っていなかったであろう。

［③九月廿四日書状］賢会は、「我々ハ当城に可越年覚語（悟）候」と、②では降雪期までの籠城予定だったのを、越年まで伸ばすと意気込む。しかし、「深雪迷惑ニ候」と弱音もチラリと漏らす。

普請用人夫の徴収については、「就其普請衆其辺之儀日記を以て申候、六十を限、十五を限、一人も不残可被出候」と、十五〜六十歳の人夫（おそらく男子）を出すように命じており、当時の普請人夫衆の構成の一端がうかがえて面白い。

［④十月十二日書状］賢会の覚悟とは裏腹に、一揆軍全体の戦意は極めて低かった。賢会は「仍昨日（十一日）酉刻、当寺坊主衆善覚・老原与七郎・勝秀・祐喜悉懸落候、既小屋小屋皆明候、言語道断沙汰之限迄候、従荷（府）中表之者共も同心候、彼右衛門二郎を始、悉退候」と、守備兵が逃亡してしまったことに驚愕しており、小屋がカラッポになったと述べている。越年の覚悟を述べたわずか十八日後の出来事なので、賢会のショックも大きかったのであろう。

このありさまに、賢会は「我々の首を切たる程の事者不及申候」・「拙者ハ腹を切迄候」と嘆いている。腹心のものまで逃亡したのに、仲の悪かった円宮寺[*9]については「円宮寺者無同心候哉、小やの者共其まま有よし申候、相構々御驚候ハて、能々御調候而可給候」と、従前どおり守備しているのを見て、多少皮肉って驚いている。いずれにせよ、一揆軍は信長との交戦前からすでに内部崩壊が始まっていたのである。ちなみに、ここでも「小屋」という建物が登場する。やはり、守備兵が居住する施設は小屋程度だったのである。

残った守備兵も、「此方ニ残人数者、大野衆少、円宮寺手輪、専光寺、あさふ（莇生）田藤兵、都合百計残候、言語驚入タル事迄候」とわずか百人ばかりでしかなく、途方に暮れている。仮に四城で割ると、一城当たり二十五人の守備兵しか居なくなる。これで防戦できるはずもなく、賢

＊9　円宮寺も大正三年八月の織田軍の攻撃により戦死する。

会が途方に暮れたのも当然であろう。

［⑤十一月五日書状］賢会は常時在城していたのではなく、時々下山していたと思われる。「昨日従筑法（下間頼照、一揆の総大将）御状候而、八（鉢）伏用心一大事候間、早々可登城候由承候間、明日上候事候」とあるのは、それを物語る。十一月に登城したのなら、予定どおり越年したのであろう。

一揆軍はすでに内部分裂の状態だった。賢会は登城するにあたり、「惣別鉄炮之者共門徒衆（守備兵）いやかり候間無用にて候」と、おそらく一揆上層部が手配した紀伊の鉄砲隊（雑賀か？）も同行させる予定だったが、守備兵が拒否したので登城させなかったと述べる。「よそ者は受け入れない」という頑迷な意志表示である。遠路はるばる紀伊からやってきた鉄砲隊を追い返すわけにもいかず、賢会は自分の使い番として使用すると述べている。このように、不協和音が流れる一揆軍では、信長軍に勝てるはずがなかった。

賢会の書状は、この十一月五日書状が最後となる。翌天正三年八月、越前に進攻した信長軍の前に一揆軍はなすすべもなく壊滅状態となり、賢会は戦死するためである。

天正三年八月、織田信長は三万余騎を動員して越前に攻め入る。『信長公記』によれば、このとき「木目峠、石田の西光寺大将として一揆共引率し在陣なり」・「鉢伏の城、専修寺（賢会）・阿波賀三郎兄弟、越前衆相拘へ」とある。明確に木ノ芽峠と鉢伏山城を区分していることから、ここに記述された鉢伏山城は、木ノ芽峠城塞群全体をさすのではなく、一個の城郭としての鉢伏山城としてよい。やはり、鉢伏山城に賢会が守将として在城していたのである。そして、西光寺丸城に西光寺が在城していたのである。

『多聞院日記』[*10]にも、「越前国之事、去月（八月）十六日ニ木ノ辺（木ノ芽）・鉢伏追」とある。また、

＊10　『福井市史資料編2』

＊11　八月二十二日付、『戦国期の山城』今庄町教育委員会、一九九七年

＊12　八月十七日付、『戦国期の山城』今庄町教育委員会、一九九七年

信長が村井長頼（むらいながより）に宛てた織田信長書状[＊11]にも「木目・鉢伏追破」とある。木ノ芽峠と鉢伏を分けて明記していることから、この「鉢伏」も鉢伏山城を述べていると考えてよかろう。

『信長公記』によれば、信長軍は十五日夜に攻撃を開始し、「近辺放火候。木目峠・鉢伏・今城・火燧城にこれある者共、跡を焼立てられ胆を潰し、府中（越前市）をさして罷退き候」という状態となった。つまり、一揆軍はほとんど防戦することなく総崩れとなり、府中目指して敗退したのである。鉢伏山城に在城していた阿波賀三郎・与三兄弟は降伏し、赦免を願い出たが、許されず生害させられる。そして、賢会も山林に隠れていたところを引きずり出されて首を切られてしまう。首を切ったのは、かつての同僚朝倉景健（かげたけ）で、賢会の首を土産として赦免を願い出たが、許されるわけもなく、景健も生害させられる。もはや「助かるためならなんでもする」という状況である。予想された結果だが、あまりにもあっけなく、あわれな結末といえよう。

また、村井長頼に宛てた織田信長書状[＊12]に面白いことが書いてある。信長は十六日に「木目追崩」したが、木ノ芽峠は「羽柴筑前守（秀吉）も去年木目城被取候遺恨」のある城と述べる。これは、去年（天正二年）木ノ芽峠守将の樋口直房が逐電し、秀吉が成敗したことを述べている。信長は、秀吉が「遺恨」を持った城なので、明智光秀と相談させ、木ノ芽峠を攻める一方で、逃げてきた一揆軍を府中で待ち構え、一網打尽で一揆軍を討ち取ってしまったという。何から何まで織田軍の思惑どおりに事は進み、もはや戦いではなく、一揆軍の虐殺に等しかったのである。

天正三年八月の落城後、鉢伏山城は史料上に登場しない。もちろん、木ノ芽峠は使用され続けるが、城郭としては登場しない。城郭としての歴史は、天正三年八月の落城をもって終止符を打ったのであろう。

【城跡】木ノ芽峠城塞群の最高所、鉢伏山山頂に位置する。他の城郭とは比高が一〇〇m以上あり、

入口付近に立つ説明板

登城道途中の案内板。初心者でも迷わない

上：虎口①。多少破壊されている
下：尾根続きを遮断する堀切

見下ろすことから、城塞群の主城と考えられる。山頂からの眺望は素晴らしく、敦賀湾を一望することができる。遊歩道が整備され、主郭A周辺はきれいに苅り払われ、非常に観察しやすくなっている。ただし、近年の改変で遺構の一部が破壊されたのは惜しまれる。

主郭はA曲輪で、ほぼ単郭の城郭である。城塞群の北端に位置することから、北側の尾根続きを二本の堀切で完全に遮断する。東側の尾根続き（西光寺丸城側）は、竪堀や横堀で遮断する。現在、開口している虎口①は、マイクロウェーブ建設のために設けられた道路によって改変を受け、旧来の構造は不明である。あるいは、②にも横堀が存在していて、Bは馬出曲輪となり、③から出入りしていたのかもしれない。つまり、①は破壊虎口となる。

主郭Aの西側に土塁は存在しないが、これもマイクロウェーブ建設のために破壊されたのであり、かつては全周に土塁を巡らしていた。構造が多少不明ながらも、土塁で構築した虎口は、朝倉氏城郭そのものである。

虎口④・⑤は土塁で構築された明確な虎口だが、虎口①（もしくは③）と比較すれば単純な構

広々とした主郭A。きれいに苅り払ってある

虎口④

造である。おそらく、北西尾根連絡用として使用されたのであろう。これに対して虎口①（もしくは③）は、土塁を屈曲させて横矢を効かせ、横堀を設けて東側の尾根続き（西光寺丸城側）を警戒する。これは、西光寺丸城より格上の存在だったことを物語っており、縄張りからも城塞群の主城が鉢伏山城だったことが判明する。

さて、鉢伏山城は朝倉・一向一揆・織田三氏の複合遺構である。天正三年（一五七五）に越前一向一揆が構築した城に、虎杖城・河野丸砦・河野新城がある。三城は土塁や横堀で曲輪を囲んではいるが、虎口は単純な平虎口でしかない。これが天正三年における越前一向一揆の実情だったのである。それに対して、虎口①（もしくは③）は複雑な構造になっていることから、現存遺構の構築者から一向一揆を省くことができる。したがって、朝倉か織田かとなる。

破壊されているため詳細な構造は不明だが、⑥が朝倉氏の馬出特有の土塁状通路の可能性があり、この推定が正しければ、朝倉氏が構築したことになる。同じことは西光寺丸城にもいえ、朝倉氏城郭の特徴が各所に残っていることも、木ノ芽峠城塞群の特徴である。したがって、現存遺構は永禄末年～元亀年間に朝倉氏が構築したと推定したい。

【まとめ】史料上では、天正三年の越前一向一揆の城郭として登場するが、遺構は朝倉氏時代のものということが判明した。一揆軍は朝倉氏の城郭を改修せず、そのまま利用したということになる。

専修寺賢会の書状からは、最末期の越前一向一揆の内部事情が見えてくる。今回は一部しか紹介できなかったが、一向一揆・城郭の実態を知るうえで実に重要な史料群である。さらに検討して、一揆城郭の実態を解明したい。

虎口⑤

木ノ芽峠城塞群南端の城

43 西光寺丸城（さいこうじまるじょう）

①南条郡越前町今庄町板取
②—
③標高六四三ｍ／比高三三〇ｍ
④Ｂ（少し登る、やや登城しにくい）

【立地】木ノ芽峠城塞群四城（鉢伏山城・観音丸城・木ノ芽城・西光寺丸）の一城であり、南端を守備する城である。木ノ芽峠を守備するだけなら、峠の両側に位置する観音丸城・木ノ芽城の二城だけでよいと思われる。しかし、さらに国境を警備するとなれば、約一kmにわたる広大な範囲の守備が必要になるのである。その南端の守備を任されたのが西光寺丸城といえよう。

主郭Ａを取り巻く塁線土塁

【城主・城歴】築城年代は不明だが、木ノ芽峠は朝倉氏にとって越前中央部を守る関門となるため、戦国期にはすでに木ノ芽峠一帯を城塞化していたと考えられる。当然、木ノ芽峠の一画を守備する西光寺丸城も、朝倉氏によって築かれたのであろう。

『朝倉始末記』によれば、元亀元年（一五七〇）四月の織田信長の越前進攻にあたり、朝倉氏家臣印牧能信が「木ノ目峠ノ上ナル鉢伏セノ要害」に籠城したという。西光寺丸城は記述されていないが、このとき西光寺丸城も存在し、朝倉氏によって改修・使用されていた可能性は高い。それは、朝倉

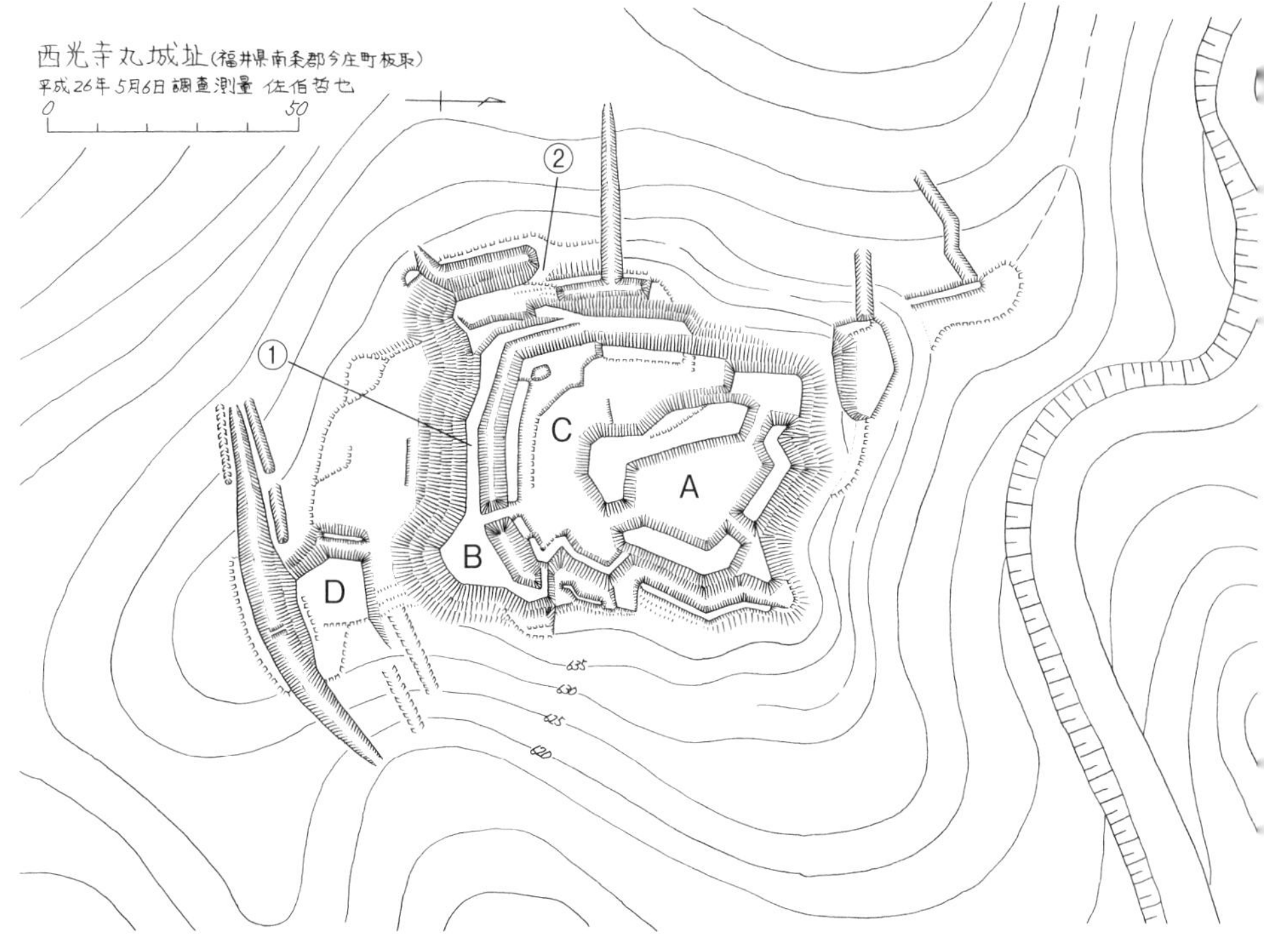

氏滅亡の天正元年（一五七三）まで続くものと思われる。

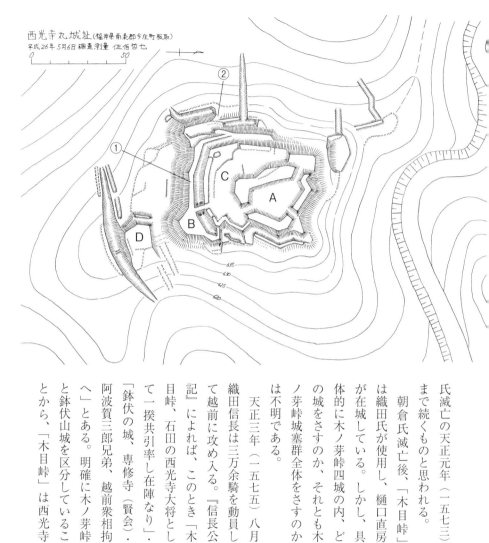

朝倉氏滅亡後、「木目峠」は織田氏が使用し、樋口直房が在城している。しかし、具体的に木ノ芽峠四城の内、どの城をさすのか、それとも木ノ芽峠城塞群全体をさすのかは不明である。

天正三年（一五七五）八月、織田信長は三万余騎を動員して越前に攻め入る。『信長公記』によれば、このとき「木目峠、石田の西光寺大将として一揆共引率し在陣なり」・「鉢伏の城、専修寺（賢会）・阿波賀三郎兄弟、越前衆相拘へ」とある。明確に木ノ芽峠と鉢伏山城を区分していることから、「木目峠」は西光寺丸城・観音丸城・木ノ芽城の三城と考えられ、守将として西光寺が在城していたのである。
『信長公記』によれば、信長軍は十五日夜に攻撃を開始すると、一揆軍はほとんど防戦することなく総崩れとなり、府中（福井県越前市）を目指して敗退してしまう。村井長頼にあてた織田信長書状[*1]により、西光寺丸城の守将西光寺も戦死していることが判明する。

それにしても、このときの織田軍の殺戮は惨い。前述の信長書状によれば、木ノ芽峠城塞群等国境線に在城していた一揆軍は府中を目指して敗退したが、先回りしていた織田軍によって一網打尽に打ち取られてしまう。それは「府中町にて千五百ほとくひをきり、其外近辺にて都合二千余りきり候」という状況だった。そして信長は、「府中町ハ、死かい計にて一円あき所なく候、見せ度候、今日ハ山々谷々尋捜可打果候」と述べる。府中町は死体に満ち溢れ、足の踏み場もなかったのである。季節は夏、死臭が充満していたことであろう。さらに、この光景を見せたいと述べるが、言われた側（村井長頼）も答えに窮したに違いない。

天正三年八月の落城後、西光寺丸城は史料上に登場しない。もちろん、木ノ芽峠は使用され続けるが、城郭としては登場しない。城郭としての歴史は、天正三年八月の落城をもって終止符を打ったのであろう。

【城跡】木ノ芽峠城塞群の南端に位置する。林道の入口には案内板もあり、登城道も整備されていて、簡単に訪れることができる。しかし、主郭Aの一部しか苅り払われていないので、遺構の観察は季節を選んで訪れてほしい。

遺構の保存状態は良好である。主郭Aの周囲に土塁が巡り、土塁で構築された虎口が三ヶ所で開口する。この縄張りは朝倉氏城郭そのものである。北側の尾根方向（観音丸城・木ノ芽城側）には目立った防御施設は設けていないが、南側には堀切・竪堀・横堀を設けて厳重に警戒してい

入口付近の説明板。図解でわかりやすい

整備された登城道。歩きやすい

る。木ノ芽峠城塞群の南端を守備する城郭の縄張りであることを如実に物語る。

さて、西光寺丸城で最も注目したいのは、B曲輪である。横堀の対岸に位置した小曲輪で、B曲輪から外部へ連絡していることが確認できるため、B曲輪は馬出とすることができる。問題は、長く伸びた土塁状通路①が付属していることで、この形式の馬出は朝倉系馬出の典型といえる。少なくとも馬出Bの構築者は、朝倉氏だったことを物語る。通路の入口は②で、長時間C曲輪の横矢を受け続けて馬出B曲輪に進まなければならない。しかも、細長い土塁状通路のため、一列縦隊でしか進めないため、無傷で馬出Bに進めたのはごく少数だったことであろう。

馬出Bの南側は、高さ十mの切岸で完全に分離され、主郭Aと馬出B・C曲輪が無理なく縄張りはまとまっている。つまり、一連の縄張りと評価でき、同時代・同一人物の縄張りとしてよい。少なくとも、主郭Aと馬出B・C曲輪は朝倉氏の遺構なのである。D曲輪は主要曲輪群から隔絶した位置に構築されていることから、一世代古い遺構なのかもしれない。

同じく朝倉系馬出を持つ城郭として狩倉山城があり、永禄九年の朝倉氏の築城と考えられる。土

上：南端の尾根続きを遮断する堀切
下：主郭Aを巡る横堀

＊1　八月十七日付、『戦国期の山城』今庄町教育委員会、一九九七年

林道脇に立つ案内板。これを目印に登城する

南端の尾根続きを遮断する堀切

塁の使い方は西光寺丸城のほうが発達しているので、主郭Ａと馬出Ｂ・Ｃ曲輪の現存遺構は、永禄九年以降、具体的には元亀年間の構築としてよいだろう。ただし、Ｄ曲輪は古い構造なので、永禄年間頃に西光寺丸城が朝倉氏によって築城され（このときＤ曲輪も構築される）、元亀年間に朝倉氏によって主郭Ａと馬出Ｂ・Ｃ曲輪が改修されたという仮説を立てることができよう。

【まとめ】史料上では天正二年は織田氏、天正三年は越前一向一揆の城郭として登場するが、遺構は朝倉氏時代のものということが判明した。織田氏・一揆軍は朝倉氏の城郭を改修せず、そのまま利用したということになる。

筆者は、馬出Ｂは朝倉氏系馬出の典型と評価したが、問題がないわけでもない。それは、同じく元亀年間に近江で構築した朝倉氏城郭に馬出が導入されていないからである。この相反する事実は何を物語るのであろうか。さらに事例を増やして研究を深化させたい。

主郭Ａ。ここだけきれいに刈り払ってある

天正三年越前一向一揆城郭の一つ

44 虎杖城（いたどりじょう）

①南条郡南越前町今庄町板取
②—
③標高六七八m／比高三七〇m
④C（登城しにくく注意が必要）

【立地】 近江と越前を繋ぐ街道の一つ、北国街道が山麓直下に走る交通の要衝である。山麓には、宿場町として有名な板取の集落がある。木ノ芽峠の脇道ともいうべき北国街道（栃ノ木峠）を監視するために、急遽築城されたのであろう。

【城主・城歴】『信長公記』によれば、「虎杖の城丈夫に拵へ、下間和泉大将にて賀州・越州の一揆共罷出相拘へ候なり」とあり、下間和泉を大将に、加賀・越前の一揆軍が籠城していたことが判明する。築城時期は判然としないが、専修寺賢会が天正二年八月に鉢伏山城に在城していることが確認できるので、下間和泉の虎杖城築城・在城もその頃と考えて問題なかろう。

越前一向一揆が国境線にズラリと城を構えた様子を、『信長公記』は「かくのごとく塞々取続、足掛り堅固に相拘ふべきの旨に候」と、鉄壁の構えと述べる。しかし、翌天正三年八月十五日の夜、織田軍が総攻撃を開始すると、一揆軍はほとんど防戦することなく総崩れとなり、府中目指して敗退したのである。虎杖城主下間和泉をはじめ、一揆軍の主だった

南端の尾根続きを遮断する堀切②

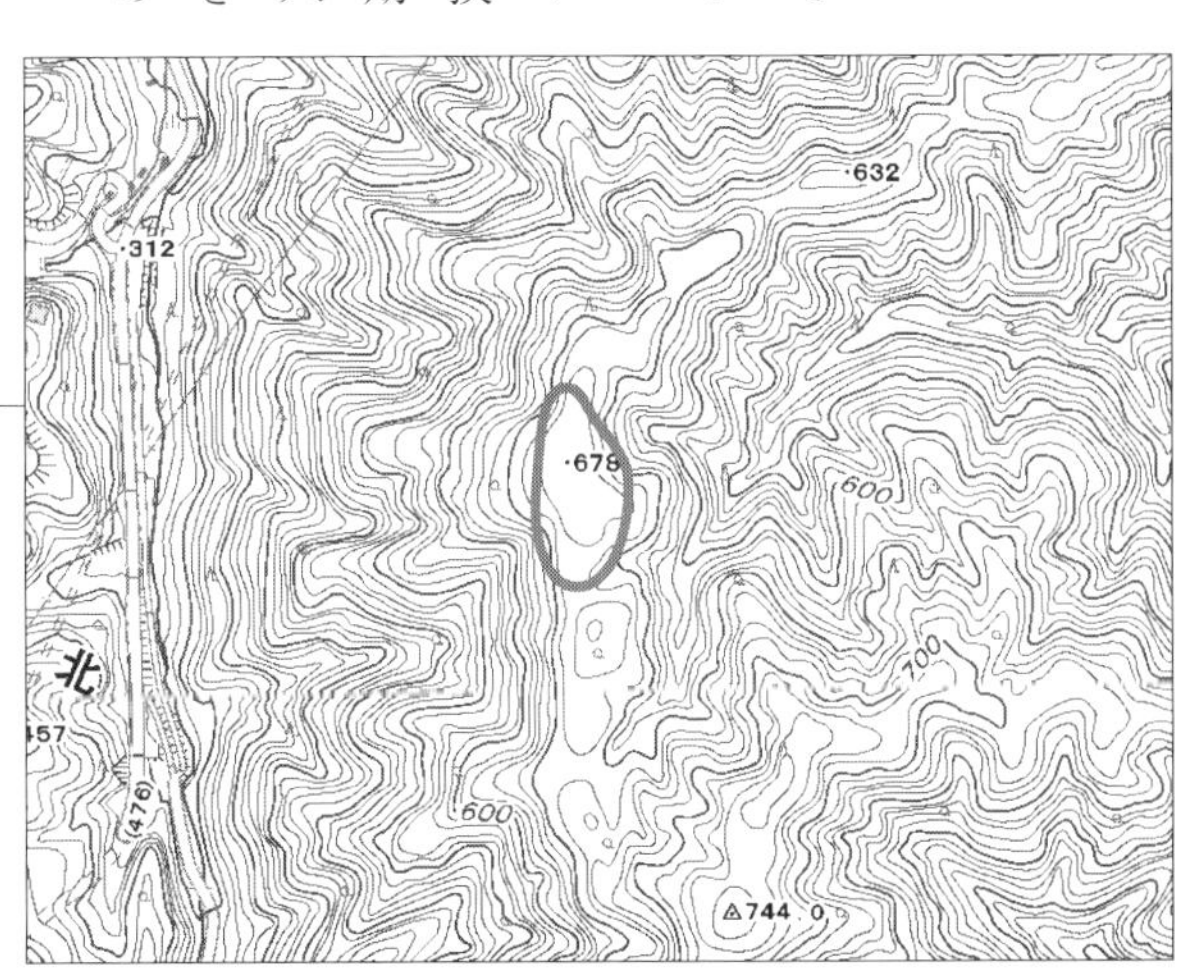

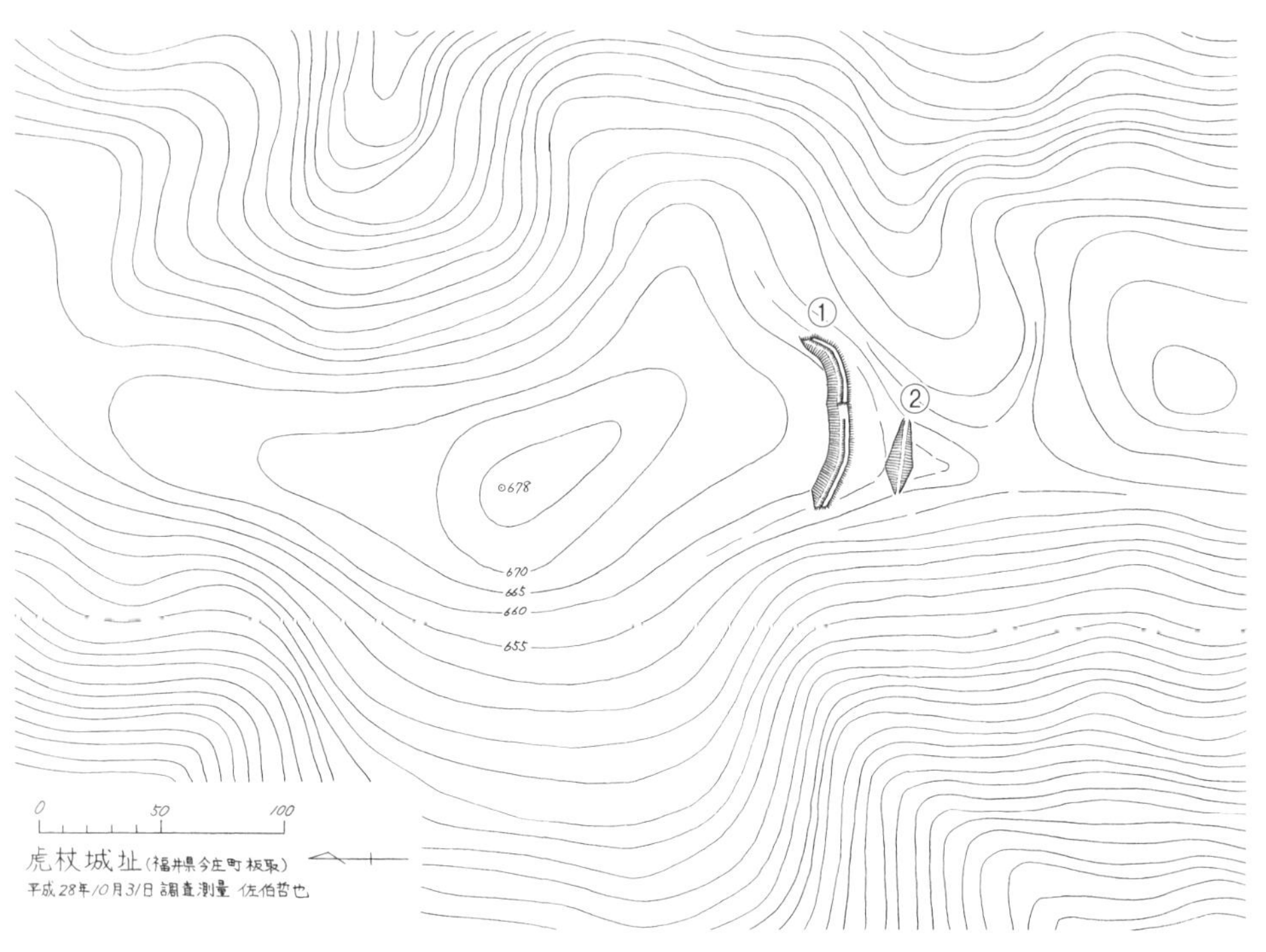

大将は山中に隠れていたが、見つけ出され首を刎ねられてしまう。もはや一揆軍は織田軍の敵ではなかったのである。

天正三年八月の落城後、虎杖城は史料上に登場しない。*1 このときの落城をもって、城の歴史には終止符が打たれたのであろう。

【城跡】 城跡は茂みに覆われており、説明板はない。案内板もなく、登城道もない。麓から茂みを掻き分け、延々と二時間ほど歩かなければならない。相応の覚悟が必要なので、初心者は経験者と同行されることをお勧めする。

城跡はほぼ自然地形だが、尾根頂部は広々とした地形が広がっており、城兵が短期間駐屯

＊1　使用期間が一年間で、一向一揆が築城・使用しただけの貴重な城郭といえる。

するだけなら、十分な広さといえる。唯一、織田軍の進行方向にあたる南側の尾根続きには、横堀①と堀切②を設け、尾根続きを遮断する。

明確な城郭遺構はこれのみだが、実に興味深い事実をわれわれに与えてくれる。まず、横堀を用いて城域を囲い込もうとしていることが判明する。そして、明確な虎口が存在しないことである。もちろん、攻撃方向だから虎口を設けなかったのかもしれないが、少なくとも西光寺丸城のような馬出を設けるという縄張り思想はなかったことが判明する。これが、天正三年における越前一向一揆の築城思想なのである。

平坦面がまったくの自然地形なのは、臨時城郭だったことを如実に物語る。いかにも小屋が建っていた感じがする。下間和泉が築城した城郭としてよいだろう。

南側を取り巻く横堀①

【まとめ】 虎杖城は、越前一向一揆下間和泉法橋が天正二年八月頃に築城し、翌年の織田軍の攻撃によって落城したことが判明した。したがって、現存遺構のすべてが天正二年に越前一向一揆が構築したものであり、当時の一揆の築城思想を物語る貴重な城郭ということが判明した。今までのイメージとは程遠いかもしれないが、これが実態なのである。

訪城をお勧めできない難路だが、[*2] 一向一揆の城郭を肌で感じることができるため、苦労して登城すれば、充実感で満ち溢れることは間違いないといえよう。

＊2　ヒル・ダニ対策も十分に行ってほしい。

天正三年越前一向一揆城郭の一つ

45 河野新城（こうのしんじょう）

① 南条郡南越前町河野村河野
② ―
③ 標高一九〇m／比高一八〇m
④ C（登城しにくく注意が必要）

【立地】木ノ芽峠城塞群・虎杖城が陸路の織田軍を食い止める城としたら、河野新城や河野丸砦は海路の織田軍を食い止める城といえる。河野新城や河野丸砦に立てば、敦賀湾や海岸線を広く眺望することができる。水軍を監視するには絶好の選地といえよう。

【城主・城歴】『信長公記』によれば、「海手に新城拵へ、若林長門・息甚七郎父子大将にて、越前衆罷出で警固なり」とあり、海岸線に新城を築き、若林長門・甚七郎父子を大将として置いたと述べている。その「新城」が、河野新城と考えられる。築城時期は、木ノ芽峠城塞群や虎杖城と同じく、天正二年（一五七四）八月頃としてよいだろう。

一向一揆は、海岸線を防御するためにいくつかの城を築いているが、河野新城のほかで位置が明らかで遺構を残しているのが河野丸砦である。『信長公記』では、大塩円強（宮）寺と加賀衆が在城していると述べる。天正二年の専修寺賢会書状では、円宮寺を木ノ芽峠城塞群の守将の一人としているが、同時に賢会はいずれ守将の入れ替えがあるとも述べる。

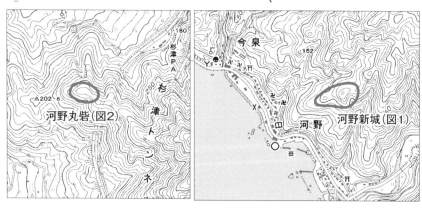

尾根続きを遮断する堀切①。ほとんど埋まっている

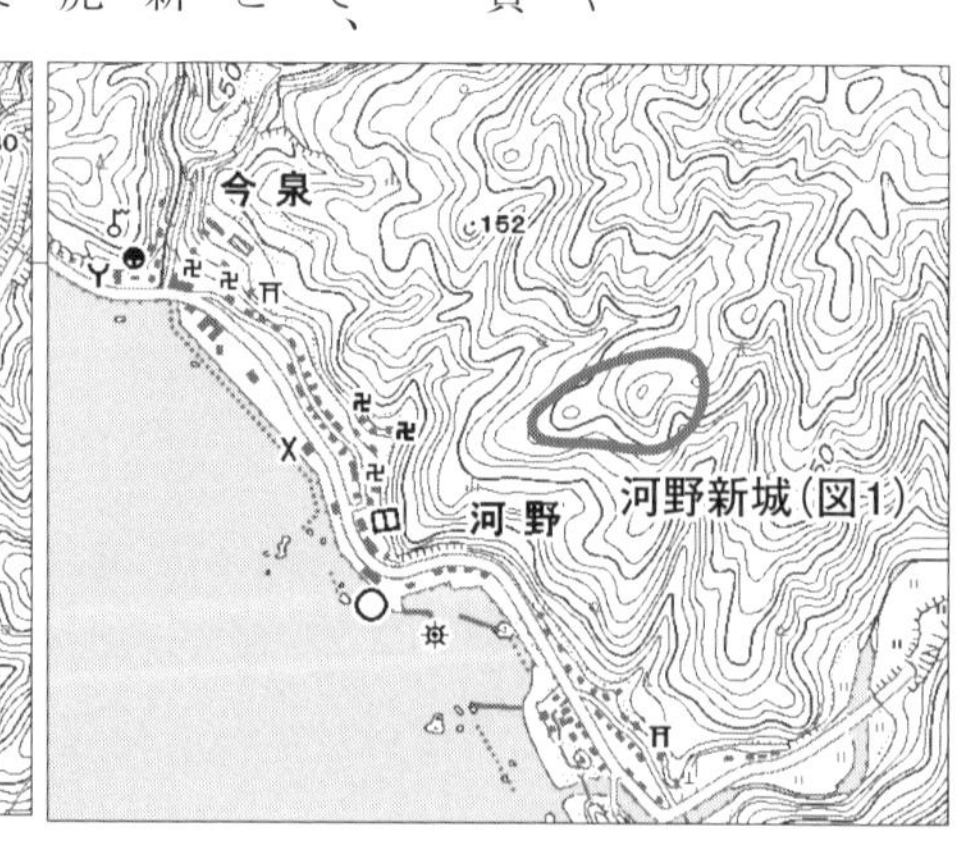

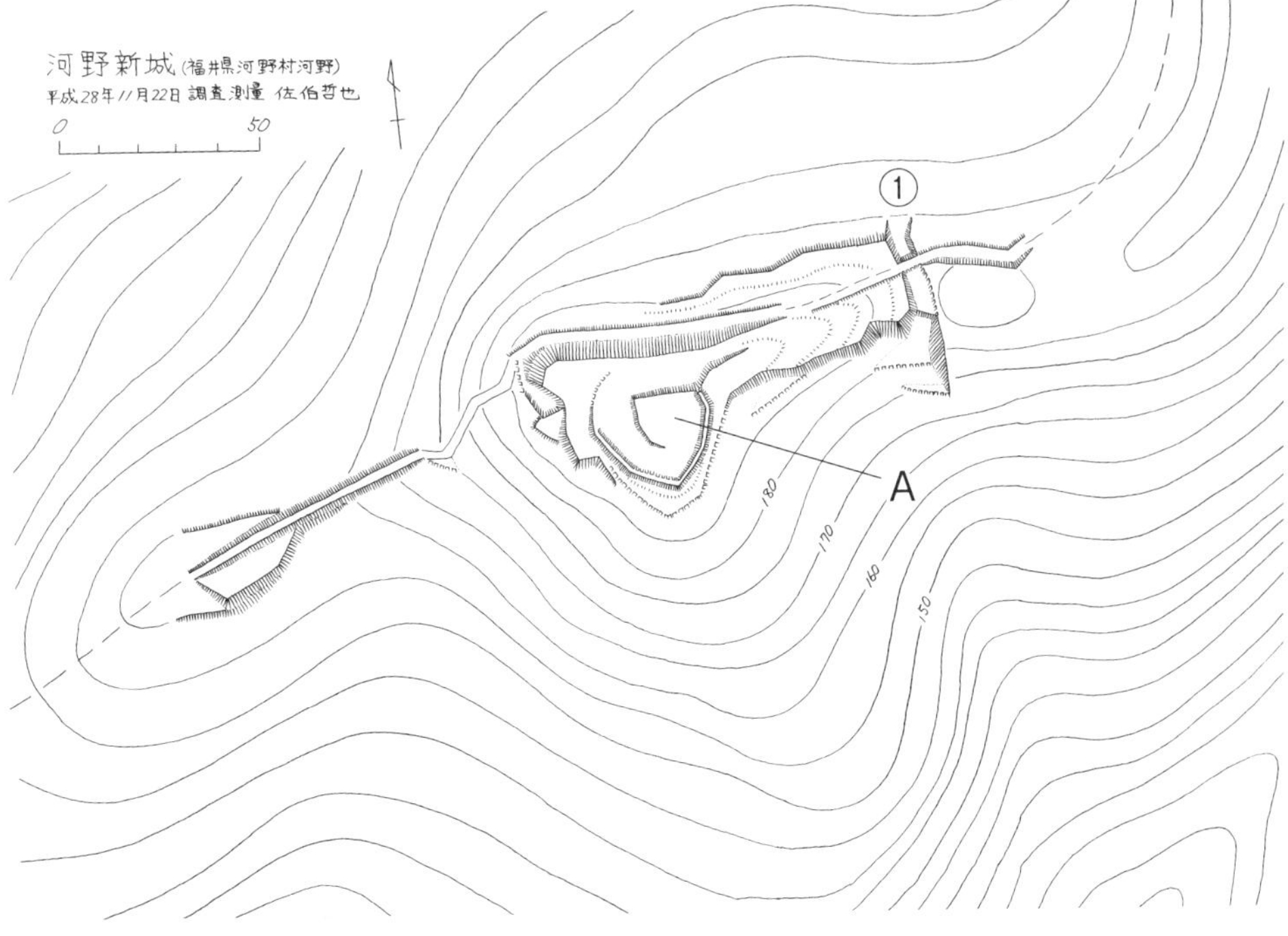

図1

賢会と円宮寺は仲が悪かったから、円宮寺は河野丸砦に移動させられたのかもしれない。

『信長公記』によれば、天正三年八月十五日、明智光秀・羽柴秀吉両将が河野新城・河野丸砦を攻め、「ものともせず追崩し二・三百討捕り[*1]、両人の居城乗込み焼払いひ」、若林父子・円宮寺の首を敦賀在陣中の織田信長に進上したとしている。ほぼ無抵抗の状況で落城したのであろう。もはや一揆軍は織田軍の敵ではなかったのである。

さて、『信長公記』では若林父子の首を討ち取ったとしているが、織田信長が村井長頼に宛てた書状には、「定くせものにて候間」と、首が偽物の可能性が高いと述べる。信長の疑念は

＊1　二城で二〜三百人が討ち捕らえられたのならば、ほぼ皆殺し状態だったであろう。

良く使用された尾根道

的中し、若林父子はこのとき生き延びて加賀一向一揆に加わり、船岡山（ふなおかやま）城（石川県白山市）に籠城する。天正八年十一月、柴田勝家の攻撃により船岡山城が落城したときに戦死したらしく、若林父子の首は安土（あづち）（滋賀県近江八幡市）に送られている。

かくして八月十五日、河野新城・河野丸砦への攻撃から始まった織田軍の総攻撃は、わずか一日で一揆方の城郭をすべて陥落させてしまう。鉄壁の守備力を発揮すると思われた一揆方城郭は、瞬時に崩れ去ったといえよう。『信長公記』によれば、越前一向一揆の戦死者は「三・四万にも及ぶべく候」としている。単純に戦死者の数だけで比較すれば、戦国有数の戦いだったといえよう。

天正三年八月の落城後、河野新城・河野丸砦は史料上に登場しない。このときの落城をもって廃城になったのであろう。

【城跡】 城跡は茂みに覆われており、説明板はない。案内板もなく、登城道もない。麓から茂みを掻き分け、延々と一時間ほど歩かなければならない。晩秋以降の訪城をお勧めする。

河野新城（図1）は、よく使用された尾根道に接して築かれている。尾根道によって大半が埋まってしまっているが、尾根続きを堀切①で遮断している。主郭はA曲輪で、低土塁を曲輪の塁線に巡らせている。虎口はあえて設けていない。自然地形が各所に残っていることから、臨時城郭ということを物語っている。

主郭A現状

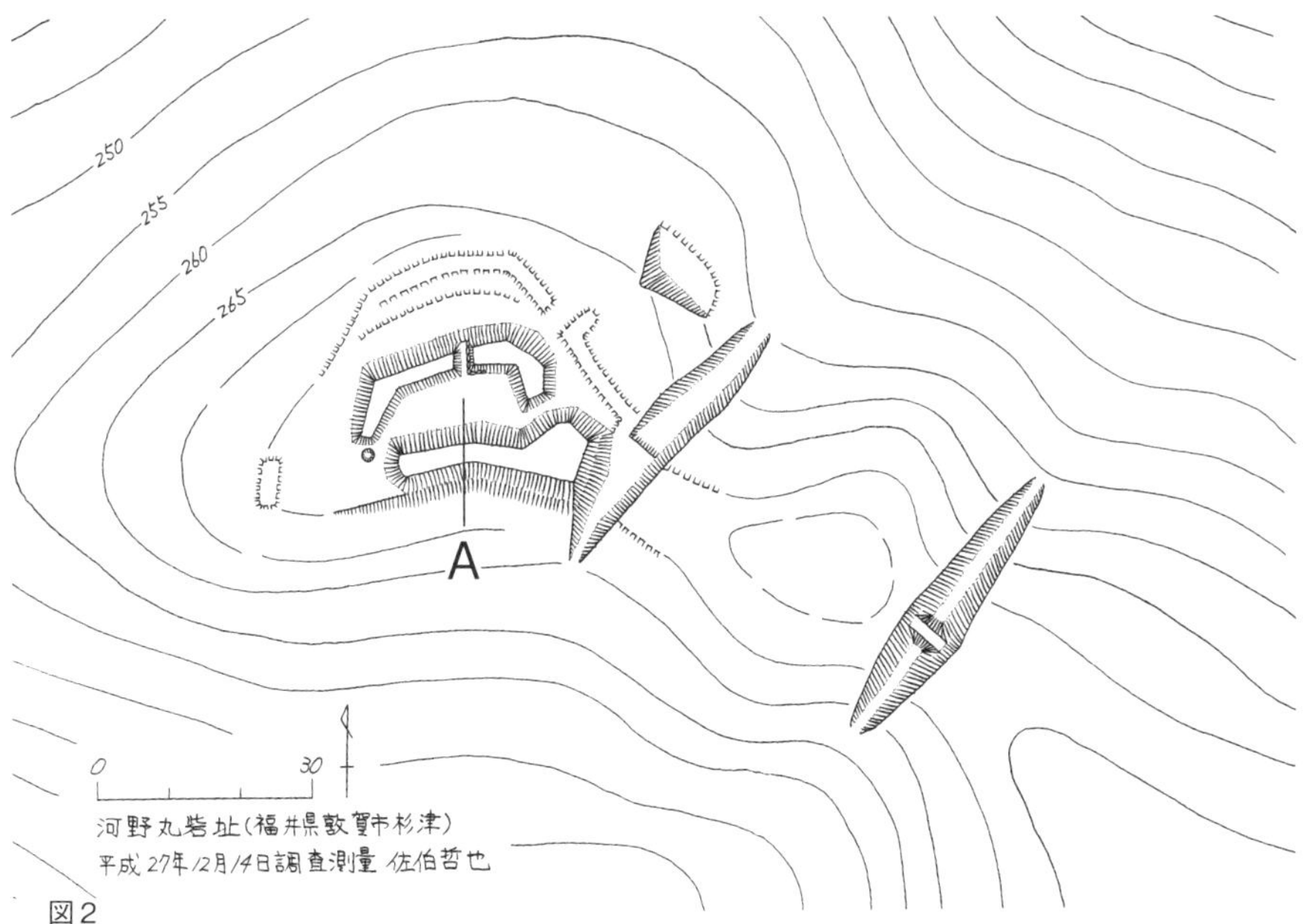

図2

河野新城と同じく、海岸線防御の城として築かれた河野丸砦（図２）も、尾根続きを堀切で遮断し、主郭Ａの周囲に土塁を巡らせている。自然地形が多く残っており、臨時城郭であることを物語っている。これは河野新城との共通点である。土塁によって虎口を明確にしているが、基本的にはすべて平虎口でしかない。枡形や馬出にまで発展していない点に注目したい。

【まとめ】虎杖城・河野新城・河野丸砦に共通していることは、横堀・土塁を巡らし、防御ラインを設けていること、虎口は存在していても単純な平虎口で、枡形や馬出にまでは発達していないことである。これらが天正二〜三年における越前一向一揆、それも上層部の築城レベルなのである。これが一向一揆（上層部）の実態という事実を水平展開していくべきであろう。

主郭Ａを取り巻く塁線土塁

朝倉遺臣嶋田将監の城

46 野津又城（のづまたじょう）

① 勝山市野向町深谷
② 深谷城
③ 標高五二五m／比高三三〇m
④ B（少し登る、やや登城しにくい）

【立地】高尾山山頂に位置する。山頂からの眺望は非常に良く、北袋（勝山市中心部）一帯はもちろんのこと、九竜川沿岸の集落を見渡すことができる。おそらく、織田軍の動きは手に取るようにわかったであろう。さらに山麓には、加賀とを繋ぐ谷峠道が通っており、織田軍の加賀進攻を防ぐ関門といえよう。

【城主・城歴】城主は嶋田将監正房（しまだしょうげんまさふさ）とされている。正房はかつての朝倉氏家臣で、北袋一帯を支配する在地領主であった。さらに、同地域における一向一揆の指導者でもあった。天正元年（一五七三）の朝倉氏滅亡後、朝倉氏の重臣たちの多くが織田方に寝返ったのに対して、正房はそれを潔しとせず、越前一向一揆、越前一向一揆滅亡後は加賀一向一揆方として織田（柴田）軍と戦っていた。

　正房が野津又城を築城したのは、いつだろうか。天正四年には一次史料に登場するので、それ以前の築城であることは明白である。かつての正房の居城とされる西光寺城は、比高が一二〇mなのに対して、野津又城は三三〇mもあり、さらに三方が急峻な斜面に囲まれた極めて要害性の高い選地と

主郭A現状。ほとんど自然地形である

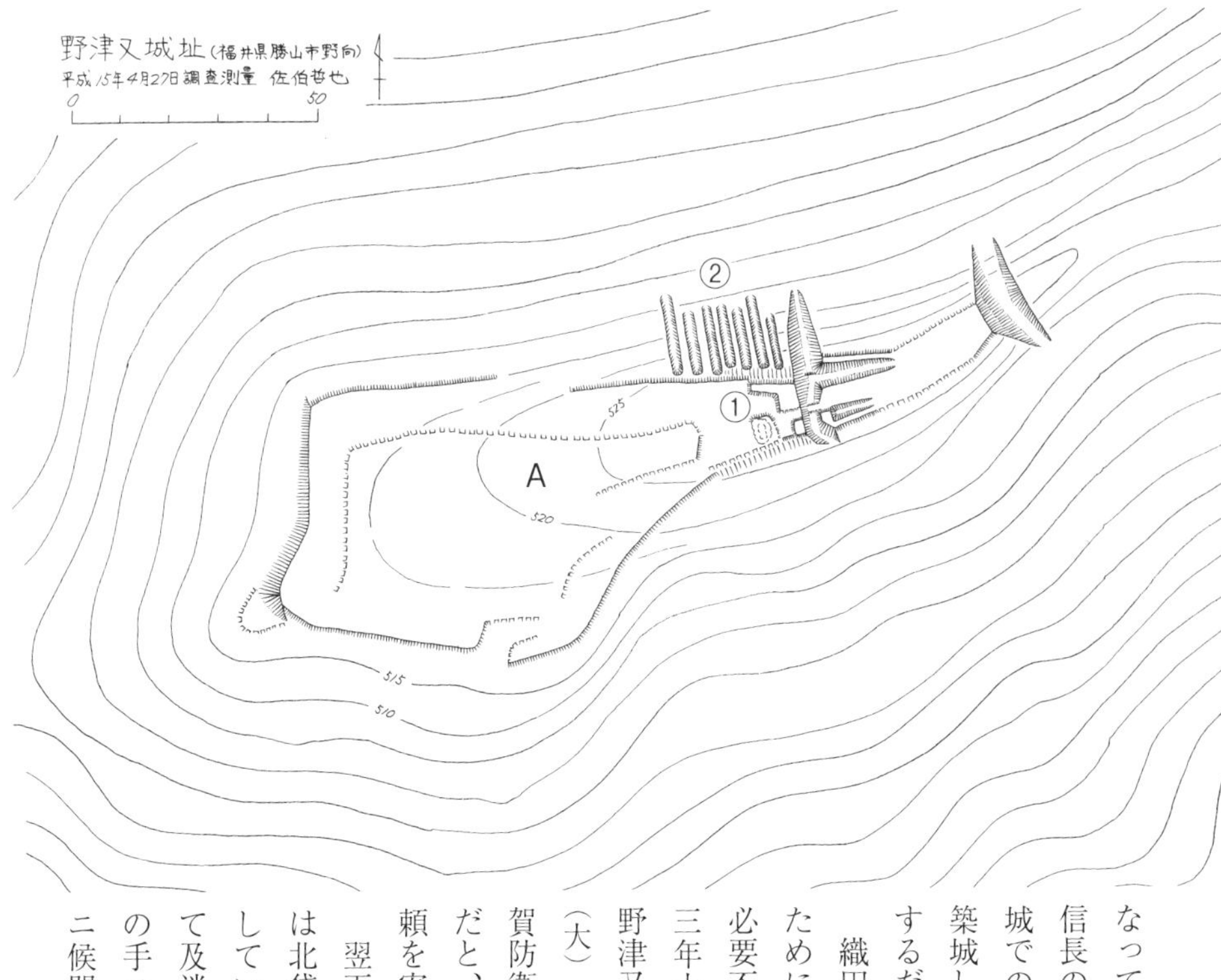

なっている。天正三年八月の織田信長の越前進攻にあたり、西光寺城での籠城の不利を悟った正房が築城したとする考えも十分に成立するだろう。

織田軍の加賀進攻を食い止めるために、正房と野津又城の存在は必要不可欠で、本願寺顕如は天正三年十一月九日付書状で[*1]、「其地野津又ハ、加州打越之由、殊ニ太（大）切ニ候」と、野津又城は加賀防衛のために非常に重要な場所だと、正房と野津又城に絶大な信頼を寄せている。

翌天正四年五月二十八日、顕如は北袋野津又在城衆中に書状を下している[*2]。顕如は「兵粮払底ニ付て及迷惑由、尤歎入候、此山中敵の手ニ入候ハゝ、加州までも大事ニ候間、如何様にも各相談、籠城

＊1　『勝山市資料編第四巻』勝山市、二〇〇〇年

＊2　『福井県史資料編7』福井県、一九九二年

つゝき候様に馳走肝要候」と、兵糧がわずかになって迷惑をかけているが、野津又城は加賀防衛には大切な存在であり、どんな相談にも乗るので、是非籠城を続けてほしいと懇願している。

このように、越前一向一揆滅亡後、野津又城は加賀一向一揆防衛の重要拠点として認識されており、顕如自ら正房と野津又在城衆に惜しみない協力を約束している。しかし、現実の協力となると、顕如は「かならす仏の御心にかなひ候て、極楽に往生すへき事疑有間敷候」と精神論ばかりで、「名号・籏・太刀当座進候」と、籠城にはあまり役立たないものばかりだった。これでは織田（柴田）軍に対抗できるはずがなかった。

野津又城がいつ落城したのかは、詳らかにできない。しかし、天正七年六月に柴田勝家が加賀一向一揆鎮圧のために加賀に進攻しているので、この頃までには落城したと考えてよい。正房がその後どうなったかは詳らかにできない。

【城跡】 城跡への案内板はあるものの、若干わかりづらく、事前に調査しておくほうが無難である。登城道も未整備箇所があるため、夏場の訪城はお勧めしない。

三方を急峻な地形に囲まれた高尾山だが、山頂は広々とした平坦面が広がっており、自然地形を利用した主郭Aが存在する。簡素な小屋が建っていたと推定され、嶋田正房を指導者とする農民兵の小屋が建っていたのであろう。正房は城中で数回越冬しているが、厳冬期における粗末な小屋での籠城生活は、想像を絶するものがあったであろう。それを支えていた精神的な拠り所は、信仰だったのだろうか。

注目すべき縄張りは、内枡形虎口①と畝状空堀群②の存在である。唯一の弱点である尾根続きを二本の堀切で遮断し、さらに虎口①に多数の敵兵が殺到するのを阻止するため、溝を設けている。内枡形虎口①にも櫓台を設け、防御力を増強している。発達した虎口と評価できよう。

主郭Aに立つ白山社説明板。これを目指して登城する

尾根続きは北側が若干斜面が緩やかになっているので、北斜面のみに畝状空堀群②を設ける。内枡形虎口①に入らず、北斜面に迂回する敵軍の速度を鈍らせたのである。

正房は朝倉氏の遺臣で、朝倉氏滅亡後も遺臣たちは畝状空堀群を使用していたことが判明する。と同時に、発達した虎口（内枡形虎口）も構築していたのである。正房の築城技術は朝倉氏の築城そのものであり、元亀年間に近江で朝倉氏が用いた築城技術と矛盾しない。内枡形虎口の存在により、天正三年頃に正房が築城したと考えてよいだろう。

【まとめ】 朝倉氏の築城技術を見るうえで、野津又城は重要な城郭であることが判明した。中山の付城（福井県美浜町）より発達した虎口なので、築城は永禄年間ではありえない。

朝倉氏の遺臣たちは、天正年間に入っても畝状空堀群を使用していたことも判明した。畝状空堀群は、虎口の防御力を増強するために使用しており、その用法も巧妙化していることにも注目したい。朝倉遺臣たちの築城技術を知るうえで、野津又城は貴重な城といえよう。

上：急斜面を登る登城道。多少わかりにくい
下：東側尾根続きを遮断する堀切

山麓に立つ説明板。図解でわかりやすい

主郭Aに立つ白山社

在地土豪連合の築城

47 村岡山城（むろこやまじょう）

①勝山市村岡町御立山
②―
③標高三〇一・二m／比高一五〇m
④B（少し登る、やや登城しにくい）

【立地】越前の大河・九頭竜川沿いの街道と、加賀を繋ぐ谷峠街道が山麓で交差する交通の要衝である。当初は平泉寺を攻撃するための臨時城郭だったが、後に柴田氏が拠点として使用したこともうなづける選地といえよう。

【城主・城歴】天正二年（一五七四）当時における平泉寺は、織田方に付いた土橋信鏡（つちはしのぶあきら）（朝倉景鏡から改名）を匿っていたことにより、越前一向一揆の攻撃対象となっていた。同年二月には一揆軍と平泉寺との間で戦が行われたが、このときは平泉寺の勝利で終わる。

二月の合戦以降も、一揆軍と平泉寺とは一触即発の状態が続いていた。『朝倉始末記』によれば、南袋（大野）・北袋（勝山）・七山家（ななやまが）（小原村・木根橋村・谷村・合村・六呂師村・杉山村・野津俣村）の一揆軍が四月十四日に集まり、軍議の結果、平泉寺が村岡山に城を築けば刈田によって周辺の田畑は踏み荒らされてしまう、先手をうって村岡山に城を築くべし、という結論に達した。その夜、「七山家ノ者共」が「塀柵乱株（杭？）逆茂木ヲ結ヒ小堀ヲ掘テソ楯籠リケル」という状態となった。

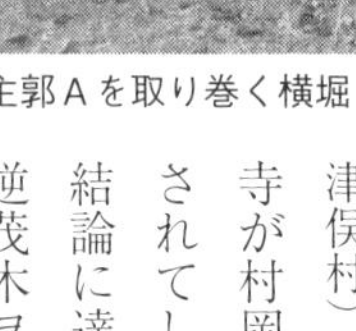
主郭Aを取り巻く横堀

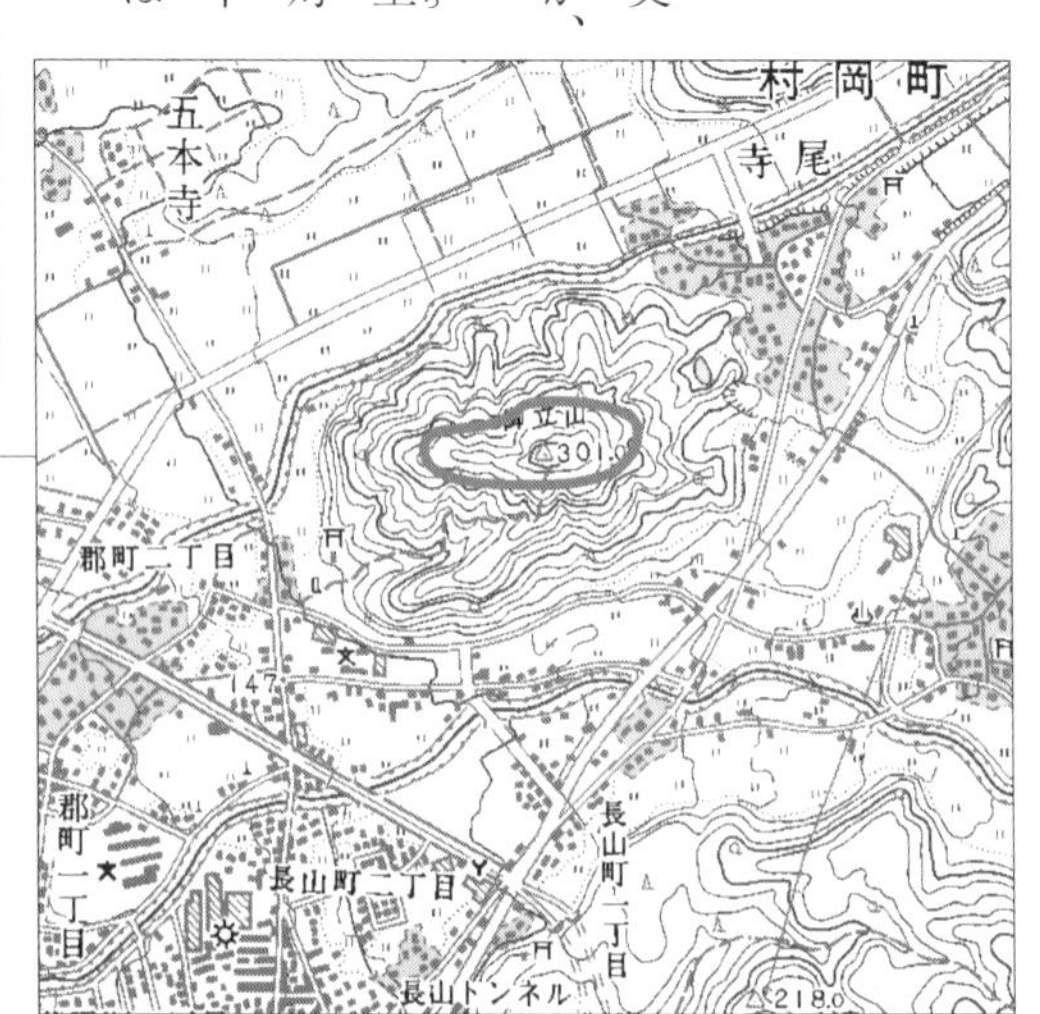

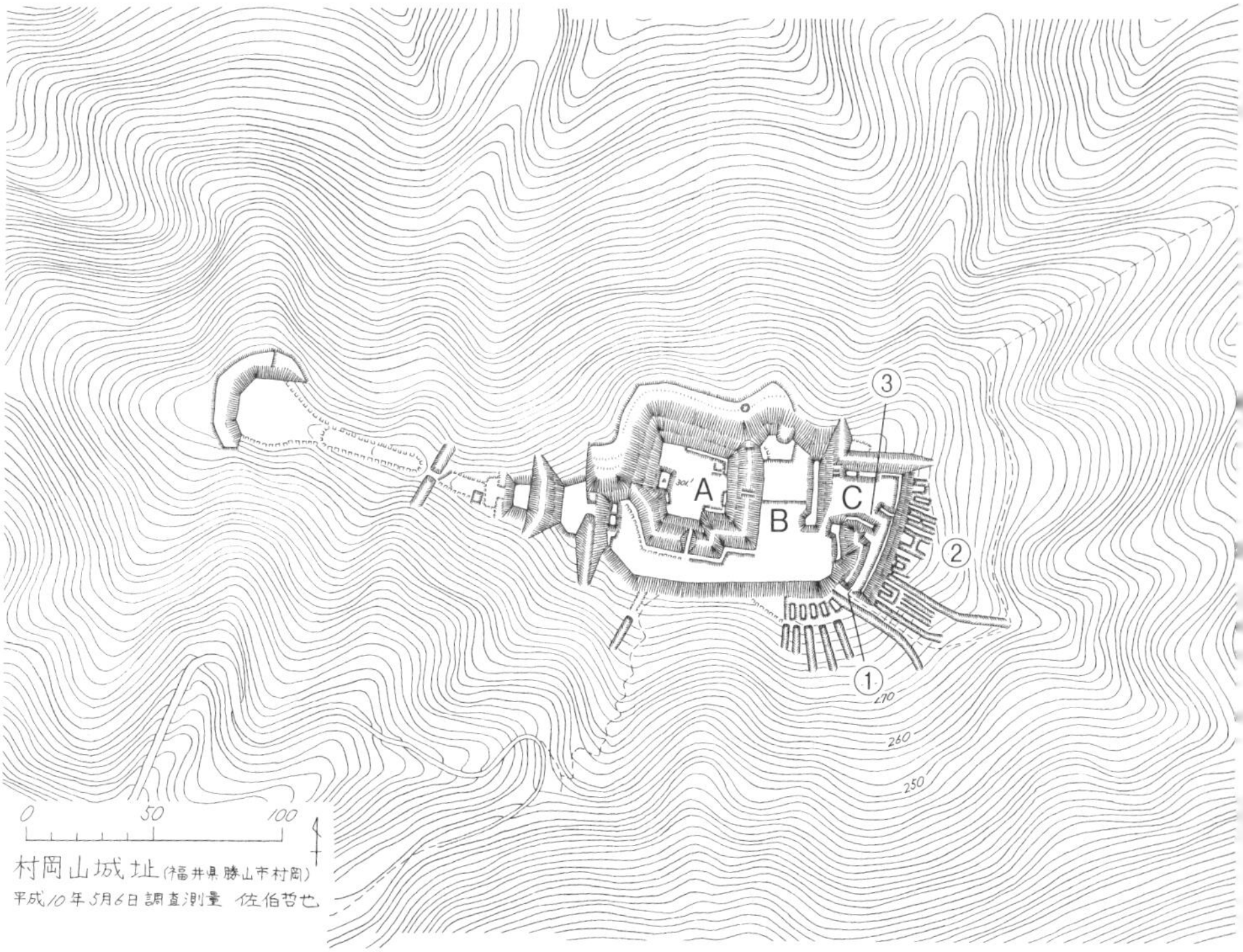

0　50　100

村岡山城址（福井県勝山市村岡）
平成10年5月6日調査測量　佐伯哲也

これが村岡山城の築城とされており、本願寺が派遣した坊官ではなく、在地土豪連合による築城ということが注目されている。もちろん、「北袋」とあることから、嶋田正房が主導者として築城したことが想定される。

翌朝、村岡山築城に驚いた平泉寺は、早速攻撃を開始する。しかし、一揆軍の抵抗は予想に反して強く、さらに一揆の支援隊が直接平泉寺を攻撃したため、ついに平泉寺は壊滅し、信鏡も討ち死にする。

天正三年九月、越前八郡を与えられた柴田勝家は、一族の義宣（よしのぶ）に勝山を支配させ、義宣は村岡山城に入城

登城口の案内板と説明板。非常にわかりやすい

主郭A入口に立つポスト。心が和む

上：B曲輪とC曲輪を繋ぐ虎口。櫓台で固めている
下：虎口③。土塁で固める

したといわれている。天正五年十一月の義宣戦死後、養子の勝安が入るが、天正八年に勝安は袋田の城（勝山城か）を築いて移ったので、村岡山城は廃城になったと伝えられている。

【城跡】 通称御立山山頂に位置する。村岡山は一揆軍が勝利しためでたい「かち山」であり、それが勝山の謂れになったと伝えられている。城跡への案内板・説明板は豊富で、初心者でも迷わない。現地もきれいに刈り払われており、観察しやすい。ぜひ訪城してほしい城の一つである。

縄張りで注目したいのは、C曲輪とその周辺の畝状空堀群②である。C曲輪は塁線土塁を巡らし、土塁で構築した明確な虎口を設ける。従来の考え方としては、主郭A・B・C曲輪は柴田義宣が改修した遺構で、畝状空堀群は正房をはじめとする在地土豪連合軍の遺構とされてきた。しかし、筆者はその考えに疑問を抱いてきた。

その最大の疑問は、C曲輪塁線土塁と虎口①が、あまりにも畝状空堀群とピッタリと連動していることである。畝状空堀群②は、寄せ手の足場を潰すように設けられているが、虎口①の手前

畝状空堀群②

だけ隙間を空け、敵軍が廻り込まないようにB曲輪南側にも設けている。もちろん、C曲輪の塁線土塁は畝状空堀群で進行速度が鈍った敵軍を狙っている。虎口①から③までの間を細長い通路状とし、その通路をB曲輪が狙っている。

まるで、当初から計画的に設けられた縄張りのようである。これほど巧妙な縄張りが、義宣が後付けで改修できたのであろうか。当時の土木技術（大型重機類があれば別だが）では、畝状空堀群を活かしつつ、新たにC・B曲輪を新たに構築することは不可能だったに違いない。つまり、少なくともB曲輪・C曲輪・畝状空堀群は同時期・同一人物の手による縄張りと理解したい。

虎口③も内枡形虎口で、朝倉氏による構築は可能であり、防御力の増強に畝状空堀群を用いる縄張りは、野津又城にも認められる。もちろん一夜ではできないが、時間をかければ正房と在地土豪連合でも十分に構築は可能であろう。

一方、北陸において織豊政権が畝状空堀群を用いた城郭は確認されていない。少なくとも、B曲輪・C曲輪・畝状空堀群は同時期・同一人物の手によると考えられるため、正房と在地土豪連合軍が構築したことが推定されるわけである。主郭Aは独立した縄張りとなっている。ここは、天正三年九月に柴田義宣が入城後の縄張りと理解できよう。

【まとめ】B・C曲輪と畝状空堀群は完全に連動しており、この部分は嶋田正房（朝倉遺臣）と在地土豪連合軍が構築したことが判明した。元亀年間に近江で朝倉氏が用いた築城技術と矛盾しない。さらに、朝倉氏の遺臣たちは天正期になっても畝状空堀群を用いていたことも判明した。

塁線土塁や枡形虎口は、朝倉氏やその遺臣たちも積極的に使用していたのである。村岡山城はそれを立証する重要な城郭といえよう。

主郭A現状。きれいに刈り払ってある

主郭Aを取り巻く横堀

【第七章】 織豊政権時代の城郭

織豊政権奥越支配の城

48 越前大野城（えちぜんおおのじょう）

① 大野市城町
②
③ 標高二四九m／比高八〇m
④ B（少し登る、やや登城しにくい）

【立地】大野盆地の中央に位置し、山麓に美濃街道が通る交通の要衝である。山麓に流れる赤根川（あかねがわ）が天然の堀の役割を果たしており、大野郡支配の拠点として最適の選地といえよう。

【城主・城歴】天正三年（一五七五）九月、越前一向一揆を滅ぼした織田信長は、越前大野郡の三分の二を金森長近に与えた。長近は当初、朝倉氏の旧城戌山城に入ったが、大野郡統治の拠点としてふさわしくないため、翌天正四年春に新たに亀山に新城を築き、そこへ移る。これが現在の越前大野城である。築城工事は突貫で進められ、四年後の天正八年に完成したとされている。*1

金森長近の居城として、本格的に機能するのは天正八年からと考えられるが、当然、その間も長近の仮住まいの城が必要となる。それが戌山城であり、戌山城も金森氏の城郭を研究するうえで重要な城郭として再認識すべきである。

天正十三年、長近の飛騨三木（みつぎ）氏討伐の戦功により、翌天正十四年に飛騨一国が宛がわれると、大野郡には長近に代わっ

模擬天守閣。左奥が天狗之間

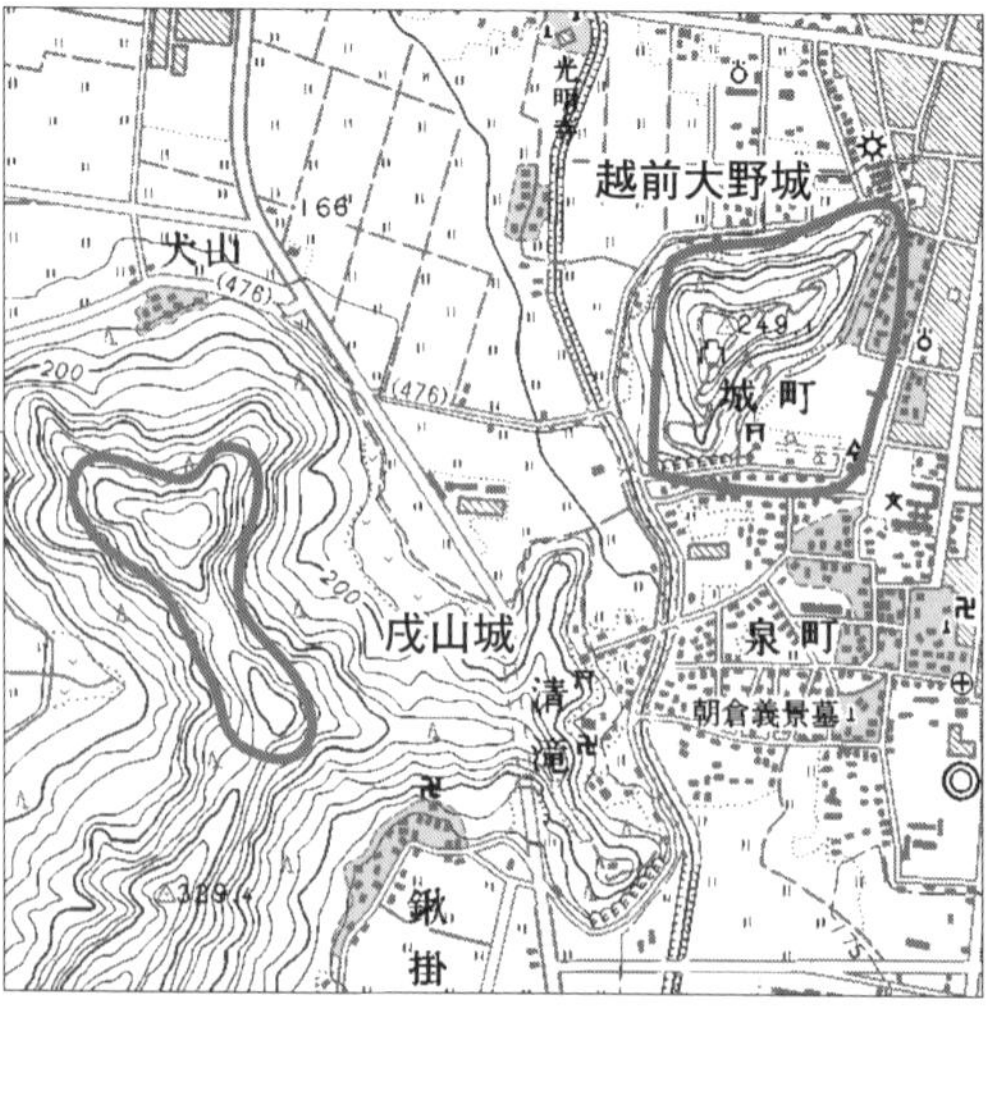

*1　吉田森「越前大野城」『文化財調査報告書第19集』福井県教育委員会、一九六九年。以降、吉田1論文とする

277　越前大野城

図1

て青木一矩が入る。一矩の大野郡支配は、天正十五年から認められる。その後、一矩は文禄三年（一五九四）に府中八万石に移封し、代わって大野郡には織田秀雄が入部するが、関ヶ原合戦で西軍に属したため除封される。そのあとに結城秀康が慶長六年（一六〇一）に越前一国を賜って入国すると、大野城には城代家老等が在城する。そして、天和二年（一六八二）に土井利房が四万石で入部し、以降、八代利恒まで代々土井氏の居城となり、明治維新を迎えた。

【城跡】大野市の主要歴史観光施設として整備され、駐車場・トイレ・説明板・散策道が完備されている。大野市民憩いの場・歴史ファンで連日賑わっている。ただし、過去の安易な開発により遺構が破壊されている箇所があり、悔やまれる。

通称亀山山頂に主要曲輪群、山麓部に藩主居館等藩庁の主要建造物を配置する平山城である（図1）。山麓を流れる赤根川を天然の外堀とし、赤根川から引水した水堀を山麓居館の外側に巡らす。

全体的な縄張りで注目したいのは、山頂から山麓まで伸びる竪堀の存在である。現在四本確認されている。山頂曲輪群と山麓居館を一体化するための施設と考えられ、竪土塁・登り石垣と同様の施設である。金森氏以前にあったとされる朝倉氏時代の遺構とする考えも存在するが、内枡形虎口②と竪堀①が完全に連動しているため、他の竪堀も含めて金森氏時代の遺構と考えてよい。

越前大野城は、越前で天守が存在していたことが判明する数少ない城である。現在の天守は昭和四十三年（一九六八）に建てられた復興天守である。ただし、大天守を独立させ、しかも天狗之間に小天守を建てており、史実とは違った再建となっている。

江戸期の天守を詳細に描いた絵図が、「大野城石垣并長屋門破損之覚図」[*2]である。延宝図の天守は、大天守・小天守・天狗之間が一体化した複合天守で、復興天守とまったく違った外観となっている。延宝図から、天守は二層二重と推定される。「越前大野城山并廓内絵図」[*3]の注意書に「天

駐車場に建つ案内板。初心者でも迷うことはない

＊2　延宝七年（一六七九）。『絵図が語る大野　城・町・村』大野市歴史民俗資料館、一九九四年。以降、延宝図とする

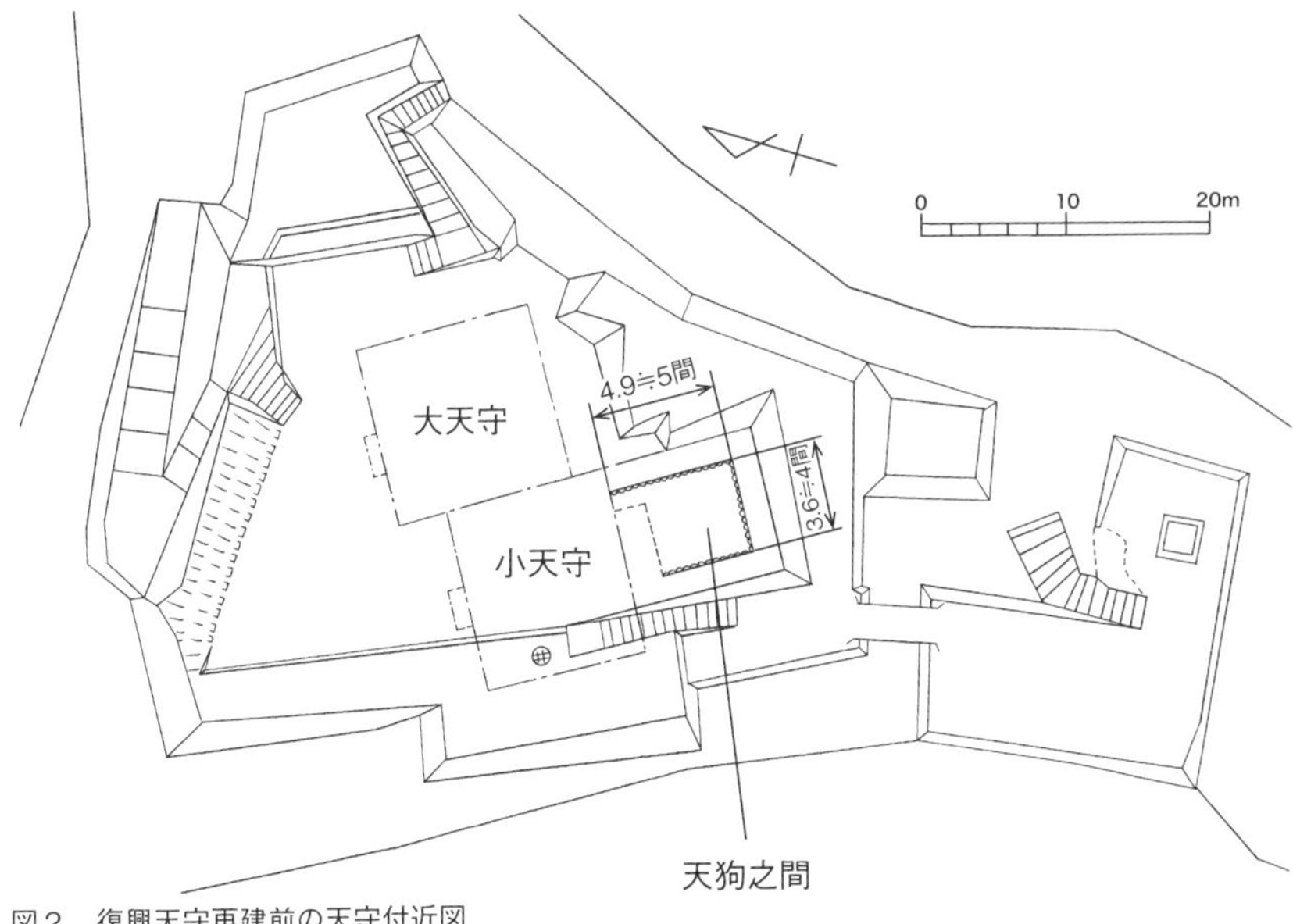

図2　復興天守再建前の天守付近図

守　二階矢倉」「天守　二重矢倉」と記載されていることから、やはり二層二重だったと推定される。

　しかし、注意しなければならないのは、延宝図の天守は延宝七年以前の天守であって、必ずしも金森氏時代の天守と断定することはできないことである。

　復興天守再建前の天守付近を図2に示[*4]す。復興天守は、本丸中央に石垣の天守台を構築して、そこに建てている。しかし、図2を見てもわかるように天守台は存在せず、当時の大天守・小天守・天狗之間（天狗書院）はすべて水平な平坦面の上に直接建っている。延宝図を見てもそのように描いている。したがって、当時は特別な天守台は存在していなかったのである。ちなみに、長近が飛騨で築城した高山（たかやま）城天守も特別な天守台を持たず、本丸平坦面に直接建っている。また、天正三年に越前に封ぜられた佐々成政（さっさなりまさ）が築

＊3　寛延二年（一七四九）。『絵図が語る大野　城・町・村』大野市歴史民俗資料館、一九九四年

＊4　原図は吉田1論文に記載。筆者が再トレース

広々とした駐車場。ハイカーにはありがたい

天狗ノ間南東石垣。数少ない旧状を保つ石垣

城した小丸城（福井県武生市）の天守も本丸平坦面に直接建っている。共通点は多い。

天狗之間が穴蔵式だったことが、昭和四十三年の復興天守建造のときに確認されている。[*5] 穴蔵の大きさは約五間×四間となっており、地下廊を通して大天守と繋がっていた。

安土城に代表されるように、天正期の天守は穴蔵式が多い。近年の調査で、築城当初の丸岡城天守台（福井県坂井市）も穴蔵式だったことが判明している。[*6] 大野城天守もその一例なのであろう。ちなみに、長近が大改修した飛騨松倉城（岐阜県高山市）の天守も、穴蔵式の構造である。さらに、小丸城も一部改変されているが、穴蔵式構造の天守が建っていた可能性が高い。小丸城の穴蔵は約五間×三間で、大野城とほぼ同じ大きさの天守が建っていたのである。

丸岡城・越前大野城・小丸城はすべて、天正三年に越前国に領地を賜った織田政権の武将の居城である。これらがすべて半地下式構造の天守を持っていたことは、単なる偶然ではあるまい。おそらく織田信長から直接指示が出ていたのであろう。天正四年当時の織田政権における城郭政策の一端を知ることができ、非常に興味深い。

以上の類例から推定すれば、金森氏時代の天守は、現在の天狗之間の上に建った穴蔵式構造の独立天守だった可能性が高い。その後、居住スペース等を確保するために巨大な櫓に改造し、延宝図に見られるような天守構造になったと筆者は推定する。

お福ヶ池。当時の飲料水および防火水槽である

*5　吉田1論文・図2参照。吉田論文1では「化蔵」としている

*6　『丸岡城天守学術調査報告書』坂井市教育委員会、二〇一九年

*7　吉田森「文化財の調査と研究」『奥越史料　第三号』大野市文化財保護委員会、一九七二年。以降、吉田2論文とする

*8　吉田2論文

*9　吉田2論文

現在、山頂曲輪群には豪壮な石垣が残っている。しかし、ほとんどが江戸期から近代遺構の積み直しである。特に天守を復興した昭和四十年代に、大規模な修復工事を実施していることが確認されている。[*7] しかし、天狗之間南東隅石垣は、長短の比が揃わない算木積みで、稜線に反りが見られないことから、当初の状態を保っていると考えられる。天正期の特徴を示す石垣といえよう。公園整備範囲外に、築城当初の石垣が残っている。図1の③・④・⑤地点であり、特に④・⑤の残存度は良好である。佐々成政が天正三年に構築した小丸城の石垣と酷似していることから、築城当初の石垣と考えてよく、これ以上破壊されないことを望む。

延宝図からは、天守の屋根は板葺きか柿葺きだったと推定される。この推定は、昭和四十三年の復興天守建造時も瓦が出土しなかったことからも妥当と考えられる。[*8] しかし、昭和四十六年の修理中に、棧瓦の破片四個と棟石（笏谷石）が出土している。[*9] 部分的に棟は棟石（笏谷石）、屋根は棧瓦葺きだったのであろうか。重要な課題の一つであろう。

虎口で注目したいのが、搦手門②（地獄谷門）と武器櫓門⑥の連続内枡形虎口である。この縄張りは、天正十六年に金森長近が築城した飛騨高山城にも連続内枡形虎口が用いられている。越前大野城と飛騨高山城で共通の城主は金森長近しかいない。したがって、連続内枡形虎口の縄張りは、長近時代のものと推定される。石垣等は江戸時代に積み直されたかもしれないが、本丸周辺の縄張りは、長近時代（天正期）のものを踏襲している可能性が高いといえよう。

【まとめ】天正期の天守が穴蔵式独立天守だったこと、連続内枡形虎口が長近時代（天正期）のものを踏襲している可能性が高いことが判明した。しかし、破壊が激しく、地表面観察での言及はここまでである。発掘等、考古学的手法により解明することが今後の課題といえよう。

石垣⑤。貴重な金森期の石垣である

山麓に残る外堀跡

貴重な天正期の石垣

49 勝原城（かどわらじょう）

① 大野市西勝原
② 将監城
③ 標高三八〇m／比高一一〇m
④ B（少し登る、やや登城しにくい）

【立地】美濃街道を押さえる要衝の地に存在している。それは、江戸時代に口留番所が存在していたことからも判明する。さらに敵軍が進攻してきた場合、大野盆地最後の防衛拠点となる。大野盆地を支配する武将が大改修するのも、当然のことといえよう。

【城主・城歴】『城跡考』によれば、朝倉氏の家臣林浄恵（はやしじょうえ）を城主としている。一方、『福井県の地名』は地元の伝承として、「甲斐の臣山路将監」の居城として記載する。さらに、文明七年（一四七五）に亥山城（いのやま）に在城していた二宮左近将監を城主とする記述も見られる。しかし、いずれも確証はない。ただし、二宮左近将監の伝承は地元に色濃く残っており、北陸電力勝原第三発電所下流の河原に残る大岩を将監腹といい、二宮左近将監が切腹した岩と伝えている。[*1]

【城跡】ほとんど整備されておらず、入口に標柱が一本設置されているのみである。それも見逃しやすいので、「鳩ヶ湯」という看板を目指して登城すればよい。ただし、明確な登城道はなく、薮を掻き分けての登城となる。

主郭A南側石垣。視覚効果を狙うため大石を用いる

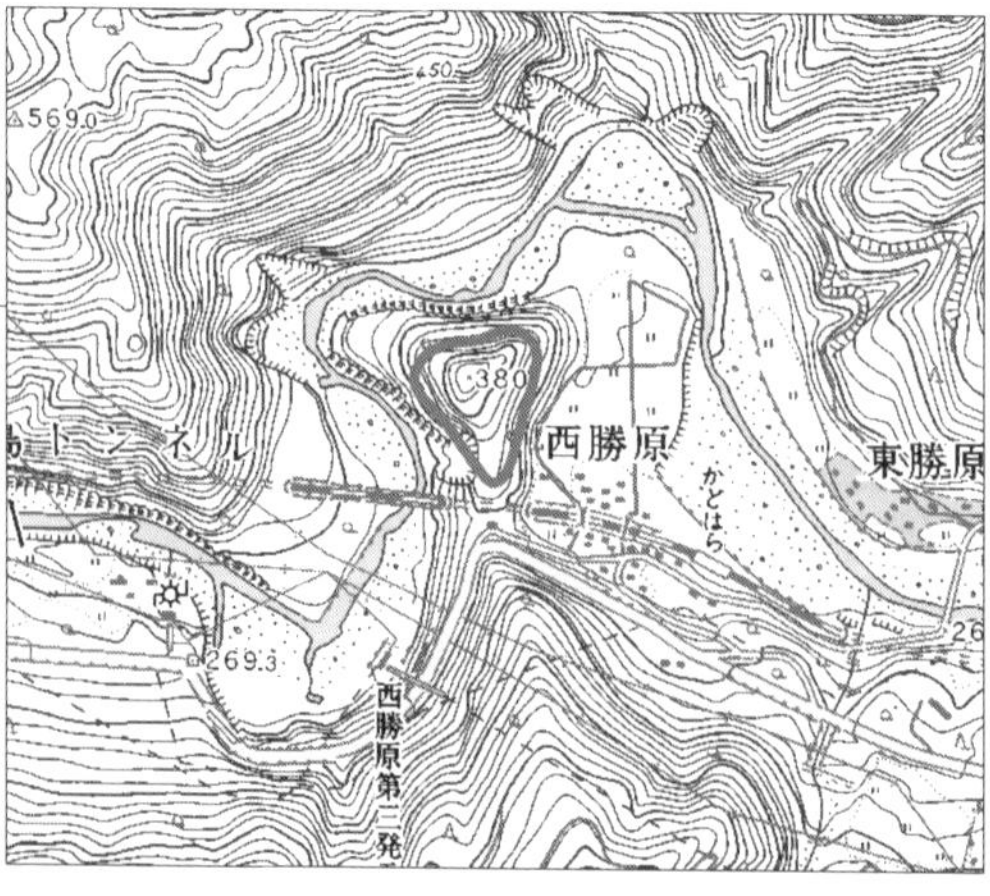

＊1　『改訂版山城は語る』

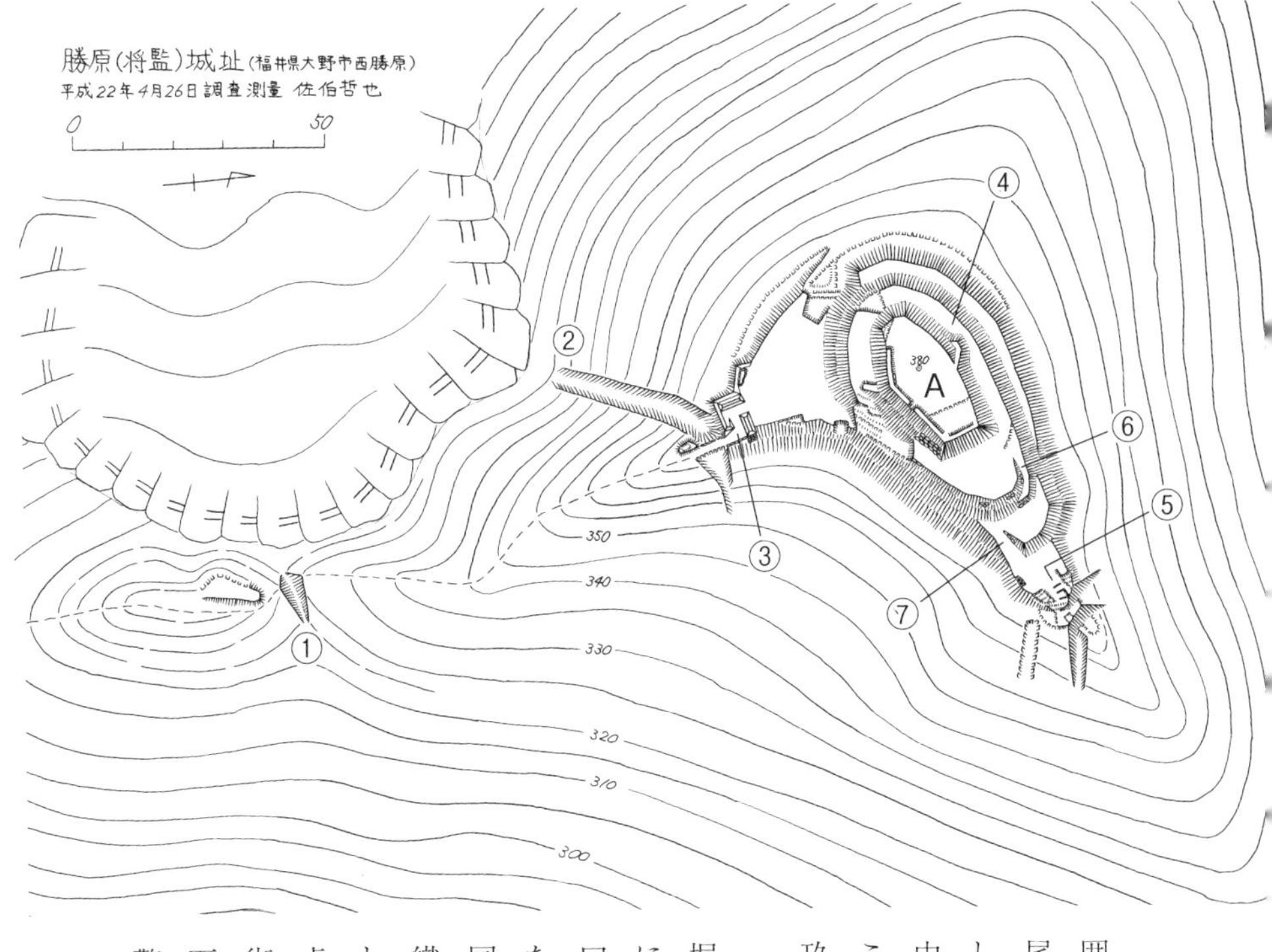

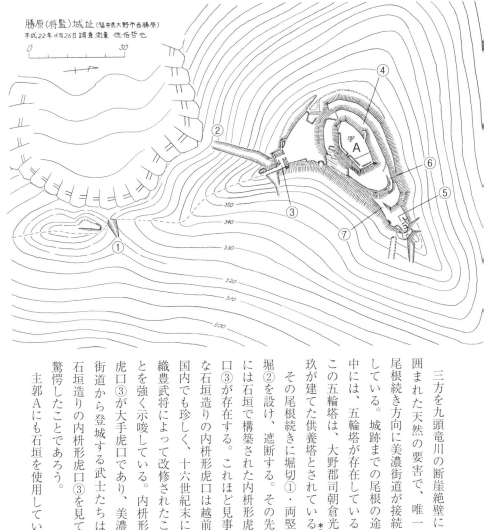

三方を九頭竜川の断崖絶壁に囲まれた天然の要害で、唯一、尾根続き方向に美濃街道が接続している。城跡までの尾根の途中には、五輪塔が存在している。この五輪塔は、大野郡司朝倉光玖が建てた供養塔とされている。*2

その尾根続きに堀切①・両竪堀②を設け、遮断する。その先には石垣で構築された内枡形虎口③が存在する。これほど見事な石垣造りの内枡形虎口は越前国内でも珍しく、十六世紀末に織豊武将によって改修されたことを強く示唆している。内枡形虎口③が大手虎口であり、美濃街道から登城する武士たちは、石垣造りの内枡形虎口③を見て驚愕したことであろう。

主郭Aにも石垣を使用してい

---

*2　『改訂版山城は語る』

上：主郭A南側石垣の裏込石。織豊系城郭の石垣であることを物語る
下：途中の尾根に残る宝篋印塔と五輪塔の残欠

るが、内枡形虎口③を通過した武士たちが見る南切岸にしか確認できない。つまり、内枡形虎口③や主郭南切岸の石垣使用は、明らかに大手方向である美濃街道から登城する武士たちへの視覚効果を意識した演出といえる。登城者にはまったく見えない主郭虎口④が、貧弱な構造となっていることからも、この推定は妥当だと考える。

現在、登城道が確認できない東側にも虎口・石垣が存在している。まず、石段⑤が現存しており、この方面に登城道が存在していたことを物語る。おそらく、西勝原集落から登城する搦手道が存在していたのであろう。さらにその先には、内枡形虎口⑥・⑦を連続して設けている。この方面の切岸にも石垣が残存しており、やはり搦手道から登城する武士たちの視覚効果を狙った演出といえよう。内枡形虎口⑥・⑦のように、通路を屈曲させて入る構造の虎口は、天正十三年（一五八五）に金森長近が改修した古川城（岐阜県飛騨市）に残っている。勝原城の現存遺構の改修年代・改修者を推定するうえで、重要な事実となる。

主郭Aの虎口④は、大手方向および搦手方向から直撃されないように、北側に設けられている。

勝原城入口。「鳩ヶ湯」の看板を目指すとよい

逆に大手方向および搦手方向から直撃される南・東側には、塁線土塁を設けて防御力を増強している。北側の塁線土塁には石垣を設けて、防御を一層強固なものにしている。

以上が、勝原城の縄張りの概要である。特徴としては、石垣造りの内枡形虎口③と内枡形虎口⑥・⑦、そして石垣の多用であろう。これほど大量に石垣を使用している中世山城は、越前国内では東郷槇山城・燧ヶ城・壇ノ城[*3]しかなく、非常に貴重な遺構となっている。

【まとめ】現存遺構の大部分、特に内枡形虎口③・⑥・⑦は、十六世紀末に織豊武将が改修したと考えてよいだろう。改修者としては、天正三年に大野郡の三分の二を賜った金森長近が最有力候補として挙げられる。勝原城は大野盆地を防御する最後の防衛拠点であり、美濃方面から来訪する武将たちに領主の威厳を示す絶好の場でもあった。そのため、必要以上の石垣を用いて長近は大改修したのであろう。越前大野城に築城当初の石垣がほとんど残っていない現状において、長近期の様相を推定できるうえでも、貴重な遺構といえよう。

上：虎口③入口部。視覚効果を狙うため大石を用いる
下：石垣で固める虎口③。内枡形となり金森氏の改修を物語る

＊3　壇ノ城の石垣は純然たる在地勢力の石垣で貴重である。

文字瓦が出土した城

50 小丸城（こまるじょう）

①越前市五分市町
②―
③標高―、比高―
④A（城内まで車が入る）

【立地】平城である小丸城は、味真野（あじまの）扇状地の扇端部に築かれていることから、湧水を豊富に得ることができたと考えられる。これは、平城では必要不可欠の水堀を構築するうえで重要な条件の一つとなろう。さらに、朝倉街道と府中道が交差する交通の要衝に位置する。地域支配の拠点として最適の条件を備えていたといえる。

【城主・城歴】一般的に、織田信長の家臣・佐々成政の居城とされているが、良質な史料で確認できるわけではない。天正三年（一五七五）九月、越前一向一揆を滅ぼした織田信長は、越前八郡を柴田勝家に、そして前田利家・佐々成政・不破光治（ふわみつはる）の府中三人衆に府中周辺の二郡を与えた。このときの越前国の治安方針を示した織田信長の命令書ともいうべき「掟　条々　越前国」[*1]によれば、「両三人（府中三人衆）をば、柴田目付として両郡申付置く」とあり、府中三人衆は勝家の与力として、そして勝家の専横を防ぐための監視役として置かれたことが判明する。

　面白いのは、「掟　条々　越前国」の最後に書いてある一条で、「何事においても信長申し次第に覚悟肝要に候（中略）、

主郭A南側石垣。天守直下なので巨石を使用している

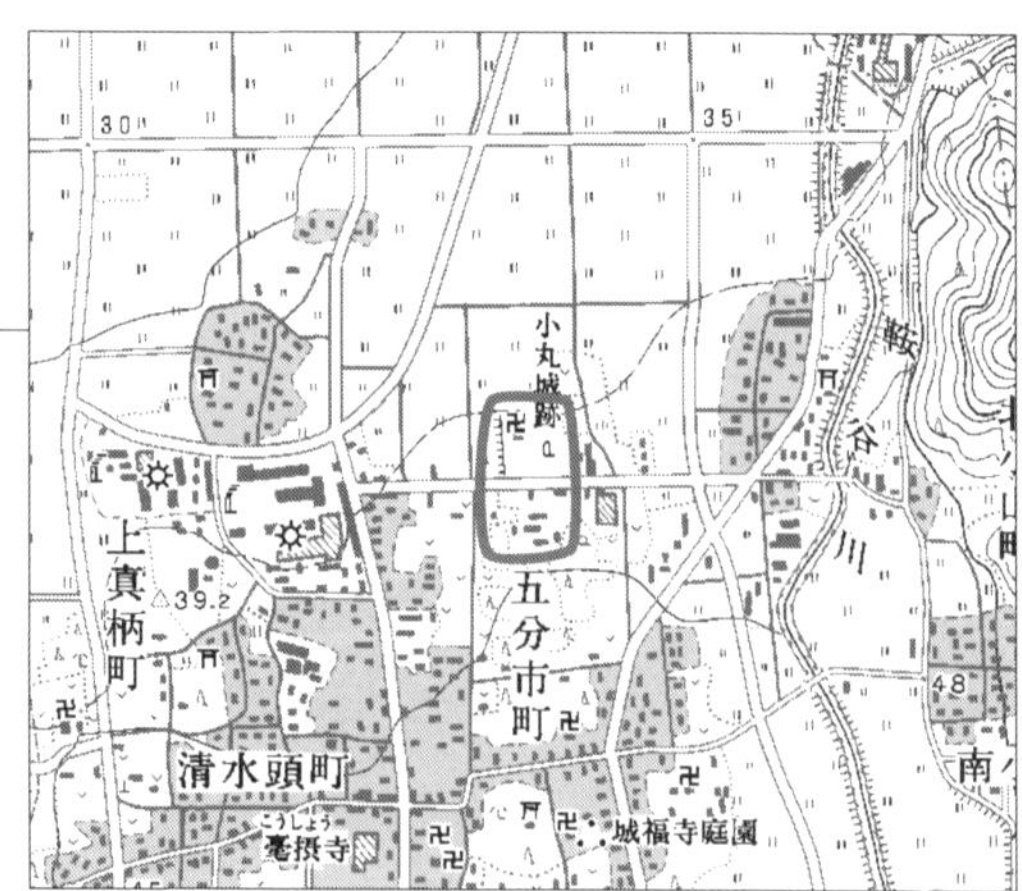

*1　『信長公記』

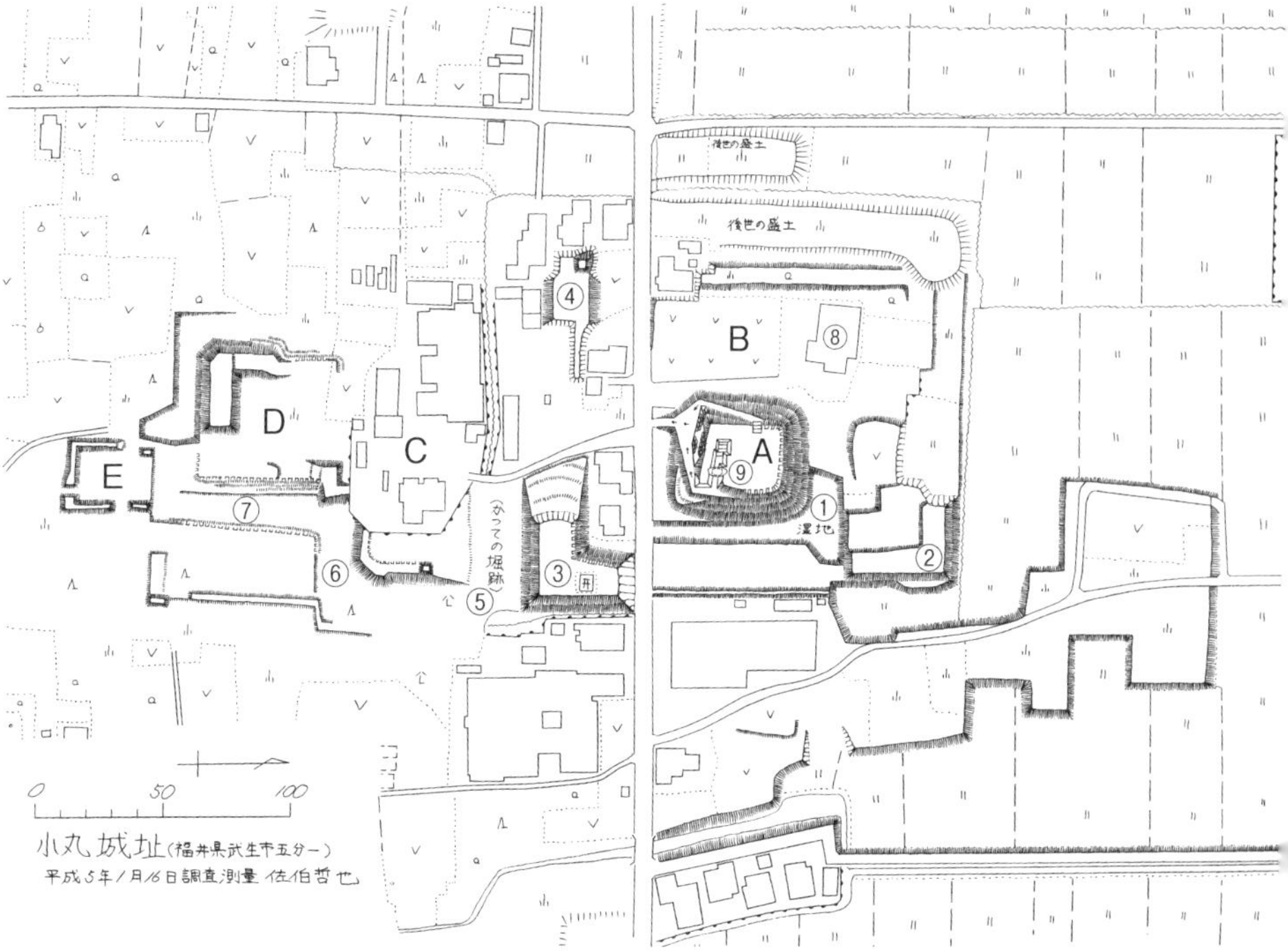

小丸城址（福井県武生市五分一）
平成5年1月16日調査測量 佐伯哲也

図1

とにもかくにも我々を崇敬して、影後にてもあだにもおもふべからず、我々あるかたへは足をもさゝざるやうに心もち簡要に候」とあり、信長の命令は絶対であり、信長を崇拝し、影といえども疎かにせず、信長のほうに足を向けてはいけない、と述べる。そうすれば「其分に候へば侍の冥加あり」と、良いことが待っているとさえ述べる。戦国時代に絶対君主は多数存在していたが、家臣にここまで絶対的忠誠を誓わせたのは信長ただ一人であろう。筆者も一度はこんなことを言ってみたい。うらやましい限りである。

　個々の領主として赴任した府中三人衆だが、天正四年五

小丸城跡入口。説明板・案内板は豊富である

上：天守付近に残る礎石。柱穴（矢印）が残る。野々宮廃寺からの転用である
下：天守穴蔵⑨。昭和四十九年に若干改変された

月までは三人衆の連名で書状を発給している。おそらく、領地の境界が確定するまでの暫定措置だったのだろう。

佐々成政の小丸築城は、天正三年九月以降と考えてよい。成政は天正九年正～二月の間に越中に移っているので、居城の下限もそれまでと考えられる。しかし、それは成政の小丸居城の下限であって、小丸城が廃城になったことを意味するものではない。すなわち、成政は小丸城周辺の領主で与力だった鞍谷（くらたに）氏に天正十年六月五日付で書状を下しているからである。同様の事例は前田利家にも見られる。つまり、利家と成政は能登・越中転封後も越前の所領を維持していたものと見られる。おそらく小丸城には家臣が城代として在城し、それは少なくとも天正十一年に柴田勝家が滅亡するまで続いたのではなかろうか。

【城跡】 城跡は史跡公園として整備され、憩いの場として地元住民に使用されている。しかし、平城の宿命である破壊が各所で見られ、保存状態は必ずしも良くない。

通称城山のA曲輪が主郭である（図1）。東側に沼①が残っていることから、主郭Aの周囲には

大量に使用されている裏込石。上部に重量構造物（天守）が建っていたことを推定させる

主郭Aに建つ忠魂碑

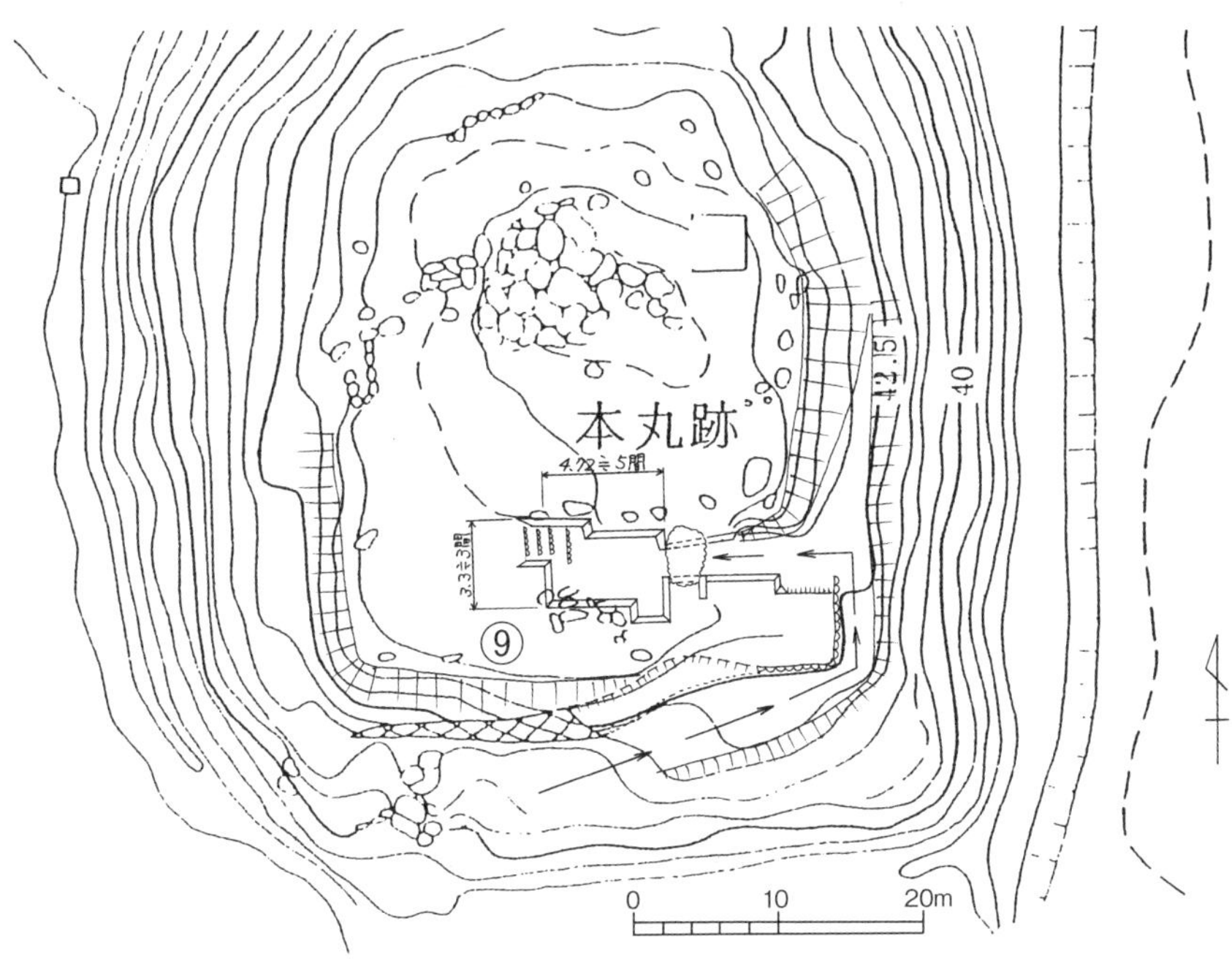

図2　小丸城主郭穴蔵詳細図

水堀が巡っていたようである。さらにその外側には帯曲輪のようなB曲輪が取り巻き、②・③・④に櫓台が残っている。堀⑤（おそらく水堀）を隔てた南側にC・D曲輪が確認でき、一部土塁・櫓台が確認できる。堀も⑥・⑦地点に確認できる。Eは野々宮廃寺跡だが、D曲輪虎口に隣接していることから、馬出曲輪の可能性を指摘できる。

以上の仮説が正しければ、馬出曲輪Eを大手方向とした連郭式の城郭が推定できる。主郭Aの北側が手薄なのは、沼などが天然の堀となって防御していたからであろう。

遺構で注目したいのは、主郭A南側石垣と窪地⑨である（図2）。石垣は高さが現状で二・一m、推

天守穴蔵⑨入口（内側）。天守にふさわしく入口は巨石の立石を用いる

穴蔵石垣に用いられた礎石。柱穴（矢印）が残る。野々宮廃寺からの転用である

上：天守穴蔵⑨入口（外側）
下：D曲輪を取り巻く土塁。旧状をよく残す

定の高さが三・四m（つまり四m以下）しかなく、成政時代の石垣としてよい。天正前半の貴重な石垣といえよう。

　窪地⑨は石垣で固められ、五間×三間の大きさとなる。石材には野々宮廃寺の礎石も使用されている。この石垣囲みの窪地⑨は、昭和四十九年（一九七四）に主郭に忠魂碑を建てるときに改変されているが、石垣の積み方は中世の様相を示しており、改変は西側の階段部分のみで、必要最小限に止めたものと考えられる。窪地⑨は、まさに主郭天守の位置であり、前述の越前大野城天守にもほぼ同サイズ（五間×四間）の穴蔵が残っていることから、小丸城主郭窪地も天守穴蔵としてよい。天正三年頃における織田政権の城郭天守構造を推定できる貴重な遺構といえよう。

　小丸城の名を有名にしたのは、文字瓦の存在である。文字瓦は昭和七年の開発工事にともなう調査のときに、常安楽院（じょうあんらくいん）（図1の⑧）境内付近から、大量の同質の瓦とともに発見された。文字瓦は丸瓦で、他に軒丸瓦・平瓦・軒平瓦・石鬼瓦が確認されている。

　文字瓦には、「此書物後世に御らんじられ　御物かたり可有候　然者五月廿四日　いきおこり

城内に設けられた案内板。初心者でも迷うことはない

主郭A東側の水堀①

其ま々前田　又左衛門殿いき千人ばかり　いけどりさせられ候也　御せいばいはりつけ　かまにいられあぶられ候哉　如斯　一ふで書きとどめ候」と線刻されている。あまりにもリアルで生々しい表現のため、かつては偽物説も存在したが、天正前半の特徴を示しており、成政の小丸城在城期としてよいとされたことから、[*2]現在は小丸城時代の瓦と評価されている。文字瓦が述べている五月二十四日の一揆とは、天正四年のことと推定される。前年に三〜四万の一揆軍を虐殺されたにもかかわらず、再度一揆が発生したのである。織田政権は一揆軍に心底から恐怖したに違いない。これが凄惨な処刑に繋がったのであろう。

以上、小丸城には、瓦葺きの建物が存在していたことになる。瓦の存在は織豊系城郭では重要な要素となる。ただし、天守付近とはまったく違った場所からの出土であり、天守付近での瓦は採取できない。なぜ、⑧付近から瓦が出土したのか疑問も残る。さらに、一点だけだが、鬼石瓦も採取されている。土瓦と石瓦との用途も今後の課題となろう。

昭和六十年に武生市教育委員会により発掘調査が実施された。[*3]ただし部分発掘だったため、小丸城の歴史を解明するまでには至らなかった。小丸城関係としては、土師皿・美濃焼・越前焼が出土した。土師皿はカーボン痕が認められたため、燈明皿として使用されたと考えられた。

【まとめ】　破壊部分も多いが、小丸城には織田政権の城郭として貴重な要素が残されていることが判明した。特に、主郭窪地⑨が天守穴蔵と判明したことは大きな成果といえる。ただし、天守には瓦が使用されていたのか、それは土瓦・石瓦のどちらかだったのか、礎石は使用されていたのか、などなど謎だらけである。発掘によって詳細な天守構造を解明することが今後の重要な課題といえる。この成果は、他の同時代に存在した織田政権の城郭（越前大野城・丸岡城等）にも大きく寄与することはいうまでもない。

＊2　久保智康「越前における近世瓦生産の開始について」『福井県立博物館紀要』第三号、福井県立博物館、一九八九年

＊3　『小丸城跡』武生市教育委員会、一九八六年

主郭A。左下の車と比較すると、その大きさに驚かされる

数少ない石瓦葺きの城

51 東郷槇山城（とうごうまきやまじょう）

①福井市小路町
②—
③標高一一六m／比高一〇〇m
④A（城内まで車が入る）

【立地】西麓に朝倉街道が通る交通の要衝である。南側は一乗谷と尾続きになっていることから、平野部の情報をいち早く朝倉館へ伝達することができた。そして、足羽川沿いに進攻する敵軍を、成願寺城とともに迎え撃つことができたので、一乗谷城の出城として重要視された。

【城主・城歴】『大系』[*1]によれば、朝倉氏景（うじかげ）（大功）の次男正景（まさかげ）が十五世紀前半頃、一条家の庄園東郷庄を預けられてその庄官となり、東郷下総守と称したという。よって、城が築かれたのもこの頃ではないかと推定している。

朝倉氏が本拠を一乗谷へ移すと、東郷槇山城は成願寺城とともに重要な出城となり、一族・譜代クラスの武将が在城したと考えられる。大規模な改修も実施されたと考えられるが、城主ともに詳らかにすることはできない。

東郷槇山城で最も知られている城主は、長谷川秀一（はせがわひでかず）である。秀一の越前転封を示す最も早い記録は、天正十三年（一五八五）七月十九日付の長谷川秀一書状[*2]である。この年

伝天守閣石垣。しかし近代以降の石垣である

＊1『日本城郭大系第Ⅱ巻京都・滋賀・福井』新人物往来社、一九八〇年

＊2『福井市史資料編2』

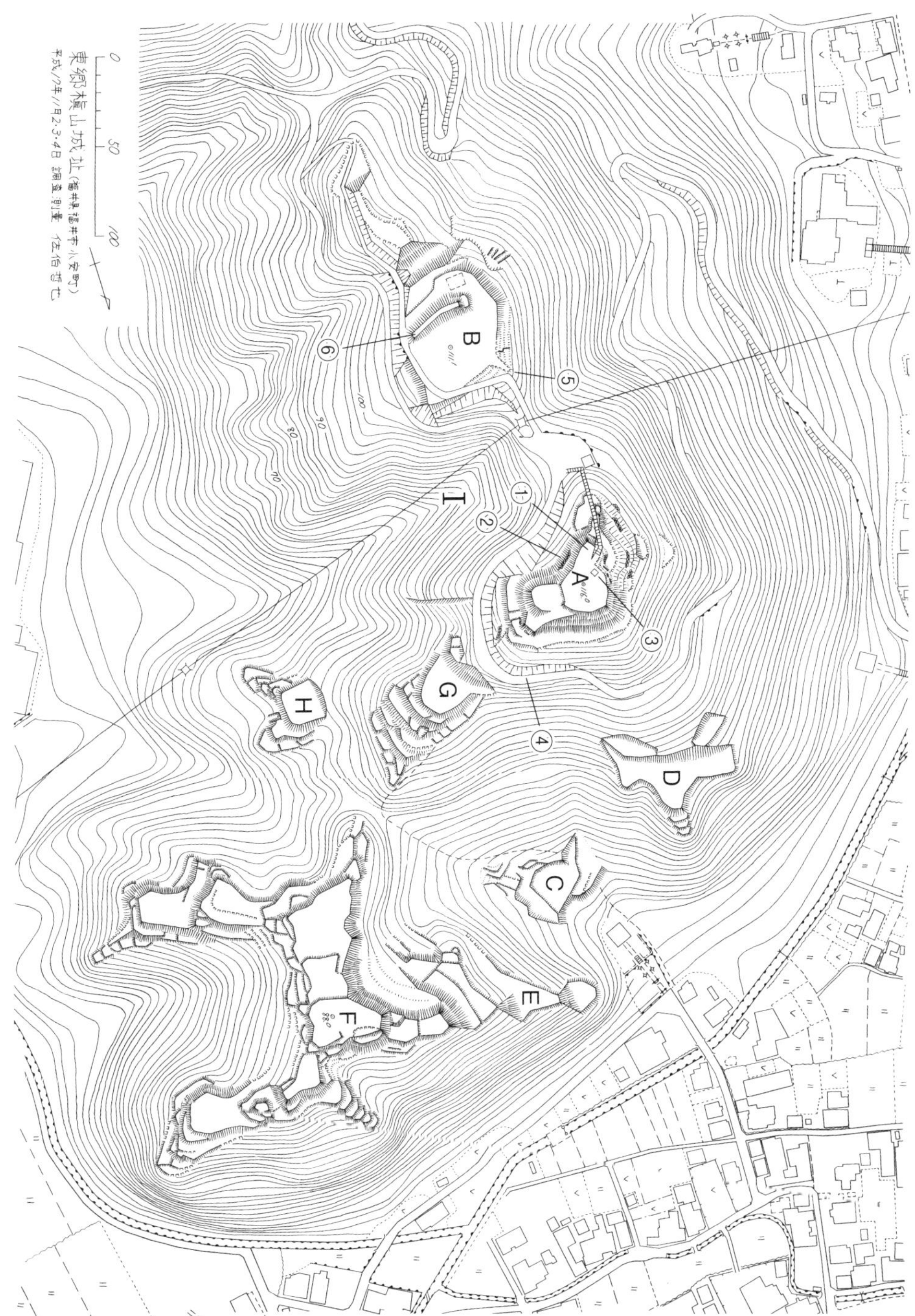
東郷槙山城址（福井県福井市小安町）
平成17年11月2・3・4日 調査測量 佐伯哲也
0
50
100
A
B
C
D
E
F
G
H
I
①
②
③
④
⑤
⑥
70
80
90
100

の越前は、丹羽長重から堀秀政への領主替えで多少混乱しており、北庄周辺の領主は秀一が臨時代行していた。したがって、前述の書状は北庄周辺の石工衆に出されている。

秀一の石高は、『福井県史通史編3』によれば、天正十六年は十二万六千六百石、文禄三年（一五九四）は十万石となっている。天正十五年の九州出陣の動員数を示した「天正十五年正月豊臣秀朱印状」[*3]では「羽柴東郷侍従（長谷川秀一）殿　三千」とある。動員数三千は十万石相当であり、石高十万石は妥当な数字といえよう。秀一の通称が東郷侍従だったことは、「天正十六年聚楽第行幸記」[*4]に「東郷侍従秀一朝臣」と出てくることからも確実である。

越後の上杉景勝が大坂への上坂途中、秀一が景勝を出迎えている。すなわち、「天正十四年上洛日帳」[*5]の五月三日条では、「同三日　北庄御立、麻生津（福井市浅水）ニ而長谷川藤五郎殿御昼之御振舞、仮屋二百間計ニ打、惣人数へ振舞、中々金銀を被鏤候、同日越前府中へ御着」とあり、長さ四〇〇m弱の豪華な仮屋を建てて、景勝一行に昼食を振る舞っている。

秀一は、文禄元年に朝鮮へ出征する。秀一の朝鮮での存在を示す記録として、文禄二年三月十日の「朝鮮国目楚城取巻衆」[*6]がある。これは、目楚城（普州城）攻めの動員計画書で、さまざまな理由から実行されなかったが、同書には「一、三千人　東郷侍従」と記載されている。三千人の動員は、先の九州出陣と同数であり、秀一の軍役は約三千人だったことが判明する。

秀一は文禄三年二月に朝鮮で陣没したとされているが、それ以降も多くの記録に出てくるので、文禄三年の陣没は誤りと思われる。まず文禄三年四月、豊臣秀吉が前田利家邸に御成りしたときの御相伴衆（ごしょうばんしゅう）に「東郷侍従」の名が見える。[*7]さらに、同年十一月に秀吉が上杉景勝邸に御成りしたときにも、相伴衆に「東郷侍従」の名が見える。[*8]つまり、秀一は帰国して大坂にいたわけである。

さらに、文禄四年七月二十日上杉景勝等二十八名連署起請文の中に「羽柴東郷侍従」が花押血

---

*3　『小松市史』
*4　『小松市史』
*5　『上杉氏文書集二』
*6　『上杉氏文書集二』
*7　『七尾市史武士編』
*8　『上杉氏文書集二』

判している。[*9] そして、慶長元年（一五九六）と推定される伏見城普請負担記録に「十萬石　東江（郷）侍従」[*10] とある。もちろん、東郷侍従は秀一没後の城主丹羽長正の可能性も残る。しかし、石高を十万石としている（長正の石高は五万石）ことから、秀一としてよいだろう。つまり、秀一は少なくとも慶長元年まで生存していたのである。

　長谷川秀一の次の城主は、丹羽長正とされている。『小松市史』所収『寛永諸家系図伝』によれば、長正は丹羽長秀の次男で備中守となっている。

『寛政重修諸家譜』[*11] によれば、長正は天正十五年に豊臣秀吉から「前藤枝の城主」として五万石を賜ったとある。しかし、藤枝城の所在は不明であり、さらにいつ東郷に移封されたのかも不明である。いずれにせよ、少なくとも慶長二年まで長谷川氏が東郷を支配していたので、長正の東郷支配は、最長でも慶長二〜五年のわずかな期間でしかない。江戸期の二次史料[*12]では、関ヶ原合戦時の城主を長谷川秀一としている。丹羽長正時代は短期間のため、世間一般に対するイメージが低く、誤伝されたのであろうか。

「廃絶録」[*13] によれば、長正は慶長五年の関ヶ原合戦で西軍に付いたため除封され、東郷槇山城は破却されたといわれている。この破却により東郷槇山城は廃城になったと考えられるが、詳細は不明である。

【城跡】 通称城山山頂に位置する。城跡まで車道が続き、公園として整備されているため初心者でも気軽に訪れることができるが、遺構を破壊してしまっている。西軍の城ということで破却されたのであろう。公園化されていない場所でも、石垣虎口といった重要な施設が徹底的に破壊され、再使用不可能な状態となっている。

　大手道は、三社神社方面から登ってくるC曲輪方向であろう。おそらく、C曲輪周辺に大手門

＊9　『上杉氏文書集二』
＊10　『七尾市史武士編』
＊11　『福井県史通史編3』
＊12　『漸得雑記』『山口軍記』
＊13　『福井県史通史編3』

広々とした駐車場。トイレも併設されている

主郭A現状。忠魂碑設置等で破壊が目立つ

があったと推定されるが、位置は特定できない。C曲輪の両サイドには、D・E曲輪がC曲輪を見下し、大手道を監視する。

主郭はA曲輪で、通称城台（じょうだい）。部分的ではあるが、広範囲に石垣が残っていることから、かつては総石垣造りだったと考えられる。特に虎口③付近に石垣が集中しており、重厚な建造物が建つ虎口が想定される。虎口は、①地点から横矢が掛かる内枡形と考えられるが、詳細な形状は不明となっている。

石垣②は、破壊が激しい東郷槙山城の石垣にあって、比較的良好な状態で残っている。石を多数用い、裏込石を挿入する。現状の高さは一mしかないが、かつては四・八mあったと推定される。北陸の中世城郭で石垣の高さが四mを越えるのは天正十一年以降と推定されるため、長谷川秀一時代の石垣と考えられよう。ちなみに、道路沿いの④付近の石垣を現地看板では「伝天守の石垣」としているが、落し積みとなっていることから近代以の石垣であり、場所も天守とはまった違う。

B曲輪は千畳敷（せんじょうじき）と呼ばれている。虎口は⑤地点と考えられるが、やはり徹底的に破壊され、旧状を復元できない。付近に石垣が残っているため、石垣で固められた虎口だったと推定される。平坦面に礎石三個が残っていたといわれるが、現存していない。南側に武者隠しと称する巨大土塁⑥が残る。城内で巨大土塁が残るのはここだけで、しかも堀切⑦からかなり後退した部分に設けられており、堀切とセットになった防御線を形成していない。はたして城郭遺構なのか、若干

整備された主郭Aへの散策道

② わずかに残る主郭A直下の石垣

の疑問が残る。

この他、平坦面群F・G・H・Iが残る。いずれも大小さまざまな平坦面の群集体であり、織豊系郭の特徴を示さない。さらに、いずれも独立した曲輪であり、主郭Aからの求心力はまったく及んでない。特にFは主郭Aに拮抗する規模を持ち、主郭Aに対する従属性はほとんど認められない。したがって、長谷川氏時代に改修されたのは、主郭AとB曲輪のみだったといえよう。F曲輪等は朝倉氏時代の遺構と考えてよい。

[石瓦の存在]　東郷槇山城では、現在でも笏谷石（しゃくだにいし）の石瓦を採取することができる。特に虎口③付近やI谷付で石平瓦・石丸瓦を多数採取することができる。現在でも簡単に採取できることから、かつて城内には大量の石平瓦・丸瓦が存在していたと推定される。したがって、少なくとも主郭Aには石瓦葺きの建物が多数存在していたと考えられる。

B曲輪南側堀切。旧状をよく残している

越前で石瓦が採取されている中世城郭は、一乗谷城・北庄城・東郷槇山城・丸岡（まるおか）城・小丸（こまる）城がある。*14 しかし、一乗谷城・小丸城で確認されたのは鬼瓦と棟瓦であって、平瓦・丸瓦ではない。丸岡城は現在も石平瓦・丸瓦が屋根に葺かれているが、『重要文化財丸岡城天守修理工事報告書』*15は、確証はないと前置きしながらも、創建当初の天守は柿葺（トチ葺）だった可能性を指摘している。

越前における重要な織田政権城郭だった越前大野城（福井県大野市）でも、石瓦の使用が確認されている。しかし、その使用範囲は棟瓦のみにとどまっている。*16

*14　『第2回企画展　石の鬼　一乗谷の笏谷石』福井県立朝倉氏遺跡料館、一九八八年。なお、福井城は近世城郭なので省いた
*15　丸岡町、一九五五年
*16　吉田森「文化財の調査と研究」『奥越史料　第三号』大野市文化財保護委員会、一九七二年

通称千畳敷のB曲輪

　このように見るならば、平瓦・丸瓦にまで石瓦を用いたのは、北庄城と東郷槇山城しかない。北庄城はフロイスが「城及び他の家の屋根の悉く立派な石で葺いてあって、其色に依り一層城の美観を増し」「(北庄)城の屋根は甚だ滑かで、轤に掛けた如く形の整った石を以て葺いてあった」[*17]と述べていることから、城だけでなく、家臣団屋敷までも石葺きだったことが推定される。

　以上の類例から推定すれば、総石瓦葺きの採用は織田・豊臣政権下でも限定的な城郭にとどまったと推定される。フロイスが述べるように、総石瓦葺きは「一層城の美観を増し」たという。総石瓦葺きは、支配者の居城の壮厳さを一層増す演出として、限定的に使用されたという仮説を提唱することができよう。

【まとめ】一乗谷城の重要な出城として使用され、天正十三年頃に長谷川秀一によって本格的な織豊系城郭に改修されたことが判明した。しかも、主郭は越前でも珍しく総石瓦葺きだったことも判明した。また、秀一は一般的に文禄三年に朝鮮で陣没したとされているが、少なくとも慶長元年まで生存していたことが判明した。

　しかし、最後の城主丹羽長正が関ヶ原合戦において西軍に付いたため、領地は除封、城は徹底的に破却されたため、詳細な構造は判明していない。逆にいえば、破却された典型的な城跡ということがいえよう。

　今後は朝倉氏時代・織豊政権時代の構造を明確にするために、発掘等、考古学的な手法により解明していくことが重要な課題といえよう。

B曲輪の一文字土塁⑥

＊17　『福井市史資料編2』

朝倉氏の城郭・合戦略年表

年号	西暦	事蹟
延元二年	一三三七	越前朝倉氏の祖・朝倉広景（越前朝倉氏初代）とその子高景が但馬朝倉庄から、越前守護斯波高経に従って越前に入る。当初の居所は、三宅黒丸城（福井市）と推定される。
十五世紀前半		この頃、朝倉家景（越前朝倉氏六代）**一乗谷城**を築くか。
寛正元年	一四六〇	二月、一乗谷**下城戸**付近で合戦があった。城戸を持つ整備された城下町の存在が推定される。
文明三年	一四七一	五月、一乗谷朝倉氏初代孝景は将軍足利義政から越前守護職の密約を取りつけ、西軍から東軍に寝返る。その結果、越前の西軍から総攻撃を受ける。
文明十三年	一四八一	七月二十六日、孝景没。この年までに二代氏景は越前国内の反朝倉勢力を一掃し、越前一国を平定する。
明応四年	一四九五	七月、三代氏景近江に出陣し、柳ヶ瀬に着陣する。以降、柳ヶ瀬周辺を近江出陣の拠点とする。
永正三年	一五〇六	七月、一向宗を中心とした土一揆が蜂起する。八月、朝倉氏これをほぼ平定する。
天文九年	一五四〇	八月、朝倉軍、美濃郡上郡**篠脇城**を攻める。九月越前に敗退する。これにより隣国美濃郡上郡との緊張が高まり、**戌山城**・**茶臼山城**等が築城・整備されたと考えられる。
弘治元年	一五五五	七月、朝倉宗滴加賀に出陣、九月宗滴没。
永禄六年	一五六三	七月、朝倉軍若狭**国吉城**を攻めるも撃退される。
永禄七年	一五六四	九月、朝倉軍若狭国吉城を攻めるも撃退される。このとき朝倉軍、**中山の付城**を築城する。同月朝倉義景加賀に出陣し、南加賀を制圧する。
永禄八年	一五六五	四月、朝倉軍加賀に出陣する。九月、朝倉軍若狭国吉城を攻めるも撃退される。
永禄九年	一五六六	八月、朝倉軍若狭国吉城を攻めるも撃退される。このとき朝倉軍、駈倉山・**狩倉山城**を築城する。
永禄十年	一五六七	三月、加賀一向一揆越境して越前北部に進攻する。越前北部の軍事的緊張が高まり、この頃**松山城**・**神宮寺城**・**上野山城**・**波多野城**・**成願寺城**・**一乗谷城**が築城・改修されたと考えられる。八月朝倉軍若狭に出陣するが、狼藉を働くのみで終わる。十二月、加賀一向一揆と朝倉氏、足利義昭の仲介で和睦する。

年号	西暦	事項
永禄十一年	一五六八	八月、朝倉軍若狭**後瀬山城**に乗り込み、若狭守護武田元明を越前に連行する。
元亀元年	一五七〇	四月二十五日、織田軍天筒山城を落とす。二十六日織田軍**金ヶ崎城**・**疋壇城**を落とす。浅井長政、信長の退路を断ったため、二十八日信長退却する。三十日信長京都に帰陣する。六月、朝倉軍浅井長政の要請により、**上平寺城**・**長比城**を築城する。六月十九日信長上平寺城・長比城の城主を寝返らせ、無血開城させる。二十八日姉川の合戦で織田軍と朝倉・浅井連合軍が激突し、朝倉・浅井連合軍敗退する。九月十六日、朝倉・浅井連合軍近江坂本に出陣。二十日朝倉・浅井連合軍織田軍を撃破。二十一日朝倉・浅井連合軍京都洛東の町に放火する。二十四日朝倉・浅井連合軍青山城・壺笠山城・蜂ヶ峰城を築く。十月朝倉義景近江坂本在陣。十二月十三日織田信長と朝倉・浅井連合軍は、足利義昭の仲介により和睦する。十五日義景越前に帰陣する。
元亀二年	一五七一	二月十日朝倉氏奉行衆、信長が前年の和議の条件を一方的に破っているとして、再度足利義昭に仲介を依頼する。八月十六日朝倉軍江北に出陣する。二十六日織田軍余呉・木之本周辺を放火する。
元亀三年	一五七二	七月二十四日朝倉義景一万五千の大軍を率いて近江に一乗谷を出陣。二十八日義景柳ヶ瀬に着陣。三十日義景小谷城に着陣。八月二日義景**山崎丸**・**福寿丸**築城。三日義景**大嶽城**着陣。十月一日、武田信玄三万の大軍を率いて甲府を出陣。十一月十九日信玄義景に来年五月までの大嶽城在陣を要請。十二月三日義景越前に向けて帰陣する。
元亀四年＝天正元年	一五七三	二十二日信玄三方ヶ原で徳川軍を撃破。二十八日信玄は無断で帰陣した義景を非難する。 二月六日本願寺顕如、義景に近江出陣を要請。十六日武田信玄、義景に近江出陣を要請。十九日足利義昭、義景に近江出陣を要請。二月信玄重体に陥る。三月五日顕如、義景に近江出陣を要請。十一日義景若狭に出陣。四月十二日信玄病没。五月十日義景若狭から帰陣。七月十二日足利義昭槇島城を信長に包囲され降伏。十七日義景近江に出陣。八月十日義景近江**田上山城**・**田部山城**まで進軍する。十二日大嶽城落城。大嶽城及び**丁野山城**の朝倉守備兵、義景本軍目指して退却する。その夜、義景越前に向けて退却する。十三日刀祢坂の戦いで朝倉軍は織田軍の攻撃により大敗する。十五日義景僅か五・六騎で一乗谷に帰陣。十六日義景一乗谷を出て大野郡に移る。十八日織田軍一乗谷に進攻、一乗谷を焼き尽くす。十九日義景大野郡六坊賢松寺に移る。二十日義景自刃する。朝倉氏滅亡。二十四日朝倉景鏡、義景の首を携えて府中信長の本陣に参上する。二十七日信長、前破吉継（桂田長俊）を越前守護代として一乗谷に置く。二十八日小谷城落城。浅井氏滅亡。

天正二年	一五七四	正月二十日吉継、富田長繁に攻められ戦死。二月十八日長繁、越前一向一揆に攻められ戦死。四月十五日朝倉景鏡越前一向一揆に攻められ戦死。四月以降に嶋田将監等が**村岡山城**を本格築城する。八月越前一向一揆、織田軍の進攻に備えて越前国境に**鉢伏山城・西光寺丸城・虎杖城**・河野丸砦・**河野新城・燧ヶ城**等を築城改修する。
天正三年	一五七五	八月十五日織田軍、一揆軍の国境城郭に総攻撃を開始する。わずか一日の攻防で国境城郭総崩れとなる。十六日織田軍府中に進攻。一揆軍の大量虐殺を行う。二十一日朝倉景健、一揆軍幹部の首を携えて投降するが赦されず、生害させられる。二十二日越前掃討戦ほぼ終了する。この戦いで殺害した一揆軍の数は三～四万人になる。九月二日信長、越前の仕置きを行い、越前八郡は柴田勝家、大野郡三分の二は金森長近、府中近辺の二郡を佐々成政・前田利家・不破光治（府中三人衆）に与え、府中三人衆を勝家の目付とする。この頃嶋田将監**野津又城**築城か。十一月九日本願寺顕如、野津又城に在城する嶋田将監を激励する。
天正四年	一五七六	春頃、金森長近**越前大野城**の築城工事を開始する。このとき大野郡防衛の城として**勝原城**も大改修したと考えられる。ほぼ同じころに佐々成政**小丸城**の築城工事を開始したと考えられる。五月二十四日越前一向一揆再蜂起する。二十八日本願寺顕如、野津又城に在城する嶋田将監を再度激励する。
天正五年	一五七七	九月二十三日、上杉謙信を湊川の戦いで大勝し、柴田勝家軍千人余りを討ち取る。
天正六年	一五七八	三月十三日、上杉謙信没。
天正七年	一五七九	六月、柴田軍加賀に進攻。これ以前に野津又城落城。
天正八年	一五八〇	四月、加賀一向一揆の拠点金沢御堂柴田軍の攻撃により陥落。
天正九年	一五八一	一～二月、佐々成政越中へ移封。十月二日前田利家能登へ移封。両将とも越前の所領は代官管理となるが、所持していたものと考えられる。
天正十年	一五八二	六月二日、本能寺の変、織田信長自刃。十月丹羽長秀、若狭国衆にきたるべき柴田勝家との合戦に備えて、居城等の普請を命じる。
天正十一年	一五八三	四月二十一日、賤ヶ嶽合戦で柴田勝家軍大敗し、越前に撤退する。二十四日勝家北之庄城で自刃。羽柴秀吉、丹羽長秀に越前一国を与える。

天正十三年	一五八五	四月十六日、丹羽長秀没。閏八月、長秀の跡を継いだ長重は若狭一国に減封される。越前は、北之庄城に堀秀政、**東郷槇山城**に長谷川秀一、府中城に木村常陸介が入城し、分割統治となる。
慶長元年	一五九六	この頃まで東郷槇山城主長谷川秀一生存。
慶長二年	一五九七	この頃まで長谷川氏東郷槇山周辺を支配。この後、東郷槇山城主として丹羽長正入城。
慶長五年	一六〇〇	丹羽長正、関ヶ原合戦で西軍についたため、東郷槇山城破却され廃城となる。同様に福井県の中世城郭の多くが破却・廃城されたと考えられる。

あとがき

「朝倉恐るべし」、というのが筆者の実感である。本国越前はもとより周辺五ヶ国に軍事力を行使し、琉球との貿易により富国強兵を目指し、そして元亀年間において築城技術は日本最高レベルに達していたのである。戦国屈指の大大名だったと言っても過言ではなかろう。

しかし、世間一般的な評価は決して高くなく、織田信長に滅ぼされた弱小大名というイメージが強いと思う。実は筆者も最初はそうだった。事実、越前にはハイレベルな縄張りを持つ中世城郭は存在せず、一乗谷で京風生活を送る貴族大名という考えしか持っていなかった。

ところがどっこい、それが近江における朝倉氏城郭を見て考えが一八〇度転換した。限りなく完璧に近い、精緻な縄張りに驚愕したのである。もちろんそれは、天正年間の縄張りと比較すればレベルダウンするものの、当時（元亀年間）の最高レベルの縄張りであり、宿敵織田氏と同等、もしくはそれを上回るレベルで築城されていることを知ったのである。ぜひこれを世間に紹介し、朝倉氏の悪いイメージを払拭したい、この強い思いで筆を執ったのである。

とはいうものの、一個人で調査するには福井県・滋賀県はやはり遠かった。あまり大きな声では言えないが、交通費・宿泊費といった多額の経費が必要となり、貧乏サラリーマンのポケットマネーだけで、十分な調査ができるはずがなかった。やる気はあったが、先立つものがなかったのである。越前の調査に三十年もかかってしまった大きな要因の一つである。

越前・加賀・美濃・若狭・近江と調査を進めていくと、朝倉氏城郭のレベルの高さにますます驚き、調査に邁進していった。上平寺城の縄張りは美しく、芸術作品とさえ思った。ウットリしながら調査したことを覚えている。少年(?)のように城跡を駆け巡り、至福の一時を過ごすことができた。

調査を進めれば、当然のことながら新たな疑問にぶつかる。最大の疑問が、なぜ最高レベルの城郭が本国越前になく(もちろん居城一乗谷城も旧態依然とした城郭)、近江のみに存在するのか、である。この解答はまだ得ていないが、大きなヒントを与えてくれそうなのが若狭の城郭である。若狭の城郭のレベルも高く、レベル的には近江城郭の前段階のようである。つまり、若狭遠征で若狭の城郭を学習した朝倉氏が、さらにレベルアップして近江の城郭を築城した、したがって本国越前に存在しなくても問題ない、という仮説が成立するのである。もちろん、この仮説を証明するには若狭の城郭の悉皆調査が必要不可欠であり、現在も進行中である。手ごたえは十分、証明できる日は近いと確信している。

筆者の城郭調査は、調査=縄張り図作成であり、非常に単純明解な図式である。と同時に、これは「写真を撮らない」という欠陥も生み出す。その結果、本書作成にあたり、ほぼすべての城郭写真を撮りに行くことになり、丸々一年間を写真撮影に費やすことになってしまった。自分の調査のマズさに自虐的になりながらも、やはり「今後も写真は撮らないだろうなぁ」と思っている。どうしようもないバカである。

こんなバカにも一つぐらいは取り柄がある。山中での方向感覚である。東西南北がまったくわからない鬱蒼とした薮の中でも、方向感覚は抜群で、一回通った道は必ず覚えており、頭の中に鮮やかな鳥瞰図が浮かび上がる。「歩く方位磁石」の異名を取る所以である。この特技のおかげで、薮だらけの山奥でも間違わずに行くことができる。山城調査には、もってこいの特技と言えよう。

本書の目的は朝倉氏の正しい姿を伝えることだが、筆者は天性の悪文であり、どれだけ読者に伝わったかはなはだ心配である。一番良いのは実際に訪城することであり、肌で実感してほしい。

自ずと感じるものがあろう。

本書は地元の名もなき研究者の方たちから、多くの教示を得て作成することができた。本当に感謝申し上げたい。そして二年間、原稿提出をジッとガマンして待ってくれていた戎光祥出版株式会社の丸山編集長には、心より感謝申し上げ、終わりの言葉としたい。

二〇二〇年十月

佐伯哲也

【著者略歴】

佐伯哲也（さえき・てつや）

1963年（昭和38）、富山県富山市に生まれる。

1996～2003年（平成8～15）、富山県・石川県・岐阜県の中世城館跡調査の調査員として各県の城館を調査する。北陸を中心として、全国の中世城館を約2,000ヶ所調査した実績を持つ。登山も30年以上のキャリアがあり、山岳信仰研究の論文も多数発表している。現在、北陸城郭研究会会長、富山の中世を語る会代表。

著書に、『戦国の北陸動乱と城郭』（戎光祥出版、2017年）、『越中中世城郭図面集Ⅰ～Ⅲ』（桂書房、2011～2013年）、『能登中世城郭図面集』（桂書房、2015年）、『加賀中世城郭図面集』（桂書房、2017年）などがある。

図説 日本の城郭シリーズ⑮

朝倉氏（あさくらし）の城郭（じょうかく）と合戦（かっせん）

2021年1月8日 初版初刷発行

著　者　佐伯哲也
発行者　伊藤光祥
発行所　戎光祥出版株式会社
〒102-0083 東京都千代田区麹町1-7 相互半蔵門ビル8F
TEL:03-5275-3361(代表)　FAX:03-5275-3365
https://www.ebisukosyo.co.jp
編集協力　株式会社イズシエ・コーポレーション
印刷・製本　モリモト印刷株式会社
装　丁　山添創平

ISBN978-4-86403-372-5